Beginning Spanish

A Cultural Approach

Under the editorship of

JAMES C. BABCOCK

The Ohio State University

Beginning
Spanish

A CULTURAL APPROACH

Third Edition

RICHARD ARMITAGE
WALTER MEIDEN
The Ohio State University

HOUGHTON MIFFLIN COMPANY · BOSTON

New York · Atlanta · Geneva, Ill. · Dallas · Palo Alto

I.S.B.N.   0-395-12533-2

PREFACE

Beginning Spanish aims to teach the student to read, write, understand, and speak Spanish and at the same time to give him some appreciation of life in and the culture of Mexico and Spain. There are tapes designed to develop oral skill in the sounds, vocabulary, and structures of each lesson. The *Cuaderno de ejercicios* is a workbook coordinated with both the textbook and the tapes. It supplies additional written exercises.

In short, *Beginning Spanish* endeavors to develop a solid foundation in grammar, vocabulary, and reading skill, to provide the cultural background which gives language study a social value, and to afford the exciting audio-lingual experiences which have enlivened language courses in recent years.

This third edition conserves the general format of the first two editions but is changed in the following ways:

1. Facts concerning Spain and Mexico have been brought up to date with appropriate recognition of the progress which has taken place in those countries in recent years.
2. Sentences of certain lessons have been shortened to make the reading material more easily comprehensible to students who are learning Spanish.
3. Some of the exercises have been revised in an effort to make them more effective.
4. Certain sections of the GRAMÁTICA have been clarified and improved.
5. An entirely new set of tapes consisting of pronunciation exercises, simple structure drills, and controlled questions and answers have been developed.
6. A laboratory manual-workbook, the *Cuaderno de ejercicios*, supplements the exercises in the text. It contains the structure drills and controlled questions of the tape program and some additional written exercises.

v

This third edition would not have been possible without the help of our colleagues at the Ohio State University and of numerous friends in Mexico and Spain.

We are especially indebted to Professor Ralph Angelo, the director of the Ohio State Spanish language program, for his numerous indications of ways of making the lessons of the book and of the *Cuaderno* more effective and to Professor Mario Iglesias, who read the entire manuscript and made numerous and detailed suggestions concerning the language and the style of the texts and exercises of the lesson, as well as serving as a collaborator in the tape program and the *Cuaderno de ejercicios*. Sr. Hernán Lozano of Colombia, Sr. Antonio Giménez of Madrid, Sra. Ileana Araujo, and various other Spanish-speaking colleagues made many valuable suggestions which have enabled us to improve the revision in various ways. Mr. Richard Neff was very helpful in vocabulary items.

We are also most grateful to Lic. Felipe López Rosado, Arquitecto Vicente Mendiola, and Donald Navarro of Mexico City and to Prof. Ramón Rey Ardid of Zaragoza, to Sr. José Antonio Casado Villanueva of Valladolid, to Srta. Dolores Corróns and Sr. Enrique Marco Pelegrín of Madrid, and to a number of other friends in Spain for their helpful suggestions about the contents and wording of the lessons.

R. A.
W. M.

ÍNDICE

Lecciones

MÉXICO

ESPAÑA

Gramática

Pronunciación

Vocabulario

Indice alfabético

ÍNDICE DE ILUSTRACIONES

ÍNDICE DE MAPAS

ÍNDICE DE CANCIONES

The Spanish words of "Allá en el rancho grande,"
"La borrachita," and "La chaparrita" are copyright
by the Edward B. Marks Music Corporation and used
in this text with their permission. These three songs,
as well as "La cucaracha," "La paloma," and "Las
mañanitas," appear in the album *Memories of Mexico*,
published by Marks. "Amapola" is also copyright by
Marks and used by permission.

ACKNOWLEDGMENTS FOR PHOTOGRAPHS

*The sources of the photographs are listed in the
order in which they appear in the book, by inserts.*

INSERT 1

Owen Franken; Franken; Franken; Leon Kofod; Franken; Franken; Kofod; Franken; Franken; Franken

INSERT 2

Marilu Pease from Monkmeyer; American Airlines; George Gerster from Rapho Guillumette; United Nations; Marc & Evelyn Bernheim from Rapho Guillumette; Pix

INSERT 3

Three Lions; Three Lions; AGIP — Robert Cohen from Black Star; Franken; Marc & Evelyn Bernheim from Rapho Guillumette; Silberstein from Monkmeyer; Silberstein from Monkmeyer

INSERT 4

Fujihira from Monkmeyer; Pan American Airlines; Franken; Franken; George Gerster from Rapho Guillumette; Silberstein from Monkmeyer; Silberstein from Monkmeyer

INSERT 5

Ampliaciones y Reproducciones Mas; Latham from Monkmeyer; Sven Samelius; Arthur Kurlansky; John Launois from Black Star; Ned Haines from Rapho Guillumette; Kurlansky; Kurlansky; Kurlansky

INSERT 6

Spanish Tourist Office; Yan from Rapho Guillumette; Authenticated News International; Weston Kemp; Kemp; Almasy from Rapho Guillumette

INSERT 7

Museo del Prado, Madrid; Kurlansky; Eric Gee from Monkmeyer; Edo Koenig from Black Star; Kemp; Pawa; Halperin from Monkmeyer

INSERT 8

Sam Falk from Monkmeyer; J. Allan Cash from Rapho Guillumette; Kemp; Almasy from Rapho Guillumette; Museo del Prado, Madrid; Museo del Prado, Madrid

INTRODUCTION TO THE TEACHER

Beginning Spanish — A Cultural Approach has been written to meet a number of needs which have long existed in elementary Spanish courses. Designed for mature students and college instructors, the reading material of the lessons deals with the geography, history, customs, and manners of two major countries where Spanish is spoken. In order to afford opportunity for inductive learning, principles of grammar are first introduced through examples in the reading selections, then taught by means of questions whose answers the students may discover inductively or deductively. In order to focus the attention of the learner on the Spanish language and to encourage thinking in that language, the main part of the lesson is in Spanish, whereas other parts, which must be in English, are placed in easily accessible separate sections. Numerous all-Spanish exercises of the pattern practice type help the student build up conversational ability, while blank-filling and English-to-Spanish exercises enable him to test his understanding of grammar. The complete summary of the elementary principles of grammar found at the end of the book permits the learner to look up any points he desires or to get a complete picture of any given topic.

A new and very helpful feature of the third edition of *Beginning Spanish* is the *Cuaderno de ejercicios* which offers additional exercises designed to give the student practice on important structures and tapes with pronunciation and comprehension drills and a recording of the exercises in the *Cuaderno de ejercicios*.

A course in elementary language which stimulates thought, which opens horizons on important foreign civilizations, and which may serve as a basis for later courses in foreign literatures can be preeminently justified as part of the required courses of the liberal arts curriculum of today. Advocates of "general education" should welcome a language course which presents, among other things, the history and customs of foreign areas. College instructors who have long deplored the elementary and uninteresting nature of beginning language courses restricted in subject matter to the chair and the table or the dog and the cat will be glad to have this more mature and stimulating approach in the first course. Teachers whose main goal is to build a speaking knowledge through pattern practice will appreciate the numerous exercises constructed to this end and the tapes which allow the student to practice such exercises in the laboratory or on his own.

In short, this text attempts to meet the need for meaningful subject-matter, inductive learning, and an emphasis on all phases of language learning. Its basic vocabulary, model conversations, and abundant oral exercises are designed to prepare the student for subsequent "practical" conversation and composition courses, while the cultural information and extensive reading practice lay the groundwork for later courses in literature.

THE READING MATERIAL

The reading texts of the lessons deal with Mexico and Spain — Mexico because it is the Spanish-speaking country most intimately connected geographically and historically with our own, Spain because it is the mother country from which emanates the great Hispanic culture, and because much of the students' later reading will deal with life in Spain.

Naturally, only the most elementary aspects of the culture of these two countries can be treated in lessons which are restricted in scope by considerations of vocabulary and syntax. Limited as this material must be, however, it seems quite preferable to isolated sentences or meaningless paragraphs chosen only for the purpose of illustrating grammatical principles. Cultural information does not normally teach itself, but if the instructor will amplify it during the class hour and stress its importance in recitations and tests, the student cannot fail to profit.

VOCABULARY

Although the vocabulary is necessarily governed to some extent by the subject-matter of the reading lessons, all but five[1] of the first

---

[1] The words not included from the first five hundred are *cero, consigo, disponer, frente,* and *instante.*

500 words of the Keniston list[1] have been included, as well as a large number of the remaining 1500 words, their derivatives, and their idioms. To lighten the learning burden, the authors have used as many common words as possible and have freely interspersed legitimate cognates.

The new words in each lesson are presented in the lesson vocabulary in the following manner:

1. All cognates are listed alphabetically without definition. Cognates not found in the Keniston list are put in parentheses. If any words listed as cognates are unknown to the student, he can find their meanings in the Spanish-English vocabulary at the end of the book. This also affords him an excellent opportunity to increase his English vocabulary.

2. All non-cognates which appear in the Keniston list are found alphabetically in the lesson vocabulary with their English equivalents.

3. Non-cognates not included in the Keniston list are translated at the bottom of the page the first time they occur in any lesson. A minimum number of such words are used, but it would obviously be impossible to write an adequate lesson on a subject such as Spanish cooking, for example, without including a number of low-frequency words.

Since the first part of the book is concerned with Mexico, Mexican words such as *boleto, chofer,* and *timbre* have been used in Lessons 1 to 30, but in Lessons 31 to 50, which deal with Spain, their Spanish equivalents *billete, chófer,* and *sello* have been used.

Grammar

The grammar has been presented topically at the end of the book rather than piecemeal throughout the fifty lessons. This system has the advantage of giving the student a view of each topic in its entirety (which is especially valuable for review). Also, the separation of this grammatical material in English from the lesson proper impresses on the student the fact that the language, and not its formal structure or grammatical rules, is the important thing to learn.

Since many college students are unfamiliar with grammar and particularly with grammatical nomenclature, each topic is introduced

---

[1] Hayward Keniston, *A Standard List of Spanish Words and Idioms.* Boston: D. C. Heath, 1941.

by a simple preliminary explanation of terminology with illustrations from the English language. The elementary principles of current Spanish usage are then stated, followed by examples from reading selections, usually from the lesson in which a given grammatical principle is presented for the first time.

Special care has been given to the gradual development of the Spanish verb. In order that the learner may have some opportunity to become acquainted with other aspects of the language before facing the problem of the verb inflection, only the third person singular and plural of the present tense are used until Lesson 9. The tenses of the indicative are then presented in the following order: present (lessons 9–18); preterite (lessons 19–20); imperfect (lessons 21–22); perfect (lesson 25); pluperfect (lesson 26); future (lesson 33); conditional (lesson 37). The subjunctive is introduced as follows: imperative (lessons 27, 41), present (lesson 42), perfect (lesson 44), imperfect (lesson 45), pluperfect (lesson 47). The passive voice is studied in lesson 23 and the progressive tenses in lesson 32. The following common irregular verbs should be learned thoroughly: *andar, caer, dar, decir, estar, haber, ir, leer, oir, poder, poner, querer, saber, salir, ser, tener, traer, venir,* and *ver,* as well as verbs in *–ducir, in –uir,* and in *–ecer* and *–ocer.*

The verb problem can be greatly simplified for the beginner in the early lessons by disregarding the *tú* and *vosotros* forms. For that reason, only the first and third persons of verbs are given in the paradigms of the *Suplementos* of the lesson, but teachers who prefer to teach all six forms will find the complete conjugations in the GRAMÁTICA with the familiar forms in italics. The *tú* form is used from Lesson 29 on and the *vosotros* form is introduced in Lesson 45.

In presenting the grammar, the authors have tried not just to state rules but to give the student an understanding of the nature of the language, especially in such fundamental topics as the use of past tenses and the meaning of the subjunctive. In constructions where the language has been changing and where there is a difference of opinion as to usage, they have emphasized Spanish as it is spoken in Spain today rather than the traditional literary forms. For instance, in the treatment of such subjects as the use of *a* before geographical names and the omission of the definite article before the name of a language when used after certain verbs, the modern tendency has been respected in the reading selections and indicated but not insisted upon in the GRAMÁTICA.

PRONUNCIATION

A technical description of Spanish pronunciation and special drills in certain sounds does not necessarily need to precede the teaching of the lessons, and for that reason, the section called *Pronunciación* has been placed after the lessons and may be used according to the discretion of the teacher.

In this section the rules for syllabification and accent have been explained and the English approximations of the Spanish sounds have been given, followed by examples of words containing such sounds taken from the earliest lessons in which such examples occur. In this way, an intimate correlation between the first lessons and the section on pronunciation may be made. The authors recognize, of course, that any English equivalents to Spanish sounds are at best only approximations, but the trained phonetician who wishes to emphasize this phase from the beginning has his own effective materials at hand, and, in the final analysis, acceptable pronunciation is rarely learned by reading rules.

In the belief that students learn the pronunciation of words whose meaning they know much more readily than that of words which are unknown to them, the authors invite instructors to try the following procedures in teaching pronunciation: (1) spend no time at all on formal pronunciation exercises but develop pronunciation through imitation and through extensive use of the tapes in the laboratory; or (2) teach the pronunciation of the first five (or ten) lessons through imitation and laboratory practice and then take up the section devoted to pronunciation.

The taped material prepared especially for use with the book contains the entire reading passage of the first fifteen lessons with pauses for repetition by the learner; from Lesson 16 on, a part of the lesson is read with pauses for repetition, the remainder of it is read without pauses, but simply to give the student an opportunity to listen and to learn to understand.

EXERCISES

The exercises in the text are designed to afford the student practice in the new grammatical principles introduced in the lesson. The exercises in the *Cuaderno de ejercicios* differ from those in the text itself in that they are usually shorter and concentrate more intensely on practice in a given structure. By going over these exercises again and again, the student will gain considerable facility in the use of these structures and will gradually develop an ability to speak Spanish.

For those who wish to use them, English-to-Spanish translations are placed in the *Suplemento*. The authors suggest that they be deferred until a substantial number of lessons are covered. For example, if the students translate the English-to-Spanish of Lesson 1 the day they are studying Lesson 21 or 31, they will do it with far greater ease and just as much eventual benefit as if they tried to puzzle it out the first day they studied the principles and vocabulary it illustrates. These English-to-Spanish sentences may well be deferred until the entire book is completed, at which time they could be done along with a reading assignment in another book and thus serve as an excellent review of Spanish grammar.

ORGANIZATION OF THE BOOK

This is a "longer grammar." There is a distinct advantage in presenting the grammar of an elementary language in fifty rather than in twenty lessons. By spreading grammatical principles over a larger number of lessons, the students tend to absorb them more completely, for greater concentration may be achieved on the grammatical points taken up in each lesson.

Each lesson is divided into the following parts: (1) reading selection; (2) questions based on the reading; (3) exercises; (4) questions on the new grammatical points illustrated in the reading. In the *Suplemento* which follows each group of ten lessons are: (1) vocabulary by cognates and by the non-cognates found in the Keniston list; (2) paradigms of the new verb forms taken up in the lesson; (3) an English-to-Spanish translation; (4) a conversation exercise.

The lesson itself is limited to the four parts indicated so that almost everything which meets the student's eye as he prepares his lesson is in Spanish. He will probably consult the *Suplemento* on one hand and the GRAMÁTICA on the other, but he will get the feeling that the really important thing is to be able to talk about the reading selection and to work out the exercises.

The reading material of the first twenty-two lessons is restricted to not more than thirty lines with a fairly large number of new grammatical principles in each lesson. The lessons then grow longer, and

Lessons 31 to 50 average fifty-five lines, but in these later lessons fewer grammatical topics are presented in each lesson.

In colleges where the overwhelming majority of students are non-majors and where recognition knowledge of many grammatical points is sufficient, the lessons may be covered at the rate of one each day, provided that the teacher does not try to cover intensively each point in the reading selection and each grammatical detail. Schools desiring a more thorough knowledge of the language may spend two days on certain or all lessons with special attention to laboratory and class-room practice on pattern drills.

Teachers are strongly advised to supplement the lessons in *Beginning Spanish* with selections from a reader. It is particularly advisable to have a period of several weeks of reading after Lesson 30. Too fast a coverage of the grammar of any language is likely to result in grammatical indigestion, and whenever students begin to have trouble absorbing grammatical principles at the rate of a lesson a day, the remedy is to intersperse a series of lessons from their reader.

The authors suggest that thirty lessons of this text be covered in the first semester of college work and twenty lessons in the second semester; for schools desiring to do a great deal of reading the second semester, Lessons 31 to 40 may be taken the second semester and Lessons 41 to 50, which deal mainly with the subjunctive, can be deferred until the third semester.

METHOD

This text lends itself to the various methods of teaching modern languages. For the proponent of the reading method, it has abundant connected reading material which is carefully graded. The teacher who prefers the conversational approach will find a number of lessons written in dialog form and a great deal to talk about in every lesson as well as pattern-practice exercises for conversational drill. There are blank-filling and pattern drill exercises for instructors who like all-Spanish work and English-to-Spanish translations in the *Suplemento* for those who prefer the grammar-translation method.

The text has been used experimentally for many years by the authors and their colleagues with a method that emphasizes varied classroom activities which permit the participation of the maximum number of students during the class hour in all forms of linguistic activity. A short description of that method may be of interest to Spanish teachers.

THE FIRST DAY

The first day, although the students have never before seen Spanish and have no book, the class is kept the entire hour and the students hear, speak, and write the language they are about to learn.

On entering the class, the instructor obtains the names of his students, writes on the blackboard the title of their book, speaks for a short time on the importance of Spanish as a language, and then sends all the students to the blackboard. He then proceeds as follows:

Instructor: Norte América es un continente. *Repitan ustedes.*

Class: Norte América es un continente.

Instructor: Escriban ustedes. (Everyone writes as much as he can of the sentence. The instructor, calling the class to attention, places an accent on *América,* corrects mistakes in spelling, and directs all students to correct their sentences.)

Instructor: México es una parte de Norte América. *Repitan ustedes.*

Class: México es una parte de Norte América.

Instructor: Escriban ustedes. (Everyone writes this sentence, the instructor places an accent on *México* and corrects the sentence of one or two students, asking the others to make corrections.)

Instructor: México es un país. *Repitan ustedes.*

Class: México es un país.

This procedure is followed until within ten minutes of the end of the hour. During the course of the dictation, the instructor may explain briefly the existence of two genders, and after encountering several words with an accent, he may explain when the accent is placed on a word, but in an informal manner.

The students go back to their seats, the first lesson is assigned for the following day, and the students are told (1) to practice the reading selection in the laboratory, (2) to write out the answers to the questions in complete Spanish sentences and then to listen to the questions and give the answers orally in the laboratory, (3) to prepare all the exercises in writing and then to go over them in the laboratory until they can be done without hesitation, and (4) to go to the board immediately the next day and put a summary of the first lesson on the board in Spanish.

The remainder of the hour is spent in questions and answers in Spanish, such as: ¿ *Es México un continente?* ¿ *Qué es Colombia?* ¿ *Es Chile una parte de Sud América?*

Following Days

Each day's work starts with a résumé of the lesson in Spanish on the blackboard. The students are encouraged to arrive before the bell rings so that everyone is working at the board at the beginning of the hour. The instructor corrects the summaries rapidly while the other students are writing, making some sort of mark in the composition so that he knows how far he has corrected if he gets to the same summary a second time. He cannot, of course, spend much time explaining to any individual pupil at this time nor can he correct every sentence of each résumé every day. The composition period *must not* last more than five minutes after the bell has rung, for students tend to grow restless.

The instructor then has the students erase their summaries and he dictates a sentence. The students repeat it after him, then write it. The instructor corrects a few copies of each sentence and the students correct their sentences from these models. The dictation is normally based on the material in the reading selection. Sentences should be dictated at normal speaking speed and in complete units rather than groups of words. Students should not be permitted to write the sentence until they have all repeated the sentence aloud in unison. When the dictation is to develop comprehension, the length of the sentences dictated should gradually be increased. Dictation can be used very effectively to teach grammar and to reinforce oral pattern practice. For instance, when the class is studying the preterite, sentences may be dictated in the present, after which the class can rewrite them in the preterite. The dictation lasts about twenty minutes per class hour.

The students then take their seats for the correction of the exercises. This correction period is limited to about five minutes of the class hour. The teacher reads the correct answers while the students correct their errors. The teacher never has each student read one sentence, filling in the blanks or making the changes, since this would consume much valuable time which can be used more profitably for pattern practice, conversation and pronunciation drill.

The next activity is pattern practice. As part of their homework, the students have prepared in the laboratory the pronunciation, the structure drills, and the questions for the lesson assigned. The teacher presents the exact structure drills and questions the students have already heard on tape, and the students are expected to reply rapidly and automatically. The instructor encourages a certain amount of chorus response but mainly replies by the individual students during this activity.

There follows a conversation period. Various devices are used to develop fluency in the use of the vocabulary and the structures used in the lesson. Among these are asking the direct question, requiring each student to volunteer some sentence from the text and having the student ask the teacher questions on the material of the reading lesson in Spanish. The indirect question is one of the most effective conversational techniques. For instance:

Teacher: Señor Smith, pregunte usted al señor Merkins si tiene mucho que hacer.

Smith: Señor Merkins ¿ tiene usted mucho que hacer ?

Merkins: Sí, tengo mucho que hacer.

Sometimes the last part of the hour is devoted to reading aloud instead of to conversation. As often as time permits, each student in turn reads one or two sentences. When a student makes an error, the teacher writes the mispronounced word on the board and briefly drills the entire class on the mispronounced word or sound. In the introductory course, no matter which lesson is assigned, each day the class begins the oral reading at Lesson 1 until every student can read Lesson 1 with correct sounds and intonation, then with Lesson 2, etc. Students develop good reading habits much more readily when working on material with which they are very familiar than by trying to read aloud the relatively unfamiliar material in the lesson of the day.

When two or more days are devoted to a lesson, more attention can be given to the development of oral skills.

In order to afford additional practice in conversation, on the days of the review lessons the instructor may want to spend a good part of the class hour asking direct and indirect questions on the reading matter of the lessons reviewed.

The «Cuaderno de ejercicios»

The *Cuaderno de ejercicios* is a workbook designed to enable the learner who is using *Beginning Spanish* to master the language in a more active manner. It supplies the visual text of the taped material along with some additional written exercises.

Those who have access to a language laboratory can supplement their laboratory experience by home study of the *Cuaderno*. In the laboratory they can consult the *Cuaderno* if they have difficulty in following the recorded exercises.

Those who do not have access to a language laboratory can use the *Cuaderno* for practice of drills even without recordings. By reading and rereading the exercises orally, they will gain oral facility although not as effectively as if they also had the tapes at their disposal.

The *Cuaderno* supplies additional exercises for written work. It is especially valuable when more than one day is spent on a lesson.

TESTING

Many types of tests may be given over lessons in this text. One of the best is a weekly dictation of some fifty words, read in units of complete sentences. Such a test is an excellent index of the student's ability to comprehend. Another is an aural comprehension test over the cultural material in the lessons. Questions such as *¿ Cuál es la capital de México ?* and *¿ En qué continente está Chile ?* may be answered in one word. To test grammar, filling-out-blank exercises modeled after those in the text may be used. A word of caution may not be amiss here. In composing such a test, one must remember that students cannot be expected to perform too many mental activities in filling out a given blank. If, for instance, in testing the material in Lessons 41–50, the student is confronted with: *Teníamos miedo de que Roberto no (venir) mañana,* he must decide: (1) what mode to use; (2) what tense of the subjunctive is needed; (3) what the proper form of the imperfect subjunctive of the irregular verb *venir* is. Unless the class hours spent on these lessons were devoted to intensive grammar drill (in which case other important phases of language learning were probably neglected), the student will tend to make a low percentage on a test of this type no matter what textbook he uses. The teacher must, therefore, tailor his blank-filling test to fit what he can reasonably expect of first-year students.

INTRODUCTION TO THE STUDENT

Why Learn Spanish

After English, Spanish is the language most commonly spoken in the Western Hemisphere. Mexico is directly south of the border, not very distant, and you may visit it within the next year or two, especially if you begin planning your trip now. But you will not get the most out of such a visit unless you can speak Spanish, for only by talking with Mexicans everywhere and of all categories can you really come to know the country. Spain is now also easily accessible to those who visit Europe, and you will find Spanish of great value when you go there.

How to Learn Spanish

In order to learn Spanish well, you must gradually build up a vocabulary of common words and acquire an understanding of the most frequently used constructions of the language, and you must develop skill in using these constructions with this vocabulary orally.

How the Book is Organized

Your Spanish book consists of fifty lessons. Each lesson is divided into a reading selection, a set of questions based on this selection, exercises which afford you practice in using the new vocabulary and constructions introduced in the lesson, and a set of questions on grammar designed to call your attention to these new constructions. To help you prepare the lesson you will find at the end of each ten lessons a *Suplemento* which contains the new vocabulary and the new verb forms which occur in each lesson and after Lesson 50 a GRAMÁTICA which explains the constructions which may have proved difficult. These two sections have been separated from the lesson so that the lesson proper would be a compact unit, principally in Spanish, and so that when you come to review verb forms, vocabulary, or grammar, you will find these units together in one place. Available also in your laboratory may be a set of tapes to help you learn the lessons.

These tapes include the reading of the Spanish passage, ten controlled questions and answers, and a number of drills designed to fix in your mind the new structures of each lesson. A supplementary manual entitled *Cuaderno de ejercicios* contains the written forms of the questions and structure drills recorded on tape.

How to Use the Book

First of all, go over the reading selection in Spanish without looking up any words. If you are sure of the pronunciation and especially if you can do so with recordings of the lesson, read the selection aloud. Many of the new words will resemble English (these are called *cognates*), and most of these you will not need to look up. You can determine the meaning of some of the other new words by their use in the sentence (by their context). Now read the selection a second time, turning to the lesson vocabulary in the *Suplemento* to find the meaning of unknown new words. If the word is not there, it has occurred in an earlier lesson, but you can also find it in the Spanish-English vocabulary at the end of the book. During the second reading, also note any new constructions that occur and try to discover from their use in the lesson just what their function is. If you are unable to understand them, turn to the *Gramática* at the end of this lesson and try to answer the questions on the new constructions. If you cannot answer the questions by your observation of the constructions as they are used in the reading selection, turn to the section of the GRAMÁTICA indicated after the question and read the explanation given there. If you have trouble understanding the grammatical terms used, you will find these terms explained at the beginning of each new section of the GRAMÁTICA.

Go over the reading selection as many times as is necessary in order to understand it in Spanish, and do not go on to the next part of the lesson until you know the meaning of every word in it without having to refer to anything except the footnotes on the page. Do not write the English meaning of the words in your book. This normally keeps you from forcing yourself to learn the meaning of the new words. It may help to copy the reading selection in Spanish. Prepare to write a summary of this selection or to give one orally during the next recitation.

When you are thoroughly familiar with the meaning of the passage, go to the language laboratory and listen to the recorded version of the reading selection. Pronounce after the native speaker, imitating both the sounds of the words and the intonation of the sentence. Read and reread this part of the selection aloud in the laboratory until you can read it with ease and until it sounds like Spanish rather than English. Listen to the other parts of the reading selection, first looking at your book, then with your book closed until you can understand them.

Then turn to the *Preguntas*, which almost always can be answered in fairly short sentences. Answer each question in a complete Spanish sentence, basing your reply on the material in the reading passage. In addition, you will find it helpful for developing both comprehension and fluency to practice answering the ten recorded questions of each lesson. Give your own answer in the interval of silence and compare it with that of the native speaker. Keep going over this section until you can understand the questions and give the answers with ease.

Next, skip down to the last section of the lesson, the *Gramática*. If you have noted new constructions in your reading lesson, you will already know the answer to many of those questions. For others, turn to the section of the GRAMÁTICA (pages 299–433) indicated by the references after the questions and study the topic in question. Do not be satisfied until you thoroughly understand and know the facts involved in the discussion of each topic. For verb forms, consult the pages indicated in the *Suplemento*. Always learn these verb forms before you finish your preparation of the lesson.

Now you are ready for the exercises or *Ejercicios*. Read carefully the Spanish directions at the head of each exercise. In reading them, if you have any difficulty which is not explained in the footnotes, look up the terms you do not know in the Spanish-English vocabulary at the end of the book. Study the model sentences given after the directions and the examples given in the GRAMÁTICA. These sentences will show you how the exercise is to be done. Write the *Ejercicios* in your notebook. Copy the entire sentence, underlining the words with which you fill in the blanks. *Do not write in the textbook itself.* Keep it clean for later practice. When you have written your exercises, prepare to go over them until you can do them rapidly without hesitating.

On the tapes and in the *Cuaderno de ejercicios* are special structure drills designed to afford you oral and written practice which will give you an automatic control of the important grammatical principles introduced in the lesson. They differ from the exercises in *Beginning*

Spanish in that the sentences are shorter and simpler and concentrate more fully on a given phase of a structure. In order to be able to use the vocabulary and the structures of each lesson orally, it is important that you repeat these structure drills until you can do them without hesitation. If you have a laboratory and access to the tapes, you should spend as much time repeating them as you can. The *Cuaderno de ejercicios* will give you additional written drill on these important structures, and for classes which do not have access to a laboratory it will supply a basis for pattern practice. In such classes, your instructor may ask you to go over these exercises intensively, and then, during the class period, may require you to give the responses automatically and with your manuals closed.

Be sure to learn each lesson thoroughly before going to the next. If you are having trouble with any given lesson, it is probably because you have not thoroughly mastered the preceding lessons. It is an excellent idea, in that case, to go back to the very first lesson, to read it over for content, being sure that you know every word in it, and to repeat the taped exercises until you can do them without hesitation. Then be sure to go over every subsequent lesson in the same way until you locate the first one you have not mastered thoroughly. Rework that lesson until you are completely sure of it and until you can understand the Spanish of the recording and respond to all the drill sentences and questions with ease. Then continue working out the subsequent lessons in the same manner until you reach the current lesson.

¿ Qué te parece la Universidad de México ?

¡ Qué pueblo más pintoresco ! ¡ Cuánto color !

México es el país del « mañana »

Beginning Spanish

A Cultural Approach

Sud América es un continente, pero
México no es un país de Sud América

Norte América y Sud América

Norte América es un continente. México es una parte de Norte América. México es un país.

Sud América es también un continente. Colombia y Chile son partes de Sud América; son[1] países de Sud América.

México no es un continente; es una nación. Bolivia y Venezuela [5] son también naciones; no son continentes. Bolivia y Venezuela son países de Sud América, pero México no es un país de Sud América; es un país de Norte América.

PREGUNTAS

1. ¿Qué es Norte América? 2. ¿Qué es México? 3. ¿Es México una parte de Norte América?[2] 4. ¿Es Bolivia una nación de Sud América? 5. ¿Es Venezuela una nación de Norte América?[3] 6. ¿Son Chile y Colombia países de Norte América? 7. ¿Qué son Colombia y Bolivia?

EJERCICIOS

A. *Póngase[4] un o una delante de cada palabra.* EJEMPLO: —— país — *un* país

1. —— continente 2. —— nación 3. —— parte 4. —— país 5. —— señor 6. —— señora 7. —— señorita.

B. *Escríbase[5] el plural de cada palabra.* EJEMPLO: continente — *continentes*

1. parte 2. continente 3. país 4. nación 5. señora 6. señorita 7. señor

---

[1] Here *son* means *they are.*
[2] The answer is: *Sí, señor (señora, señorita), México es una parte de Norte América.*
[3] The answer is: *No, señor (señora, señorita), Venezuela no es una nación de Norte América.*
[4] *Put un or una in front of each word.*
[5] *Write the plural of each word.*

C. *Contéstense*[1] *las preguntas siguientes con* No, señor, ... EJEMPLO:
¿ Es Norte América un país ? No, señor, Norte América *no* es
un país.

1. ¿ Es Sud América un país ? 2. ¿ Es México una parte de Chile ?
3. ¿ Es Bolivia un continente ? 4. ¿ Es Colombia un país de Norte
América ? 5. ¿ Es Norte América una nación ? 6. ¿ Son Colombia y
Venezuela partes de Norte América ? 7. ¿ Son Bolivia y Chile países
de Norte América ? 8. ¿ Son Bolivia y Venezuela naciones de Norte
América ?

D. *Complétense*[2] *las frases siguientes según el ejemplo.* EJEMPLO:
Bolivia es un país. Bolivia y Venezuela... Bolivia y
Venezuela *son países.*

1. México es un país. México y Chile ... 2. Norte América es
un continente. Norte América y Sud América ... 3. Colombia es
una nación. Colombia y Bolivia ... 4. Venezuela no es un continente. Venezuela y México ...

VOCABULARIO — PÁGINA 36

GRAMÁTICA

1. What is the plural of *parte? continente?* How does Spanish form
the plural of words ending in a vowel? (§ 7 A)[3]
2. What is the plural of *país? nación?* How does Spanish form the
plural of words ending in a consonant? (§ 7 B)
3. In Spanish every noun has gender. What are the two genders
in Spanish? (§ 6 A)
4. In what two ways may the English words *a* and *an* be expressed
in Spanish? When is each form used? (§ 1 A)
5. Find an example of a negative sentence in the lesson. How is
a sentence made negative in Spanish? (§ 22 A)

[1] *Answer the questions with* No, señor, ...
[2] *Complete the following sentences according to the example.*
[3] This reference and subsequent references in the grammar questions indicate the section
in the GRAMÁTICA (beginning on page 299) in which the answer to the grammatical
question is given. Consult this section only if you cannot answer the question from
what you have observed in the lesson.

PUNTUACIÓN Y ACENTUACIÓN

1. What special punctuation is used in a Spanish question? (§ 4 B 1)[1]

2. Explain the use of the accent on *Qué* in the question ¿ *Qué es México* ? (§ 2 B)

3. On which syllable of a Spanish word does the stress normally fall? (§ 7 A, B)

4. Explain the written accents on *México, América,* and *nación.* (§ 7 C)

5. Why is there a written accent on *país*? (§ 7 E)

6. Why is there a written accent on *sí*? (§ 2 C)

7. Why is there a written accent on *nación* but none on *naciones*? (§ 7 B, C)

SEGUNDA LECCIÓN

La capital

La capital de México es la ciudad[2] de México. Es una ciudad muy grande, pues tiene casi nueve millones de habitantes.

La capital es una ciudad bella; tiene calles bonitas, varios parques y muchos edificios públicos. Naturalmente, es el centro del gobierno mexicano. 5

La ciudad de México es también en muchos aspectos el centro de la cultura mexicana. México y los Estados Unidos tienen civilizaciones muy diferentes. La civilización mexicana es una mezcla de la cultura primitiva de los indios y de la cultura europea de los españoles. La mezcla de las dos culturas es muy interesante. 10

---

[1] This reference and other references in this group of questions indicate the section in the PRONUNCIACIÓN (beginning on page 434) in which the answers to these questions will be found.

[2] The Mexicans usually refer to Mexico City simply as *México. La ciudad de México* is also heard, but much less commonly.

PREGUNTAS

1. ¿ Qué ciudad es el centro del gobierno mexicano ? 2. ¿ Es la capital de México una ciudad grande ? 3. ¿ Tiene la capital muchos habitantes ? 4. ¿ Cuántos habitantes tiene la capital ? 5. ¿ Es la capital una ciudad bella ? 6. ¿ Tiene calles bonitas ? 7. ¿ Tiene la capital muchos edificios públicos ? 8. ¿ Qué ciudad es el centro de la cultura mexicana ? 9. ¿ Son muy diferentes las civilizaciones de México y de los Estados Unidos ? 10. ¿ De qué dos culturas es una mezcla la civilización mexicana ? 11. ¿ Es primitiva la cultura de los Estados Unidos ?

EJERCICIOS

A. *Póngase el o la delante de cada palabra.* EJEMPLO: —— señorita — *la* señorita

1. cultura 2. señora 3. edificio 4. centro 5. continente 6. país 7. parque 8. ciudad 9. capital 10. civilización 11. gobierno 12. parte 13. señor 14. nación 15. habitante 16. calle

B. *Escríbase el plural de cada palabra.* EJEMPLO: la señora — *las señoras*

1. la parte 2. la señorita 3. el gobierno 4. el edificio 5. la ciudad 6. el continente 7. el centro 8. el parque bonito 9. la civilización primitiva 10. la capital europea 11. la nación grande 12. el país diferente 13. la calle interesante 14. el habitante mexicano

C. *Escríbanse[1] las frases siguientes según el ejemplo.* EJEMPLO: Las ciudades grandes tienen calles. (bonito) Las ciudades grandes tienen calles *bonitas.*

1. La capital del país tiene muchos edificios. (público) 2. ¿ Tiene la ciudad parques ? (bonito) 3. Bolivia y los Estados Unidos tienen civilizaciones. (diferente) 4. Los indios tienen una cultura. (primitivo) 5. Los países de Sud América tienen calles. (bonito) 6. Chile y Bolivia son naciones. (grande) 7. El país tiene ciudades. (bello) 8. Chile tiene una capital. (bello) 9. El centro de la ciudad tiene un parque. (bonito) 10. Las naciones de Sud América tienen una cul-

---

[1] *Write the following sentences according to the example.* In this exercise and in later exercises with the same directions, observe carefully exactly what changes are made in the second sentence of the example. Then make the same type of change in the sentences of the exercise.

tura. (europeo) 11. México tiene una civilización. (interesante) 12. La capital del país tiene un parque. (grande)

D. *Substitúyanse*[1] *los adjetivos entre paréntesis por sus* formas *convenientes.* EJEMPLO: ¿ Tiene Bolivia una cultura (primitivo) ? ¿ Tiene Bolivia una cultura *primitiva* ?

1. Los países de Sud América tienen (mucho) habitantes. 2. Las ciudades (grande) tienen calles muy (bonito). 3. Tienen (mucho) edificios (público) y parques muy (bello). 4. ¿ (Cuánto) ciudades tienen las naciones (europeo) ? 5. ¿ Es una ciudad (bonito) la capital de Colombia ? 6. Bolivia y los Estados Unidos tienen civilizaciones (diferente).

VOCABULARIO — PÁGINA 37

GRAMÁTICA

1. The Spanish say *the* in four different ways. Find these four ways in the reading lesson and explain when each is used. (§ 2 A, B)

2. What is the commonest ending of Spanish masculine nouns? (§ 6 B 1); of Spanish feminine nouns? (§ 6 B 3)

3. In English each adjective has only one form. In Spanish, adjectives whose masculine singular ends in –o have four forms. What are the four forms of *bello, mucho,* and *público*? (§ 9 A) Most other adjectives have two forms. What are the two forms of *diferente* and *interesante*? (§ 9 B)

4. How does a Spanish adjective agree with its noun? (§ 8 A)

5. In English, adjectives precede their nouns. What is the usual position of descriptive adjectives in Spanish? (§ 11 A, B) What is the usual position of numerals? (§ 11 F) Find in this reading lesson examples of adjectives which precede and of adjectives which follow their nouns.

6. What is the plural of *tiene*? (Page 37)

7. Of what two words is *del* a contraction? (§ 3 A)

---

[1] *Supply the proper forms of the adjectives in parentheses.*

La ciudad de méxico se divide en barrios

El Paseo de la Reforma y Chapultepec

La ciudad de México se divide en barrios[1]. Algunos de estos barrios son elegantes y tienen casas muy bellas, pero también hay muchos barrios pobres donde viven los obreros en casas de adobe. El parque de Chapultepec es un enorme bosque lleno de árboles grandes. En este parque hay una colina[2] y sobre esta colina se encuentra el castillo de Chapultepec. Este castillo es un museo nacional.

Hay una avenida muy ancha que va del parque de Chapultepec al centro de la capital y que se llama el Paseo de la Reforma. En esta avenida hay muchas estatuas y algunos monumentos de la historia de México. A ambos lados del Paseo de la Reforma se encuentran parques con árboles y flores.

PREGUNTAS

1. ¿En qué se divide la ciudad de México? 2. ¿Hay en la capital algunos barrios elegantes? 3. ¿En qué barrios viven los obreros? 4. ¿Qué es Chapultepec? 5. ¿Hay muchos árboles en Chapultepec? 6. ¿Qué hay sobre la colina de Chapultepec? 7. ¿Qué es este castillo? 8. ¿Qué avenida va del parque de Chapultepec al centro de la capital? 9. ¿Qué hay en esta avenida? 10. ¿Qué se encuentra a ambos lados del Paseo de la Reforma?

EJERCICIOS

A. *Substitúyanse*[3] *el, la, los y las por este, esta, estos o estas.* EJEMPLO: La ciudad se divide en barrios. *Esta* ciudad se divide en barrios.

1. El continente no es muy grande. 2. El país es una parte de Norte América. 3. Los habitantes tienen una civilización interesante. 4. La cultura no es primitiva. 5. El parque es un bosque. 6. Las calles tienen muchas casas grandes. 7. ¿Son bonitas las casas? 8. Los

---

[1] *districts*   [2] *hill*   [3] *Replace* el, la, los *and* las *by* este, esta, estos *or* estas.

museos son muy grandes. 9. Los árboles se encuentran en un bosque muy grande.

B. *Complétense*[1] *las frases según el ejemplo.* EJEMPLO: La ciudad tiene muchos parques. Las ciudades . . . Las ciudades *tienen muchos parques.*

1. Este barrio tiene casas muy bellas. Estos barrios . . . 2. Un obrero vive en esta casa. Nueve obreros . . . 3. Esta avenida va del parque al centro de la ciudad. Estas avenidas . . . 4. Una estatua se encuentra en el parque. Varias estatuas . . . 5. Esta ciudad se divide en barrios. Estas ciudades . . . 6. Esta calle es muy ancha. Estas calles . . .[2] 7. Este parque es muy bonito. Estos parques . . .[2] 8. La civilización primitiva es muy interesante. Las civilizaciones primitivas . . .[2]

C. *Substitúyanse las palabras inglesas entre paréntesis por sus equivalentes en español.*

1. La ciudad (*is divided*) en barrios. 2. Este parque (*is called*) Chapultepec. 3. En el parque (*are found*) muchos árboles grandes. 4. En esta ciudad (*is found*) un barrio pobre donde viven muchos obreros. 5. Estos continentes (*are divided*) en varios países. 6. Los habitantes de México (*are called*) mexicanos.

VOCABULARIO — PÁGINA 38

GRAMÁTICA

1. What are the four forms of the Spanish demonstrative adjective *este?* (§ 15 A)

2. In this lesson we find the sentence: *La ciudad de México se divide en barrios.* The expression *se divide* is expressed in English as *is divided.* Find other examples of this *se construction* and explain their meaning. (§ 28 A)

3. All the verbs you have had so far form their plurals in the same way. What is the plural of *tiene? vive? se encuentra? se divide? se llama?* (Pages 37 and 38)

4. What Spanish word expresses both *there is* and *there are?* (§ 101 A)

5. Of what two words is *al* a contraction? (§ 3 B)

---

[1] *Complete the sentences according to the example.* In this exercise and other exercises with the same instructions, observe the changes made in the second sentence. Then make the same type of changes in the sentences of the exercises.

[2] What must be done to the adjective at the end of the sentence to make it agree with the subject of the sentence, to which it refers?

La capital no es la única ciudad importante de México,
pues en el país hay otras grandes ciudades

CUARTA LECCIÓN

Otras ciudades de México

La capital no es la única ciudad importante de México, pues en el país hay otras grandes ciudades. Guadalajara es la segunda ciudad de México; está en el oeste y tiene más de un millón de habitantes. Es una ciudad que, como la capital, tiene grandes y hermosas avenidas.

Monterrey es la tercera ciudad de México; está en el norte del 5 país y tiene casi un millón de habitantes. Es una ciudad industrial con muchas fábricas, y las tiendas de Monterrey, llenas de productos norteamericanos, indican la enorme influencia de los Estados Unidos en el norte de México.

Veracruz es una ciudad de mucha importancia que está en el este 10 del país; es un puerto situado en el Golfo de México. Tampico es otro puerto del Golfo de México, importante por la exportación de petróleo. Tampico también está en el este de México.

PREGUNTAS

1. ¿ Es la capital la única ciudad importante de México ? 2. ¿ Cuál es la segunda ciudad de México ? 3. ¿ Dónde está Guadalajara ? 4. ¿ Cuántos habitantes tiene Guadalajara ? 5. ¿ Cuál es la tercera ciudad de México ? 6. ¿ Qué es Monterrey ? 7. ¿ Dónde está Monterrey ? 8. ¿ Cuántos habitantes tiene Monterrey ? 9. ¿ Qué productos se encuentran en las tiendas de Monterrey ? 10. ¿ Cuáles son las otras ciudades de mucha importancia ? 11. ¿ Qué son Veracruz y Tampico ? 12. ¿ Dónde está Veracruz ? 13. ¿ Por qué es importante Tampico ? 14. ¿ En qué parte de México están Veracruz y Tampico ? 15. ¿ Qué es Norte América ? 16. ¿ Cuál es la capital de los Estados Unidos ?

EJERCICIOS

A. *Contéstense*[1] *las preguntas siguientes de la manera más sencilla.*
EJEMPLO: ¿ Qué es Veracruz ? *Veracruz es un puerto.* ¿ Dónde está Veracruz ? *Veracruz está en el este de México.*

1. ¿ Qué es Tampico ? ¿ Dónde está Tampico ? 2. ¿ Qué es Monterrey ? ¿ Dónde está Monterrey ? 3. ¿ Qué es Guadalajara ? ¿ En qué parte de México está Guadalajara ? 4. ¿ Qué es México ? ¿ En qué continente está México ? 5. ¿ Qué es Chapultepec ? ¿ En qué ciudad está Chapultepec ? 6. ¿ Qué son Colombia y Venezuela ? ¿ En qué parte de Sud América están Colombia y Venezuela ? 7. ¿ Qué son Bolivia y Chile ? ¿ En qué continente están Bolivia y Chile ? 8. ¿ Qué es Nueva York ? ¿ En qué país está Nueva York ?

B. *Háganse*[2] *preguntas pidiendo la definición de las palabras siguientes.*
EJEMPLO: continente — ¿ *Qué es un continente ?*

1. tienda 2. bosque 3. puerto 4. Chile 5. Tampico y Veracruz 6. parque 7. México y los Estados Unidos

C. *Háganse*[3] *preguntas pidiendo información según el ejemplo.* EJEMPLO: la capital de México ¿ *Cuál es la capital de México ?*

---

[1] *Answer the following questions in the simplest way.*
[2] *Make questions asking for the definition of the following words.*
[3] *Make questions asking for information according to the example.*

1. la capital de Chile 2. la segunda ciudad de México 3. la avenida muy ancha que va del parque de Chapultepec al centro de México 4. los dos puertos importantes del Golfo de México[1] 5. los barrios donde viven los obreros 6. las ciudades importantes del oeste de México 7. la ciudad del norte de México que tiene muchas fábricas

D. *Substitúyanse*[2] *los guiones por es, son, está o están.* EJEMPLO:
1. Chile —— un país. 2. Chile no —— en Norte América.
1. Chile *es* un país. 2. Chile no *está* en Norte América.

1. Acapulco —— un puerto de México. 2. Acapulco —— en el Pacífico. 3. Este puerto no —— en el norte de México. 4. No —— un puerto grande. 5. Algunos de los edificios de Acapulco —— sobre una colina. 6. Algunos de los habitantes de Acapulco —— muy pobres. 7. Veracruz y Tampico no —— en el Pacífico. 8. Estos puertos —— en el este de México. 9. ¿ Dónde —— los puertos importantes de los Estados Unidos ? 10. ¿ En qué parte de los Estados Unidos —— Nueva York ?

VOCABULARIO — PÁGINA 39

GRAMÁTICA

1. Sometimes the word *is* is expressed by *es* and sometimes by *está*. Examine the examples in the reading lesson and state when each is used. (§§ 97 A, 98 A)

2. What is the plural of *es?* of *está?* (Pages 36 and 40)

3. In the questions of this lesson, *What is* is expressed sometimes by ¿ *Qué es* . . .? and sometimes by ¿ *Cuál es* . . .? When is each used? (§ 34 B)

4. What is the plural of ¿ *Qué es* . . .? of ¿ *Cuál es* . . .? (§ 34 B)

---

[1] Since this is plural, what form of ¿ *Cuál* . . . must be used ?
[2] *Fill out the blanks with es, son, está or están.*

México es el país más montañoso de Norte América

QUINTA LECCIÓN

Las montañas de México

México es el país más montañoso[1] de Norte América. Hay montañas en todas las partes del país, pero las más importantes forman dos grandes sierras: la Sierra Madre Occidental, que está en el oeste y que es la más alta de México, y la Sierra Madre Oriental, de montañas menos elevadas, que está en el este.

Estas montañas tienen picos muy elevados. El pico más alto de México es el Orizaba, que está cerca de Veracruz. El Popocatepetl es el segundo pico de México. Es menos alto que el Orizaba, pero es mucho más famoso. El Popocatepetl se llama "el Popo" también. En los

[1] *mountainous*

14

días claros el hermoso pico blanco del Popocatepetl se ve desde la 10
capital.

En las montañas hay oro, plata y otros metales. Muchas minas
de plata se encuentran cerca de la ciudad colonial de Taxco donde se
fabrican y se venden muchos artículos de este metal.

PREGUNTAS

1. ¿Cuál es el país más montañoso de Norte América? 2. ¿Cuál
es la parte más montañosa de los Estados Unidos? 3. ¿Cuáles son
las dos sierras más importantes de México? 4. ¿En qué parte de
México está la Sierra Madre Occidental? 5. ¿Cuál es el pico más
alto de México? 6. ¿Cuál es el segundo pico del país? 7. ¿Qué pico
se llama también "el Popo"? 8. ¿Es el Orizaba más famoso que
"el Popo"? 9. ¿Qué metales se encuentran en las montañas de
México? 10. ¿Qué es Taxco? 11. ¿Qué minas se encuentran cerca
de Taxco? 12. ¿Qué artículos se venden en Taxco?

EJERCICIOS

A. *Complétense[1] las frases usando la forma comparativa, como en el
ejemplo.* EJEMPLO: Arizona es grande, pero California . . .
Arizona es grande, pero California *es más grande que Arizona.*

1. Tampico es importante, pero Veracruz . . . 2. Las montañas
del este son altas, pero las montañas del oeste . . . 3. Guadalajara es
hermosa, pero Taxco . . . 4. El Orizaba es famoso, pero "el Popo" . . .
5. Este obrero es pobre, pero los otros obreros . . . 6. Monterrey es
una ciudad bonita, pero la capital . . . 7. Las avenidas de Guadalajara
son bonitas, pero las avenidas de la capital . . . 8. Taxco es una
ciudad importante, pero Monterrey . . . 9. Las calles de Veracruz son
anchas, pero las calles de Guadalajara . . .

B. *Cámbiense[2] al superlativo los adjetivos de las frases siguientes,
según el ejemplo.* EJEMPLO: Monterrey es una ciudad grande del
norte de México. Monterrey es *la ciudad más grande* del norte
de México.

1. México es un país montañoso de Norte América. 2. El Orizaba es un pico alto de México. 3. Guadalajara es una ciudad hermosa
del oeste de México. 4. Chapultepec es un parque famoso de la capital.
5. Nueva York es una ciudad grande de los Estados Unidos. 6. El

[1] *Complete the sentences using the comparative form, as in the example.*
[2] *Change the adjectives of the following sentences to the superlative, as in the example.*

Paseo de la Reforma es una avenida elegante de la capital. 7. Veracruz es un puerto importante del este del país. 8. La Sierra Madre Oriental y la Sierra Madre Occidental son sierras importantes de México.

VOCABULARIO — PÁGINAS 40–41

GRAMÁTICA

1. How are adjectives compared in English? in Spanish? (§ 12 A, B)
2. Compare and use in sentences the adjectives *alto*, *bonito*, and *importante*.
3. How is *in* expressed after a superlative? (§ 12 E)

Cielito[1] Lindo

Ese lunar[2] que tienes,
Cielito Lindo,
junto a la boca,
no se lo des a nadie,
Cielito Lindo,
que a[3] mí me toca.

¡ Ay, ay, ay, ay !
canta y no llores,
porque cantando se alegran,
Cielito Lindo, los corazones.

De la Sierra Morena,
Cielito Lindo,
vienen bajando
un par de ojitos[4] negros,
Cielito Lindo,
de[5] contrabando.

¡ Ay, ay, ay, ay !
canta y no llores,
porque cantando se alegran,
Cielito Lindo, los corazones.

Pájaro que abandona,
Cielito Lindo,
su primer nido[6],
si lo encuentra ocupado
Cielito Lindo
bien merecido.

¡ Ay, ay, ay, ay !, etc.

[1] *"Pretty Little Heaven"*   [2] *beauty spot, mole*   [3] *belongs to me*   [4] *dear black eyes* (§ 52)
[5] *smuggled (out of the house)*   [6] *nest*

Primer Repaso — Lecciones 1 a 5

Explíquense en español los nombres siguientes. EJEMPLO: Paraguay.
Paraguay es un país de Sud América situado al norte de la Argentina.

Chapultepec	Orizaba	Sierra Madre Oriental
Guadalajara	Paseo de la Reforma	Tampico
México	Popocatepetl	Taxco
Monterrey	Sierra Madre Occidental	Veracruz

PREGUNTAS

1. ¿ De qué continente forma parte México? 2. ¿ Qué es Sud
América? 3. ¿ Qué es Venezuela? 4. ¿ Cuál es la capital de México?
5. ¿ Por qué tiene la capital de un país muchos edificios públicos?
6. ¿ Es primitiva la cultura de los españoles? 7. ¿ Cuál es la avenida
de México que va del centro de la capital al parque de Chapultepec?
8. ¿ Cómo se llama el parque de México que tiene un castillo sobre
una colina? 9. ¿ De qué son las casas de los obreros que viven en
los barrios pobres de las ciudades mexicanas? 10. ¿ En qué parte de
México está Veracruz? 11. ¿ Qué puerto de México es importante
por la exportación de petróleo? 12. ¿ Cuál es la ciudad más grande
y más importante del norte de México? 13. En los días claros ¿ qué
pico se ve desde la capital de México? 14. ¿ En qué ciudad de México
se fabrican muchos artículos de plata? 15. ¿ Cuáles son las montañas
más altas de México?

TEMAS PARA COMPOSICIÓN ESCRITA

Hágase una composición sobre cualquiera de los temas siguientes.

1. La capital de México
2. Las principales ciudades de México

EJERCICIOS

Cuando[1] *haya una palabra entre paréntesis, póngase la forma conveniente
de aquella palabra. Cuando haya dos palabras, escójase la que convenga y
póngase la forma correcta de aquella palabra.*

[1] *When there is one word in parentheses, supply the proper form of that word. When there are two
words, choose the one that applies and write its proper form.*

17

Sud América es (un)[1] continente que se (dividir)[2] en varios (país)[3].

Este continente (tener)[4] muchas montañas, pero Norte América es (montañoso)[5] que Sud América. ¿ (cuál, qué)[6] son las montañas (alto)[7] de Sud América ? Los Andes son las montañas (importante)[1][8] del continente. (este)[9] montañas (estar, ser)[10] en (el)[11] oeste de Sud América. ¿ (cuál, qué)[12] es el Brasil ? El Brasil es (el)[13] nación (grande)[14] de Sud América.

¿ Dónde (estar, ser)[15] Chile ? Chile (estar, ser)[16] en el oeste del continente. ¿ (cuál, qué)[17] es la capital de Chile ? Santiago (estar, ser)[18] la capital de Chile y (estar, ser)[19] cerca del Pacífico. Santiago es (un)[20] ciudad importante que (tener)[21] muchos habitantes. Muchos obreros (vivir)[22] en Santiago. Hay muchas minas en Chile y en las (ciudad)[23] del país se (fabricar)[24] muchos artículos. Estos artículos se venden en (el)[25] tiendas de la capital y de las otras ciudades del país.

GRAMÁTICA[2]

1. The indefinite article. (§ 1 A)
2. The definite article. (§ 2)
3. Contractions of *a* and *de* with *el*. (§ 3)
4. Gender of nouns. (§ 6 A, B 1, 3)
5. Plural of nouns. (§ 7 A, B)
6. Agreement of adjectives. (§ 8 A)
7. Forms of adjectives. (§ 9 A, B)
8. Position of adjectives. (§ 11 A, B)
9. Comparison of adjectives. (§ 12 A, B, E, F)
10. The negative. (§ 22 A)
11. How to express *What is . . .?* and *What are . . .?* (§ 34 B)
12. When to use *ser* and when *estar*. (§§ 97 A, 98 A)

[1] Use the proper form of the superlative.
[2] Try to explain each of the following topics to yourself orally. If there is any one that you cannot explain, learn the explanations in the paragraphs indicated.

Allá en el rancho grande

Allá en el rancho grande,
allá donde vivía
había una rancherita[1]
que alegre me decía,
que alegre me decía.

Te voy a hacer tus calzones[2],
como los usa el ranchero[3],
te los comienzo de lana[4],
te los acabo de cuero[5].

Allá en el rancho grande,
allá donde vivía
había una rancherita
que alegre me decía,
que alegre me decía.

Nunca te fíes[6] de promesas[7]
ni mucho menos de amores[8],
que si te[9] dan calabazas
verás lo que son ardores[10].

Allá en el rancho grande,
allá donde vivía
había una rancherita
que alegre me decía,
que alegre me decía.

Pon[11] muy atento el oído
cuando rechine[12] la puerta,
hay muertos que no hacen ruido
y son muy gordas[13] sus penas.

Allá en el rancho grande,
allá donde vivía
había una rancherita
que alegre me decía,
que alegre me decía.

Cuando te pidan cigarro[14],
no des cigarro y cerillo[15],
porque si das las dos cosas
te[16] tantearán de zorrillo.

[1] *little farm girl* [2] *breeches* [3] *farmer, rancher* [4] *wool* [5] *leather* [6] *trust in*
[7] *promises* [8] *love affairs* [9] *"give you the gate"* [10] *love's "fires" (hurts)*
[11] *Listen sharply* [12] *creaks* [13] *great* [14] *cigaret* [15] *match* [16] *"play you for a sucker"*

La meseta central y la costa

Entre las dos sierras principales de México se encuentra la meseta central que, si no es tan alta como las montañas, es mucho más elevada que la costa. Aunque una parte de esta meseta está en la zona tropical, el clima es templado[1] a causa de la altura. En México hay dos esta-
5 ciones: en una el tiempo es seco y en la otra llueve casi todos los días. En la meseta, además de la capital, hay muchas ciudades importantes como Saltillo, San Luis Potosí y Querétaro. Las ciudades que están en la meseta central tienen más habitantes que las ciudades de la costa, porque es más fácil trabajar en un clima agradable.
10 A lo largo de la costa el terreno es muy bajo; el clima es tropical y el calor casi insoportable[2]. Como llueve mucho, la vegetación es muy abundante y las selvas[3] tropicales son tan impenetrables como las regiones montañosas[4].

El istmo[5] de Tehuantepec es una región del sur de México donde
15 hay muchas selvas. Este istmo separa la península de Yucatán del resto de México. En Yucatán hay ruinas de grandes ciudades de la civilización maya[6].

PREGUNTAS

1. ¿Qué hay entre las dos sierras principales de México? 2. ¿Es más alta la meseta central que las montañas? 3. ¿En qué zona está la meseta central? 4. ¿Por qué es agradable el clima de la meseta? 5. ¿Cuántas estaciones hay en la meseta? 6. Además de la capital ¿qué ciudades importantes se encuentran en la meseta central? 7. ¿Por qué es más fácil trabajar en la meseta que en la costa? 8. ¿En qué parte de México es más bajo el terreno? 9. ¿Por qué es muy abundante la vegetación a lo largo de la costa? 10. ¿Cómo es el clima de las costas? 11. ¿Qué península se encuentra en el sur de México? 12. ¿Qué istmo separa esta península del resto de México? 13. ¿Qué vegetación tiene el istmo de Tehuantepec?

[1] *temperate* [2] *unbearable* [3] *dense tropical forests* [4] *mountainous* [5] *isthmus* [6] *Mayan*

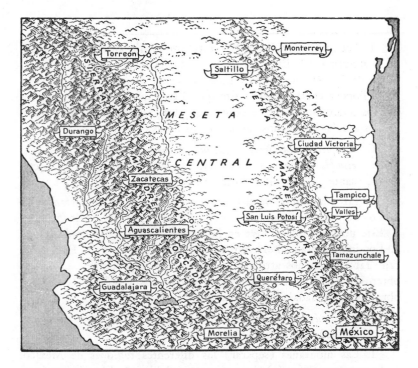

Entre las dos sierras principales de México se encuentra
la meseta central que, si no es tan alta como las montañas,
es mucho más elevada que la costa

Ejercicios

A. *Háganse comparaciones como en el ejemplo.* Ejemplo: El clima de
la capital es agradable. El clima de las montañas es agradable.
*El clima de la capital es **tan agradable como** el clima de las*
montañas.

1. Las calles son bonitas. La avenida es bonita. 2. Querétaro es
importante. Saltillo es importante. 3. El clima de California es
agradable. El clima de Arizona es agradable. 4. Colombia es grande.
Venezuela es grande. 5. La cultura india es interesante. La cultura
europea es interesante. 6. Los obreros son pobres. Los indios son
pobres. 7. Los museos son interesantes. Los parques son interesantes.

B. *Háganse comparaciones como en el ejemplo.* Ejemplo: Paraguay es
menos grande que México. *Paraguay no es **tan grande como***
México.

1. Las otras avenidas de la capital son menos anchas que el Paseo de la Reforma. 2. El clima de las costas es menos agradable que el clima de la meseta. 3. San Luis es menos grande que Monterrey. 4. El Popocatepetl es menos alto que el Orizaba. 5. Las casas de los barrios pobres son menos elegantes que las casas de los barrios ricos. 6. Los árboles son menos bellos que las flores.

C. *Complétense las frases siguientes, usando el infinitivo, como en el ejemplo.* EJEMPLO: Estos indios viven en México. Es interesante . . . Es interesante *vivir en México.*

1. Los mexicanos venden mucho petróleo. Es importante . . . 2. Los norteamericanos trabajan en un clima agradable. Es fácil . . . 3. Este norteamericano vive en la meseta central. Es agradable . . . 4. Los indios están en el castillo. Es interesante . . . 5. Este mexicano fabrica muchos artículos de plata. Es importante . . . 6. Los obreros ven los picos blancos de la sierra. Es agradable . . . 7. El obrero va de Guadalajara a la capital. Es fácil . . .

D. *Substitúyase*[1] *el infinitivo entre paréntesis por la forma conveniente del verbo cuando sea necesario.*

1. Las montañas (separar) las diferentes regiones de México. 2. Es importante (vivir) en un clima agradable. 3. El puerto se (ver) desde la montaña en los días claros. 4. Cerca de las minas se (fabricar) muchos artículos de oro y plata. 5. Estos artículos se (vender) en las ciudades del país. 6. ¿Es fácil (trabajar) en la región de la costa? 7. Muchas calles (ir)[2] del centro de la capital al parque de Chapultepec. 8. Yucatán (ser)[3] una península del sur de México. 9. ¿Dónde (estar) las otras penínsulas del continente? 10. Es muy interesante (estar) en la capital de un país.

VOCABULARIO — PÁGINAS 41–42

GRAMÁTICA

1. A construction such as *Colombia is as large as Venezuela* is called a comparative of equality. How is *as . . . as* expressed in Spanish? (§ 12 G)

2. In English the form of the verb preceded by *to* is called the infinitive. You have already had a number of Spanish infinitives. In

---

[1] *Supply the proper form of the verb in the sentences where an infinitive is not necessary.*
[2] For the forms of the verb *ir*, see page 38.
[3] For the forms of the verb *ser*, see page 36.

what letter do all Spanish infinitives end? Make a list of Spanish infinitives. (Pages 36, 37, 38, 40, 41, 42) How may these infinitives be used? (§ 80 A, B)

3. A few words ending in *-a* are masculine. What two words of this type have you learned? (§§ 6 B 2, 6 B 3, note 3)

SÉPTIMA LECCIÓN

La lengua de México

La lengua nacional de México es el español, pues la inmensa mayoría de los mexicanos hablan esta lengua. Hablan y pronuncian bien, pero el mexicano no pronuncia el español exactamente como los españoles; habla con otro acento y emplea algunas palabras que no usan los españoles. Sin embargo, las diferencias de pronunciación y 5
vocabulario no son muchas.

La mayoría de los mexicanos tienen una mezcla de sangre española[1] y sangre india. Hay una minoría de origen español y otra minoría de origen indio.

El indio que vive en la ciudad habla español como los otros mexi- 10
canos, pero en las montañas y en las selvas viven algunos indios aislados del resto del país por falta de comunicaciones, y estos indios no hablan español; hablan dialectos indios completamente diferentes del español. Existen casi cien dialectos diferentes.

Sin embargo, en las regiones donde hay escuelas, los niños indios 15
aprenden la lengua nacional, y naturalmente, cuando hablan y leen esta lengua, aprenden algo de México y del resto del mundo.

Preguntas

1. ¿ Cuál es la lengua nacional de México ? 2. ¿ Qué lengua hablan los habitantes de España ? 3. ¿ Es el inglés la lengua nacional

[1] For the feminine of adjectives of nationality ending in a consonant, see § 9 C.

de los Estados Unidos y de Inglaterra ? 4. ¿ Es el francés la lengua
nacional de Francia ? 5. ¿ Pronuncian los mexicanos bien el español ?
6. ¿ Hablan los mexicanos exactamente como los españoles ? 7. ¿ Qué
sangre tienen los mexicanos ? 8. ¿ Qué lengua habla el indio mexicano
que vive en la ciudad ? 9. ¿ En qué parte del país se hablan dialectos
indios completamente diferentes del español ? 10. ¿ Cuántos dialectos
indios hay en México ? 11. ¿ Dónde aprenden los niños indios el
español ? 12. ¿ Qué lengua leen los mexicanos en la escuela ?

A. *Complétense las frases siguientes según el ejemplo.* EJEMPLO: Este
indio vive en las selvas. Estos indios . . . Estos indios *viven
en las selvas.*

1. Este mexicano trabaja en una fábrica. Estos mexicanos . . .
2. Este obrero habla español. Estos obreros . . . 3. Este niño
aprende francés. Estos niños . . . 4. Esta señora vive en un barrio
elegante de la ciudad. Estas señoras . . . 5. Este norteamericano
pronuncia bien el inglés. Estos norteamericanos . . . 6. Esta ciudad
está en la meseta. Estas ciudades . . . 7. Esta calle es ancha. Estas
calles . . . 8. Este indio va a la capital. Estos indios . . . 9. Este
país tiene muchos habitantes. Estos países . . . 10. Este español lee
francés. Estos españoles . . .

B. *Complétense las frases siguientes según el ejemplo.* EJEMPLO: Los
habitantes de Monterrey hablan español. Un habitante de
Monterrey . . . Un habitante de Monterrey *habla español.*

1. Los países grandes tienen muchas ciudades. Un país grande . . .
2. Las ciudades importantes se dividen en barrios. Una ciudad importante . . . 3. Los obreros pobres no viven en la parte elegante de la
ciudad. Un obrero pobre . . . 4. Los niños indios no hablan bien el
español. Un niño indio . . . 5. Los norteamericanos aprenden inglés
en la escuela. Un norteamericano . . . 6. Los habitantes de las montañas trabajan en las minas de plata. Un habitante de las montañas . . .
7. Los mexicanos usan algunas palabras indias. Un mexicano . . .
8. Los niños mexicanos leen español. Un niño mexicano . . . 9. Los
mexicanos no pronuncian como los otros habitantes del continente.
Un mexicano no . . .

C. *Complétense las frases siguientes según el ejemplo.* EJEMPLO: Los
habitantes de Chile hablan español. La lengua nacional de
Chile es . . . La lengua nacional de Chile es *el español.*

1. Los franceses hablan francés. La lengua nacional de Francia
es . . . 2. Los habitantes de los Estados Unidos hablan inglés. La

lengua nacional de los Estados Unidos es . . . 3. Los mexicanos hablan español. La lengua nacional de México es . . . 4. Los habitantes de una parte del Canadá hablan inglés. La lengua de una parte del Canadá es . . . 5. Los españoles hablan español. La lengua de España es . . . 6. Los habitantes de una parte del Canadá hablan francés. La lengua de una parte del Canadá es . . . 7. Los habitantes de Bolivia hablan español. La lengua nacional de Bolivia es . . .

VOCABULARIO — PÁGINA 43

GRAMÁTICA

1. Spanish verbs are divided into three classes according to the infinitive ending. What are these three classes? (§ 56 A)

2. These verbs differ somewhat in ending. Make a table showing the singular and plural endings used after nouns. (Page 43)

	trabajar	*leer*	*existir*
el mexicano	trabaj___	le___	exist___
los mexicanos	trabaj___	le___	exist___

3. In general, the article *el* is used before names of languages, but it is omitted in certain cases. When is the article *el* generally omitted before names of languages? (§ 4 A)

OCTAVA LECCIÓN

La instrucción en México

La instrucción en México es un gran problema. Algunos mexicanos no saben leer ni escribir y hay niños que no van nunca a la escuela. Algunas familias pobres no tienen ni dinero ni tiempo suficientes para la instrucción de los hijos, y los niños de estas familias tienen que trabajar para ganar algo. Otros niños no van a la escuela 5

más que tres o cuatro años, y todavía existen regiones donde no hay
ninguna escuela.

Sin embargo, desde la Revolución de 1910[1] hay muchas escuelas
rurales. Los maestros rurales son los verdaderos héroes de México;
10 en algunas regiones nadie habla español y el maestro tiene que hablar
algún dialecto indio. Además, tiene que saber algo de medicina,
porque hay campesinos que no saben nada de higiene. A veces no hay
ningún médico, porque los médicos no ganan nunca mucho dinero en
el campo. Naturalmente, los maestros tampoco ganan mucho.
15 Las escuelas de las ciudades son modernas. Hay escuelas primarias,
secundarias y profesionales. Además, hay universidades en la capital
y en otras ciudades del país.

Preguntas

1. ¿Es la instrucción en México un gran problema? 2. En
México ¿por qué no van a la escuela los niños de algunas familias
pobres? 3. ¿Por qué tienen que trabajar estos niños? 4. ¿Quiénes
son los verdaderos héroes de México? 5. ¿Por qué tienen los maestros
que hablar dialectos indios? 6. ¿Por qué tienen estos maestros que
saber algo de medicina? 7. ¿Por qué no hay muchos médicos en el
campo? 8. ¿Son modernas las escuelas de las ciudades? 9. ¿Dónde
están las universidades de México?

Ejercicios

A. *Escríbanse*[2] *las frases siguientes con* **nunca** (a) *poniendo* **nunca**
delante del verbo; (b) *poniendo* **no** *delante y* **nunca** *detrás del verbo.*
Ejemplo: Estos niños tienen mucho dinero. (a) Estos niños
nunca tienen mucho dinero. (b) Estos niños *no* tienen *nunca*
mucho dinero.

1. Los hijos del médico escriben. 2. Los indios hablan. 3. Los
niños van a la escuela. 4. Los obreros ganan mucho dinero. 5. Los
maestros tienen mucho tiempo.

B. *Cámbiese*[3] *a* **nada** *el complemento del verbo.* Ejemplo: Estos
maestros saben mucho. Estos maestros *no* saben *nada*.

[1] *mil novecientos diez*
[2] Write the following sentences with *nunca* (a) placing *nunca* before the verb; (b) placing
no before the verb and *nunca* after the verb.
[3] Change the object of the verb to *nada*.

1. Los niños saben algo. 2. El maestro lee francés. 3. Estos obreros ganan mucho. 4. Las familias pobres tienen casas elegantes. 5. Estos mexicanos aprenden inglés. 6. Los médicos escriben francés.

C. *Cámbiese*[1] *a* **nadie** *el sujeto de la frase.* EJEMPLO: Los maestros ganan mucho dinero. *Nadie* gana mucho dinero. 1. Los niños escriben un dialecto indio. 2. Los maestros saben mucho de medicina. 3. Los niños aprenden español en la escuela. 4. Estos obreros tienen casas de adobe. 5. Los niños del médico leen francés. 6. Los hijos de los obreros van a la escuela.

D. *Escríbanse*[2] *en el singular las expresiones siguientes, haciendo todos los cambios necesarios.* EJEMPLO: algunos médicos — algún médico

1. unas[3] diferencias 2. unos problemas 3. algunas escuelas 4. algunos campesinos 5. unos médicos 6. unas ciudades 7. algunas regiones 8. algunos dialectos

E. *Cámbiense*[4] *todas las formas de* **mucho** *a la forma conveniente de* **ninguno,** *haciendo los otros cambios necesarios en la frase.* EJEMPLO: Hay muchas flores en esta calle. *No* hay *ninguna* flor en esta calle.

1. Hay muchas universidades en la capital. 2. Hay muchos maestros en el campo. 3. Los barrios pobres tienen muchos árboles. 4. Hay muchos puertos en la costa.

F. *Escríbanse en el singular las expresiones siguientes, haciendo los cambios necesarios.* EJEMPLOS: 1. unos grandes castillos — *un gran castillo* 2. unas grandes avenidas — *una gran avenida*

1. unos grandes países 2. unas grandes escuelas 3. unos grandes problemas 4. unas grandes universidades 5. unas grandes diferencias 6. unos grandes monumentos

VOCABULARIO — PÁGINAS 44–45

GRAMÁTICA

1. This is a lesson concerned with negative words. Make a list of the negative words used in it. (§ 22 C)

---

[1] Change the subject of the sentence to *nadie*.
[2] *Write the following expressions in the singular, making all necessary changes.*
[3] In the plural the adjectives *unos* and *unas* mean *some*.
[4] *Change all the forms of* **mucho** *to the proper form of* **ninguno**, *making the other necessary changes in the sentence.* Note that *ninguno* and the noun it modifies will normally be in the singular.

2. When do these negative words require a *no* to complete their meaning? Make examples of negative words used in sentences with and without *no*. (§ 22 D)

3. Whenever *grande* is singular and precedes its noun, what does it generally become? (§ 10 B) What happens to *ciento* before a noun? (§ 10 C)

4. What happens to *uno*, *alguno* and *ninguno* when they precede a masculine singular noun? This change is called apocopation, and adjectives which make it are indicated in the vocabulary as follows: **algun(o)**. (§ 10 A) Why is an accent written on the apocopated forms of *alguno* and *ninguno?*

5. Explain why the article is used in the sentence: *Los médicos no ganan mucho dinero en el campo*. (§ 4 B)

NOVENA LECCIÓN

Un norteamericano en México

La Universidad Nacional de México está en la capital y es la más antigua del continente. Algunos norteamericanos estudian en esta universidad.

Roberto es norteamericano, y Felipe[1] es un estudiante mexicano.
5 El día de la primera clase, Felipe nota que Roberto es extranjero. El mexicano se[2] presenta a Roberto y pregunta cortésmente:

— ¿ Es usted norteamericano ?

— Sí, señor — contesta Roberto —, yo soy norteamericano.

— Pues habla usted español muy bien.

10 — Muchas gracias. ¿ Habla usted inglés ?

— Hablo muy poco, pero entiendo mucho; estudio inglés y en-

---

[1] *Philip*   [2] This *se* is the reflexive pronoun meaning *himself*.

tiendo algo de las películas de Hollywood. También entiendo a[1] los turistas que hablan inglés. Creo que es más fácil entender que hablar. ¿ Qué estudia usted en la universidad ?

— Estudio varias materias, pero sobre todo la historia y la cultura 15 de México.

— ¿ Vive usted cerca de la universidad ?

— No, señor. Estoy todavía en un hotel, pero busco un cuarto.

— Pues, hay un cuarto desocupado[2] en la casa donde vivo yo. La señora García está ahora en casa. ¿ Quiere usted ver el cuarto y 20 hablar con la señora ?

— ¡ Cómo no ! Ahora mismo.

PREGUNTAS

1. ¿ Cuál es la universidad más antigua de México ? 2. ¿ Cuál es la universidad más antigua de los Estados Unidos ? 3. ¿ Estudian algunos norteamericanos en la Universidad de México ? 4. ¿ Quién es Felipe ? 5. ¿ Qué nota Felipe ? 6. ¿ A quién se presenta Felipe ? 7. ¿ Qué pregunta Felipe a Roberto ? 8. ¿ Habla español Roberto ? 9. ¿ Habla Roberto bien el español ? 10. ¿ Entiende Felipe las películas norteamericanas ? 11. ¿ Qué estudia Roberto en la universidad ? 12. ¿ Dónde vive Roberto ? 13. ¿ Qué busca Roberto ? 14. ¿ En qué casa hay un cuarto desocupado ?

EJERCICIOS

A. *Contéstense*[3] *las preguntas siguientes en el afirmativo con yo.* EJEMPLO: ¿ Gana usted mucho dinero ? *Sí, gano mucho dinero.*

1. ¿ Vive usted en los Estados Unidos ? 2. ¿ Busca usted un cuarto ? 3. ¿ Aprende usted español ? 4. ¿ Estudia usted inglés ? 5. ¿ Lee usted la historia de México ? 6. ¿ Escribe usted inglés ? 7. ¿ Trabaja usted en la universidad ? 8. ¿ Es usted estudiante ? 9. ¿ Es usted norteamericano ? 10. ¿ Está usted en los Estados Unidos ? 11. ¿ Está usted en la universidad ?

---

[1] This *a* is called the **personal** *a* and is used before direct objects which refer to persons. It is not translated into English.

[2] *vacant*

[3] *Answer the following questions in the affirmative with yo.* Note that the pronoun *yo* is ordinarily omitted in your answer since the *-o* ending of the verb form is sufficient to indicate the meaning.

B. *Contéstense*[1] *las preguntas siguientes en el negativo con* **usted.**
EJEMPLO: ¿ Hablo francés ? *No, usted no habla francés.*

1. ¿ Busco un hotel ? 2. ¿ Estudio inglés ? 3. ¿ Leo un libro de medicina ? 4. ¿ Vivo en Tampico ? 5. ¿ Aprendo mucho en la universidad ? 6. ¿ Escribo una historia de los Estados Unidos ? 7. ¿ Vendo flores en la calle ? 8. ¿ Soy extranjero ? 9. ¿ Soy médico ? 10. ¿ Estoy ahora en casa ? 11. ¿ Estoy ahora en Veracruz ?

C. *Substitúyanse los infinitivos entre paréntesis por las formas convenientes del presente. Todos estos verbos son regulares.*

1. Yo (contestar) que soy norteamericano. 2. Usted (creer) que el español es fácil. 3. ¿ Dónde (vivir) yo ? 4. El mexicano se (presentar) al estudiante. 5. Yo (hablar) dos lenguas. 6. Los estudiantes (aprender) mucho en la universidad. 7. Yo no (escribir) mucho en la escuela.

D. *Substitúyanse los infinitivos entre paréntesis por las formas convenientes del presente. Todos estos verbos son irregulares.*

1. Yo (ser) estudiante. 2. Usted no (ser) médico. 3. Roberto (ser) norteamericano. 4. Felipe (estar) en la calle. 5. Usted (estar) en México. 6. Yo (estar) en el cuarto de un hotel. 7. Algunos norteamericanos (estar) en la capital. 8. Estos norteamericanos (ser) estudiantes.

VOCABULARIO — PÁGINAS 45–46

GRAMÁTICA

1. What Spanish word meaning *you* is used in this lesson? (§ 23 B) Note that the verb form used with this word is exactly the same as that used with singular nouns. (Page 46)

2. The pronoun *yo* is also found in this lesson. What verb ending is used with the present tense of a verb whose subject is *yo?* What two irregular verbs found in this lesson have a different *yo* ending? (Page 46) Does *yo* have to be expressed? (§ 23 A)

3. Complete the following table. (Page 46)

	buscar	*creer*	*existir*	*ser*	*estar*
yo	busc__	cre__	exist__	____	____
el estudiante	busc__	cre__	exist__	____	____
usted	busc__	cre__	exist__	____	____
los estudiantes	busc__	cre__	exist__	____	____

---

[1] *Answer the following questions in the negative with* **usted.** Note that the pronoun *usted* is ordinarily expressed in your answer.

4. Why is the indefinite article omitted in sentences like *Roberto es extranjero* and *Felipe es mexicano*? (§ 4 D)

5. Why is the definite article used in sentences like *La señora García está ahora en casa?* (§ 4 C)

DÉCIMA LECCIÓN

Los estudiantes mexicanos

Roberto y Felipe llegan a la casa de la señora García. Delante de la puerta hay otros[1] dos estudiantes que son amigos de Felipe. Uno se llama Carlos y el otro José. Después de las presentaciones, Roberto pregunta:

— ¿ Son ustedes de la capital ? 5

— No, señor, no somos de aquí — contesta Carlos —; yo soy de Guadalajara y José es de Saltillo, pero vivimos en esta casa y ocupamos el mismo cuarto.

— ¿ Estudian ustedes filosofía y letras como Felipe ?

— No, yo estudio medicina y José estudia ingeniería[2]. Pero 10 aunque no estudiamos las mismas materias que ustedes, leemos libros de filosofía y de literatura. Además, José es poeta.

— Escribo poesías, pero no soy un buen poeta — explica José —. Carlos, en cambio, toca la guitarra y canta muy bien. Ahora aprendemos inglés; Carlos canta en inglés, pero naturalmente yo todavía no 15 escribo versos en esta lengua.

— ¡ Qué[3] contraste entre ustedes y nosotros ! — exclama Roberto —. ¡ Ingenieros que escriben versos y médicos que tocan la guitarra y aprenden inglés ! Aunque tocamos la guitarra, general-

[1] *two other* The Spanish word order of *otro* + A NUMERAL is just the opposite of the English A NUMERAL + *other*.
[2] *engineering*
[3] *What a contrast !* The exclamatory *Qué* with a noun means *What a . . . !*

20 mente nosotros no escribimos versos ni aprendemos español. ¿ Cómo
se explica esta diferencia ?

— Fácilmente — contesta Felipe —. En general, ustedes son muy
prácticos y forman un pueblo de especialistas. Admiramos el progreso
material de ustedes, pero nosotros somos diferentes.

PREGUNTAS

1. ¿ A¹ casa de quién llegan Roberto y Felipe ? 2. ¿ Quién está
delante de la puerta de la casa ? 3. ¿ De dónde es Carlos ? 4. ¿ De
dónde es José ? 5. ¿ Qué estudia Carlos ? 6. ¿ Quién estudia ingeniería ? 7. ¿ Canta Carlos en inglés ? 8. ¿ Qué estudiante escribe
poesías ? 9. ¿ Escribe José versos en inglés ? 10. En general ¿ escriben poesías los ingenieros norteamericanos ? 11. Generalmente ¿ son
prácticos los norteamericanos ? 12. ¿ Son diferentes los mexicanos de
los norteamericanos ?

EJERCICIOS

A. *Contéstense las preguntas siguientes, según el ejemplo.* EJEMPLO:
   ¿ De quién es esta casa ? (el señor García) *Es la casa del*
   señor García.

1. ¿ De quién es este libro ? (Felipe) 2. ¿ De quién es esta poesía ?
(el médico) 3. ¿ De quién son estas palabras ? (el niño) 4. ¿ De quién
son estas fábricas ? (el ingeniero) 5. ¿ De quién es este dinero ?
(Carlos) 6. ¿ De quién es esta guitarra ? (el estudiante) 7. ¿ De
quién son estos versos ? (el señor García) 8. ¿ De quién es este
cuarto ? (los estudiantes) 9. ¿ De quiénes son estos niños ? (los
obreros) 10. ¿ De quiénes son estas escuelas ? (los mexicanos)

B. *Contéstense las preguntas siguientes en el afirmativo usando nosotros.*²

1. ¿ Tocan ustedes la guitarra ? 2. ¿ Viven ustedes en el norte
de México ? 3. ¿ Están ustedes en Tampico ? 4. ¿ Son ustedes estudiantes ? 5. ¿ Leen ustedes muchos libros ? 6. ¿ Cantan ustedes en
la escuela ? 7. ¿ Aprenden ustedes la historia de los Estados Unidos
en la universidad ? 8. ¿ Escriben ustedes versos ? 9. ¿ Son ustedes
norteamericanos ?

---

[1] *At whose house . . .?* Here is an example of the interrogative pronoun *quién* used to show
possession.
[2] Ordinarily, the pronoun *nosotros* is omitted since the *-mos* on the verb ending is sufficient
to indicate the meaning.

El Paseo de la Reforma
es una avenida muy ancha
que va del Parque de Chapultepec
al centro de la capital

México es el país más montañoso de Norte América

En los días claros se ve el hermoso pico blanco del Popocatepetl

*Desde la Revolución de 1910
hay más escuelas rurales*

Cada casa mexicana tiene su patio
y cada patio tiene sus flores

C. *Contéstense las preguntas siguientes en el negativo usando* **ustedes.** [1]

1. ¿Cantamos bien? 2. ¿Admiramos los cuartos de los estudiantes? 3. ¿Leemos libros de filosofía? 4. ¿Vivimos en los Estados Unidos? 5. ¿Aprendemos francés? 6. ¿Escribimos versos en español? 7. ¿Tocamos la guitarra en la universidad? 8. ¿Somos españoles? 9. ¿Estamos ahora en México?

D. *Substitúyanse los infinitivos entre paréntesis por las formas convenientes del presente.*

1. Nosotros (cantar) en esta clase. 2. Ustedes (aprender) español. 3. ¿Quién (explicar) la diferencia entre los mexicanos y los norteamericanos? 4. Yo (escribir) a un amigo mexicano. 5. ¿Qué (estudiar) ustedes? 6. Nosotros no (vivir) en Monterrey. 7. Yo (tocar) la guitarra. 8. Usted (admirar) el progreso material de los norteamericanos. 9. Nosotros (llegar) a la universidad. 10. Ustedes (ser) estudiantes. 11. Nosotros no (ser) médicos. 12. Nosotros (estar) ahora en Veracruz.

Vocabulario — Página 47

Gramática

1. Spanish never adds –'s to a word to show possession. How do the Spanish say *Mrs. García's house*? (§ 42)

2. What is the plural of *usted*? Note that this plural pronoun takes exactly the same verb form as any plural noun. (§ 23 C)

3. What is the Spanish word for *we*? (§ 23 A) What ending does it have in –*ar* verbs? –*er* verbs? –*ir* verbs? (Page 47)

4. Complete the following table. (Page 47)

	cantar	leer	escribir	ser	estar
yo	cant__	le__	escrib__	____	____
el estudiante	cant__	le__	escrib__	____	____
usted	cant__	le__	escrib__	____	____
nosotros	cant__	le__	escrib__	____	____
los estudiantes	cant__	le__	escrib__	____	____
ustedes	cant__	le__	escrib__	____	____

---

[1] Ordinarily, the pronoun *ustedes* is used, although it is sometimes omitted when there is no doubt to whom the speaker is referring.

Segundo Repaso — Lecciones 6 a 10

Explíquense en español los nombres siguientes.

Querétaro	San Luis Potosí	Tehuantepec
Saltillo		Yucatán

Preguntas

1. ¿Dónde está la meseta de México? 2. ¿Qué clima tiene esta meseta? 3. ¿Qué clima tienen las regiones de la costa? 4. ¿Qué diferencias existen entre la lengua española de México y el español de España? 5. ¿Qué sangre tienen los mexicanos? 6. ¿Qué lengua hablan los indios de México? 7. ¿Por qué no van a la escuela todos los niños mexicanos? 8. ¿Por qué son los maestros de las escuelas rurales los verdaderos héroes de México? 9. ¿Ganan mucho dinero los médicos del campo? 10. ¿Dónde está la Universidad Nacional de México? 11. ¿Escribe usted poesías? 12. ¿Tocan ustedes la guitarra? 13. ¿Es usted ingeniero? 14. Soy el maestro. ¿Hablo yo español? 15. Ustedes son estudiantes. ¿Viven ustedes cerca de la universidad?

Temas para composición escrita

Hágase una composición sobre cualquiera de los temas siguientes.
1. El clima de México
2. Los estudiantes de la universidad

Ejercicios

A. *Substitúyase la forma conveniente de la palabra indicada.*

Yo (ser)^1 norteamericano y (vivir)^2 en los Estados Unidos. Yo (hablar)^3 inglés pero (aprender)^4 español. Yo (estar)^5 ahora en la universidad. Usted (ser)^6 también norteamericano y (vivir)^7 en el este del país. Usted (hablar)^8 inglés y (aprender)^9 francés. Nosotros (ser)^{10} estudiantes y (vivir)^{11} cerca de la universidad. José y Carlos (admirar)^{12} el progreso material de los norteamericanos; los mexicanos no (ser)^{13} un pueblo de especialistas. La capital de México es una

34

^{14}
(grande) ciudad y tiene ^{15}(alguno) edificios muy ^{16}(grande).

^{17}
¿Es usted un (bueno) poeta? En esta universidad hay muy
^{18}(bueno) poetas, pero no hay ^{19}(ninguno) poeta en la clase.

B. *Substitúyanse las palabras inglesas por sus equivalentes en español.*
Póngase también no en las frases donde sea necesario. EJEMPLO:
Yo aprendo (*never*) la lección. Yo *no* aprendo *nunca* la lección.

20. En algunas escuelas (*no one*) estudia mucho. 21. (*No*) estudiante aprende la lección. 22. Los maestros hablan (*neither*) francés
(*nor*) inglés. 23. Los estudiantes hablan francés (*neither*). 24. Estos
estudiantes aprenden (*nothing*). 25. Los maestros (*never*) leen libros
de filosofía.

C. *Substitúyanse las palabras inglesas entre paréntesis por sus equivalentes en español.* EJEMPLO: ¿Es usted (*the student's friend*)?
¿Es usted *el amigo del estudiante*?

26. ¿Dónde está (*Philip's book*)? 27. Leemos (*the doctor's poetry*).
28. ¿Entiende usted (*the child's words*)? 29. Vivimos en
(*the engineer's house*). 30. José tiene (*Charles' money*).

GRAMÁTICA[1]

1. Present tense of the regular verbs *hablar*, *aprender*, and *vivir;*
of the irregular verbs *estar* and *ser.* (Page 47)
2. Use and omission of the definite article with names of languages. (§ 4 A)
3. Use of the definite article with nouns taken in a general sense.
(§ 4 B)
4. Use of the definite article with titles of respect. (§ 4 C)
5. Omission of indefinite article before nouns of profession, nationality, etc. (§ 4 D)
6. Masculine nouns in -*a*. (§ 6 B 2)
7. Apocopation. (§ 10 A, B, C)
8. Comparison of equality. (§ 12 G)
9. Negative words. (§ 22 C, D)
10. Subject pronouns. (§ 23 A, B, C)
11. Possession. (§ 42)

[1] Try to explain each of the following topics to yourself orally. If there is any one that
you cannot explain, learn the explanations in the paragraphs indicated.

Primer Suplemento[a] – Lecciones 1-10

PRIMERA LECCIÓN

Vocabulario [b]

Bolivia	México[d]	parte (*f.*)
Colombia	nación (*f.*)	Sud América[e]
(continente, *m.*)[c]	Norte América	Uruguay (*m.*)
Chile (*m.*)	Paraguay (*m.*)	Venezuela

de *of*	señora *madam, ma'am; Mrs.*
es *is*	señorita *Miss*
no *no; not*	sí *yes*
país (*m.*) *country*	son *are*
pero *but*	también *also*
¿ qué ? (*pron.*) *what*	un, una *a, an*
señor (*m.*) *sir; Mr.*	y *and*

Verbos

ser *to be*	es	México *es* un país de Norte América.
	son	Colombia y Chile *son* países de Sud América.

Ejercicios

A. 1. Bolivia is a country of South America. 2. Chile and Colombia are also countries of South America. 3. What[1] are North America and South America? 4. Is Mexico a part of North America? 5. North America and South America are not countries; they[2] are continents. 6. What[1] is Mexico? 7. Is Venezuela a continent? 8. No sir, it[2] is a country. 9. Is North America a continent? 10. Yes ma'am, it[2] is a continent.

[1] What special punctuation is necessary?
[2] In Spanish this word is part of the verb.

B[1]. 1. Ask Mr. García if Chile is a part of North America. 2. Tell him that Colombia is a country. 3. Ask him if Venezuela and Bolivia are countries of South America.

[1] This is a conversational exercise. You have only to express in your own words what is required. For instance: *Ask your friend what Chile is.* You would naturally ask him in English: *What is Chile?* In Spanish, you would say: ¿*Qué es Chile?* Also: *Tell him that Chile is not a continent.* You would tell him: *Chile is not a continent.* In Spanish you would say: *Chile no es un continente.*

[a] For the use of this *Suplemento*, reread INTRODUCTION TO THE STUDENT (page xxix).
[b] The division of the vocabularies into these two sections is explained on page xxi.
[c] Parentheses indicate that a word is not found in the 3060 words of the Keniston list.
[d] In Spain and in many other parts of the Spanish-speaking world, *México* and *mexicano* are written *Méjico* and *mejicano.* Whether these words are written with –*x*– or –*j*–, they are pronounced as if written with –*j*–. [e] Also called *La América del Sur* and *Suramérica,* especially in certain parts of the Spanish-speaking world.

SEGUNDA LECCIÓN

Vocabulario

aspecto
capital (*f.*)
centro
civilización*ᵃ*
cultura
diferente

edificio
europeo
habitante (*m.*)
(indio)
interesante
(mexicano)

millón (*m.*)
mucho
natural*ᵇ*
(primitivo)
público
varios

bello *beautiful*
bonito *pretty*
calle (*f.*) *street*
casi *almost*
ciudad*ᵃ* *city*
¿ cuánto ? *how much;* (pl.) *how many*
del (*contraction of* de + el) *of the*
dos *two*
el, la, los, las *the*
en *in*
español (*noun*) *Spaniard*

Estados Unidos *United States*
gobierno *government*
grande *large*
mezcla *mixture*
muy *very*
nueve *nine*
parque (*m.*) *park*
pues *since; for (because)*
¿ qué ? (*adj.*) *what, which*
tiene, *has;* tienen *have*

Verbos

tener to have   *tiene*   La capital *tiene* calles bonitas.
                     tienen   México y los Estados Unidos *tienen*
                                civilizaciones muy diferentes.

Ejercicios

A. 1. Lima is the capital of the country. 2. Is Bogotá the capital of a country of South America? 3. Is Caracas a city of South America? 4. Does[1] Lima have beautiful streets? 5. Does it[2] have many parks? 6. Is it[2] the center of the culture of the country? 7. Two streets have pretty parks and public buildings. 8. How many inhabitants does[3] Mexico have? 9. Mexico City has almost nine million[4] inhabitants. 10. It[2] is the center of the culture of the country.

[1] Spanish says: *Has Lima beautiful streets?*
[2] In Spanish this word is part of the verb.
[3] Spanish says: . . . *has Mexico?*
[4] The noun *millón* is followed by *de* before a noun; it must have a plural ending here.

ᵃ Most nouns ending in *–ión* and *–dad* are feminine.
ᵇ The word *naturalmente* is made up of the adjective *natural* and the adverbial ending *–mente*, which corresponds to the English adverbial ending *–ly*. In the vocabulary the adjective form is given.

B. 1. Ask your teacher if Mexico City has many public buildings. 2. Tell him that the United States and Mexico have very different cultures. 3. Tell him that the capital of a country is the center of the government.

TERCERA LECCIÓN

Vocabulario

(adobe, *m.*)	enorme	(monumento)
Chapultepec	estatua*ª*	(museo)
divide(n)	historia	nacional
elegante		Paseo de la Reforma

a   *to; at; on*
al *(contraction of* a + el) *to the*
alguno *(adj. and pron.) some; someone*
ambos   *both*
ancho   *wide*
árbol *(m.) tree*
avenida   *avenue*
bosque *(m.) woods*
casa   *house*
castillo   *castle*
con   *with*
de   *from; of*
donde   *where*
en   *in; into; on*

encuentra(n)   *finds (find)*[b]
este, esta   *this;* estos, estas   *these*
flor *(f.) flower*
hay   *there is, there are*
lado   *side*
llama(n)   *calls (call)*
lleno   *full*
obrero   *workingman, laborer*
pobre   *poor*
que *(relative pron.) which, that*
sobre   *on*
va(n)   *goes (go)*
vive(n)   *lives (live)*

Verbos

ir	to go	*va*	El mexicano *va* a Colombia.
		van	Los obreros *van* al parque de Chapultepec.
vivir	to live	*vive*	El mexicano *vive* en la capital.
		viven	Los obreros *viven* en un barrio pobre.
dividir	to divide	*divide*	La ciudad se *divide* en barrios.
		dividen	Los continentes se *dividen* en países.
encontrar*ᶜ*	to find	*encuentra*	La estatua se *encuentra* en el parque.
		encuentran	Los árboles se *encuentran* en el bosque.
llamar	to call	*llama*	La avenida se *llama* el Paseo de la Reforma.
		llaman	Los habitantes de México se *llaman* mexicanos.

ª Spanish words beginning with *esp-* and *est-* often resemble English words beginning with *sp-* and *st-*. Spanish-speaking persons have difficulty in pronouncing an initial *sp-* or *st-*.
[b] The form *se encuentra* means *is found* or simply *is*.
ᶜ Note that the verb *encontrar* is irregular.

Ejercicios

A. 1. This park is[1] called Chapultepec. 2. There are wide avenues in these cities. 3. The workingmen live in houses of adobe. 4. This city is[1] divided into many districts. 5. In this street there is a park full of trees. 6. The streets go from the center of the city to the woods.[2] 7. Flowers are[3] found on[4] both sides of these streets. 8. This castle and this tree are[5] in the park. 9. There is a house in this wood where a workingman lives.[6]

[1] Use the **se** construction. [2] Use the singular form. [3] Use the **se** construction and place the verb before the subject. [4] *a* [5] Use the **se** construction with the plural form of *encuentra*. [6] Place the verb before the subject.

B. 1. Tell your friend that these workingmen live in poor districts of the city. 2. Ask him if there are trees on[1] this street. 3. Tell him that there are many statues in this park.

[1] *en*

CUARTA LECCIÓN

Vocabulario

Acapulco	industrial	producto
(exportación)[a]	influencia	San Francisco
Golfo de México	Monterrey	segundo
Guadalajara	norteamericano[b]	situado
importancia	Nueva York (*m.*)[c]	Tampico
importante	Pacífico	Texas[d]
indicar	(petróleo)	Veracruz

como *like*	oeste (*m.*) *west*
¿ cuál ? *what*	otro[g] *other, another*
¿ dónde ? *where*	por *for*
está(n) *is (are)*	¿ por qué ? *why*
este (*m.*) *east*	puerto *port*
fábrica *factory*	que *as*
hermoso *pretty, beautiful*	tercero *third*
mas (de)[e] *more (than)* + NUMERAL	tienda *shop, store*
mil[f] *a thousand, thousand*	único *only*
norte (*m.*) *north*	

[a] What is the gender of nouns ending in –*ión?* (§ 6 B 4)
[b] The Spanish adjective *norteamericano* generally refers to the United States.
[c] Although the adjective *Nueva* is feminine, the name *Nueva York* is masculine in Spanish.
[d] In many Spanish-speaking countries, *Texas* is written *Tejas*, but in Mexico, it is written *Texas*. Whether it is written –*x*– or –*j*–, it is pronounced as if written with –*j*–.
[e] The word *than* is expressed by *de* when a numeral follows. (§ 12 F 1)
[f] The numeral 1000 is simply *mil;* 2000 is *dos mil;* 3000 *tres mil,* etc.
[g] In Spanish, *un* or *una* is not used with *otro. Tampico es otro puerto,* means *Tampico is another port.* (§ 4 I)

Verbos

estar to be (located)	*está*	Monterrey *está* en el norte.
	están	Veracruz y Tampico *están* en el este de México.

Ejercicios

In these exercises, be sure to analyze whether a form of ser or of estar is required.

A. 1. These factories are in the north of the country. 2. What[1] are Guadalajara and Monterrey? 3. Monterrey is the third city of Mexico. 4. The stores are in the west of the city. 5. Tampico and Vera Cruz[2] are not the only ports of the country. 6. Where are the stores and the factories of these ports? 7. What[1] is the capital of the United States? 8. What[1] is Vera Cruz[2]? 9. What[1] is the port of the east of Mexico which is important for the exportation of petroleum?

[1] What question do you have to ask to determine whether to use ¿ *Qué* . . . ? or ¿ *Cuál* . . . ? or ¿ *Cuáles* . . . ?
[2] Written as one word in Spanish.

B. 1. Ask your friend where Tampico is. 2. Tell him that Monterrey is an important city. 3. Tell him that Guadalajara is not in the north of Mexico.

QUINTA LECCIÓN

Vocabulario

Arizona	famoso	"el Popo"
artículo	(metal, *m.*)	Popocatepetl (*m.*)[a]
California	mina	Sierra Madre Occidental
(colonial)	Orizaba (*m.*)	Sierra Madre Oriental
Chicago		Taxco

alto *high*		día (*m.*) *day*
blanco *white*		elevado *high*
cerca (de)[b] *near*		fabrica(n) *manufactures* (*manufacture*)
claro *clear*		forma(n) *forms* (*form*)
de (*after superlatives*) *in*		más (*before an adjective*) *more, most;*
desde *from*		ADJECTIVE + *-er, -est*

[a] Although this word is written without an accent, Mexicans usually pronounce it *Popocatépetl.*
[b] In the sentence *El parque está cerca,* **cerca** is an adverb. In the sentence *El parque está cerca de la casa,* **cerca de** is a preposition.

menos *less, least*	que (*in comparisons*) *than*
montaña *mountain*	sierra *mountain range*
oro *gold*	todo *all*
pico *peak*	ve(n) *sees* (*see*)
plata *silver*	vende(n) *sells* (*sell*)

Verbos

ver	to see	*ve*	El pico se *ve* desde la capital.
		ven	Los edificios se *ven* desde Chapultepec.
vender	to sell	*vende*	Este artículo se *vende* en Taxco.
		venden	Los artículos de plata se *venden* en las tiendas.

Ejercicios

A. 1. Mexico is not the largest country in[1] North America. 2. But Mexico is larger than some countries of South America. 3. The most beautiful mountains in[1] this country have very high peaks. 4. The avenues of this city are wider than the streets. 5. What are the most famous parks in[1] Monterrey? 6. What[2] articles are[3] sold in Taxco? 7. The highest mountains in[1] the United States are in the west of the country. 8. What are the prettiest streets in[1] Taxco? 9. Are these streets wider than the other streets?

[1] What preposition is used after a superlative in Spanish? (§ 12 E)
[2] Express the adjective *what* by *qué*. [3] Use the *se construction*.

B. 1. Tell your friend that Mexico is the most beautiful country in North America. 2. Ask him what is the highest peak in the United States. 3. Ask him if Monterrey is larger than Vera Cruz.

SEXTA LECCIÓN

Vocabulario

(abundante)	Querétaro	separar
central	región[a]	Tehuantepec
costa	resto	(tropical)
(impenetrable)	ruina	(vegetación)[a]
(península)	Saltillo	Yucatán
principal	San Luis Potosí	zona

[a] What is the gender of nouns ending in –*ión*? (§ 6 B 4)

además de *besides*
agradable *agreeable*
altura *height*
aunque *although*
bajo *low*
calor (*m.*) *heat*
clima (*m.*) *climate*
como *since; as*
entre *between*
estación[a] *season*
fácil *easy*

llueve *it rains, it is raining*
meseta *plateau*
porque *because*
seco *dry*
si *if*
sur (*m.*) *south*
tan . . . como *as . . . as*
terreno *land, ground*
tiempo *weather*
trabajar *work*
uno, una (*pron.*) *one*

a causa de *because of*
a lo largo de *along*
todos los días[b] *every day*

Verbos

El infinitivo

trabajar	to work	Es fácil **trabajar** en la meseta.
ir	to go	Es interesante **ir** a México.
vivir	to live	Es agradable **vivir** en Guadalajara.

Ejercicios

A. 1. How many seasons are there in the tropical zone? 2. It is not[1] easy to work in the mountains. 3. The mountains are as beautiful as the woods[2]. 4. Many Mexicans who live on[3] the plateau work in factories. 5. Although this mountain is very high, the climate is agreeable. 6. It is very agreeable to work in this city. 7. The streets of the center of the city are not as wide as the Paseo de la Reforma. 8. It is important to work every day. 9. The plateau is not as low as the coast.

[1] What is the position of *no* in a Spanish sentence? (§ 22 A)
[2] This word is singular in Spanish.
[3] *en*

B. 1. Tell your friend that it is important to work a great deal. 2. Ask him if it is easy to live in Mexico. 3. Ask him if it is interesting to see Taxco.

[a] What is the gender of nouns ending in –*ión*? (§ 6 B 4)
[b] The plural of *todo* with any time expression has the meaning *every*.

SÉPTIMA LECCIÓN

Vocabulario

acento	diferencia	origen (*m.*)
Canadá (*m.*)[a]	exacto[b]	(pronunciación)
completo[b]	existir	pronunciar
comunicación	inmenso	usar
(dialecto)	(minoría)	(vocabulario)

aislado *isolated*
aprender *learn*
bien *well*
cien[c] *a hundred*
cosa *thing*

Francia *France*
hablar *speak*
Inglaterra *England*
inglés (*m.*) *English* (language, people)

cuando *when*
emplear *use*
escuela *school*
España *Spain*
español (*m.*) *Spanish* (language, people)
falta *lack*
francés (*m.*) *French* (language, people)

leer *read*
lengua *language*
mayoría *majority*
mundo *world*
niño *child*
palabra *word*
sangre (*f.*) *blood*

sin embargo   *however, nevertheless*

Verbos

EL PRESENTE

	hablar	aprender	vivir
el niño	habla	aprende	vive
los niños	hablan	aprenden	viven

---

[a] *Canadá* is one of the countries with which the definite article is always used in Spanish. Examples: *El Canadá* está al norte de los Estados Unidos. Ottawa es la capital *del Canadá.* (§ 4 H)

[b] In the reading lesson, the words *completamente* and *exactamente* are used. What is the meaning of the suffix *—mente?* (Page 37, note *b*)

[c] The Spanish word *cien* means *a hundred* or *one hundred*. The English words *a* and *one* are included in *cien.*

Ejercicios

A. 1. The Mexicans[1] speak Spanish[2]. 2. These Spaniards read English[2] and French[2]. 3. This child pronounces very well. 4. Is[3] this child learning another[4] language? 5. More than[5] a hundred[6] dialects exist in[7] this country. 6. The Spaniards who live in the United States speak English[2]. 7. Spanish[2] is easier than English[2]. 8. These children learn Spanish in[8] school. 9. French[2] is the language of France.

[1] Names of nationalities and of languages are not capitalized in Spanish.
[2] All names of languages are masculine. When do names of languages require the article? (§ 4 A)
[3] Spanish says: *Learns this child another language?* (§ 55 A)
[4] *another = otra* (§ 4 I)   [5] How is *than* expressed before a numeral? (§ 12 F 1)
[6] *a hundred = cien* (§ 17 C)
[7] Place this phrase at the beginning of the sentence.
[8] *in school = en la escuela*

B. 1. Ask your friend what is the national language of Colombia. 2. Tell him that the Mexicans speak Spanish. 3. Tell him that the Mexicans use some words that the Spaniards do not use.

OCTAVA LECCIÓN

Vocabulario

familia	moderno	Revolución de 1910
héroe (*m.*)	(primario)	(rural)
(higiene, *f.*)	(problema, *m.*)	(secundario)
(instrucción)	(profesional)	(suficiente)
medicina		universidad[a]

además (*adv.*) besides, moreover
algo something
año year
campesino *a person who lives in the country*
campo country (opposite of city)
cuatro four
desde since
dinero money
escribir write
ganar earn
hijo *son;* hija *daughter;* hijos *children*

maestro *school teacher*
médico *doctor*
nada nothing
nadie no one
ni . . . ni neither . . . nor
ningún, ninguna, ningunos, ningunas (*adj.*) no
nunca never
o or
para *for;* para + INFINITIVE *to, in order to*

[a] What is the gender of nouns ending in *-dad?* (§ 6 B 4)

saber *know;* saber + INFINITIVE todavía *still, yet*
  know how to tres *three*
tampoco *neither; not . . . either* verdadero *true*
tiempo *time*

a veces *sometimes, at times*
no . . . más que *only*
tener que + INFINITIVE *have to* + INFINITIVE[a] **Examples:** Los niños *tienen que trabajar* = The children *have to work.* El maestro *tiene que hablar* = The teacher *has to speak.*

Ejercicios

In sentences where negative words follow the verb, do not neglect to place no *before the verb.*

A. 1. These children never earn much money. 2. In this family no[1] child goes to[2] school. 3. The children of the poor families learn nothing. 4. No one writes in this school. 5. Education[3] is a great problem in some countries. 6. Some teachers do not study either. 7. This family has neither sons nor daughters. 8. In the country[4] the children have[5] to work a[6] great deal. 9. The teacher has[5] to know a[6] great deal also.

[1] In this sentence, *no* is an adjective. What is the Spanish adjective *no?*
[2] *to school = a la escuela*
[3] Use the definite article with this general noun.
[4] *campo*   [5] This is an idiom. Consult the expressions in the vocabulary above.
[6] *a great deal = mucho*

B. 1. Tell your friend that no one speaks Spanish in the country[1]. 2. Ask him if education[2] in the United States is a big problem. 3. Tell him that the teacher has[3] to speak English and Spanish.

[1] *campo*   [2] Use the definite article with this general noun.
[3] Consult the expressions in the vocabulary above for this idiomatic expression.

NOVENA LECCIÓN

Vocabulario

antiguo	estudiar	notar
clase (*f.*)	García	Roberto
estudiante (*m. and f.*)	Hollywood	(turista, *m. and f.*)
	hotel (*m.*)	

[a] This expression is very common in both Spanish and English. Learn the sentences given as examples and use them in class conversation until the pattern of *tener que* + INFINITIVE becomes very familiar.

a (*personal*) not translated before a personal direct object (§ 44 A)

ahora *now*

buscar *look for*

contestar *answer*

cortés *courteous*

creer *believe*

cuarto *room*

entender [a] *understand* (a language): entiendo *I understand;* entiende *he understands;* entienden *they understand*

extranjero *foreign; foreigner*

gracias *thanks*

materia *subject, branch of learning*

película *film*

poco (*adv.*) *little;* un poco *a little*

preguntar *ask*

presentar *introduce, present*

primer(o) [b] *first*

pues *well* (exclamation), *well then*

quiere(n) *wishes* (*wish*)

se *himself; herself; itself; themselves; oneself*

sobre todo *especially*

soy *I am*

usted *you* (singular)

yo *I*

ahora mismo *right now*

¡ cómo no ! *certainly*

en casa *at home*

Verbos

EL PRESENTE

	hablar	aprender	vivir	ser	estar
yo	hablo	aprendo	vivo	soy	estoy
el niño	habla	aprende	vive	es	está
usted	habla	aprende	vive	es	está
los niños	hablan	aprenden	viven	son	están

Ejercicios

A. 1. I[1] am a[2] student. 2. You are not a[2] Mexican. 3. Philip is a[2] foreigner. 4. I speak Spanish. 5. I am[3] looking for[4] a room. 6. I am not in Mexico. 7. You believe that it is easier to understand than to speak. 8. Do[5] you study in the university? 9. I live in the United States, but you live in Mexico.

[1] Omit the subject pronoun "I" in Spanish here and in all subsequent sentences in the book unless you wish to emphasize the "I".

[2] Why is the indefinite article omitted in Spanish? (§ 4 D)

[3] The construction *am looking* is an example of the *progressive present.* In Spanish, simply use the *yo* form of the verb *buscar.* (§ 59 A)

[4] Included in the verb.   [5] Spanish says *Study you . . . ?* (§ 55 A)

B. Ask Philip if he is Mexican. 2. Tell Robert that you are Mexican. 3. Tell your friend that you live near the university.

---

[a] The –e– of the infinitive stem changes to –ie– in most forms of the present of this verb. Simply learn the forms now. They will be taken up in Lesson 12.

[b] From now on, adjectives which are apocopated will be indicated thus. (§ 10)

DÉCIMA LECCIÓN

Vocabulario

admirar
(contraste, *m.*)
(especialista, *m. and f.*)
exclamar
(filosofía)[a]

general
(guitarra)
(letras)
(literatura)
material
ocupar

poesía
poeta (*m.*)
práctico
progreso
versos

amigo *friend*	libro *book*
aquí *here*	llegar *arrive*
buen(o) *good*	mismo *same*
cantar *sing*	nosotros *we*
Carlos *Charles*	presentación *introduction*
¿ cómo . . . ? *how . . . ?*	pueblo *people*[c]
delante (*adv.*)[b] *in front;* delante de	puerta *door*
(*prep.*) *in front of*	¡ Qué . . . ! *What a . . . ! What . . . !*
después (*adv.*)[b] *then, afterward;*	¿ quién ? *who?*
después de (*prep.*) *after*	somos *we are*
explicar *explain*	tocar *play*
ingeniero *engineer*	ustedes *you* (pl.)
José *Joseph*	

¿ de quién ? *whose, of whom*
en cambio *on the other hand*
filosofía y letras *the "humanities"; liberal arts*

Verbos

El presente

	hablar	aprender	vivir	ser	estar
yo	hablo	aprendo	vivo	soy	estoy
el niño	habla	aprende	vive	es	está
usted	habla	aprende	vive	es	está
nosotros	hablamos	aprendemos	vivimos	somos	estamos
los niños	hablan	aprenden	viven	son	están
ustedes	hablan	aprenden	viven	son	están

[a] Many words derived from Greek and written in Greek with φ (phi) are spelled with *ph* in English but with *f* in Spanish.

[b] Just as in the case of *cerca* (*de*), *delante* and *después* are adverbs and *delante de* and *después de* are prepositions.

[c] The word *pueblo* means *people* in the sense of a nation as opposed to *gente* which means *people* in the sense of people in general.

Ejercicios

A. 1. We[1] arrive at Charles'[2] house. 2. You (*pl.*) study medicine. 3. We are students and we live in the same house. 4. We do not write poetry. 5. You (*pl.*) play the guitar and sing. 6. The student's[2] room is[3] in Mrs.[4] García's[2] house. 7. Robert's[2] school is[3] in the country[5]. 8. Philip's[2] friends are[6] studying in the university. 9. Where are[3] the students'[2] books?

[1] Omit the subject pronoun *we* in Spanish here and in all subsequent sentences in the book unless you wish to emphasize the *we*.
[2] The –'*s* and –*s*' do not exist in Spanish. How is possession expressed in Spanish? (§ 42)
[3] Should you use a form of *ser* or *estar*? Why?
[4] Supply the article. (§ 4 C)   [5] *campo*   [6] Use the simple present. (§ 59 A)

B. 1. Tell Joseph that you are studying medicine. 2. Ask Philip and Charles if they sing well. 3. Ask them what books they read.

La cucaracha[1]

Las muchachas son de oro,
las casadas[2] son de plata,
y las viudas[3] son de cobre[4],
las viejas hoja[5] de lata.

La cucaracha, la cucaracha,
ya no puede caminar,
porque no tiene, porque le falta
marihuana[6] que fumar.

Cuando uno quiere una
y esta una no lo quiere,
es lo mismo que si un calvo[7]
en la calle encuentra un peine[8].

La cucaracha, la cucaracha,
ya no puede caminar,
porque no tiene, porque le falta
marihuana que fumar.

Una cosa me[9] da risa,
Pancho Villa sin camisa[10],
ya se van los carrancistas[11]
porque vienen los villistas[12].

La cucaracha, la cucaracha, etc.

[1] *cockroach*   [2] *married women*   [3] *widows*   [4] *copper*   [5] *tin (foil)*   [6] *marihuana*
[7] *bald person*   [8] *comb*   [9] *makes me laugh*   [10] *shirt*   [11] *Carranza's men*   [12] *Pancho Villa's men*

Las calles de México

— ¡ Sus calles son completamente diferentes de las calles de mi país ! — exclama Roberto —. Aquí no hay flores ni árboles delante de las casas, ni tampoco hay espacio entre las casas. Sus calles son muy estrechas y, en cambio, nuestras calles son muy anchas.

— Estamos en un barrio muy viejo — explica Felipe —. Aquí no 5 hay espacio. Estas casas son como dos murallas[1] a ambos lados de la calle, pero todas nuestras calles no son así. En el centro hay algunas avenidas muy anchas y también en las afueras[2] donde las casas son muy modernas. Allí hay más espacio y hay jardines alrededor de las casas como en su tierra. Delante y detrás de las casas de las afueras 10 hay flores. Naturalmente, sólo la gente rica vive allí.

— Pero aquí — dice Roberto — las calles tienen un aspecto sombrío y las casas son enormes. No veo ni árboles ni flores.

— Fuera de las casas no hay flores, pero dentro sí. Cada casa mexicana tiene su patio y cada patio tiene sus flores. 15

— El patio es el centro de la vida de nuestras familias — dice José —. En nuestro patio, mi madre cultiva sus flores, mis hermanas cuidan sus pájaros y mi padre tiene su silla favorita.

Preguntas

1. ¿ Son muy estrechas las calles mexicanas ? 2. ¿ Son las calles mexicanas diferentes de las norteamericanas ? 3. En las afueras de la capital ¿ son modernas las casas ? 4. ¿ Vive la gente pobre en los barrios modernos de las ciudades mexicanas ? 5. ¿ Vive allí la gente rica ? 6. ¿ Tienen patios las casas mexicanas ? 7. ¿ Es el patio el centro de la vida mexicana ? 8. ¿ Qué cultiva la madre de José en el jardín ? 9. ¿ Dónde tiene su silla favorita el padre de José ?

Ejercicios

A. *Substitúyanse los infinitivos entre paréntesis por las formas convenientes del presente.*

---

[1] *walls* (thick high walls which serve as a barrier — *pared* and *muro* are entirely different types of walls

[2] *suburbs*

1. Roberto (decir) que no tenemos dinero. 2. Nosotros (ver) las flores en los jardines. 3. Usted no (decir) nada. 4. Yo (ver) la montaña desde la capital. 5. Nosotros (decir) que el patio es el centro de la vida mexicana. 6. Ustedes (ver) árboles en la avenida. 7. Yo (decir) que los estudiantes no tienen guitarras. 8. Ustedes (decir) que el bosque es muy interesante. 9. José y Roberto (ver) las casas de adobe. 10. ¿ Quién (decir) que Felipe toca la guitarra ? 11. ¿ Quién (ver) "el Popo" desde aquí ?

B. *Substitúyanse las palabras inglesas entre paréntesis por sus equivalentes en español.*

1. (*My*) pájaros y (*my*) flores están en el jardín. 2. ¿ Dónde está (*your*) casa ? 3. (*Our*) casa está en un barrio viejo de la ciudad. 4. (*His*) padre, (*his*) madre y (*his*) hermanas viven en Saltillo. 5. (*Her*) padre, (*her*) madre y (*her*) hermanas viven en Monterrey. 6. ¿ Dónde están (*your*) padre, (*your*) madre y (*your*) hermanos ? 7. ¿ Hay muchos árboles en (*your*) jardín ? 8. (*Our*) flores y (*our*) árboles son muy bonitos. 9. ¿ Son bonitas (*their*) casas y (*their*) calles ? 10. ¿ Es viejo (*your*) padre ? 11. (*My*) hermano es ingeniero y (*my*) hermana es estudiante.

C. *Escríbanse las frases siguientes en forma interrogativa.* EJEMPLO: Los amigos de Roberto estudian medicina. *¿ Estudian medicina los amigos de Roberto ?*

1. Los amigos de Roberto ven nuestro pájaro. 2. Roberto estudia en la universidad. 3. Usted vive cerca del parque. 4. Las casas de las afueras son modernas. 5. Las calles de las ciudades mexicanas son muy estrechas. 6. Los médicos y los ingenieros escriben versos. 7. Los estudiantes mexicanos aprenden inglés. 8. Los médicos del campo ganan mucho dinero. 9. Hay muchas escuelas en las ciudades de México.

VOCABULARIO — PÁGINA 83

GRAMÁTICA

1. In this lesson, a number of possessive adjectives are used. Make a list of them. Give their masculine and feminine forms in the singular and plural. Compare your list with that in § 14 A of the GRAMÁTICA.

2. In Spanish there are a number of compound prepositions which are composed of an adverb of place and the preposition *de*. List the compound prepositions used in this lesson and make sentences to illustrate their meaning. (§ 41 A)

3. From your observation of the PREGUNTAS of this lesson, what is the ordinary way of making a declarative sentence into a question? What is often the word order in a question? On what does the interrogative word order often depend? (§ 55 A, B, C)

4. Give the forms of the present of the verbs *decir* and *ver*. (Page 84)

LECCIÓN DOCE

El amo de la casa

Finalmente, una criada india abre la puerta y los estudiantes entran en la casa de la señora García. La criada cierra la puerta y vuelve a su trabajo.

— ¿ Tienen criadas todas las familias mexicanas ? — pregunta Roberto a[1] Felipe. 5

— Los ricos sí, pero una gran parte de la clase media no. Donde hay muchos pobres no cuesta mucho tener criadas. Ellas trabajan, comen y duermen en la casa.

— Nosotros no tenemos muchas criadas — dice Roberto — pero tenemos máquinas para todo. La mujer mexicana tiene más tiempo 10 y más libertad que la mujer norteamericana.

— Al contrario, yo creo que la mujer norteamericana tiene más libertad. Aunque las mujeres mexicanas comienzan a utilizar máquinas, ellas no pueden salir de casa tan fácilmente como las mujeres norteamericanas. A veces la mujer mexicana pide permiso a su marido 15

[1] This *a*, which is the sign of the indirect object, is not expressed in English.

para salir de casa. Según la tradición española el marido es el amo de la casa; en casa manda él.

— En nuestro país, nosotros pedimos permiso a nuestras mujeres para salir de casa. Yo tengo un hermano que prepara y sirve el desa-
20 yuno a su esposa; en su casa sólo manda ella. Pero en realidad ¿ es el hombre siempre el amo de su casa en México ?

— En realidad, la mujer manda en todos los países del mundo — contesta Felipe.

PREGUNTAS

1. ¿ Quién abre la puerta ? 2. ¿ Qué familias mexicanas tienen criadas ? 3. ¿ Cuesta mucho tener criadas en México ? 4. ¿ Dónde duermen las criadas ? 5. ¿ Tiene muchas criadas la mujer norteamericana ? 6. ¿ Pueden las mujeres mexicanas salir de casa tan fácilmente como las mujeres norteamericanas ? 7. En México ¿ quién manda en casa ? 8. En los Estados Unidos ¿ quién pide permiso para salir de casa, el marido o la esposa ? 9. En realidad ¿ quién manda en casa en todos los países del mundo ?

EJERCICIOS

A. *Pónganse en su forma conveniente los adjetivos indicados entre paréntesis.*

1. una escuela (inglés) 2. la lengua (español) 3. los libros (francés) 4. las mujeres (inglés) 5. un hotel (francés) 6. una casa (español) 7. las esposas (francés)

B. *Contéstense las preguntas siguientes en el afirmativo usando yo.* [1]

1. ¿ Duerme usted mucho ? 2. ¿ Sirve usted el desayuno a su hermano ? 3. ¿ Puede usted ver la montaña ? 4. ¿ Tiene usted mucho dinero ? 5. ¿ Pide usted permiso a su hermano para salir de casa ? 6. ¿ Cierra usted siempre la puerta de su cuarto ? 7. ¿ Vuelve usted a casa ? 8. ¿ Comienza usted su trabajo en la universidad ?

C. *Contéstense las preguntas siguientes en el negativo usando usted* [2].

1. ¿ Cierro la puerta de la escuela ? 2. ¿ Pido a mi amigo permiso para salir ? 3. ¿ Vuelvo a casa ? 4. ¿ Tengo amigos mexicanos ?

---

[1] The pronoun *yo* is usually omitted in the reply. Notice that the *yo* and *usted* forms of radical-changing verbs have the same stem-vowel or diphthong.

[2] The pronoun *usted* is usually expressed in the reply. Notice that the *yo* and *usted* forms of radical-changing verbs have the same stem-vowel or diphthong.

5. ¿Comienzo a leer? 6. ¿Sirvo el desayuno a los estudiantes? 7. ¿Puedo estudiar en la calle? 8. ¿Duermo en el jardín?

D. *Contéstense las preguntas siguientes en el afirmativo usando nosotros*[1].

1. ¿Sirven ustedes el desayuno en el hotel? 2. ¿Duermen ustedes en este cuarto? 3. ¿Pueden ustedes escribir a su madre? 4. ¿Tienen ustedes un buen cuarto? 5. ¿Piden ustedes permiso para hablar? 6. ¿Vuelven ustedes a la universidad? 7. ¿Comienzan ustedes a entender español? 8. ¿Cierran ustedes las puertas de la casa?

E. *Contéstense las preguntas siguientes en el negativo usando ustedes*[2].

1. ¿Pedimos permiso al maestro para comer? 2. ¿Cerramos la puerta de la casa? 3. ¿Volvemos a México? 4. ¿Tenemos muchos problemas? 5. ¿Servimos el desayuno en la escuela? 6. ¿Comenzamos a contestar en español? 7. ¿Podemos hablar en la escuela? 8. ¿Dormimos en la clase de español?

F. *Substitúyanse los infinitivos entre paréntesis por las formas convenientes del presente.*

1. Nosotros no (cerrar) la puerta. 2. La criada (cerrar) la puerta. 3. Yo (dormir) en el patio. 4. ¿Dónde (dormir) usted? 5. Nosotros (pedir) permiso para salir. 6. ¿A quién (pedir) permiso Roberto para ir a México? 7. La criada (servir) el desayuno. 8. Los estudiantes (volver) a su cuarto. 9. Yo (poder) hablar a la criada. 10. Nosotros (comenzar) a leer el libro. 11. Ustedes (comenzar) a aprender español.

VOCABULARIO — PÁGINAS 84-85

GRAMÁTICA

1. Most adjectives ending in a consonant do not change in the feminine. Adjectives of nationality ending in a consonant have a feminine in *-a*. Give the four forms of the adjectives *español, inglés,* and *francés*. (§ 9 C)

2. A radical-changing verb is one whose stem-vowel is different from that of the infinitive in all singular forms and in the third person plural. For instance: *cerrar — cierro; dormir — duerme; servir — sirven.*

---

[1] The pronoun *nosotros* is usually omitted in the reply. Notice that the stem-vowel or diphthong is different in the *nosotros* and *ustedes* forms.

[2] The pronoun *ustedes* is usually expressed in the reply. Notice that the stem-vowel or diphthong is different in the *nosotros* and *ustedes* forms.

Read the explanation of radical-changing verbs in § 106. How does
the –o– of radical-changing verbs change? How does the –e– of radical-
changing verbs change? (§ 106 A)

3. Conjugate in the present tense the radical-changing verbs
comenzar, *dormir*, and *servir*. (Page 85)

4. List the third person subject pronouns (*he*, *she*, *they*, *you*).
When are they expressed in Spanish? (§ 23 A)

5. We have already studied the adjectives *rico* and *pobre*. In this
lesson, those adjectives are used as nouns (*los ricos*, *los pobres*). What
do these words mean when used as nouns? (§ 13)

6. What is the singular of *veces?* In Spanish, how is the plural of
nouns in –z formed? (§ 7 C)

7. What are the forms of the present tense of the irregular verb
tener? (Page 85)

LECCIÓN TRECE

Las horas de las clases

Los estudiantes pasan a la sala para esperar a[1] la señora García.
José y Carlos se sientan en sillas y Felipe se sienta en un sillón muy
cómodo.

— ¡ Ay, qué cansado estoy[2] ! — dice Felipe —. Por la noche
5 salgo con mis amigos y nos divertimos mucho, pero nos acostamos
muy tarde. A veces me acuesto a las tres de la mañana y me levanto
muy cansado.

— Muchos estudiantes no tienen que levantarse temprano — dice
José — porque no tienen clase por la mañana. En medicina nosotros

[1] What is this *a?* (§ 44 A)
[2] Why is a form of *estar* used here? (§ 98 D)

nos levantamos temprano porque tenemos clases y prácticas de 10
laboratorio.

— ¿ Por qué hay tantas clases por la tarde y por la noche en la
universidad ? — pregunta Roberto.

— Porque en nuestro país la carrera de profesor no da mucho
dinero — contesta Felipe — y como a veces hay profesores que no 15
ganan bastante en la universidad, tienen otro trabajo durante el día.
Por eso, dan sus clases tan tarde. En estos días estoy tan cansado que
me duermo durante las explicaciones y me despierto cuando los estudiantes se levantan al final de la clase.

— En ingeniería y medicina, tenemos muchas cosas interesantes 20
que[1] aprender — dice Carlos — y no nos dormimos durante las clases.
Pero aquí está la señora García.

Los estudiantes se levantan y saludan a[2] la señora. Después,
ella enseña a Roberto el cuarto desocupado que él encuentra muy
cómodo. Por eso, Roberto se decide a tomar el cuarto. 25

PREGUNTAS

1. ¿ Dónde esperan los estudiantes a la señora García ? 2. ¿ Dónde
se sientan José y Carlos ? 3. ¿ Por qué se sienta Felipe en un sillón ?
4. ¿ A qué hora se acuesta Felipe algunas veces ? 5. ¿ Por qué no
tienen que levantarse temprano algunos estudiantes ? 6. ¿ Por qué
dan sus clases por la tarde y por la noche algunos profesores de la
universidad ? 7. ¿ Qué enseña la señora García a Roberto ? 8. ¿ Cómo
encuentra Roberto el cuarto ?

EJERCICIOS

A. *Substitúyanse los guiones por las formas convenientes del pronombre
reflexivo.* EJEMPLO: Yo —— despierto al final de la clase.
Yo *me* despierto al final de la clase.

1. Nosotros —— acostamos a las diez de la noche. 2. Ustedes
—— levantan temprano. 3. —— siento en un sillón. 4. Roberto
—— divierte mucho en México. 5. ¿ —— duerme usted en la clase
de español ? 6. —— presentamos al amigo de Carlos.

[1] *to*   [2] What is this *a*? (§ 44 A)

B. *Substitúyanse los infinitivos entre paréntesis por sus formas convenientes.* EJEMPLO: Yo (dormirse) temprano. Yo *me duermo* temprano.

1. Yo (acostarse) a las once. 2. Nosotros (sentarse) en una silla del cuarto de José. 3. Usted (dormirse) en un sillón. 4. Ustedes (divertirse) mucho en Monterrey. 5. Yo (despertarse) a las tres de la mañana. 6. Nosotros (acostarse) tarde.

C. *Contéstense en el afirmativo las preguntas siguientes usando* **yo.**

1. ¿ Se divierte usted mucho en esta clase ? 2. ¿ Se decide usted a salir de México ? 3. ¿ Se acuesta usted temprano ? 4. ¿ Se duerme usted en el patio ? 5. ¿ Se sienta usted en la clase ? 6. ¿ Se levanta usted al final de la clase ? 7. ¿ Se despierta usted por la mañana?

D. *Contéstense en el negativo las preguntas siguientes usando* **usted.**

1. ¿ Me duermo en esta clase ? 2. ¿ Me siento en un sillón ? 3. ¿ Me levanto tarde ? 4. ¿ Me acuesto a las tres ? 5. ¿ Me divierto mucho en Tampico ?

E. *Contéstense en el afirmativo las preguntas siguientes usando* **nosotros.**

1. ¿ Se levantan ustedes a las siete ? 2. ¿ Se deciden ustedes a escribir a su amigo ? 3. ¿ Se acuestan[1] ustedes a las diez ? 4. ¿ Se divierten ustedes aquí ? 5. ¿ Se duermen ustedes en los sillones ? 6. ¿ Se despiertan ustedes cuando sale el maestro ?

F. *Contéstense en el negativo las preguntas siguientes usando* **ustedes.**

1. ¿ Nos levantamos a las ocho de la mañana ? 2. ¿ Nos presentamos al médico ? 3. ¿ Nos divertimos[1] mucho en Saltillo ? 4. ¿ Nos dormimos por la mañana ? 5. ¿ Nos despertamos a las cinco? 6. ¿ Nos acostamos para escribir ?

VOCABULARIO — PÁGINA 86

GRAMÁTICA

1. A reflexive pronoun (*myself, yourself, himself,* etc.) is a pronoun that refers to the subject. In English we say: *I wash myself,* and *He washes himself.* We do not say: *I wash himself.* In Spanish also, the reflexive pronoun must correspond to the subject. What reflexive pronoun corresponds to *yo?* to *él?* to *ella?* to *usted?* to *nosotros?* to *ellos?* to *ellas?* to *ustedes?* (§ 26 A, B)

---

[1] The *nosotros* and *ustedes* forms of radical-changing verbs do not have the same stem vowel or diphthong. Be sure to make a change in the stem-vowel of the radical-changing verbs.

2. In the infinitive form, the reflexive *se* usually means *oneself* and is joined to the verb (*levantarse*). But in most other verb forms, the reflexive object precedes the verb. Give the forms of the reflexive verbs *levantarse* and *acostarse* (*ue*)[1] in the present tense. (§ 105 A, B and page 87)

3. Give the forms of the irregular verbs *dar* and *salir* in the present tense. (Page 87)

4. Count up to *ten* in Spanish. (§ 17 A)

LECCIÓN CATORCE

El clima

Las cuatro estaciones del año son la primavera, el verano, el otoño y el invierno. En los países de la zona templada[2] en verano hace calor y en invierno hace frío. En verano hace mucho sol y en invierno nieva mucho y hace mal tiempo. En primavera y en otoño hace fresco y por lo general en estas dos estaciones hace buen tiempo, 5 aunque a veces no. En el mes de marzo hace mucho viento y en abril llueve mucho.

Aunque una gran parte de México está en la zona tórrida, el país tiene muchas montañas y una gran meseta central. Por eso, México tiene dos climas muy distintos. 10

A lo largo de la costa, durante todo el año hace mucho calor, llueve casi todos los días y la vegetación es tropical con grandes árboles y muchas flores. No es agradable vivir en estas regiones. En la meseta central, el año está[3] dividido en dos estaciones: en una el tiempo es seco y en la otra predominan las lluvias. Las lluvias empiezan 15

---

[1] Many of the verbs in this lesson are both reflexive (which means that they have a reflexive object) and radical-changing (which means that they change their stem vowel in certain forms).

[2] *temperate*   [3] Why is a form of *estar* used here? (§ 98 C)

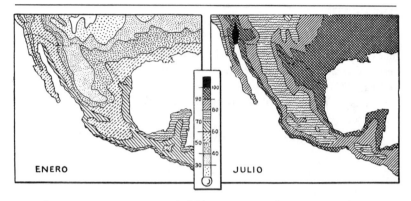

ENERO   JULIO

Aunque una gran parte de México está en la zona tórrida, el país tiene muchas montañas y una gran meseta central. Por eso, México tiene dos climas muy distintos[1]

en primavera, y durante los meses de mayo, junio y julio, llueve casi todos los días, generalmente por la tarde y a veces por la noche. En agosto y septiembre llueve menos y en octubre empieza la estación del tiempo seco. El clima de la meseta es verdaderamente templado;
20 en verano no hace mucho calor ni en invierno hace mucho frío y solamente nieva en las sierras. En los meses de diciembre, enero y febrero hace más frío que en los meses de junio, julio y agosto, pero aun así no es preciso calentar las casas todos los días como en los países de la zona templada.
25   El clima de la capital es delicioso; hace sol toda la mañana pero no hace mucho calor. De día, por lo general, no se necesita abrigo, pero de noche hace fresco y es preciso ponerse un abrigo aun en verano.

PREGUNTAS

1. ¿ Cuáles son las cuatro estaciones del año ?   2. ¿ En qué estación hace calor ?   3. ¿ En qué estación hace frío ?   4. ¿ En qué estación hace mucho sol ?   5. ¿ Cuándo nieva ?   6. ¿ Qué tiempo hace en primavera y en otoño ?   7. ¿ En qué mes hace viento ?   8. ¿ En qué mes llueve mucho ?   9. ¿ En qué zona está México ?   10. ¿ En qué parte de México hace calor todo el año ?   11. ¿ Qué vegetación tienen las regiones de la costa ?   12. ¿ Cuántas estaciones del año hay en la meseta central ?   13. ¿ Durante qué meses llueve mucho en la capital ?

---

[1] These maps indicate the approximate average daytime temperatures.

14. ¿ Qué clima tiene la capital ? 15. ¿ Es preciso calentar las casas de la capital durante el invierno ? 16. ¿ Es preciso ponerse abrigo en la capital ?

EJERCICIOS

A. *Complétense las frases siguientes con la expresión inglesa indicada entre paréntesis.* EJEMPLO: (*it is very windy*) En el centro de los Estados Unidos . . . En el centro de los Estados Unidos *hace mucho viento.*

1. (*it is good weather*) En verano casi siempre . . . 2. (*it snows*) En los meses de enero y febrero . . . 3. (*it is cool*) De día hace calor pero de noche . . . 4. (*it is sunny*) En Florida si no llueve, casi siempre . . . 5. (*it is bad weather*) En invierno muchas veces . . . 6. (*it rains*) En abril . . . 7. (*it is very cold*) En el Canadá en el mes de enero . . . 8. (*it is very hot*) En la zona tórrida . . . 9. (*it is windy*) En el mes de marzo . . . 10. (*it is hot*) En el mes de julio . . . 11. (*it is cold*) Pero en febrero casi siempre . . .

B. *Contéstense las preguntas siguientes en el afirmativo usando yo*[1]. EJEMPLO: ¿ Es usted norteamericano ? *Sí, soy norteamericano.*

1. ¿ Tiene usted mucho dinero ? 2. ¿ Sale usted al final de la clase ? 3. ¿ Está usted en la universidad ahora ? 4. ¿ Da usted dinero a los pobres ? 5. ¿ Pone usted el abrigo en la silla ? 6. ¿ Se pone usted el abrigo en enero ? 7. ¿ Tiene usted muchos amigos ? 8. ¿ Da usted flores a su madre ? 9. ¿ Sale usted a la calle por la noche ?

C. *Substitúyanse los infinitivos entre paréntesis por sus formas convenientes. Algunos de estos verbos cambian la raíz y otros son irregulares.*

1. ¿ (calentar) usted la casa en invierno ? 2. Yo (ponerse) un abrigo en noviembre. 3. En Florida no (llover) mucho. 4. En el norte de los Estados Unidos (nevar) mucho en invierno. 5. Ustedes (empezar) a aprender español. 6. Nosotros (ponerse) el abrigo cuando salimos. 7. Yo (salir) por la noche. 8. Yo (dar) dinero al niño. 9. Nosotros (empezar) a estudiar en la universidad.

VOCABULARIO — PÁGINAS 87–88

GRAMÁTICA

1. What are the months of the year in Spanish? (§ 51 B)
2. What are the seasons of the year in Spanish? (§ 51 C)

[1] The pronoun *yo* is usually omitted in the reply.

3. In Spanish, most expressions of weather are formed with *hace* (*it makes*). List seven expressions of weather in which *hace* is used. Find two other expressions of weather used in the lesson. (§ 102 A)
4. Give the forms of the present of the irregular verb *ponerse* (*poner — put; ponerse — put on*). (Page 88)

LECCIÓN QUINCE

El taxi

Roberto vuelve a su hotel donde encuentra dos cartas de su familia; las lee, sube a su cuarto y baja con sus maletas. Antes de marcharse, tiene que pagar la cuenta. La paga rápidamente en la oficina del hotel. Luego, sale a buscar un taxi, ve uno en la calle y lo llama.
5 En México hay muchos taxis en las calles principales.

Además de los taxis hay el metro. Roberto no lo toma, porque el metro no va a la colonia[1] donde vive la señora García. Aunque hay un camión que pasa por allí, Roberto no lo toma tampoco, porque es difícil subir al camión con tres maletas. Además, Roberto tiene prisa,
10 y los taxis no cuestan mucho.

Roberto sube al coche y pronto se encuentra otra vez delante de la casa de la señora García. Tiene que pagar cinco pesos; los saca del bolsillo, paga al[2] chofer y entra en la casa. Sus amigos le oyen y bajan para subir las maletas. Roberto los saluda y los jóvenes le acompañan
15 a su cuarto.

Como en México es costumbre cenar a las ocho de la noche, a esta hora una criada llama a los jóvenes. Ellos la oyen y, después de lavarse, bajan otra vez y pasan al comedor.

PREGUNTAS

Empléense[3] pronombres en las contestaciones donde sea posible.

1. ¿A dónde vuelve Roberto? 2. ¿Qué encuentra en el hotel?
3. ¿A dónde sube Roberto? 4. ¿Con qué baja Roberto? 5. Antes

---

[1] section of the city (Mex.) [2] What is this *a*? (§ 44 A)
[3] *Use pronouns in the answers where possible.*

de marcharse ¿ qué tiene que pagar ? 6. ¿ Dónde paga su cuenta ?
7. ¿ Qué busca Roberto en la calle ? 8. ¿ Por qué no toma Roberto el
metro ? 9. ¿ Cuestan mucho los taxis en México ? 10. ¿ A dónde va
Roberto en el coche ? 11. ¿ Cuántos pesos tiene que pagar Roberto ?
12. ¿ De dónde los saca Roberto ? 13. Cuando Roberto entra en la
casa ¿ quién le oye ? 14. En México ¿ a qué hora es costumbre cenar ?
15. ¿ En dónde cenan los jóvenes ?

EJERCICIOS

A. *Substitúyanse los guiones por le, lo, la, los o las.* EJEMPLO:
Roberto ve a Felipe y —— saluda. Roberto ve a Felipe y
le saluda.

1. La criada oye a los estudiantes y —— llama. 2. La señora
García enseña el cuarto a Roberto, y él —— toma. 3. Mi madre
prepara el desayuno y —— sirve a las ocho. 4. Felipe lee las cartas y
—— da a Carlos. 5. Los jóvenes abren la puerta y luego —— cierran.

B. *Cámbiense por pronombres los complementos directos, que están en
bastardilla.* EJEMPLO: La criada sirve *el desayuno.* La criada
lo sirve.

1. Encuentro *las cartas* en el bolsillo. 2. Pagamos *la cuenta.*
3. ¿ Oye usted *a Felipe* ? 4. ¿ Acompañan ustedes *a su madre* ? 5. Servimos *el desayuno* a las siete. 6. La criada no cierra *la puerta.* 7. Roberto no encuentra *a sus amigos.* 8. ¿ Busca Carlos *el taxi* ?

C. *Contéstense las preguntas siguientes en el afirmativo usando le, lo,
la, los, o las.* EJEMPLO: ¿ Entiende Felipe al chofer ? Sí, *le*
entiende.

1. ¿ Lee Roberto las cartas ? 2. ¿ Saca el estudiante dinero de su
bolsillo ? 3. ¿ Saluda Roberto a sus amigos ? 4. ¿ Abre la puerta
una criada ? 5. ¿ Aprenden los estudiantes español ? 6. ¿ Toma
Felipe este cuarto ? 7. ¿ Oye José a su amigo ? 8. ¿ Busca Roberto
a la criada ?

D. *Substitúyanse las palabras inglesas entre paréntesis por sus equivalentes en español.*

1. Roberto paga su cuenta (*before leaving*). 2. Los estudiantes
bajan (*after greeting*) a su amigo. 3. El estudiante llama a la señora
(*before closing*) la puerta. 4. Roberto toma el cuarto (*after speaking*) con
la señora García. 5. José sale (*after writing*) una carta.

Vocabulario — Páginas 88-89
Gramática

1. In this lesson, *le, lo, la, los,* and *las* are found in sentences where they immediately precede a verb. What part of speech are these words? What does each word mean? (§ 24 A, B)

2. Which third person object pronoun refers to masculine singular persons? which to masculine singular things? which to feminine singular persons and things? (§ 24 A)

3. Where are object pronouns usually placed in relation to the verb? (§ 30 A)

4. The expressions *antes de marcharse* and *después de lavarse* occur in this lesson. What is the English equivalent of each of these expressions? What verb form follows a preposition in Spanish? (§ 80 D)

5. Conjugate in the present tense the irregular verbs *hacer* and *oir.* (Page 89)

6. The interrogative ¿ *dónde* ? is often used with a preposition to indicate position or direction. Study the PREGUNTAS and show various examples of the use of a PREPOSITION + *dónde.* (§ 21)

7. How is the word *uno* used in the sentence, *Uno tiene prisa?* (§ 39 B 1)

Amapola [1]

De amor en los hierros [2] de tu reja [3]
de amor escuché la triste queja [4],
de amor que sonó en mi corazón.
diciéndome así con su dulce canción—

Amapola, lindísima [5] Amapola,
será siempre mi alma tuya sola;
yo te quiero, amada [6] niña mía,
igual [7] que ama la flor la luz del
día;
Amapola, lindísima Amapola,
no seas tan ingrata [8] y ámame,
Amapola, Amapola,
¿ cómo puedes tú vivir tan sola ?

[1] *poppy*   [2] *bars*   [3] *iron window grate*   [4] *lament*   [5] *most beautiful*
[6] *beloved*   [7] *just as*   [8] *ungrateful*

Tercer Repaso — Lecciones 11 a 15

1. ¿Qué diferencia hay entre las calles mexicanas y las calles norteamericanas? 2. ¿Qué diferencia hay entre las casas mexicanas y nuestras casas? 3. ¿Qué hay en los patios mexicanos? 4. ¿Quién hace el trabajo en muchas casas mexicanas? 5. Cuando la mujer mexicana quiere salir de casa ¿a quién pide permiso? 6. En la tradición española ¿quién es el amo de la casa? 7. ¿Por qué tienen otro trabajo algunos profesores de la universidad? 8. ¿Por qué se levantan temprano los estudiantes de medicina? 9. ¿Se levantan temprano los estudiantes cuando tienen clases solamente por la tarde? 10. ¿Qué estaciones hay en México? 11. ¿En qué meses llueve mucho en México? 12. ¿Hace mucho calor de noche en la capital? 13. Para tomar el metro ¿tiene Roberto que subir o bajar? 14. Cuando usted tiene prisa ¿toma un taxi o un camión? 15. Antes de salir de un hotel ¿qué tiene usted que pagar?

TEMAS PARA COMPOSICIÓN ESCRITA

Hágase una composición sobre cualquiera de los temas siguientes.
1. Algunos aspectos de la vida de la familia mexicana
2. El clima de esta parte de los Estados Unidos

EJERCICIOS

A. *Escríbase la forma conveniente del presente del verbo.*

Casi todos los días yo (levantarse)[1] tarde. Después del desayuno, (ponerse)[2] el abrigo y (salir)[3] para la universidad. (tener)[4] una clase de historia que es muy interesante. Nosotros (sentarse)[5] delante del profesor. Él no (sentarse)[6] nunca, porque (tener)[7] mucho trabajo. Nosotros no (dormirse)[8] nunca en su clase. Algunos estudiantes que no tienen clases (acostarse)[9] por la tarde. Algunos días, yo también (volver)[10] a casa y (acostarse)[11].

Pero de noche, después de (cenar)[12], (cerrar)[13] la puerta de mi cuarto y (empezar)[14] a estudiar.

B. *Substitúyanse las palabras inglesas entre paréntesis por sus equivalentes en español.*

15. (*My*) coche está delante de la casa.   16. ¿ Tiene usted (*your*)
libros ?   17. (*Our*) abrigos están en el cuarto de Felipe.   18. (*Her*)
padre no habla mucho.   19. Salimos a la calle (*after studying*).   20.
Nos lavamos (*before eating*).   21. (*It is cold*) aquí en invierno.   22. En
primavera (*it is good weather*).   23. En verano (*it rains*) todos los días
en México.

C. *Substitúyanse los guiones por los pronombres convenientes.*

24. Roberto encuentra una carta en su cuarto y ——— lee.
25. Aprendo español y ——— estudio todos los días.   26. El señor
García está en casa; ——— veo desde el jardín.   27. Mis amigos están
en la tienda; ——— espero aquí.

D. *Substitúyanse los adjetivos entre paréntesis por sus formas convenientes.*

28. Estas criadas (francés) viven en una ciudad (español).

E. *Escríbanse las frases siguientes en forma interrogativa.*

29. Los estudiantes aprenden algunas cosas importantes en esta
clase.   30. El padre de estos niños lee mucho.

Gramática

1. Plural of nouns ending in -*z*. (§ 7 C)
2. Feminine of adjectives of nationality whose masculine form
ends in a consonant. (§ 9 C)
3. Adjectives used as nouns. (§ 13)
4. Possessive adjectives. (§ 14 A)
5. ¿ *Dónde* ? (§ 21)
6. Subject pronouns. (§ 23 A)
7. Direct object pronouns. (§ 24 A, B)
8. Reflexive pronouns. (§ 26 A)
9. Position of object pronouns. (§ 30 A)
10. The indefinite pronoun *uno*. (§ 39 B 1)
11. Adverbs and compound prepositions of place. (§ 41 A)
12. Months of the year. (§ 51 B)
13. Seasons of the year. (§ 51 C)
14. Interrogative word order. (§ 55 A, B, C)

15. Present of irregular verbs *dar, decir, hacer, oir, ponerse, salir, tener,* and *ver.* (§ 58 D)[1]
16. Infinitive after prepositions. (§ 80 D)
17. Expressions of weather. (§ 102 A)
18. Present of reflexive verbs. (§ 105 A, B)
19. Present of radical-changing verbs. (§ 106 A)[1]

[1] These verbs have been placed together here for your convenience. In this review, disregard the italicized *tú* and *vosotros* forms unless your teacher directs you specifically to learn them.

Las mañanitas[1]

Estas son las mañanitas
que cantaba el rey David,
pero no eran tan bonitas
como las cantan aquí.

Despierta, mi bien[2], despierta,
mira que ya amaneció[3],
que amanece, que amanece,
rosita[4] blanca de Jérico.

Si el sereno de la esquina[5]
me quisiera hacer favor
de apagar[6] su linternita[7]
para que pase mi amor.

Despierta, mi bien, despierta,
mira que ya amaneció,
ya los pajarillos[8] cantan,
la luna ya se ocultó[9].

Qué bonita mañanita
como[10] que quiere llover,
así estaba la mañana
cuando te empecé a querer.

Despierta, mi bien, despierta,
que ya el sol entró al balcón,
que ya se acabó la aurora[11]
y acabará esta canción.

[1] *morning birthday serenade*   [2] *"love," "dear"*   [3] *dawned*   [4] *rose* (§ 52)   [5] *corner*
[6] *put out*   [7] *lantern* (§ 52)   [8] *little birds* (§ 52)   [9] *went into hiding*
[10] *"looking a bit like rain"*   [11] *dawn*

La plaza de toros

Uno de los espectáculos más populares de México es la corrida de toros. En algunos países hispanoamericanos no hay corridas, pero todavía son muy frecuentes en México y en España. Todos los domingos por la tarde la gente va a la plaza de toros para ver este
5 espectáculo tan característico. La plaza de México es enorme; es la más grande de las Américas.

Naturalmente, Roberto quiere ver una corrida. Invita a[1] todos sus amigos, pero Carlos y José le dicen que van al cine. El único que acepta la invitación es Felipe.

10 Al llegar a la plaza Roberto insiste en pagar y le da el dinero a Felipe. Felipe le pregunta si quiere boleto[2] de sol o boleto de sombra. Le explica que a un lado de la plaza hay sol y que es mejor no sentarse allí. Finalmente, los jóvenes deciden comprar boletos de sombra.

Felipe le dice al boletero[2]:

15 — Queremos dos boletos de sombra. Le doy a usted quince pesos.

— Aquí están los boletos. Como cada uno cuesta seis pesos, les devuelvo a ustedes tres pesos. La corrida empieza dentro de pocos minutos — les contesta el boletero y les entrega los boletos a los jóvenes.

20 Los jóvenes ocupan su asiento y esperan el principio de la corrida. Pronto oyen música y los toreros salen a la plaza. Felipe le explica a Roberto que cada domingo matan seis toros.

— ¿ Y a cuántos toreros matan los toros ? — pregunta Roberto.

— ¿ Quién sabe ? — le contesta Felipe con una sonrisa.

PREGUNTAS

1. ¿ Cuál es uno de los espectáculos más populares de México ?
2. ¿ Hay corridas de toros en todos los países hispanoamericanos ?
3. ¿ Qué día de la semana va la gente a los toros ? 4. ¿ Quién va con

---

[1] What is this *a*? (§ 44 A)

[2] The Mexican word for *ticket* is *boleto*. A *boleto de sol* is a ticket for a seat in the sunny part of the *plaza*, a *boleto de sombra* is a ticket for the shady part of the *plaza*. The *boletero* is the ticket seller. The Spanish word for *ticket* is *billete*. In Mexico, a *billete* indicates a piece of paper money.

Roberto a los toros? 5. ¿Qué le da Roberto a Felipe? 6. ¿Es mejor comprar boleto de sol o boleto de sombra? 7. ¿Cuántos pesos le da Felipe al boletero? 8. ¿Cuánto cuestan los boletos? 9. ¿Cuántos pesos les devuelve el boletero a los estudiantes? 10. Al sentarse en la plaza de toros ¿qué oyen Roberto y Felipe? 11. ¿Cuántos toros matan los toreros cada domingo?

EJERCICIOS

A. *Síganse*[1] *las indicaciones.* EJEMPLO: Dígale[2] a Felipe que usted estudia español. *Felipe, estudio español.*

1. Dígale[2] a José que usted va al cine. 2. Dígale a Roberto que usted sabe dónde está la criada. 3. Dígale a Carlos que usted sale esta noche. 4. Dígale a Felipe que ustedes van al cine.

B. *Substitúyanse los guiones por los pronombres convenientes.*

1. Roberto ve a Felipe y —— dice que quiere ver una corrida. 2. El profesor habla con los estudiantes y —— enseña sus libros. 3. Carlos pide a su madre permiso para ir a México y —— explica que es muy interesante ver un país extranjero.

C. *Cámbiense por pronombres los complementos indirectos, que están en bastardilla.* EJEMPLO: Doy el dinero *a mi amigo.* Le doy el dinero.

1. Enseñamos la ciudad *a los extranjeros.* 2. ¿Habla usted *al señor García?* 3. El maestro explica la lección *a los niños.* 4. Pregunto *a los estudiantes* si quieren ir al cine. 5. Devuelvo los libros *al profesor.* 6. Esta mujer explica el problema *a su marido.* 7. Carlos entrega las cartas *a su hermana.*

D. *Escríbanse en letra los siguientes números.*

3, 11, 5, 13, 7, 15, 8, 12, 14, 6, 9, 17, 20, 16.

E. *Contéstense las preguntas siguientes en el afirmativo con yo.*

1. ¿Dice usted que llueve mucho en verano? 2. ¿Va usted a la corrida de toros esta tarde? 3. ¿Sabe usted que una parte de México está en la zona tórrida? 4. ¿Quiere usted comprar estos boletos?

---

[1] In this type of exercise, you are required to ask someone to do something or to tell someone to do something. Simply follow instructions. For instance, the example says: *Tell Philip that you are studying Spanish.* You therefore say: *Philip, I am studying Spanish.* In many sentences, you will have to change the forms of certain words.

[2] The imperative of *decir* is *diga.* Learn this, since you will meet it frequently. Pronoun objects follow affirmative commands.

F. *Substitúyanse los infinitivos por las formas convenientes del presente.*

1. Ustedes (ir) al cine, pero nosotros (ir) a la plaza de toros.
2. Yo (saber) que usted (ir) a Monterrey. 3. Ustedes (saber) que yo (ir) a México este verano. 4. ¿ (saber) usted que los estudiantes (ir) a Chapultepec ?

Vocabulario — Página 90

Gramática

1. What is the indirect object of a sentence? Give an English sentence with a noun indirect object; a pronoun indirect object. (§ 25)

2. What are the Spanish indirect object pronouns of the third person? (§ 25 A) Where do they usually come in relation to the verb? (§ 30 A) Show how a Spanish indirect object pronoun takes the place of a noun indirect object. (§ 25 B)

3. In the sentence **Le doy el libro a Felipe,** we find both the noun indirect object (*a Felipe*) and the corresponding pronoun indirect object (*le*). To an English-speaking person, the pronoun indirect object in such sentences seems superfluous, but to a Spanish-speaking person, such a sentence sounds very natural. Find examples of such sentences in your reading lesson and questions. (§ 25 E)

4. Count from *eleven* to *twenty* in Spanish. (§ 17 A)

5. What is the meaning of the expression *al llegar a la plaza?* Give examples of this construction using other verbs. (§ 80 E)

6. Conjugate in the present tense the irregular verbs *ir* and *saber.* (Page 91)

Adiós mi chaparrita [1]

Adiós, mi chaparrita,
no llores por tu Pancho,
que si se va del rancho [2],
muy pronto volverá.

Verás que del Bajío [3]
te traigo cosas güenas [4]
y un beso que tus penas,
muy pronto olvidarás.

Los moñitos [5] pa [6] tus trenzas [7],
y pa [6] tu mamacita [8],
rebozo [9] de bolitas
y sus naguas [10] de percal [11], ¡ ay ! ¡ qué [12] caray !

[1] *"little short girl"*   [2] *small farm*   [3] *Lowlands*   [4] güenas = buenas   [5] *little ribbons*
[6] pa = para   [7] *braided hair*   [8] *dear mamma* (§ 52)   [9] *shawl with fancy balls on fringe*
[10] naguas = enaguas (*skirts*)   [11] *percale*   [12] INTERJECTION

Los deportes[1]

Después de la corrida, Roberto y Felipe vuelven a casa. Suben al cuarto de Carlos para hablar un rato. Carlos le pregunta a Roberto si le gustan las corridas de toros.

— La verdad es que no me gustan — contesta Roberto.

— A nosotros no nos gustan tampoco — dice José —. Preferimos 5 ir al cine.

— A mí me gustan cuando las corridas son buenas — dice Felipe — pero no me gustan las malas. Si el toro es muy bravo y el torero muy valiente, la lucha es verdaderamente emocionante[2].

— A muchos mexicanos no les gustan las corridas — dice Carlos —. 10 Nuestros deportes favoritos son el fútbol y el béisbol[3]. Nuestro fútbol, que ustedes llaman *soccer*, es diferente del fútbol norteamericano. También jugamos al básquetbol, pero no tanto como en su país. Estos espectáculos no son tan crueles como las corridas de toros.

— Es que ustedes no comprenden el significado[4] de una corrida 15 — contesta Felipe —. Mi padre tiene un libro que trata de la historia y del arte[5] de los toros y en él se pueden apreciar los detalles de este arte. Si él me lo da, se[6] lo presto a ustedes.

A Roberto le gusta escuchar la conversación porque le parece muy interesante. Durante esta discusión, una criada entra con un 20 plato de fruta para los jóvenes y se lo da a Felipe. En él hay naranjas, uvas[7] y plátanos[8]. Roberto escoge una naranja y Felipe toma algunas uvas mientras que Carlos toma un plátano, porque los plátanos le gustan más que las naranjas y las uvas.

Por fin, José se levanta y dice a sus amigos: 25

— Debemos terminar la fiesta porque tengo que estudiar. ¡ No hay exámenes sobre los toros !

PREGUNTAS

1. ¿ A dónde van Roberto y Felipe después de la corrida ? 2. ¿ Qué le pregunta Carlos a Roberto ? 3. ¿ A dónde prefieren ir José y Carlos ? 4. ¿ Cuándo le gustan a Felipe las corridas de toros ? 5. ¿ Cuáles son

[1] *sports* [2] *exciting* [3] *baseball* [4] *meaning* [5] *art of bullfighting*
[6] *I'll lend it to you.* The present tense is used here for a future. [7] *grapes* [8] *bananas*

los deportes favoritos de los mexicanos ? 6. ¿ Es diferente el fútbol mexicano del fútbol norteamericano ? 7. ¿ Comprenden los norteamericanos el significado de una corrida ? 8. ¿ De qué trata el libro que Felipe quiere prestar a Roberto ? 9. ¿ Por qué le gusta a Roberto esta conversación ? 10. ¿ Quién entra en el cuarto con un plato de fruta ? 11. ¿ Qué frutas hay en el plato ? 12. ¿ Por qué tiene que marcharse José ?

Ejercicios

A. *Substitúyanse las palabras inglesas entre paréntesis por sus equivalentes en español.*

1. ¿ Quién está delante de (*you*) ? 2. Mi amigo compra un libro para (*me*). 3. Yo voy al cine con (*him*). 4. ¿ Va usted a la corrida con (*her*) ? 5. ¿ Hablan ustedes de (*us*) ? 6. Carlos me da el libro a (*me*). 7. Yo le devuelvo este libro a (*him*). 8. ¿ Quién les entrega los boletos a (*them*) ? 9. Carlos no quiere volver con (*me*).

B. *Cámbiense por pronombres los complementos directos, que están en bastardilla.* Ejemplo: Carlos nos enseña *el toro.* Carlos nos *lo* enseña.

1. Felipe me enseña *la plaza.* 2. El maestro nos explica *el problema.* 3. La criada me entrega *los boletos.* 4. ¿ Nos devuelve la señora *el dinero* ?

C. *Cámbiense por pronombres los complementos, que están en bastardilla.* Ejemplo: Doy *el dinero a Felipe. Se lo* doy.

1. Escribo *esta carta a mis hermanos.* 2. ¿ Da usted *los boletos a los estudiantes* ? 3. Leo *el libro al señor García.* 4. ¿ Entrego *las frutas a la criada* ?

D. *Contéstense en el afirmativo las preguntas siguientes según el ejemplo.* Ejemplo: ¿ Le gusta a usted el básquetbol ? Sí, me gusta el básquetbol.

1. ¿ Le gusta a usted el cine ? 2. ¿ Le gusta a usted el fútbol ? 3. ¿ Le gusta a usted la clase de español ? 4. ¿ Le gustan a usted las corridas de toros ? 5. ¿ Le gustan a usted los libros ? 6. ¿ Le gustan a usted los plátanos ?

E. *Contéstense en el afirmativo las preguntas siguientes según el ejemplo.* Ejemplo: ¿ Les gusta a ustedes el béisbol ? Sí, nos gusta el béisbol.

1. ¿ Les gusta a ustedes México ? 2. ¿ Les gusta a ustedes la conversación ? 3. ¿ Les gustan a ustedes los deportes ? 4. ¿ Les gustan a ustedes las naranjas ?

F. *Contéstense en el negativo las preguntas siguientes según el ejemplo.* EJEMPLO: ¿ Le gusta a Roberto la discusión ? No, no le gusta la discusión.

1. ¿ Le gusta a Felipe la historia de España ? 2. ¿ Le gusta a Carlos la corrida de toros ? 3. ¿ Le gustan a Roberto las frutas ? 4. ¿ Le gustan al estudiante los plátanos ?

VOCABULARIO — PÁGINAS 91-92

GRAMÁTICA

1. What are the object pronouns *me* and *us* in Spanish? Note that direct and indirect forms are the same. (§§ 24 C, 25 C)

2. After prepositions, Spanish usually uses subject pronoun forms. There is a special *yo* form, however. How does one say *for me* in Spanish? (§ 29 A) *with me?* (§ 29 E)

3. When two object pronouns are used in a sentence, which one comes first? (§ 31 A)

4. The third person pronoun objects all begin with *l-*. When two pronoun objects beginning with *l-* would stand one along side of the other, to what does the first pronoun always change? Find examples in your lesson. (§ 31 B)

5. The verb *gustar* (*to be pleasing*) offers problems to us. The Spanish, instead of saying *I like bananas* say *Bananas are pleasing to me* (*Me gustan los plátanos* or emphatically *A mí me gustan los plátanos*). The best way to learn to use *gustar* is to repeat sentences where it is used correctly until they appear natural to you. Find such sentences in your text. (§ 100 A)

6. In this lesson is the verb *parecer*, which is irregular in the first person singular. Many verbs in *-cer* have this irregularity. Learn the conjugation of the present of *parecer*. (Page 92)

LECCIÓN DIECIOCHO

El «mañana»

— Ya son las siete menos cuarto — dice Roberto — y todavía no
está José. ¿ Por qué no viene ? Así es México; uno tiene una cita con
una persona a las cuatro y media y la persona llega a las cinco y cuarto
y a veces no viene. ¿ Por qué no pueden ser más puntuales los mexi-
5 canos ?

— Los mexicanos son muy informales[1] — dice Felipe —. Piensan venir a la hora convenida pero no llegan porque ocurre algo y
deciden hacer otra cosa.

— México es el país del mañana — contesta Roberto —. Noso-
10 tros los norteamericanos tenemos la costumbre de ser puntuales. El
teatro y el cine empiezan y terminan puntualmente; generalmente los
trenes y los aviones[2] llegan y salen según el horario[3]. La puntualidad
es muy importante ¿ verdad ?

— Pero esa vida es demasiado mecánica; ustedes piensan siempre
15 en los segundos. ¿ Y por qué ? Hay sesenta segundos en cada minuto,
sesenta minutos en cada hora, veinticuatro horas en cada día, cincuenta y dos semanas o trescientos sesenta y cinco días en cada año
y cien años en cada siglo. ¿ Qué importan los segundos ? Hay muchos
segundos. Ustedes son esclavos de los relojes; tienen que llegar a
20 su trabajo a cierta[4] hora de la mañana. Al mediodía tienen media
hora para almorzar, a las seis de la tarde llegan con mucha prisa a
casa, y después de comer, corren al cine para divertirse o miran su
programa favorito de televisión. El mismo horario se repite el lunes,
el martes, el miércoles, el jueves, el viernes y muchas veces el sábado.
25 Y el domingo ¡ ustedes no saben qué hacer ! Salen en automóvil a
setenta, ochenta o noventa kilómetros por hora.

— Es muy posible — contesta Roberto — pero nuestro progreso
material es en parte el resultado de esa puntualidad.

— Claro, pero en realidad no existe ni mañana ni ayer. Cuando
30 empieza mañana ¡ ya es hoy ! ¡ Creo que debemos destruir todos los
relojes del mundo !

---

[1] *careless about keeping appointments*   [2] *airplanes*   [3] *timetable*
[4] For the omission of the article with *cierto*, see § 4 I.

PREGUNTAS

1. ¿Van los mexicanos siempre a las citas? 2. ¿Llega usted siempre a las citas? 3. ¿Tienen los norteamericanos la costumbre de ser puntuales? 4. En los Estados Unidos ¿empieza el cine puntualmente? 5. ¿Salen los trenes según el horario? 6. ¿En qué piensan siempre los norteamericanos? 7. ¿Cuántos segundos hay en un minuto? 8. ¿Cuántas semanas hay en un año? 9. ¿Cuántos días hay en un año? 10. ¿Cuáles son los días de la semana? 11. ¿Cuál es el primer día de la semana en los Estados Unidos? ¿en España y en los países hispanoamericanos? 12. ¿Por qué no existe « mañana »?

EJERCICIOS

A. *Dígase la hora en español según el ejemplo.* EJEMPLO: 9:15 — *Son las nueve y cuarto.*

1. 7:00   2. 7:30   3. 3:15   *4.* 10:45   *5.* 5:05   *6.* 9:55
7. 1:00[1]   *8.* 12:00   *9.* 2:45   *10.* 4:20

B. *Substitúyanse las palabras inglesas entre paréntesis por sus equivalentes en español.* EJEMPLO: Me acuesto (*at 10 o'clock*). Me acuesto *a las diez.*

1. Me levanto (*at 8:15*). 2. Llegamos a la escuela (*at 1:15*). 3. ¿Se levanta usted (*at 5:30*)? 5. Comemos (*at 12:30*).

C. *Escríbanse en letra los siguientes números.* EJEMPLO: 48 — *cuarenta y ocho*

33, 64, 5, 59, 12, 147, 42, 608, 46, 21, 71, 511, 13, 570, 58, 1234, 416, 62, 283, 39, 954, 16, 721, 25, 350, 78, 261, 86, 801, 99, 125, 95, 89.

D. *Escríbanse en cifra.* EJEMPLO: treinta y siete — *37*

cuarenta y siete, noventa y ocho, treinta y cuatro, cuarenta y tres, setenta y nueve, treinta y uno, veintiséis, cincuenta y nueve, ochenta y siete, sesenta y uno, veintidós, cincuenta y uno, diecisiete, setenta y dos, catorce, sesenta y tres, trece, sesenta y cinco.

E. *Escríbanse en cifra.* EJEMPLO: quinientos cuarenta — *540*

trescientos sesenta, ciento cuarenta y ocho, novecientos trece, ciento treinta y cinco, seiscientos dieciocho, doscientos noventa y tres, cuatrocientos veinte y seis, setecientos treinta y dos, doscientos setenta y uno, novecientos sesenta y cuatro, mil doscientos cuarenta

[1] The Spanish say: *Son las dos. Son las tres.* But what construction do they use with *la una?* (§ 51 D)

y cuatro, quinientos veintiuno, setecientos treinta y cuatro, dos mil ochocientos, quinientos ochenta

F. *Complétense las frases, usando la forma conveniente del presente de venir.* EJEMPLO: Carlos . . . Carlos *viene.*

1. Los estudiantes . . . 2. Usted no . . . 3. Ustedes . . . 4. Yo . . .

VOCABULARIO — PÁGINAS 92–93

GRAMÁTICA

1. What are the days of the week? (§ 51 A) Note that the definite article is normally used with the days of the week. (§ 4 E)

2. Count to *forty.* (§ 17 A) How are the numbers between 16 and 19 and between 21 and 29 formed? the numbers between 31 and 40 ? (§ 17 B)

3. Count by 10's to *one hundred.* Count by 100's to *one thousand.* Note that three of the 100's are irregular. Which are they ? (§ 17 A)

4. How are the numbers between 101 and 199 formed? (§ 17 A, B)

5. How are the following expressions of time rendered in Spanish? (§ 51 D)

It is *three* o'clock.   It is *five* minutes after *nine.*
It is half past *eight.*   It is *ten* minutes to *five.*
It is a quarter after *two.*   At what time does he arrive?
It is a quarter to *seven.*   He arrives at *eight* o'clock.
What time is it?   He arrives at *seven thirty.*

6. What are the forms of the present tense of the irregular verb *venir?* (Page 93)

LECCIÓN DIECINUEVE

Al sur de la frontera

— Roberto ¿ le gustó a usted el viaje de San Luis a México ?
— ¡ Qué magnífico viaje ! ¡ Me gustó mucho !
— ¿ Entró usted a México por Ciudad Juárez ?

— Entró usted a México por Ciudad Juárez?
— Entré por Nuevo Laredo, ciudad mexicana enfrente de
Laredo, que es una ciudad de Texas.

— Entré por Nuevo Laredo, ciudad[1] mexicana enfrente de Laredo,
que es una ciudad de Texas.   5
— ¿ Viajó usted en automóvil o en tren ?
— Viajé en automóvil, en compañía de un profesor de español y
su esposa. Salimos de San Luis el lunes por la mañana y llegamos a
la frontera el martes por la tarde. Pasamos la noche en Laredo y a la
mañana siguiente atravesamos el puente internacional.   10
— ¿ Pasó usted la aduana[2] sin dificultad ?
— Sin ninguna dificultad. Los empleados de la aduana me hablaron en español, los entendí perfectamente y les contesté en el mismo
idioma. No abrieron más que una de mis maletas, y a los cinco minutos salí de la aduana, cambié algunos dólares por pesos mexicanos y   15
me encaminé hacia el centro de Nuevo Laredo. ¡ Qué diferente de
Laredo es esta ciudad ! Los edificios son más pequeños, la gente es
distinta, y se oye hablar español por todas partes.
— ¿ Pararon ustedes mucho tiempo en la frontera ?
— No, salimos a las ocho de la mañana hacia Monterrey. La 20
carretera es muy buena y vimos[3] señales como DESPACIO y CURVA
escritas en español[4] y en inglés. La región es casi un desierto; en
ella no hay nada más que cactos y algunas vacas atravesaron la carre-

[1] For the omission of an article before this appositive, see § 4 G.   [2] *customs*
[3] This is the preterite of *ver*, which is *vi, vio, vimos, vieron*.
[4] For the omission of *el* with names of languages, see § 4 A.

75

tera por delante de nuestro coche. Vimos[1] a[2] un campesino con su
25 burro. Pasamos por unos[3] pueblos pequeños con sus casas de adobe.
La pobre señora del profesor sufrió mucho por el calor, pero no nos
atrevimos a beber agua antes de llegar a Monterrey.

PREGUNTAS

1. ¿ Le gustó a Roberto el viaje a México ? 2. ¿ Por qué ciudad entró Roberto a México ? 3. ¿ Viajó Roberto en automóvil ?
4. ¿ Cuándo llegó Roberto a Laredo ? 5. ¿ En qué lengua hablaron
a Roberto los empleados de la aduana ? 6. ¿ Los entendió Roberto ?
7. ¿ En qué lengua les contestó Roberto a los empleados de la aduana ?
8. ¿ Qué diferencia hay entre Laredo y Nuevo Laredo ? 9. ¿ Qué
señales vieron[1] en la carretera Roberto y los otros ? 10. ¿ Qué otras
cosas vieron[1] desde su coche ? 11. ¿ Por qué sufrió la esposa del
profesor ?

EJERCICIOS

A. *Escríbanse las formas siguientes del presente en pretérito, cambiando
hoy por ayer.* EJEMPLO: Carlos habla hoy. Carlos *habló* ayer.

1. Cantamos hoy. 2. Estudio hoy. 3. Usted enseña hoy.
4. Viajamos hoy. 5. Terminan hoy. 6. Me levanto hoy. 7. Comemos hoy. 8. Ustedes aprenden hoy. 9. Usted escribe hoy. 10. Bebo
hoy. 11. Los jóvenes corren hoy. 12. Ocurre hoy. 13. Sufrimos
hoy. 14. Escribo hoy.

B. *Escríbanse en pretérito los verbos de las frases siguientes.* EJEMPLO:
En Taxco compro artículos de plata. En Taxco *compré* artículos de plata.

1. Los mexicanos hablan muy rápidamente. 2. Usted explica
muy bien estas cosas. 3. Volvemos a la capital el martes. 4. ¿ Esperan ustedes a Carlos ? 5. Escribo muchas cartas a mi padre. 6. Me
levanto muy temprano. 7. Hablamos con los habitantes del pueblo
mexicano. 8. Carlos y Felipe escogen naranjas. 9. ¿ Pagan ustedes
la cuenta antes de salir del hotel ? 10. Cenamos a las ocho. 11. Estos
estudiantes viven en la capital. 12. ¿ Cambiaron ustedes mucho dinero ?

[1] This is the preterite of *ver*, which is *vi, vio, vimos, vieron.*
[2] What is this *a*? (§ 44 A)
[3] For the use of the plural of the indefinite article, see § 1 B.

C. *Escríbanse en el pretérito los verbos de las frases siguientes.*

1. Me acuesto[1] a las once. 2. ¿Encuentran ustedes a sus amigos en la universidad ? 3. Carlos vuelve pronto. 4. La señora devuelve el dinero a los estudiantes. 5. Ustedes se despiertan temprano. 6. Me siento en una silla. 7. Nieva mucho en el norte.

Vocabulario — Páginas 94–95

Gramática

1. In this lesson the preterite is used for the first time. Make a list of all verb forms that are in the preterite in this lesson. From that list, give the conjugation in the preterite of *parar*, *correr*, and *sufrir*. (Page 95)

2. What type of past action does the preterite express? (§ 63)

LECCIÓN VEINTE

Monterrey

— Llegamos a Monterrey a las dos de la tarde. El profesor no[2] quiso viajar más y buscamos un hotel. Subimos en seguida a nuestros cuartos, nos bañamos y descansamos un rato. A las cinco el profesor y su esposa salieron a la calle para visitar las tiendas mexicanas. Yo fui al correo a buscar cartas; el correo no está en el centro y tuve   5 que preguntar en español el camino a varios mexicanos. Como todos me entendieron, me[3] quedé muy satisfecho.

En el correo encontré tres cartas; compré algunos timbres[4] y luego volví al centro y di una vuelta por las calles. En las tiendas

---

[1] Most verbs which are radical-changing in the present are not irregular in the preterite. The verbs in this exercise have no vowel-change in the preterite.
[2] no quiso *refused* In the preterite, the negative of *querer* takes on the meaning of *refused*.
[3] me quede *I was* (lit. *I remained*)
[4] *stamps* This is a Mexican word. The Spanish word is *sellos*.

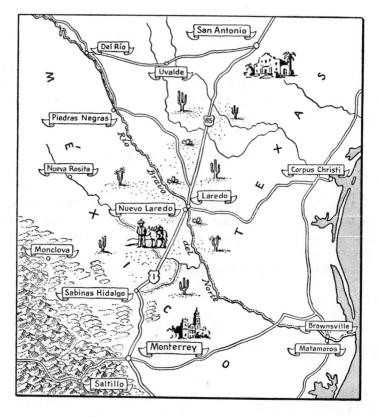

*La región es casi un desierto; en ella
no hay nada más que cactos*

10 pude ver muchas cosas de marca norteamericana: vi máquinas[1] de escribir, máquinas[2] fotográficas, máquinas[3] de lavar y otros muchos productos norteamericanos.

A las siete volví al hotel. El profesor me dijo: «Vamos a salir pronto a comer. ¿Quiere usted venir con nosotros?»

15 Fuimos a un gran restaurante en uno de los hoteles principales. El mesero[4] nos trajo el menú y después vino[5] con muchos platos mexicanos. El profesor me hizo hablar español al pedir los platos. Comimos todo lo que pudimos.

A la mañana siguiente salimos temprano. Fuimos primero a 20 una estación de gasolina donde los empleados llenaron el tanque del

---

[1] *typewriters* [2] *cameras* [3] *washing machines*
[4] *waiter* This is a Mexican word. The Spanish word is *camarero*. [5] preterite of *venir*

coche y pusieron un litro de aceite en el motor. También tuvieron que poner agua en el radiador, pues a causa del calor el agua se evapora rápidamente.

Viajamos durante todo el día por una región de México que tiene poca altitud y donde la vegetación es tropical y hace mucho calor. 25 Pasamos por Ciudad Victoria y Valles y a las seis de la tarde llegamos a Tamazunchale. Encontramos un hotel, dejamos el coche en un garaje, y entramos a comer al comedor.

PREGUNTAS

1. ¿ A qué hora llegó Roberto a Monterrey ? 2. Al llegar ¿ qué buscaron Roberto y el profesor ? 3. ¿ Por qué fue Roberto al correo ? 4. ¿ A quiénes tuvo Roberto que preguntar el camino ? 5. ¿ Por qué se quedó muy satisfecho Roberto ? 6. ¿ Qué compró Roberto en el correo ? 7. ¿ Qué vio Roberto en las tiendas de Monterrey ? 8. Cuando Roberto volvió al hotel ¿ a dónde fue con el profesor y su esposa ? 9. En el restaurante ¿ qué les trajo el mesero ? 10. ¿ A dónde fueron a comprar gasolina ? 11. ¿ Por qué tuvieron que poner agua en el radiador ? 12. ¿ Por qué ciudades pasaron al día siguiente ? 13. ¿ Qué clima tiene la región de Valles ? 14. Al llegar a Tamazunchale ¿ dónde dejaron el coche ?

EJERCICIOS

A. *Los verbos siguientes están en presente. Escríbanlos en pretérito.*
EJEMPLO: hago — *hice*

1. voy[1] 2. estamos 3. pueden 4. quiere 5. soy 6. dice
7. hacemos 8. damos 9. ponen 10. tengo 11. traemos 12. viene
13. oigo 14. son 15. tienen

B. *Escríbanse en pretérito los verbos de las frases siguientes.*

1. La criada nos trae un menú. 2. No puedo venir. 3. Los estudiantes van a la clase. 4. ¿ Qué hacen ustedes por la tarde ? 5. Nosotros estamos en el cine. 6. Yo tengo mucho que hacer. 7. ¿ Quién oye llegar el coche ? 8. El señor García es profesor de español. 9. Mi madre me da dinero. 10. Carlos viene a ver a sus amigos. 11. Felipe no quiere ir a una corrida de toros. 12. La

---

[1] Repeat the verbs in this exercise in the laboratory and at home until you can say the preterite forms without hesitation. These are frequently used verbs. You cannot speak Spanish without knowing these irregular forms.

criada pone naranjas delante de los estudiantes. 13. Los alumnos dicen la verdad. 14. Voy a México este verano.

C. *Contéstense las preguntas siguientes en el afirmativo con yo.*

1. ¿ Fue usted al cine ayer ? 2. ¿ Estuvo usted en México en verano ? 3. ¿ Dio usted la carta a Roberto ? 4. ¿ Trajo usted un libro a la clase ? 5. ¿ Puso usted el libro en el automóvil ? 6. ¿ Dijo usted la verdad al profesor ? 7. ¿ Oyó usted a Roberto en el patio ? 8. ¿ Hizo usted todo su trabajo ?

D. *Contéstense en el negativo las preguntas siguientes con nosotros.*

1. ¿ Fueron ustedes a Guadalajara ayer ? 2. ¿ Tuvieron ustedes muchas cartas que escribir ? 3. ¿ Pudieron ustedes ganar dinero en México ? 4. ¿ Estuvieron ustedes en la capital mucho tiempo ? 5. ¿ Pusieron ustedes los boletos en el bolsillo ? 6. ¿ Hicieron ustedes su trabajo ?

VOCABULARIO — PÁGINAS 95–96

GRAMÁTICA

1. In this lesson are the preterites of most of the verbs which are irregular in that tense. Give the forms of the irregular preterites of *dar, decir, estar, hacer, ir, oir, poder, poner, querer, ser, tener, traer,* and *venir.* (Page 96)

2. What are the endings of most irregular preterites? (§ 62 C 2)

3. Conjugate in the present the irregular verb *traer.* (Page 96)

Cuando se quiere de veras

Quiéreme mucho, dulce[1] amor mío,
Que[2] amante siempre te adoraré,
Yo con tus besos y tus caricias[3]
Mis sufrimientos[4] acallaré[5].

Cuando se quiere de[6] veras,
Como te quiero yo a ti,
Es imposible, mi cielo,
Tan separados vivir.

Cuando se quiere de veras,
Como te quiero yo a ti,
Es imposible, mi cielo,
Tan separados vivir,
Tan separados vivir.

[1] *sweet*   [2] *I'll adore you lovingly*   [3] *caresses*   [4] *sufferings*
[5] *I'll calm down*   [6] *truly*

Cuarto Repaso — Lecciones 16 a 20

Explíquense en español los nombres siguientes.

Ciudad Juárez	Laredo	Tamazunchale
Ciudad Victoria	Nuevo Laredo	Valles

PREGUNTAS

1. ¿Qué día de la semana va la gente a los toros? 2. ¿Dónde está la plaza de toros más grande de las Américas? 3. ¿Son frecuentes en España las corridas de toros? 4. ¿Qué deportes hay en México? 5. ¿Cuándo es interesante la corrida de toros? 6. ¿Les gusta a los mexicanos ir al cine? 7. ¿Cuántos segundos hay en una hora? 8. ¿Van siempre los mexicanos a las citas? 9. ¿A qué hora empieza su clase de español? 10. ¿Qué ciudad mexicana está enfrente de Laredo, Texas? 11. ¿Por qué están escritas en español y en inglés las señales de la carretera que va de Nuevo Laredo a Monterrey? 12. ¿Cómo es el paisaje que se ve desde esta carretera? 13. ¿Cómo se nota la influencia norteamericana en Monterrey? 14. ¿Dónde se puede comer en una ciudad mexicana? 15. ¿Por qué ciudades pasa la carretera nacional?

TEMAS PARA COMPOSICIÓN ESCRITA

Hágase una composición sobre cualquiera de los temas siguientes.

1. Un viaje en automóvil
2. Los deportes mexicanos

EJERCICIO

A. *Substitúyanse los infinitivos entre paréntesis por sus formas convenientes del pretérito.*

Ayer yo (ir)^1 al cine a ver una película mexicana. Me (decir)^2 el profesor que las películas mexicanas son buenas. Mis amigos no (querer)^3 ir porque ellos no entienden español. Al llegar al cine, (comprar)^4 un boleto, se lo (dar)^5 a un empleado y (sentarse)^6. (ver)^7 una película muy interesante y (poder)^8 comprender mucho mejor las costumbres mexicanas. Los que no saben español no (aprender)^9 tanto como yo.

81

B. *Substitúyanse los infinitivos entre paréntesis por sus formas convenientes del presente.*

Yo (saber)[10] por qué ustedes (venir)[11]. Yo les (traer)[12] la carta que buscan.

C. *Cámbiense por pronombres las expresiones en bastardilla.*

13. ¿ Habló usted *a la criada?*   14. Compré la fruta para *los niños.*   15. Roberto me prestó *el coche.*   16. Enseñé *el cuarto desocupado a los estudiantes.*   17. ¿ Fue usted al cine con *la mujer del profesor?* 18. José nos escribió *esta carta.*   19. Explicamos *la señal al norteamericano.*

D. *Contéstense con frases completas las siguientes preguntas.*

20. ¿ Qué tiempo hace en invierno en el norte de los Estados Unidos ?   21. Cuando llueve mucho ¿ hace buen o mal tiempo ? 22. ¿ A los mexicanos les gusta el fútbol ?   23. ¿ Le gustan a usted las montañas ?   24. Soy el profesor.   ¿ A mí me gustan los libros ? 25. ¿ Les gusta a ustedes el cine ?

E. *Escríbanse en letra los siguientes números.*

26. (a) 98   (b) 561   (c) 1753
27. (a) 46   (b) 329   (c) 2987

F. *Escríbase en español.*

28. (a) It is 1:15.   (b) It is 4:30.   (c) It is 8:45.
29. (a) It is 9:00.   (b) It is 6:10.   (c) It is 4:55.
30. los días de la semana.

GRAMÁTICA

1. Preterite of the regular verbs *hablar*, *comer*, and *vivir*. (Page 95)
2. Counting. (§ 17 A, B)
3. Indirect object pronouns. (§ 25 A, B, C, E)
4. Prepositional pronouns. (§ 29 A, E)
5. Order of double pronoun objects. (§ 31)
6. The days of the week. (§ 51 A)
7. Telling time. (§ 51 D)
8. Present tense of the irregular verbs *decir*, *ir*, *saber*, *parecer*, *traer*, and *venir.* (§ 58 D)[1]

---

[1] These verbs have been placed together here for your convenience. In this review, disregard the italicized *tú* and *vosotros* forms unless your teacher directs you specifically to learn them.

9. Preterite of the irregular verbs *dar, decir, estar, hacer, ir, oir* (§ 110, no. 22), *poder, poner, querer, ser, tener, traer,* and *venir.* (§ 62 C)[1]
10. Use of the preterite. (§ 63)
11. Use of *al* + INFINITIVE. (§ 80 E)
12. The *gustar* construction. (§ 100 A)

[1] These verbs have been placed together here for your convenience. In this review, disregard the italicized *tú* and *vosotros* forms unless your teacher directs you specifically to learn them.

Segundo Suplemento – Lecciones 11-20

LECCIÓN ONCE

Vocabulario

cultivar   (favorito)   patio

alrededor (*adv.*) *around;* alrededor
  de (*prep.*) *around*
allí *there*
así *thus, like that*
cada[a] *each, every*
cuidar *take care of, care for*
dentro (*adv.*) *inside, within;* dentro de
  (*prep.*) *inside of*
detrás (*adv.*) *behind;* detrás de (*prep.*)
  behind, in back of
decir *say*
espacio *space*
estrecho *narrow*
fuera (*adv.*) *outside;* fuera de (*prep.*)
  outside of
gente (*f.*)[b] *people*[c]

hermano *brother;* hermana *sister;*
  hermanos *brothers and sisters*
jardín (*m.*) *garden*
madre (*f.*) *mother*
mi (*pl.* mis) *my*
nuestro *our*
padre (*m.*) *father*
pájaro *bird*
rico *rich*
silla *chair*
sólo[d] (*adv.*) *only*
sombrío *somber; shady*
su (*pl.* sus) *his, her, its, your, their*
tierra *land, earth*
vida *life*
viejo *old*

[a] This adjective has the same form in the masculine and feminine.
[b] The word *gente* is singular in form and requires a singular verb.
[c] The word *gente* means *people* in the sense of people in general as opposed to *pueblo,* which means *people* in the sense of a nation.
[d] Written *sólo,* this word is an adverb; written *solo,* it is an adjective meaning *alone, only,* or *lonely.*

Verbos

decir		ver	
digo	decimos	veo	vemos
dice	dicen	ve	ven

Ejercicios

A. 1. I see flowers in your mother's garden. 2. Our garden is behind[1] your mother's house. 3. Does your father have his chair in front of the house? 4. Do my brothers and their friends take care of[2] our birds? 5. Do the rich people[3] see the modern houses in[4] this part of the city? 6. Are there gardens around[1] their houses? 7. Their mother says that only two students are inside[1]. 8. Do his[5] father and sister sing well? 9. Are her birds and flowers there? 10. Do you see their house? 11. I say that her garden is pretty.

[1] What part of speech is this word? Distinguish between the adverbial and prepositional form.
[2] Included in the verb.
[3] The word *gente* is singular in Spanish and requires a singular verb.　　[4] *de*
[5] In Spanish, this word must be expressed before both *father* and *sister*.

B. 1. Tell your friends that your sister is in Mexico. 2. Ask your brother if there are gardens around the Mexican houses. 3. Ask your teacher if he sees the birds in the patio. 4. Tell Philip that his house is very modern.

LECCIÓN DOCE

Vocabulario

comenzar (ie) (a + *inf.*)[a]	libertad[c]	realidad[d]
contrario	permiso	servir (i)
entrar (en + *noun*)[b]	preparar	(tradición)
final (*adj.*)		(utilizar)

abrir *open*	costar (ue)　*cost*
amo　*master*	criado (*man*) *servant;* criada (*maid*)
cerrar (ie)　*close*	*servant*
comer　*eat*	desayuno　*breakfast*

[a] The verb *comenzar* is followed by *a* before an infinitive. EXAMPLE: El profesor *comienza a* leer el libro.
[b] The verb *entrar* is followed by *en* before a noun. EXAMPLE: Los estudiantes *entran en* la casa. Occasionally *entrar* is followed by *a* in Mexico.
[c] Words ending in –*tad* are feminine.
[d] What is the gender of nouns ending in –*dad*? (§ 6 B 4)

dormir (ue) *sleep*
él *he;* ella *she*
ellos *they (m.);* ellas *they (f.)*
esposa *wife*
hombre (*m.*) *man*
mandar *order, give orders, command*
máquina *machine*
marido *husband*
medio (*adj.*) *middle*
mujer (*f.*) *wife*

pedir (i) *ask for*
poder (ue) *can, be able*
salir (de + *noun*)[a] *go out (of), leave*
según *according to*
siempre *always*
todo (*pron.*) *everything*
trabajo *work*
vez (*pl.* veces) *time*
volver (ue) *return*

al contrario *on the contrary*
de casa *from home*
pedir permiso a *ask permission of*

Verbos

RADICAL-CHANGING VERBS			VERBO IRREGULAR
cerrar[b]	volver[c]	pedir[d]	tener[e]
cierro	vuelvo	pido	tengo
cierra	vuelve	pide	tiene
cerramos	volvemos	pedimos	tenemos
cierran	vuelven	piden	tienen

Ejercicios

A. 1. How much does the machine cost? 2. Robert sleeps in his room and we sleep in the garden. 3. The servant returns to the house. 4. The husband asks[1] for his breakfast. 5. His Spanish[2] wife serves breakfast[3]. 6. Philip can prepare breakfast[3] and we can return to the university. 7. He eats and she goes out. 8. They enter[4] the English[2] house and the servant closes the door. 9. I have birds and they have flowers.

[1] Use a form of *pedir*. Note that the preposition *for* is part of the Spanish verb.
[2] Adjectives of nationality follow their nouns and begin with a small letter.
[3] Supply the definite article.   [4] The verb *entrar* requires *en* before a noun.

---

[a] The verb *salir* is followed by *de* before a noun. EXAMPLE: La criada *sale de* la sala.
[b] All radical-changing verbs which change -*e*- to -*ie*- make these changes in the stem-vowel in the present.
[c] All radical-changing verbs which change -*o*- to -*ue*- make these changes in the stem-vowel in the present.
[d] All radical-changing verbs which change -*e*- to -*i*- make these changes in the stem-vowel in the present.
[e] The verb *tener* is radical-changing and also irregular in the *yo* form.

B. 1. Ask Philip if Mexican women use machines. 2. Tell him that you have many machines in the United States. 3. Ask him who is the master of the house in Mexico. 4. Tell him that your father serves breakfast to your mother.

LECCIÓN TRECE

Vocabulario

decidirse*a* (a + *inf.*)   laboratorio   práctica

hora   pasar (a + *noun*)*b*   profesor (*m.*)

acostarse (ue) *go to bed*   levantarse *get up*

¡ ay ! *oh!*   mañana *morning*

cansado *tired*   noche (*f.*) *night*

carrera *career, profession*   ¡ qué (+ *adj.*) ! *how* (+ adj.) *!*

cómodo *comfortable*   sala *living room; room*

darc *give;* doy *I give*   **salir**c *go out;* salgo *I go out*

despertarse (ie) *wake up*   saludar *greet*

divertirse (ie) *have a good time*   sentarse (ie) *sit down*

dormirse (ue) *fall asleep*   sillón (*m.*) *armchair*

durante *during*   tanto *so much, so many*

encontrar (ue) *find*   tarde (*adv.*) *late*

enseñar *show*   tarde (*f.*) *afternoon*

esperar *wait for*   temprano *early*

explicación *explanation*   tomar *take*

final (*m.*) *end*

a las tres de la mañana *at three o'clock in the morning*

¿ a qué hora ? *at what time?*

por eso *therefore, for that reason*

por la mañana *in the morning;* por la tarde *in the afternoon;* por la noche *in the evening*

Also learn to count to 10 in Lesson 13. (§ 17 A)

---

a For the force of the *-se* in *decidirse*, read § 27 D.

b The verb *pasar* is followed by *a* before a noun when it has the meaning *to pass into* or *to go into*.

c From this point on, irregular verbs will be printed in boldface in the lesson vocabulary. The forms that you are required to know will be listed in the same lesson under VERBOS.

Verbos

VERBOS REFLEXIVOS		VERBOS IRREGULARES	
decidirse	sentarse[a]	dar	salir
me decido	me siento	doy	salgo
se decide	se sienta	da	sale
nos decidimos	nos sentamos	damos	salimos
se deciden	se sientan	dan	salen

Ejercicios

A. 1. I wake up during the night. 2. We fall[1] asleep during the class. 3. The teacher does not sleep in[2] the morning. 4. I get up at seven o'clock and go out at eight o'clock. 5. We have[3] a good time in Mexico. 6. I give the book to my Mexican friend. 7. Do you always get up early? 8. At what time do you go[3] to bed? 9. We go[3] to bed at eleven o'clock at[4] night.

[1] Consult the vocabulary of this lesson for the verb *fall asleep*.
[2] Consult the expressions in the vocabulary for this phrase.
[3] Consult the vocabulary of this lesson for this verb.
[4] Consult the expressions in the vocabulary for phrases such as *at three o'clock in the morning*.

B. 1. Tell Charles that you get up early. 2. Ask Philip at what time he goes to bed. 3. Tell him that you go to bed at eleven o'clock. 4. Tell Joe that you are having a good time in Mexico.

LECCIÓN CATORCE

Vocabulario

distinto · dividido[b] (predominar) · (tórrido)

abrigo *topcoat, overcoat*
aun[c] *even*
calentar (ie) *heat*
delicioso *delightful*
empezar (ie) (a + inf.) *begin*
fresco (*noun*) *coolness*
frío *cold*

invierno *winter*
llover (ue) *rain*
lluvia *rain*
mal(o) *bad*
mes (*m.*) *month*
necesitar *need*
nevar (ie) *snow*

---

[a] The verb *sentarse* is both reflexive and radical-changing. It has the reflexive objects and changes its stem-vowel in the forms which are accented on that vowel.
[b] In Spanish, the endings *-ado* and *-ido* indicate the past participle of a verb and are equivalent to the *-ed* ending of an English regular past participle.
[c] When *aun* is used after the word modified, it is written *aún* and is pronounced with the stress on the *u*.

otoño *autumn*	sol (*m.*) *sun*
ponerse (un abrigo) *put on (a coat)*	verano *summer*
preciso *necessary*	viento *wind*
primavera *spring*	

de día *by day, in the daytime*	hace sol *it is sunny*
de noche *by night, at night*	hace viento *it is windy*
hace buen tiempo *it is good weather*	¿ Qué tiempo hace ? *How is the*
hace mal tiempo *it is bad weather*	*weather?*
hace (mucho) calor *it is (very) hot*	por lo general *in general*
hace (mucho) fresco *it is (very) cool*	toda la mañana *the whole morning*
hace (mucho) frío *it is (very) cold*	

Also learn the months of the year (§ 51 B) with Lesson 14.

Verbos

ponerse

me pongo

se pone

nos ponemos

se ponen

Ejercicios

A. 1. In the United States it is warm in summer and cold in winter.
2. Do you have to[1] heat the house in winter? 3. It doesn't rain a great deal
in June. 4. It is good weather in spring but it is bad weather in fall. 5. I
put on my[2] topcoat when I go out at night. 6. Does it snow in autumn?
7. Is it windy in February? 8. In December and in January it is necessary
to put on a[3] coat. 9. In general, it begins to[4] rain in April.

[1] *que*   [2] *el*   [3] Omit in translation.   [4] *a*

B. 1. Tell your friend that the weather is bad. 2. Ask him if it is warm
in winter. 3. Tell him that it is necessary to heat the house in winter. 4. Ask
him if it rains much in the capital.

LECCÓN QUINCE

Vocabulario

acompañar	oficina	rápido
(chofer, *m.*)[a]		(taxi, *m.*)

[a] In Mexico, the word *chauffeur* is written *chofer* and stressed on the last syllable. In
Spain, it is written *chófer* and stressed on the first syllable.

antes de (*prep.*) *before*
bajar *go down*
bolsillo *pocket*
carta *letter*
camión[a] (*m.*) *bus*
cenar *eat supper*
coche (*m.*) *car, automobile*
comedor (*m.*) *dining room*
costumbre[b] *custom*
cuenta *bill*
hacer *do; make*
joven (*m. and f.*) *young man, young woman*
lavar *wash*
le[c] *him;* lo *it;* la *her, it;* los *them;* las *them*

luego *then, next*
llamar *call; hail (a taxi)*
maleta *suitcase, valise*
marcharse *go away, leave*
metro (*m.*) *subway*
oir *hear*
oye *he hears;* oyen *they hear*
pagar *pay (for)*
peso *Mexican monetary unit, worth about 11 cents*
prisa *hurry, haste*
sacar *take out*
subir *go up; take up; get into*
uno (*indefinite pron.*) *one*

¿ a dónde ? *where (to)?*
¿ de dónde ? *from where?*
¿ en dónde ? *(in) where?*
antes de marcharse *before leaving*
después de marcharse *after leaving*
otra vez *again*
tener prisa *be in a hurry*

Verbos

hacer	oir
hago	oigo
hace	oye
hacemos	oímos
hacen	oyen

Ejercicios

A. 1. Do you have the letter? I have it in my[1] pocket. 2. Do I call the students[2]? You call them. 3. Do we pay the bill? Yes, we pay it.

[1] *el*   [2] Put a personal *a* before this noun. (§ 44 A)

[a] The word *camión* is used for *bus* in Mexico and certain other Spanish-speaking countries, but in most countries *camión* means *truck* and *autobús* is the common word for *bus*.
[b] Nouns ending in *–umbre* are feminine. (§ 6 B 4)
[c] Any of these forms may also mean *you* when used as a pronoun object.

4. He sees a taxi and hails it. 5. After getting into the taxi, he talks to the chauffeur. 6. Before going away[1], they pay the bill. 7. After waking up[1], Robert gets up. 8. I do many things before leaving[1] for[2] the university. 9. I hear the servant[3]. Do you hear her?

[1] See the expressions in the vocabulary for this construction.   [2] *para*
[3] Put a personal *a* before this noun.

B. 1. Tell Robert that you have to pay your bill before leaving. 2. Ask him if it is the custom to eat supper at six at night. 3. Tell him that you have to eat after reading your letters. 4. Tell him that you are reading them.

LECCIÓN DIECISÉIS

Vocabulario

aceptar	espectáculo	invitar (a + *inf.*)
América	frecuente	minuto
característico	insistir (en + *inf.*)	música
decidir	invitación	(popular)[a]

asiento *seat*
cine (*m.*) *movie*
comprar *buy*
corrida *bullfight*
dentro (*adv.*) *within, inside;* dentro de (*prep.*) *within, inside of*
devolver (ue) *give back, return (something)*
domingo *Sunday*
entregar *hand over, give*
hispanoamericano *Spanish-American*
ir *go*
le *to him, to her, to you, to it*
les *to them, to you* (pl.)

matar *kill*
mejor *better*
plaza (*bull*) *ring*
poco (*adj.*) (sing.) *little;* (pl.) *few*
principio *beginning*
pronto *soon*
querer (ie) *wish, want*
rato *while, (short) time*
solo (*adj.*) *alone;* solamente (*adv.*) *only*
sombra *shade*
sonrisa *smile*
torero *bullfighter*
toro *bull*

al llegar *on arriving*
la corrida de[b] toros *the bullfight*
la plaza de toros *bull ring*

Also learn to count from 11 to 20 in Lesson 16. (§ 17 A)

[a] This word means *popular* in the sense of being in favor with the people or the lower classes.
[b] For the use of *de* + NOUN in an adjectival phrase, which is expressed in English by a noun preceding the main word, see § 43.

Verbos

ir	saber
voy	sé
va	sabe
vamos	sabemos
van	saben

Ejercicios

A. 1. I give the servant[1] the money. I give the money to him. 2. The teacher explains the word to the students. He explains the word to them. 3. On[2] arriving in[3] Monterrey, we see our friend[4] and give him a letter. 4. On[2] leaving the capital, I see Robert[4] and show him the car. 5. On[2] getting up, Robert greets his friends[4]. 6. I know that I am going to[5] see a bullfight. 7. Charles sees Philip[4] and asks[6] him if he is going to[5] sing. 8. I find my mother[4] in the living room and return[7] the money to her. 9. There are six bulls. Who kills them?

[1] This is the indirect object and here it follows the direct object in Spanish. What preposition must be used before the indirect object?
[2] Consult the expressions in the vocabulary for this construction. [3] a
[4] What type of direct object is this? What word must precede it? (§ 44 A)
[5] The verb ir requires an a before a following infinitive.
[6] Should a form of preguntar or pedir be used here? [7] that is, give back

B. 1. Tell Charles that the tickets cost five pesos. 2. Ask the servant if she wants to see a bullfight. 3. Tell Joe that you are going to the movies. 4. Tell him that you wish to leave in[1] a few minutes.

[1] dentro de.

LECCIÓN DIECISIETE

Vocabulario

apreciar	discusión	plato
arte (m. and f.)	examen (m.)	preferir (ie)
(básquetbol, m.)	fruta	(soccer)
conversación	(fútbol, m.)	terminar
cruel	me (direct and indirect object pronoun)	valiente

bravo *wild, ferocious, fierce, bad-tempered*
comprender[a] *understand*

deber *should, ought to, must*[b]
detalle (m.) *detail*
él (prepositional pron.) *him, it*

[a] In Spanish there are two verbs meaning to understand: entender to understand a language or to understand what a person is saying; comprender to understand a situation or an idea.
[b] The verb deber has special meanings in certain tenses. See § 99.

escoger *choose*
escuchar *listen* (*to*)
fiesta *holiday; festival*
gustar *please, be pleasing*
jugar (ue)[a] *play*
lucha *struggle*
mí (*prepositional pron.*) *me*
mientras que (*conj.*) *while*

naranja *orange*
nos (*direct and indirect object pron.*) *us*
nosotros (*prepositional pron.*) *us*
parecer *appear*
prestar *lend*
tratar (de + *noun*) *deal with*
verdad *truth*

jugar al básquetbol *play basketball*
por fin *finally*

Verbos

parecer

parezco   parecemos
parece   parecen

Ejercicios

A. 1. Robert goes to Mexico with us. 2. I buy an orange for[1] the child and give it to him. 3. He explains the problem to me; he explains it to me. 4. They lend us money; they lend it to us. 5. We show the book to the students; we show it to them. 6. I[2] like oranges[3]. 7. You[2] like Mexico. 8. Robert[2] likes their conversation. 9. The students[2] like good books[3]. 10. Does he know that you are with me?

[1] *para*
[2] Use the *gustar* construction in this sentence. Remember that this construction requires a complete rewording of the English sentence.
[3] Use the definite article with this general noun. (§ 4 B)

B. 1. Ask Robert if he likes bananas. 2. Tell him that you like football. 3. Tell Charles that some Mexicans like bullfights. 4. Ask him what his favorite sport is.

LECCIÓN DIECIOCHO

Vocabulario

automóvil (*m.*)	persona	(puntualidad)
cierto	posible	repetir (i)
(mecánico)	programa (*m.*)	resultado
minuto	puntual	teatro
ocurrir		televisión (*f.*)

[a] The verb *jugar* is conjugated like radical-changing verbs whose stem-vowel is *-o-*. (But note the form *nosotros jugamos*).

almorzar (ue) *lunch*
ayer *yesterday*
bastante (*adj.*) *enough*
cita *appointment, "date"*
¡ claro ! *sure! of course!*
convenido *agreed upon*
correr *run*
demasiado *too; too much*
destruir *destroy*
esclavo *slave*
ese, esa[a] *that;* esos, esas *those*
hoy *today*
importar *matter, be of importance*
kilómetro *kilometer* ($\frac{5}{8}$ of an English mile)

mañana (*adv.*) *tomorrow*
medio *half; half past*
mediodía (*m.*) *noon*
mirar *look (at); watch*
pensar (ie) *think;* pensar (en + *noun*) *think of;* pensar (+ *inf.*) *intend to* (+ inf.)
reloj (*m.*) *watch*
segundo (*noun*) *second*
semana *week*
siglo *century*
tren (*m.*) *train*
venir *come*
¿ verdad ? *isn't it true?*[b]
ya *already, now*

a casa (with verbs of motion) *home*
no está José *Joseph isn't here*
otra cosa *something else*
piensan venir *they intend to come*
por hora *per hour*

With Lesson 18, learn also the days of the week (§ 51 A), expressions for telling time (§ 51 D), and numbers through 1,000,000 (§ 17 A, B).

Verbos

venir

vengo
viene
venimos
vienen

Ejercicios

A. 1. What[1] time is it? It is half past one. No, it is a quarter of two. 2. We go to Taxco on[2] Monday. 3. The teacher says the word, repeats

[1] This is an idiomatic expression. Consult § 51 D.
[2] Spanish does not express *on* but uses the definite article with the days of the week. (§ 4 E)

[a] The adjective *ese* is a demonstrative meaning *that* and referring to objects near the person spoken to. (§ 15 B)
[b] The Spanish ¿ *verdad* ? has no one English equivalent. We say *isn't he, doesn't it, aren't they*, etc., depending on what precedes. The word ¿ *verdad* ? corresponds to the French *n'est-ce pas* and the German *nicht wahr*.

it, and then we repeat it after[1] him.   4. According to[2] the doctor, there
are five hundred children in the city who do not go to[3] school.   5. There
are not enough[4] watches in the shop.   6. I have an appointment at a quarter
after five.   7. Today this person arrives at 8:10.   8. One thinks of[5] the slaves
of some countries.   9. How many kilometers are there between these two
cities?   Nine hundred seventy-five.

[1] In Spanish this is a compound preposition.
[2] In Spanish, *according to* is expressed by one word.
[3] Supply the definite article.
[4] Here *enough* is an adjective and in Spanish agrees with its noun.   [5] *en*

B. 1. Ask your friend why he can't be more punctual.   2. Tell him that
at noon you have one hour to lunch.   3. Ask him if the train leaves on time.
4. Tell him that you have a good watch.

LECCIÓN DIECINUEVE

Vocabulario

(cactos, *m. pl.*)
Ciudad Juárez
compañía
(curva)
desierto

dificultad[a]
(dólar, *m.*)
frontera
internacional

Laredo
magnífico
Nuevo Laredo
perfecto
sufrir

agua   *water*
atravesar (ie)   *cross*
atreverse (a + *inf.*)   *dare*
beber   *drink*
burro   *donkey*
cambiar   *change, exchange*
carretera   *highway, paved road*
despacio (*adv.*)   *slow(ly)*
empleado   *employe*
encaminarse hacia   *go toward, walk
    toward*
enfrente (*adv.*)   *opposite;* enfrente de
    (*prep.*)   *opposite*
escrito (*p.p. of* escribir)   *written*
hacia   *toward*

idioma (*m.*)   *language*
parar (se)   *stop*
pasar   *pass (spend time); pass (go
    through)*
pequeño   *little, small*
pueblo   *town*
puente (*m.*)   *bridge*
San Luis   *St. Louis*
señal (*f.*)   *sign*
siguiente   *following*
sin   *without*
vaca   *cow*
viajar   *travel*
viaje (*m.*)   *voyage, trip*

[a] What is the gender of nouns ending in –*tad*?   (§ 6 B 4)

a los cinco minutos   *five minutes later*
a la mañana siguiente   *the following morning*
en todas partes   *all over, everywhere*
por[a] delante de   *in front of*
se oye hablar español   *Spanish is heard*

Verbos

EL PRETÉRITO

hablar	comer	vivir
hablé	comí	viví
habló	comió	vivió
hablamos	comimos	vivimos
hablaron	comieron	vivieron

Ejercicios

A. 1. What did you drink? 2. We didn't dare to[1] drink water. 3. I changed ten dollars into[2] pesos. 4. We stopped in a little[3] town. 5. I traveled the whole night. 6. We crossed the bridge without difficulty. 7. The following morning[4] I wrote a letter. 8. Did you run up to the train? 9. You (*pl.*) spent two days in a little[3] town, did you not?

[1] *a*   [2] *por*   [3] Use a form of *pequeño* and place it after its noun.
[4] Consult the expressions of the vocabulary for this phrase.

B. 1. Ask Robert if he went through customs without difficulty. 2. Tell him that you traveled by car. 3. Tell him that cows sometimes crossed the highway. 4. Ask him where he spent the night.

LECCIÓN VEINTE

Vocabulario

(altitud, *f.*)	(garaje, *m.*)	(restaurante, *m.*)
Ciudad Victoria	(gasolina)	Tamazunchale
contento	(menú, *m.*)	(tanque, *m.*)
(evaporarse)	(motor, *m.*)	Valles
fotográfico	(radiador, *m.*)	visitar

[a] The preposition *por* is sometimes used before other prepositions especially after an expression implying motion.

aceite (*m.*) *oil*
bañarse   *bathe, take a bath*
camino   *road*
correo   *post office*
dejar   *leave; let*
descansar   *rest*
después (*adv.*)   *afterward*
estación   *station*
litro   *liter* (about a quart)

llenar   *fill*
marca   *trademark*
plato   *dish; course*
poner *ᵃ*   *put*
primero (*adv.*)   *at first, first (of all)*
quedarse   *remain*
satisfecho   *satisfied*
traer   *bring*

dar una vuelta   *take a walk, take a stroll*
en seguida   *immediately*
estación de gasolina   *filling station*
todo lo que   *all that, everything that*

Verbos

PRETÉRITOS IRREGULARES

dar	decir	estar	hacer	ir	oir	poder
di	dije	estuve	hice	fui	oí	pude
dio	dijo	estuvo	hizo	fue	oyó	pudo
dimos	dijimos	estuvimos	hicimos	fuimos	oímos	pudimos
dieron	dijeron	estuvieron	hicieron	fueron	oyeron	pudieron

poner	querer	ser	tener	traer	venir
puse	quise	fui	tuve	traje	vine
puso	quiso	fue	tuvo	trajo	vino
pusimos	quisimos	fuimos	tuvimos	trajimos	vinimos
pusieron	quisieron	fueron	tuvieron	trajeron	vinieron

PRESENTE

traer

traigo
trae
traemos
traen

Ejercicios

A. 1. The servant brings the dishes to Robert and (to)[1] his friends. 2. The professor said, "There is oil in the car." 3. We went to the station

---

[1] This *to*, which is usually omitted in English, must be expressed in Spanish.

ᵃ Conjugated like the reflexive form *ponerse*. (Page 88)

and put gas into the tank of the car. 4. What did the employee do? 5. He brought us oil. 6. I was[1] in Mexico a year. 7. We could not leave[2] the car in the street. 8. Afterward we gave him twenty pesos. 9. He had[3] to return[4] five pesos to the teacher.

[1] Should a form of *ser* or *estar* be used here? Why?   [2] *dejar*
[3] Use a form of *tener que.*   [4] *devolver*

B. 1. Tell your friend that you had to buy gasoline. 2. Ask him if he went to the post office. 3. Ask him who brought the menu. 4. Tell him that you put water in the car.

La paloma[1]

Cuando salí de la Habana,
¡ válgame[2] Dios !
Nadie me ha visto salir, si no fuí yo.
Y una linda[3] Huachinanga, allá voy yo,
Que se vino tras de mí, que sí, señor.
Si a tu ventana llega una paloma,
Trátala[4] con cariño[5] que es mi persona.
Cuéntale[6] tus amores bien[7] de mi vida,
Corónala[8] de flores, que es cosa mía
¡ Ay chinita[9] que sí !
¡ Ay que dame tu amor !
¡ Ay, que vente conmigo, chinita
A donde vivo yo.
¡ Ay chinita que sí !
¡ Ay que dame tu amor !
¡ Ay, que vente conmigo, chinita
A donde vivo yo.

[1] *dove*   [2] INTERJECTION   [3] *pretty*   [4] *treat it*   [5] *affection*   [6] *tell it*
[7] *"light of my life"*   [8] *crown it with*   [9] *"dearest"*

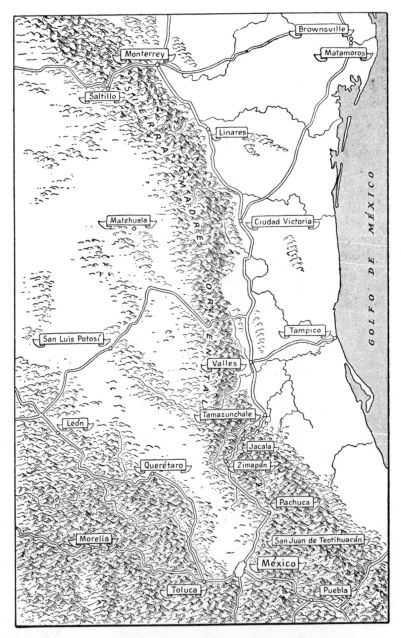

De Tamazunchale a la capital no hay más que montañas y mesetas. La carretera es sinuosa y el paisaje magnífico; por todos lados se puede ver un panorama maravilloso

Rumbo[1] a México

A la mañana siguiente me desperté temprano. La luz entraba por la ventana de mi cuarto y los pájaros cantaban fuera; de vez en cuando un automóvil pasaba por la carretera[2]. Me levanté en seguida y cuando bajé, vi que el profesor y su esposa ya estaban en el comedor. Comían huevos con jamón[3], porque en el hotel donde estábamos 5 paraban muchos norteamericanos y el dueño sabía que a los turistas les gustan mucho los huevos con jamón.

Nos pusimos en camino y pronto dejamos la tierra baja para subir a las montañas. De Tamazunchale a la capital no hay más que montañas y mesetas. La carretera es sinuosa[4] y el paisaje magnífico; 10 por todos lados se[5] puede ver un panorama maravilloso. Como íbamos despacio, porque era peligroso ir rápido, podíamos apreciar muy bien todo este panorama. También el clima es diferente en esta región y en vez de hacer[6] mucho calor, la temperatura es fresca y muchas veces hace frío. 15

En las laderas[7] de algunas montañas vimos muchos indios que cultivaban campos de maíz y frijoles[8]. Todos ellos estaban[9] vestidos con sus típicos trajes blancos y llevaban encima hermosos sarapes[10] de muchos colores.

Antes de la construcción de la carretera[11] nacional en 1935, los 20 indios de estas regiones vivían en condiciones económicas inferiores y tenían costumbres muy primitivas. Hoy día, su modo de vivir está más avanzado, gracias a la carretera.

A lo largo de la carretera hay muchos pueblos pequeños; en ellos las casas son de adobe y tienen techos[12] de paja. En estos pueblos 25 viven los indios y todos los días salen a trabajar en los campos que están cerca.

---

[1] *en route*   [2] *highway*   [3] *ham*   [4] *winding*   [5] *can be seen* or *one can see*
[6] *being very hot*   [7] *sides*   [8] *red kidney beans*
[9] The verb *estar* is used with past participles to indicate a state or condition which has come about as a result of some previous action.
[10] *gaily colored Mexican wool blankets*
[11] The Mexicans call their part of the Pan-American highway *la carretera nacional*.   [12] *roofs*

Por la tarde, llegamos al punto más alto de la carretera. Luego, bajamos al valle de México, y a las ocho de la noche entramos en la capital.

PREGUNTAS

1. ¿Cuándo se despertó Roberto? 2. ¿Qué entraba por la ventana de su cuarto? 3. ¿Dónde cantaban los pájaros? 4. ¿Cuándo se levantó Roberto? 5. ¿Dónde estaban el profesor y su esposa? 6. ¿Qué comían ellos? 7. ¿Quién sabía que a los turistas les gustan mucho los huevos con jamón? 8. ¿Es bajo el terreno entre Tamazunchale y la capital? 9. ¿Cómo es el paisaje en esta parte del país? 10. ¿Cómo es la temperatura en esta región montañosa? 11. ¿Qué hacían los indios en las laderas de las montañas? 12. ¿Cómo estaban vestidos estos indios? 13. ¿Cómo vivían los indios de esta región antes de la construcción de la carretera nacional? 14. ¿Qué hay a lo largo de la carretera? 15. ¿De qué son las casas de los pueblos? 16. ¿Cuándo llegaron a la capital Roberto y el profesor?

EJERCICIOS

A. *Todos los verbos de este ejercicio están en presente. Escríbanlos en imperfecto.* EJEMPLO: Me levanto a las siete todos los días. *Me* levantaba *a las siete todos los días.*

1. Yo gano un poco todos los días. 2. Trabajamos todos los días. 3. Hablo con mi compañero todos los días. 4. Ustedes cantan en la clase todos los días. 5. Como todos los días a las dos. 6. Escribimos a la familia todos los días.

B. *Todos los verbos son regulares en el imperfecto menos* ser, ir *y* ver *Substitúyanse los infinitivos entre paréntesis por las formas convenientes del imperfecto.* EJEMPLO: Yo (salir) cuando se paró el coche. Yo *salía* cuando se paró el coche.

1. Yo (ir) a la escuela cuando empezó a llover. 2. Usted (ser) ingeniero cuando su familia fue a México. 3. Ustedes ya (tener) los boletos cuando llegó su amigo. 4. El niño (pedir) permiso para salir cuando comenzó a nevar.

C. *Escríbanse en imperfecto los verbos de las frases siguientes.* EJEMPLO: Vivo en Monterrey. *Vivía* en Monterrey.

1. Los indios trabajan en los campos. 2. Hace fresco en la montaña. 3. Comemos huevos todas las mañanas. 4. Llevamos trajes

blancos. 5. Voy a México. 6. Hay muchas casas de adobe en el pueblo. 7. Sus tejados son de paja. 8. Entendemos español. 9. Salgo todos los días a las cuatro. 10. Vemos los picos desde la carretera. 11. Ustedes están en las montañas. 12. Me despierto temprano. 13. Usted se acuesta a las diez. 14. Nosotros nos marchamos a las cinco.

D. Escríbanse[1] *las frases siguientes en imperfecto o en pretérito según convenga, teniendo en cuenta que estas frases forman un relato continuado.*

1. Esta mañana me despierto a las seis. 2. Hace buen tiempo. 3. El sol entra por la ventana. 4. Me levanto rápidamente. 5. Bajo al jardín donde me esperan mi madre y mi hermano. 6. Al llegar al jardín, veo que mi madre lee una carta a mi hermano. 7. Luego, salimos todos en automóvil. 8. Las calles están llenas de gente. 9. Vamos a una tienda donde compramos frutas. 10. Finalmente, volvemos a casa hacia mediodía. 11. Mi madre sale todos los días a las once. 12. Tiene que comprar algunas cosas cada día. 13. Todos los días vuelve antes de las doce. 14. En nuestra casa comemos a la una de la tarde.

Vocabulario — Páginas 141–142

Gramática

1. In this lesson, the imperfect tense is used for the first time. List the forms of the imperfect used in the text. What are the imperfect endings of –*ar* verbs? of –*er* and –*ir* verbs? (Page 142)

2. Conjugate in the imperfect the verbs *llevar, comprender,* and *sufrir.* What is the imperfect of *hay?* (Page 142)

3. Only three verbs are irregular in the imperfect: *ser, ir,* and *ver.* Conjugate these verbs in the imperfect. (Page 142)

4. Examine the imperfects in the text and tell what type of actions are put into the imperfect. (§ 61 A, B)

---

[1] *Write the following sentences in the imperfect or preterite, depending on which is necessary. Keep in mind that these sentences make up a narrative.* In other words, the sentences are now in the present. Put them into the correct past tense, keeping in mind the functions of the imperfect and of the preterite.

LECCIÓN VEINTIDÓS

Una lección de anatomía

En la facultad¹ de medicina los estudiantes entraban y salían, y los profesores explicaban sus materias. En los laboratorios los estudiantes hacían prácticas de biología y química². Por fin salió Carlos y saludó a³ su amigo Roberto que le esperaba fuera.

5   — ¿ Quiere usted ver el interior de la facultad ?

— ¡ Cómo no !

Después de pasar por varios laboratorios interesantes, los amigos entraron en una clase, un aula⁴ donde se enseñaba anatomía. Detrás de la mesa del profesor había una lámina⁵ de⁶ anatomía y una pizarra⁷,

10 y delante de la mesa estaban los asientos de los estudiantes.

— Debe de ser muy interesante el estudio de la medicina — dijo Roberto — pero ¿ no es difícil aprender de memoria los nombres de cada hueso, cada músculo y cada nervio del cuerpo humano ? Apenas puedo recordar palabras ordinarias como cuello, orejas, estómago, etc.

15   — Es que nosotros usamos estos nombres complicados todos los días y así no los olvidamos. Si usted quiere, puedo escribir los más importantes aquí en esta pizarra. Primero, tenemos la cabeza. La cabeza está cubierta de pelo y a los dos lados de ella están las orejas. En la cara están la nariz, los dos ojos y la boca. Vemos con los ojos.

20   — Y el que no puede ver es ciego — interrumpe Roberto.

— Verdad⁸. En la boca tenemos una lengua y treinta y dos dientes. Se dice que la lengua de la mujer es más larga que la del hombre, pero eso no es verdad. El corazón hace circular la sangre por las arterias y por las venas. Tenemos dos brazos y dos piernas; cada

25 brazo tiene su mano correspondiente y cada mano tiene cinco dedos. De la misma manera, cada pierna tiene su pie, y cada pie tiene sus cinco dedos.

— ¡ Basta ! — exclamó Roberto —. Esto es demasiado para una sola lección.

---

¹ *school* or *college* (*of a university*)   ² *chemistry*   ³ What is this *a?* (§ 44 A)
⁴ *classroom*   ⁵ *anatomical chart*
⁶ For the use of *de* to introduce an adjective phrase, see § 43.   ⁷ *blackboard*   ⁸ *True*

PREGUNTAS

1. ¿Qué se estudiaba en los laboratorios de la Facultad de Medicina? 2. ¿A quién esperaba Roberto? 3. ¿Quién esperaba a Carlos? 4. ¿En qué clase entraron los jóvenes? 5. ¿Qué había en la clase? 6. ¿Por qué podía Carlos recordar los nombres de cada parte del cuerpo humano? 7. ¿Dónde escribió Carlos los nombres de cada parte del cuerpo? 8. ¿De qué está cubierta la cabeza? 9. ¿Con qué vemos? 10. ¿Qué es el que no puede ver? 11. ¿Con qué comemos? 12. ¿Cuántos dientes hay en la boca humana? 13. ¿Es más larga la lengua del hombre que la de la mujer? 14. ¿Qué parte del cuerpo hace circular la sangre por las arterias y por las venas? 15. ¿Cuántos dedos tiene la mano? 16. ¿Cuántos dedos tiene el pie?

EJERCICIOS

A. *Substitúyanse*[1] *los guiones por las palabras convenientes indicadas a la derecha.*

1. Se usan las manos para escribir y los —— para leer. 2. Generalmente el —— de los viejos es blanco. 3. El burro tiene las —— muy largas. 4. Roberto levanta la[2] —— para saludar a sus amigos. 5. Vuelve de la universidad con los —— llenos de libros. 6. El —— está lleno después de comer. 7. Carlos toca la guitarra con los —— de la mano. 8. Los indios que corren por las montañas tienen músculos grandes en las ——. 9. Los —— de los niños indios son blancos. 10. La —— está dentro de la boca y se usa para hablar. 11. En las arterias siempre hay ——. 12. El —— separa la cabeza del resto del cuerpo. 13. Según el profesor, no es cortés poner los —— sobre la mesa. 14. La boca y la —— están en la cara.

a. boca
b. brazos
c. cara
d. cuello
e. dedos
f. dientes
g. estómago
h. lengua
i. mano
j. nariz
k. ojos
l. orejas
m. pelo
n. piernas
o. pies
p. sangre

B. *Escríbanse las frases siguientes en imperfecto o en pretérito según convenga, teniendo en cuenta que estas frases forman un relato continuado.*

---

[1] Fill out the blanks with the correct words indicated on the right.
[2] Under certain conditions, Spanish uses the definite article with parts of the body where English requires a possessive adjective. (§ 4 F)

1. Voy al cine con Roberto. 2. Llegamos al cine a las tres de la tarde. 3. Mucha gente espera[1] delante del cine. 4. Algunos estudiantes hablan con sus amigos. 5. Tenemos que esperar diez minutos. 6. Finalmente entramos en el cine. 7. Dentro hace mucho calor. 8. Delante de nosotros un hombre explica la película a su mujer mientras que su niño come un plátano. 9. Salimos del cine a las cinco. 10. Luego volvemos a casa.

C. *Substitúyanse el hombre o los hombres por el o los.* Ejemplo: Los hombres que estudian mucho aprenden mucho. *Los* que estudian mucho aprenden mucho.

1. El hombre que no puede ver es ciego. 2. Los hombres que viven en México no ganan mucho dinero. 3. Los hombres que hablan español pueden viajar fácilmente por México y por España. 4. El hombre que sale de un hotel tiene que pagar su cuenta.

D. *Substitúyanse las palabras en bastardilla por el, la, los o las.*

1. Nuestra comida es diferente de *la comida* de los mexicanos. 2. Los deportes de México son como *los deportes* de los otros países hispanoamericanos. 3. Mi reloj costó menos que *el reloj* de mi padre. 4. Este camino es mejor que *el camino* que va a Querétaro.

Vocabulario — Página 143

Gramática

1. Study the past tenses used in the first and third paragraphs of the lesson. Explain when the preterite and when the imperfect is used to relate a past action. (§ 64)

2. What meaning does the definite article have when followed by *de* and *que?* Make sentences using this construction. (§ 33 D)

---

[1] The noun *gente* is singular in form and requires a singular verb.

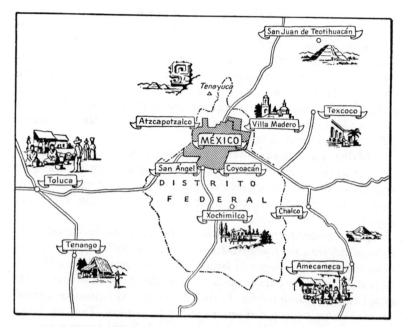

*Hay muchas pirámides en el país, pero las más imponentes
son las de San Juan de Teotihuacán, pueblo situado a unos
cincuenta kilómetros al norte de México*

LECCIÓN VEINTITRÉS

Los toltecas y los aztecas

De las civilizaciones prehistóricas de México no quedan hoy más
que ruinas de templos y pirámides. Hay muchas pirámides en el país,
pero las más imponentes son las de San Juan de Teotihuacán, pueblo
situado a unos cincuenta kilómetros al norte de México. En él hay
dos pirámides: la más pequeña se llama pirámide de la Luna y la   5
mayor, pirámide del Sol. La pirámide del Sol está construida de piedra
volcánica y es más grande que las pirámides de Egipto.

A un kilómetro de distancia se encuentra el templo de Quetzalcoatl. Este templo religioso tiene esculturas[1] que representan cabezas
10 fantásticas de serpientes emplumadas[2]. Estas esculturas están en perfecto
estado de conservación. La serpiente con plumas era un símbolo muy
poderoso en la religión de los antiguos indios mexicanos.
¿ Cuándo fueron construidos estos templos y estas pirámides ?
¿ Por quiénes fueron construidos ?
15 Se dice que antiguamente[3] la civilización más avanzada del valle
de México fue la de los toltecas. Aquellos misteriosos toltecas eran
arquitectos magníficos aunque no tenían caballos ni ruedas ni hierro
para sus construcciones. Pero se sabe que ellos no fueron los hábiles
arquitectos de Teotihuacán.
20 ¿ Por qué desapareció la civilización tolteca ? Eso[4] no lo sabemos.
Cuando llegaron los conquistadores[5] españoles, los aztecas ocupaban
el valle de México. Según la leyenda[6], la tribu azteca llegó a México
en el siglo doce. Después de buscar durante dos siglos un sitio en donde
establecerse, llegaron por fin al valle de México. Allí vieron un águila[7]
25 posada[8] en un cacto y con una serpiente en el pico. Esto fue interpretado por los jefes religiosos como señal de buena suerte y por eso
los aztecas fundaron su capital en este lugar. La llamaron Tenochtitlán y estaba en el mismo sitio donde se encuentra hoy la capital
de México.
30 La influencia de los aztecas se ve todavía en muchas cosas mexicanas. El águila y la serpiente todavía se conservan en la bandera
nacional de la república.

PREGUNTAS

1. ¿ Qué queda hoy de la antigua civilización mexicana ? 2. ¿ Qué
es San Juan de Teotihuacán ? 3. ¿ Qué dos pirámides hay en Teotihuacán ? 4. ¿ De qué está construida la pirámide del Sol ? 5. ¿ Es
tan grande la pirámide del Sol como las de Egipto ? 6. ¿ Qué esculturas hay en el templo de Quetzalcoatl ? 7. Antiguamente ¿ qué
indios mexicanos eran arquitectos magníficos ? 8. ¿ Tenían los toltecas ruedas, caballos y hierro ? 9. ¿ Por qué desapareció la civilización tolteca ? 10. ¿ Qué tribu ocupaba el valle de México cuando
llegaron los conquistadores españoles ? 11. ¿ En qué siglo llegaron

---

[1] *sculptures*   [2] *feathered*   [3] *in ancient times*
[4] *That we don't know.* When the neuter demonstrative pronoun objects precede the verb,
the neuter pronoun object *lo* is also required before the verb.
[5] *conquerors*   [6] *legend*   [7] *eagle*   [8] *perched*

los aztecas a México? 12. ¿Por qué fundaron los aztecas su capital en el valle de México? 13. ¿Qué fue Tenochtitlán? 14. ¿En dónde se nota la influencia de los aztecas en el[1] México de hoy?

EJERCICIOS

A. *Escríbanse los participios pasados de los infinitivos siguientes.* EJEMPLO: llegar — *llegado*

1. trabajar. 2. preguntar 3. contestar 4. vender 5. aprender 6. comer 7. vivir 8. existir 9. pedir

B. *Substitúyanse los infinitivos entre paréntesis por sus respectivos participios pasados.* EJEMPLO: Al otro lado de la calle vi una casa (destruir). Al otro lado de la calle vi una casa *destruida*.

1. Aun en las montañas hay campos (cultivar). 2. Nosotros los norteamericanos tenemos una civilización (avanzar). 3. ¿Cuáles son sus frutas (preferir)? 4. Felipe encontró al carta (olvidar). 5. El maestro estaba cerca de la puerta (cerrar).

C. *Las frases siguientes están en voz activa. Escríbanlas en voz pasiva.* EJEMPLO: La criada cerró la puerta. La puerta *fue cerrada* por la criada.

1. Aquella tribu fundó la ciudad. 2. El señor García compró mi coche. 3. Los españoles cultivaron este campo. 4. Los estudiantes vendieron los trajes viejos. 5. Los jefes religiosos interpretaron eso como señal de buena suerte. 6. Los indios construyeron los templos. 7. El torero mató seis toros.

D. *Substitúyanse las palabras inglesas entre paréntesis por sus equiva lentes en español.*

1. (*It is known*) que los toltecas no construyeron las pirámides. 2. La influencia norteamericana (*is noted*) en Monterrey. 3. (*It is said*) que los toltecas no tenían hierro, ni ruedas ni caballos. 4. Aquí (*is spoken*) español. 5. Eso (*is repeated*) muchas veces.

VOCABULARIO — PÁGINAS 144-145

GRAMÁTICA

1. The past participle of the English verb *cultivate* is *cultivated.* What are the past participles of *listen? see? eat?*

[1] For the use of the article with the name of a country, see § 4 H.

2. How is the past participle of a Spanish verb in *-ar* formed? of *-er* and *-ir* verbs? (§ 84 A)

3. What are the past participles of the verbs *hablar, comer,* and *vivir?* (Page 145)

4. The past participle is often used as an adjective. In this case, it agrees in gender and number with its noun. When an adjective or past participle modifies several nouns of different genders, how does it agree? (§§ 8 B, 85 A)

5. What is the passive voice? (§ 87 A) Give an English sentence whose verb is in the passive voice. Of what two parts is the Spanish passive voice formed? (§ 86 A, B) With what does the past participle agree? (§ 86 C) In what tense is the passive voice most frequent? (§ 87 B)

6. How is the English *by* expressed after a Spanish passive? (§ 87 C 1)

7. In Spanish, the passive voice is used much less frequently than in English. What two constructions which you have already studied sometimes take the place of the English passive? (§ 87 B)

8. In this lesson the demonstrative adjective *aquel* is used. What are its four forms? How does it differ from the demonstrative adjective *ese*, which also means *that?* (§ 15 B, C)

9. Make sentences illustrating the use of the neuter demonstrative pronouns *esto, eso,* and *aquello.* (§ 33 C)

10. Verbs in *-uir* insert a *-y-* in certain forms. Conjugate in the present and preterite the *-uir* verb *construir.* (Page 145)

LECCIÓN VEINTICUATRO

La conquista

Los aztecas eran la tribu más poderosa de México. Dominaban a casi todos los otros pueblos indios y tenían la civilización más avanzada del país. La magnífica ciudad de Tenochtitlán estaba situada

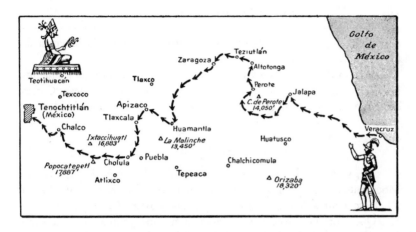

Cortés avanzó hacia el interior con un pequeño
ejército de cuatrocientos españoles y algunos indios
y por fin entró en Tenochtitlán

sobre un lago en el valle de México. Allí vivía Moctezuma, jefe
político, militar y espiritual de su imperio. Pero el gobierno azteca 5
era muy cruel, y muchas tribus buscaban la oportunidad de rebelarse
contra estos fanáticos aztecas a quienes tenían que pagar tributos y
dar víctimas para sus horribles sacrificios religiosos.

En 1519, veintisiete años después del descubrimiento de América,
Hernán Cortés llegó de Cuba con una expedición española y fundó la 10
ciudad de Veracruz. Los indios de la costa tuvieron miedo de los
caballos y de las armas de los españoles; por ello, no resistieron mucho,
pero enviaron a Moctezuma noticias de la llegada de unos « dioses
blancos ». El emperador tuvo miedo y, aunque envió a Cortés regalos
de oro y plata, no quiso recibir a[1] los españoles en su capital. Al ver 15
los regalos, Cortés siguió adelante.

La historia de la peligrosa marcha sobre México es uno de los
episodios más dramáticos de la historia del mundo. Cortés avanzó
hacia el interior con un pequeño ejército de cuatrocientos españoles
y algunos indios. Por fin entró en Tenochtitlán, y como comprendió 20
que su pequeño ejército estaba en peligro, se apoderó de Moctezuma
y le obligó a declararse vasallo del rey de España. Moctezuma murió
prisionero en el centro de su propia capital. Esto enojó a los aztecas,
que atacaron a[1] los españoles; Cortés tuvo que abandonar la ciudad y
trató de escaparse con el tesoro de Moctezuma. La retirada[2] fue 25

[1] What is this *a*? (§ 44 A)   [2] *retreat*

desastrosa[1]; se perdió el tesoro en el lago y murieron la mayoría de los soldados españoles.

Más tarde, Cortés volvió con otros soldados españoles y muchos aliados[2] indios. En una feroz batalla que duró casi tres meses Cortés
30 destruyó la majestuosa capital de los aztecas y quedó dueño de México.

PREGUNTAS

1. ¿Cuál fue la tribu más poderosa de México? 2. ¿Quién era Moctezuma? 3. ¿Por qué buscaban muchas tribus la oportunidad de rebelarse contra los aztecas? 4. ¿Cuándo llegó Cortés a México? 5. ¿Qué noticias enviaron a Moctezuma los indios de la costa? 6. Al recibir estas noticias ¿qué envió Moctezuma a Cortés? 7. ¿Por qué no quiso Moctezuma recibir a[3] los españoles en su capital? 8. ¿Cuántos españoles había en el ejército de Cortés? 9. ¿Por qué hizo Cortés prisionero a[3] Moctezuma? 10. ¿Por qué tuvo Cortés que abandonar la ciudad? 11. ¿Con qué trató de escaparse? 12. ¿Dónde se perdió el tesoro? 13. ¿Con quiénes volvió Cortés? 14. ¿Cuánto tiempo duró la batalla? 15. ¿Cuál fue el resultado de la batalla?

EJERCICIOS

A. *Contéstense en el afirmativo las preguntas siguientes con* **usted.**
Todos estos verbos son irregulares[4] *en pretérito.*

1. ¿Dormí toda la noche? 2. ¿Serví frutas ayer? 3. ¿Pedí permiso a mi padre para salir? 4. ¿Preferí el cine a la corrida de toros?

B. *Contéstense en el negativo las preguntas siguientes con* **ustedes.**
Todos estos verbos son irregulares[4] *en pretérito.*

1. ¿Preferimos hablar inglés en la clase? 2. ¿Morimos de miedo durante la corrida de toros? 3. ¿Servimos huevos esta mañana? 4. ¿Pedimos dinero a nuestra madre? 5. ¿Dormimos en el coche por la tarde?

C. *Escríbase el pretérito de los verbos siguientes, que están en presente.*

1. duermo 2. pido 3. sirvo 4. muero 5. prefiero 6. duerme

---

[1] *disastrous*   [2] *allies*   [3] What is this *a*? (§ 44 A)
[4] The « irregularity » of these verbs occurs only in the third person forms, where the stem-vowels change from *o* to *u* and from *e* to *i*.

7. pide   8. muere   9. preferimos   10. servimos   11. morimos
12. duermen   13. sirven   14. prefieren   15. piden   16. mueren

D. *Substitúyanse los infinitivos entre paréntesis por las formas convenientes del pretérito.*

1. ¿Quién (cerrar) la puerta? 2. El señor García (perder) mucho tiempo en la capital. 3. El dueño del hotel nos (servir) una comida muy buena. 4. Los estudiantes (dormir) toda la noche. 5. Cuando mis amigos vinieron a mi casa, yo les (servir) fruta. 6. Aquellos españoles (pedir) oro a los indios. 7. El soldado (volver) al ejército. 8. Yo (pedir) a mi padre permiso para ir a México. 9. Cortés recibió los regalos de Moctezuma y (seguir) adelante. 10. Nosotros (dormir) toda la noche porque estábamos muy cansados. 11. El profesor (repetir) las palabras dos veces y nosotros las (repetir) después. 12. ¿Dónde (morir) el rey? 13. Los soldados (morir) en un país extranjero. 14. Usted (entender) al extranjero pero yo no le (entender).

E. *La*[1] *palabra entre paréntesis es el complemento directo de la frase. Póngase la preposición* a *delante de esta palabra donde sea necesario.*

1. Cortés perdió (el tesoro) en el lago. 2. Los soldados destruyeron (la capital). 3. Los indios no resistieron (los soldados de Cortés). 4. Moctezuma no quiso recibir (los blancos) en su capital. 5. Roberto esperaba (su amigo) fuera de la clase. 6. El profesor explicaba (la lección). 7. Felipe saludó (Roberto) al salir de la clase. 8. El profesor y su esposa comieron (huevos). 9. En la carretera vimos (muchos mexicanos). 10. En la carretera vimos (un amigo mexicano). 11. ¿Entiende usted (este idioma)? 12. ¿Entiende usted (el amigo de Carlos)?

Vocabulario — Página 146

Gramática

1. Radical-changing verbs in *-ar* and *-er* are regular in the preterite and have no change. What change do radical-changing verbs in *-ir* make in the preterite? (§ 106 B)

2. Conjugate in the preterite the radical-changing *-ir* verbs *dormir, morir,* and *servir.* (Page 146)

---

[1] *The word in parentheses is the object of the sentence. Place the preposition* a *in front of this word where it is necessary.*

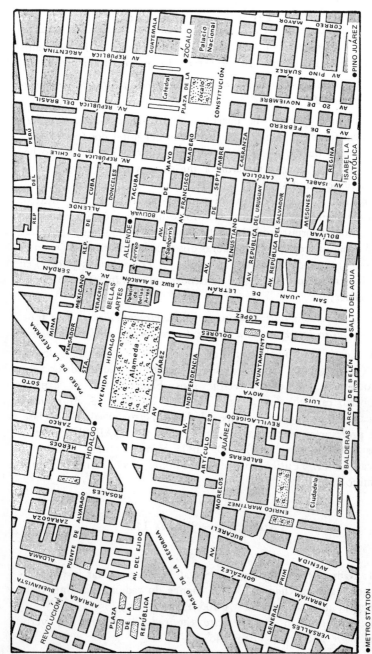

El centro de la capital de México está formado por las calles comprendidas entre el parque de la Alameda y la gran plaza del Zócalo

Una estación del nuevo metro

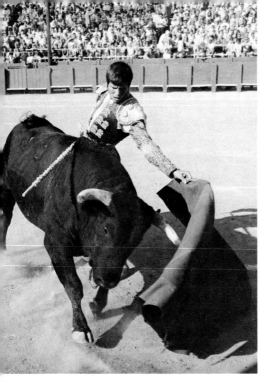

*Uno de los espectáculos más populares
de México es la corrida de toros*

También jugamos al básquetbol

Salimos a la calle para visitar las tiendas mexicanas

El parque de la Alameda está en el centro de la capital

*Esto es un fresco de Diego Rivera, el pintor más
conocido en México. Toda la miseria, toda la
tragedia y todos los problemas nacionales se
encuentran en sus pinturas*

3. You learned in Lesson 2 that in Spanish descriptive adjectives usually follow their nouns. Yet in this lesson you will find the expressions *la magnífica ciudad, estos fanáticos aztecas, sus horribles sacrificios, la peligrosa marcha, una feroz batalla,* etc. When may a descriptive adjective precede its noun? (§ 11 C)

4. When must the preposition *a* be used before a noun object? (§ 44 A)

LECCIÓN VEINTICINCO

El Zócalo

El centro de la capital de México está formado por las calles comprendidas entre el parque de la Alameda y la gran plaza del Zócalo. En estas calles están los principales restaurantes, tiendas, teatros, cines y oficinas de la ciudad.

Un día Felipe llevó a Roberto a la Alameda. Los jóvenes atra- 5 vesaron el parque y entraron en el Palacio de Bellas Artes, enorme[1] edificio donde está el gran teatro en que se dan los mejores conciertos y óperas de México. En él llamaron la atención de Roberto el gran número de pinturas de vivos colores que representaban indios y otros mexicanos. 10

— Éstos son los frescos[2] de Diego Rivera, el[3] pintor más conocido de México — dijo Felipe —. Nuestros artistas han pintado la historia de México en los muros[4] de los edificios públicos de la capital y de otras ciudades. Toda la miseria, toda la tragedia y todos los problemas nacionales se encuentran en estas pinturas; allí están repre- 15 sentadas la lucha de clases y la violencia de la conquista y de las guerras civiles. Y aunque los artistas se han limitado casi exclusiva-

---

[1] Why is the article omitted before this noun? (§ 4 G)   [2] *wall painting*
[3] Why is the article used before this noun? (§ 4 G)   [4] *walls*

mente a temas[1] mexicanos, se han hecho famosos en el mundo entero.
Pero ¡ adelante, amigo !

20 Los estudiantes salieron del Palacio de Bellas Artes y caminaron
por las calles del centro hasta llegar a[2] una plaza inmensa.

— Esta plaza es el Zócalo — dijo Felipe.

— Ya[3] he notado que casi todas las ciudades que he visitado
están construidas alrededor de una plaza como ésta.

25 En el Zócalo había mucho tráfico; por todos lados pasaban automóviles y camiones.   Al norte Roberto vio un enorme edificio de
arquitectura colonial.

— Aquélla es la catedral más grande de las Américas — explicó
Felipe — y está construida sobre las ruinas de un antiguo templo

30 azteca.   Allí a la derecha está el Palacio Nacional donde el gobierno
tiene muchas de sus oficinas.   ¿ Ve usted ese balcón del palacio ?
Pues es un balcón muy célebre.   La noche del 15 de septiembre el
Zócalo se llena de gente y a las once en punto el Presidente de la
República sale al balcón y grita: « Viva[4] México, viva la República »

35 en conmemoración del célebre « Grito[5] de Dolores » que fue el principio de la independencia mexicana.   Al día siguiente se celebra
nuestro Día de la Independencia.

Roberto miró por todos lados; pensó en la historia del Zócalo,
centro del antiguo imperio azteca, y le impresionó el contraste entre

40 la antigüedad y el modernismo del lugar.

Preguntas

1. ¿ Qué es la Alameda ?   2. ¿ Qué es el Palacio de Bellas Artes ?
3. ¿ De qué pintor son los frescos que se encuentran en el Palacio de
Bellas Artes ?   4. ¿ Sobre qué temas tratan las pinturas de los edificios públicos de México ?   5. ¿ Qué es el Zócalo ?   6. ¿ Qué hay
en el Zócalo ?   7. ¿ Dónde está la catedral de México ?   8. ¿ Qué es
el Palacio Nacional ?   9. ¿ Quiénes están en el Zócalo la noche del
15 de septiembre ?   10. ¿ Qué hace el Presidente de la República a las
once de aquella noche ?   11. ¿ Cuál es el Día de la Independencia de
México ?   12. ¿ En qué pensó Roberto ?

[1] *themes*   [2] *hasta llegar a* until they arrived at
[3] For this meaning of *ya*, see § 53 A.
[4] *Long live Mexico!*   [5] *The Cry of Dolores*

EJERCICIOS

A. *Los*[1] *verbos siguientes están en pretérito. Cámbienlos al perfecto y cámbiese* ayer *a* muchas veces, *según el ejemplo.* EJEMPLO: Hablé de mi viaje ayer. *He hablado de mi viaje muchas veces.*

1. Entró en la catedral ayer. 2. Pintamos la casa ayer. 3. Visitaron el museo ayer. 4. José comió en el restaurante ayer. 5. Los estudiantes salieron temprano ayer. 6. Leí la historia ayer.

B. *Escríbanse en perfecto los verbos de las frases siguientes.* EJEMPLO: Comemos a la una. *Hemos comido a la una.*

1. Los muchachos gritan muchas veces. 2. El jefe ataca en seguida. 3. Los españoles resisten a los franceses. 4. Los soldados sufren mucho a causa del frío. 5. Yo voy al teatro. 6. Nosotros preferimos ver una corrida de toros.

C. *Contéstense en el afirmativo las preguntas siguientes usando* yo.

1. ¿Ha mirado usted las pinturas del museo? 2. ¿Ha recibido usted el regalo de su madre? 3. ¿Ha visitado usted a la señora García?

D. *Contéstense en el negativo las preguntas siguientes usando* nosotros.

1. ¿Han enviado ustedes la carta a México? 2. ¿Han tratado ustedes de comprar aquel caballo? 3. ¿Han aprendido ustedes de memoria las palabras de esta lección?

E. *Substitúyanse los guiones por las formas convenientes del presente de* haber *o* tener.[2]

1. Yo —— viajado mucho en México. 2. Yo —— dos maletas. 3. ¿ —— usted un buen coche? 4. ¿Dónde —— comprado usted este coche? 5. En la plaza estos muchachos —— periódicos. 6. Ellos —— vendido muchos periódicos esta mañana. 7. ¿ —— nosotros pinturas muy modernas en los Estados Unidos?

F. *Substitúyanse los pronombres demostrativos ingleses por sus equivalentes en español, usando formas de* éste *y* ése.

1. ¿Dijo usted que (*this*) es la oficina de su padre? 2. Quiero uno de los libros que están en la mesa. No, (*that one*) no. 3. Esta pintura me gusta mucho más que (*that one*). 4. ¿Son (*those*) sus caballos? 5. (*These*) son nuestras maletas; (*those*) son las maletas del señor García.

[1] The following verbs are in the preterite. Change them to the perfect, and change *ayer* to *muchas veces*, as in the example.
[2] This exercise is included to teach you not to use *haber* except as an auxiliary verb.

GRAMÁTICA

1. Conjugate the auxiliary verb *haber* in the present, imperfect, and preterite. (Page 148) Although the verb *haber* means *to have*, it is normally used only with the past participle of a verb to form a compound tense.[1] What is the ordinary Spanish verb *to have*?

2. What is a compound tense? (§ 69)

3. In Spanish as in English the perfect tense is a combination of the present of the auxiliary verb *haber* (*to have*) and the past participle. (§ 70) Conjugate the verb *mirar* in the perfect tense. (Page 148)

4. How is the perfect tense used? (§ 71 A)

5. How can the demonstrative adjectives *este*, *ese*, and *aquel* be made into demonstrative pronouns? (§ 33 A) Give sentences illustrating their use as demonstrative pronouns.

[1] Exception: the expression *hay* (*there is, there are*) and its equivalents in other tenses. (§ 101 B)

Adelita

Si Adelita se fuera con otro,
la seguiría por tierra y por mar;
si por mar en un buque[1] de guerra,
si por tierra en un tren militar.

Si Adelita quisiera ser mi novia[2],
y si Adelita fuera mi mujer,
le compraría un vestido de seda[3],
para llevarla a bailar al cuartel[4].

Adelita se llama la joven
a quien yo quiero y no puedo olvidar;
que en el mundo yo tengo una rosa[5]
que con el tiempo la voy a cortar[6].

Y si acaso yo muero en campaña
y mi cadáver en campo va a quedar,
Adelita, por Dios te lo ruego
que con tus ojos me vayas a llorar.

[1] *war ship*   [2] *sweetheart*   [3] *silk*   [4] *barracks*   [5] *rose*   [6] *cut*

Quinto Repaso —Lecciones 21 a 25

Explíquense en español los nombres siguientes.

Alameda	Palacio de Bellas Artes	Tenochtitlán
aztecas	Palacio Nacional	Teotihuacán
Cortés	Quetzalcoatl	toltecas
Moctezuma	Rivera, Diego	Zócalo

PREGUNTAS

1. Descríbase el paisaje que ven los viajeros entre Tamazunchale y México. 2. Descríba los indios que se ven en los campos. 3. ¿Qué trabajo hacen aquellos indios? 4. ¿Qué es un ciego? 5. ¿Con qué parte del cuerpo hablamos? 6. ¿Con qué parte del cuerpo caminamos? 7. ¿Cuál es la pirámide más grande de México? 8. ¿Qué era un símbolo muy poderoso en la religión de los antiguos indios mexicanos? 9. ¿Qué tribu fundó su capital en el valle de México? 10. ¿Quién fue el conquistador de México? 11. Al llegar a Tenochtitlán ¿qué le hizo Cortés a Moctezuma? 12. Cuando los españoles estaban en la capital ¿por qué los atacaron los aztecas? 13. ¿Cuál es el pintor más conocido de México? 14. ¿Dónde está el Presidente de la República a las once de la noche del 15 de septiembre? 15. ¿Sobre qué ruinas está construida la catedral de México?

TEMAS PARA COMPOSICIÓN ESCRITA

Hágase una composición sobre cualquiera de los temas siguientes.

1. Las partes del cuerpo humano
2. La conquista de México

EJERCICIOS

A. *Escríbanse en imperfecto los verbos de las frases siguientes.*

1. En el Zócalo (haber) mucho tráfico y los que (vender) en la plaza (gritar) a los turistas. 2. Cuando nosotros (estar) en México, (ir) a la universidad todos los días.

B. *Escríbanse en perfecto los verbos de las frases siguientes.*

3. Yo (recibir) una carta de mi amigo y la (contestar) esta tarde.
4. Nosotros (encontrar) a Roberto y él nos (saludar).

C. *Escríbanse en pretérito los verbos de las frases siguientes.*

5. Mi hermano (morir) en 1950.   6. Nosotros (pedir) permiso para ir al cine y ustedes (pedir) permiso para ir al teatro.

D. *Substitúyanse los infinitivos por la forma conveniente del imperfecto o del pretérito según el sentido de la frase.*

Ya (ser)[7] las tres cuando Roberto y Felipe (llegar)[8] a la plaza de toros. Cerca de la plaza (haber)[9] mucha gente que (esperar)[10]. Roberto (dar)[11] algunos pesos a Felipe y le (decir)[12] que (querer)[13] un boleto de sombra. Felipe (comprar)[14] dos boletos, los jóvenes (entrar)[15] en la plaza y (sentarse)[16].

E. *La palabra entre paréntesis es el complemento directo de la frase. Póngase la preposición a delante de esta palabra donde sea necesario.*

17. ¿Ha encontrado usted (Carlos) esta mañana?   18. Puse (el libro) sobre la mesa.   19. ¿Vio usted (los estudiantes) que me hablaron del Día de la Independencia?

F. *Escríbanse en voz pasiva las frases siguientes.*

20. Diego Rivera pintó los frescos en el Palacio de Bellas Artes. 21. El torero mató un toro.

G. *Substitúyanse las expresiones inglesas por sus equivalentes en español.*[1]

22. (*This*) es una pintura de Diego Rivera.   23. Yo no quiero hacer (*that*).   24. Mi casa es (*this one*), (*that one*) no.   25. (*Those*) son las cartas de mi hermana.

H. *Substitúyanse los guiones por el, la, los o las.*

26. —— que no trabaja no gana dinero.   27. He perdido mis libros y —— de Roberto.   28. ¿Son mejores nuestras carreteras que —— de los otros países del continente?

I. *Substitúyase el infinitivo por el participio pasado.*

29. ¿Habla usted de los soldados (perder) durante la guerra? 30. La puerta está (cerrar).

---

[1] In this exercise, you must choose between the neuter pronouns *esto, eso* and *aquello* and the demonstratives with gender and number. (§ 33 A, C)

GRAMÁTICA

1. The present and preterite of the irregular auxiliary verb *haber*. (Page 148)
2. Position of descriptive adjectives. (§ 11 A, B, C)
3. The demonstrative adjectives *ese* and *aquel*. (§ 15 B, C)
4. The demonstrative pronouns *éste*, *ése*, and *aquél*. (§ 33 A)
5. The neuter demonstratives *esto*, *eso*, and *aquello*. (§ 33 C)
6. The definite article used as a demonstrative before *de* and *que*. (§ 33 D)
7. The "personal" *a*. (§ 44 A)
8. Formation and use of the imperfect. (§§ 60, 61 A, B)
9. The combined uses of the imperfect and preterite. (§ 64)
10. Formation and use of the perfect. (§§ 70, 71)
11. Formation of the past participle. (§ 84 A)
12. The passive voice. (§§ 86, 87)
13. The preterite of radical-changing verbs in *-ir*. (§ 106 B)[1]
14. The present and preterite of verbs in *-uir*. (§ 107 K)[1]

[1] These tenses may also be found on pages 145 and 146, but it will be more convenient to look up all forms in the GRAMÁTICA.

Farolito[1]

Farolito que alumbras[2]
apenas mi calle desierta,
cuántas noches me has visto
llorando llamar a su puerta
sin llevarle
más que una canción

y un pedazo[3] de mi corazón,
sin llevarle más[4] nada
que un beso
friolento[5] y travieso[6]
amargo[7] y dulzón[8]

[1] *little street light* (§ 52) [2] *you light up* [3] *piece* [4] *anything else but* [5] *cold*
[6] *mischievous* [7] *bitter* [8] *sweet*

Miguel Hidalgo

Durante trescientos años México fue una colonia española llamada Nueva España y el territorio se dividió en grandes haciendas que el rey de España repartió entre los conquistadores[1] y otros favoritos de la corte. Los indios fueron maltratados[2] y tuvieron que trabajar
5 en los campos y en las minas como esclavos. El comercio, la política y el poder supremo de la iglesia quedaron casi exclusivamente en manos de los españoles. Aun los criollos, los de pura sangre española que habían nacido en el nuevo mundo, nunca tuvieron mucha influencia; fueron ricos y generalmente conservadores, pero no gozaron de los
10 privilegios que tuvieron los españoles.

Pero a principios del siglo XIX España se encontraba en una situación bastante grave; había perdido su independencia con la invasión de Napoleón, y los países latinoamericanos se aprovecharon de la inestabilidad del gobierno para librarse de los españoles.
15 En México la revolución contra España fue comenzada en 1810 por un cura llamado Miguel Hidalgo que tenía su iglesia en el pueblo de Dolores donde ponía en práctica sus ideas avanzadas acerca de la educación y los derechos del indio. Con algunos otros liberales ya había conspirado antes contra el gobierno español, hasta que una
20 noche se descubrió la conspiración y entonces Hidalgo decidió rebelarse inmediatamente. Antes del amanecer del 16 de septiembre de 1810 los habitantes de Dolores fueron despertados por el ruido de las campanas de la iglesia y se reunieron en seguida para escuchar las palabras del cura. En el célebre discurso llamado *el Grito de Dolores*
25 Hidalgo les habló de la libertad y de sus derechos y les incitó a la rebelión. Se entusiasmaron mucho los indios y pronto se formó un ejército que tomó posesión de haciendas, pueblos y ciudades. La revolución fue violenta y destructora, pero dentro de un año los españoles prendieron a Hidalgo y lo fusilaron[3].
30 Sin embargo, la revolución había comenzado; durante diez años hubo insurrecciones en todas las partes del país hasta que, en 1821,

---

[1] *conquerors* [2] *mistreated* [3] *shot*

los mexicanos derrotaron[1] definitivamente[2] a los españoles. México había ganado su independencia, pero la mayoría de sus habitantes todavía no tenían libertad.

PREGUNTAS

1. ¿Durante cuánto tiempo fue México una colonia española? 2. ¿A quiénes dio el rey de España las haciendas mexicanas? 3. ¿Qué es un criollo? 4. ¿Por qué había perdido España su independencia? 5. ¿Cómo se aprovecharon los países latinoamericanos de la inestabilidad del gobierno español? 6. ¿Quién fue Miguel Hidalgo? 7. ¿Qué ideas tenía Hidalgo? 8. ¿Qué hizo Hidalgo durante la noche del 15 de septiembre de 1810? 9. ¿Qué hicieron los indios después del discurso de Hidalgo? 10. ¿Qué le hicieron los españoles a Hidalgo? 11. ¿Cuántos años duró la revolución?

EJERCICIOS

A. *Escríbanse en perfecto los verbos siguientes. Todos estos verbos tienen participios pasados irregulares.* EJEMPLO: muere — *ha muerto*

1. volvemos 2. digo 3. escriben 4. ve 5. abren 6. hacemos 7. mueren 8. pongo 9. dicen 10. abro 11. hago 12. ponemos

B. *Los verbos siguientes están en perfecto. Escríbanlos en pluscuamperfecto.* EJEMPLO: hemos comprado — *habíamos comprado*

1. he entrado 2. hemos tenido 3. han encontrado 4. me he despertado 5. se ha acostado 6. han escrito 7. he aprendido 8. ha vivido 9. hemos visto 10. nos hemos levantado

C. *Substitúyanse los infinitivos entre paréntesis por los participios pasados de los verbos. Todos estos participios pasados son irregulares.*

1. ¿Ha (ver) usted a su amigo esta mañana? 2. Todavía no había (volver) cuando empezó a llover. 3. ¿Dónde ha (poner) usted las flores? 4. El presidente del país ha (hacer) muchas cosas. 5. Ya había (escribir) dos cartas cuando vino el señor. 6. La criada había (abrir) la puerta. 7. El profesor ha (decir) muchas veces que ustedes tienen que ir a México. 8. Ya había (morir) su padre cuando llegó el médico.

---

[1] *defeated*   [2] *definitely, finally*

D. *Cámbiense al pluscuamperfecto los verbos de las frases siguientes según el ejemplo.* EJEMPLO: Hidalgo repartió las tierras. Hidalgo *había repartido* las tierras.

1. El presidente nació en México. 2. Yo compré la pintura. 3. Diego Rivera pintó frescos en Nueva York. 4. Los estudiantes gritaron en la plaza. 5. Nosotros abrimos la puerta. 6. Usted puso algunas flores sobre la mesa. 7. ¿Quién escribió la carta? 8. Yo ya volví a casa. 9. No vimos el Paseo de la Reforma. 10. Los soldados no murieron. 11. El profesor dijo la verdad.

E. *Substitúyanse los guiones por se llama o llamado.*

1. El estudiante —— Carlos. 2. Un estudiante —— Carlos me enseñó el Zócalo. 3. Un médico —— González me lo dijo. 4. Este profesor —— Pérez. 5. Tengo un amigo —— Roberto. 6. Un ingeniero —— Soria construyó el puente. 7. Un ingeniero que —— Medina construyó el puente.

VOCABULARIO — PÁGINA 149

GRAMÁTICA

1. Several very common verbs have irregular past participles. What are the irregular past participles of *abrir, decir, escribir, hacer, morir, poner, ver,* and *volver?* (Page 149)

2. Give an English sentence with a pluperfect tense. What tense of *haber* is used with the past participle to form the Spanish pluperfect? (§ 72)

3. Conjugate *conspirar* in the pluperfect. (Page 150)

4. What type of action is expressed by the pluperfect? (§ 73)

5. In the sentence *El hombre se llama García,* what part of the sentence is *se llama?* In the sentence *Un hombre llamado García escribió el libro,* what part of the sentence is *llamado?* Each time that you use a form of *llamar* in a sentence, analyze its function.

Un viaje al Pacífico

— Oigan ustedes — dijo Roberto un día a sus amigos mexicanos —, quiero hacer un viaje la semana que viene, pero no sé adónde
ir. ¿Qué debo hacer?
— Debe usted ir a Morelia y Pátzcuaro — respondió Carlos en
seguida.   5
— Vaya usted a Acapulco — dijo Felipe —. ¡Qué viaje tan
magnífico! Debe de haber un mapa sobre la mesa. Démelo, Roberto,
por favor, que[1] voy a enseñarle el camino. Mire usted: aquí estamos
en la capital. Fíjese en esta carretera que va por las montañas hasta
el mar. Al cabo de una hora se llega a Cuernavaca. Es interesante   10
ver las elegantes casas de los políticos y otras personas ricas que van
a Cuernavaca a pasar los fines de semana. Si va a Cuernavaca, coma
usted en los románticos jardines Borda, y luego visite el antiguo
palacio de Cortés donde Diego Rivera ha pintado unos frescos[2] revolucionarios.   15
— ¡Más vale ir a Morelia! — insistió Carlos —. Dígaselo, José.
— ¡Déjenme seguir! — continuó Felipe —. Al salir de Cuernavaca, se pasa por un valle muy fértil y en poco tiempo se llega a Taxco.
¡Qué pueblo más pintoresco! ¡Cuánto color! ¡Figúrense ustedes
qué lugar para artistas! Tengo aquí unas fotografías; mírenlas y   20
vean cómo conserva su arquitectura y sus calles exactamente iguales
a como eran en la época colonial. Miren qué calles tan estrechas y
fíjense en las torres de su catedral colonial. Y si quiere usted comprar regalos para su familia, cómprelos en Taxco, donde se fabrican
muchos artículos de plata. ¿Qué le parece, Roberto?   25
— Que[3] voy a seguir sus consejos y que voy a verlo.
— Permítanme decirles mi opinión — dijo Carlos — y es que no
hay nada más pintoresco en México que el lago de Pátzcuaro.
— ¿Y Acapulco? — siguió Felipe —. Salga usted de Taxco por
la mañana temprano porque el viaje a Acapulco es de cuatro horas. 30

[1] For this use of *que*, see § 35 B 4.
[2] *wall paintings*
[3] For the use of *que* at the beginning of a sentence, see § 35 B 3.

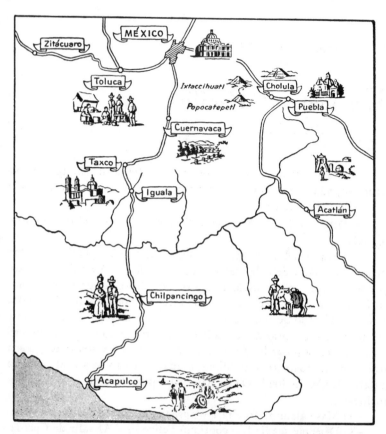

Salga usted de Taxco por la mañana temprano
porque el viaje a Acapulco es de cuatro horas

Por la tarde, cuando se desciende hacia la costa, se ven de pronto las aguas azules del Pacífico; se sigue descendiendo[1] y ahora imagínese un bonito puerto tropical con magníficas playas donde se puede nadar y tomar el sol. Puede vivir allí en hoteles muy modernos y si usted
35 quiere, puede pasar el tiempo acostado en una hamaca[2]. ¿No es Acapulco el mejor lugar para pasar unos días de vacaciones?

— Lo de las hamacas me convence — dijo Carlos —. Acapulco es un lugar divino para los perezosos.

Preguntas

1. ¿Cuándo quiere Roberto hacer un viaje? 2. ¿Dónde está Acapulco? 3. ¿Quiénes van a Cuernavaca a pasar los fines de se-

[1] *going down* [2] *hammock*

124

mana ? 4. ¿ En qué palacio de Cuernavaca pintó Diego Rivera unos frescos revolucionarios ? 5. ¿ Qué pueblo pintoresco hay entre Cuernavaca y Acapulco ? 6. ¿ Cómo son las calles de Taxco ? 7. ¿ Qué artículos se fabrican en Taxco ? 8. ¿ Qué es Pátzcuaro ? 9. ¿ Cuánto tiempo dura el viaje de Taxco a Acapulco ? 10. ¿ Qué puede uno hacer en Acapulco ?

EJERCICIOS

A. *Complétense las frases siguientes con el singular del imperativo, según el ejemplo.* EJEMPLO: (contestar) . . . la pregunta. *Conteste usted* la pregunta.

1. (mirar) . . . esta fotografía. 2. (pasar) . . . algunos días en Taxco. 3. (hablar) . . . español en esta clase. 4. (aprender) . . . la lección. 5. (comer) . . . en un buen restaurante. 6. (beber) . . . agua. 7. (escribir) . . . a todos sus amigos. 8. (vivir) . . . en Acapulco.

B. *Complétense las frases siguientes con el plural del imperativo, según el ejemplo.* EJEMPLO: (trabajar) . . . mucho. *Trabajen ustedes* mucho.

1. (esperar) . . . a sus amigos. 2. (entrar) . . . en el parque. 3. (viajar) . . . en verano. 4. (estudiar) . . . para aprender la lección. 5. (leer) . . . este libro. 6. (vender) . . . este coche. 7. (subir) . . . al cuarto de Roberto. 8. (escribir) . . . una carta a sus hermanos.

C. *Complétense las frases siguientes con el plural del imperativo, según el ejemplo. Todos estos verbos son irregulares en el imperativo.*[1] EJEMPLO: (volver) . . . mañana. *Vuelvan ustedes* mañana.

1. (cerrar) . . . la puerta. 2. (pensar) . . . en su trabajo. 3. (dormir) . . . bien. 4. (repetir) . . estas palabras. 5. (servir) . . . el desayuno temprano. 6. (pedir) . . . naranjas a la criada.

D. *Complétense las frases siguientes con el singular del imperativo, según el ejemplo. Todos estos verbos son irregulares en el imperativo.*[2] EJEMPLO: (venir) . . . con nosotros. *Venga usted* con nosotros.

1. (oir) . . . esta canción. 2. (decir) . . . a Carlos que usted quiere salir. 3. (hacer) . . . este trabajo. 4. (poner) . . . el libro en

---

[1] The verbs in this exercise are radical-changing verbs. They make exactly the same change in the stem-vowel in the imperative as in the present tense.
[2] The verbs in this exercise have an irregular imperative stem which resembles the stem of the *yo* form of the present tense.

la mesa.   5. (traer) . . . su guitarra.   6. (salir) . . . temprano.
7. (venir) . . . en seguida.

E. *Algunas*[1] *de las frases siguientes necesitan acentos.   Pónganse
acentos donde hagan falta y explíquese oralmente por qué.* Ejemplo:
Quiero presentarsela.   *Quiero presentársela.*

1. Escribame una carta.   2. Levantense a las siete.   3. Enseñeselo.
4. Moctezuma no quiso recibirle.   5. No voy a darselo.   6. ¿ Puede
usted verlo ?   7. El profesor quiere explicarselo.   8. ¿ Prefiere usted
hablarles de esto ?   9. Prefiero decirselo.

F. *Substitúyanse los infinitivos por su imperativo conveniente.*[2]

1. (levantarse) usted en seguida.   2. (imaginarse) ustedes una
bonita playa en la costa del Pacífico.   3. (fijarse) usted en esta pintura.   4. (divertirse)[3] ustedes en México.

G. *Cámbiense*[4] *por pronombres las expresiones en bastardilla.   Pónganse los acentos donde sea necesario.* Ejemplo: *Escriba usted
una carta a Roberto.   Escríbasela.*

1. Oiga usted *la música.*   2. Abran ustedes *la puerta.*   3. Díganme
su nombre.   4. Lea *el periódico a Carlos.*   5. Dé *los regalos a los niños.*
6. Yo quiero ver *la película.*   7. No puede explicar *el problema a Felipe.*
8. Voy a enseñar *el coche a su padre.*

Vocabulario — Páginas 150–151

Gramática

1. What is the imperative?   Give an English sentence with an
imperative.   (§ 95)
2. What vowel is found in the imperative endings of Spanish
verbs in *–ar?* in *–er* and *–ir?*   (§ 95 A, B)
3. To what stem are the imperative endings added?   (§ 95 B)
What are the *usted* imperatives of *nadar, beber,* and *resistir?* of the
radical-changing verbs *volver, cerrar,* and *pedir?* of the following verbs

---

[1] *Some of the following sentences need accents.   Put in the accent where necessary and explain
orally why.*   To explain the example given, you would say: "The stress remains on the
last syllable of *presentar.*   Since according to the rule for accent, the stress would come
on *se,* there must be a written accent on the *a* of *presentar.*"
[2] The reflexive objects follow the affirmative imperative and are joined to it.   The stress
of the verb does not change and must often be indicated by a written accent.
[3] The verb *divertirse* is both radical-changing and reflexive.
[4] *Change the italicized expressions to pronouns.   Add accents where necessary.*

which have an irregular first person singular present: *decir, hacer, oír, poner, salir, tener, traer,* and *venir?* of the following verbs which are irregular in the imperative: *dar, ir, saber* and *ser?* (Page 151)

4. What is the position of a pronoun object used with an infinitive or an affirmative imperative? (§ 30 B) Where is the stress of such words placed? (§ 30 C)

5. Where is the stress of a Spanish word ending in a consonant except –*n* or –*s?* Where is the stress of a Spanish word ending in a vowel or –*n* or –*s?* How does written Spanish show that the stress does not follow these rules? (PRONUNCIACIÓN § 7 A, B, C)

6. In the affirmative imperative of a reflexive verb, where is the reflexive object placed? (§ 105 D 1 a)

LECCIÓN VEINTIOCHO

Juárez y Maximiliano

Durante los primeros cincuenta y cinco años de su independencia, México tuvo cuarenta presidentes, dos emperadores y varios gobiernos provisionales. Como todas las nuevas repúblicas latinoamericanas, México no estaba preparado para la democracia, y, por consiguiente, sufrió durante muchos años bajo una serie de dictadores que en 5 muchos casos eran peores que los antiguos virreyes[1] españoles. Fue durante este período cuando México perdió una gran parte de su territorio que pasó a manos de los Estados Unidos después de una guerra sin gloria para ninguno de los dos países.

El episodio más interesante de este período fue el de Benito Juárez 10 y Maximiliano. Juárez era un indio que había servido de criado en una casa de Oaxaca. Le educó un rico criollo[2] y el ambicioso joven se hizo abogado y llegó a ser gobernador de su estado, donde se distinguió por su absoluta honradez. En muchos aspectos su vida y

---

[1] *viceroys*   [2] *Creole (a person of Spanish descent born and reared in the New World)*

15 obras se parecieron a las de su contemporáneo Abrahán Lincoln.
Creía que la concentración de riquezas en manos de los ricos y de la
iglesia impedía el progreso del país. Fue jefe de los liberales en una
guerra civil contra los conservadores y era presidente cuando los soldados franceses de Napoleón III invadieron su país y pusieron a Maxi-
20 miliano, archiduque[1] Habsburgo, en el trono.

Napoleón había decidido invadir México para cobrarse deudas
internacionales y ayudar a los conservadores. Estos conservadores
habían perdido su poder y muchas de sus propiedades bajo el gobierno
liberal de Juárez. La invasión fue bastante fácil y Juárez tuvo que
25 retirarse al norte. Maximiliano y su joven esposa Carlota instalaron
su corte en el pintoresco castillo de Chapultepec, pero Maximiliano
no comprendía bien los problemas del país y le faltaba habilidad finan-
ciera. Tenía ciertas ideas liberales que no les gustaban a los conservadores y no quiso devolver a la iglesia las propiedades perdidas durante
30 la guerra civil. Finalmente, Napoleón tuvo que retirar sus tropas y
no le quedó a Maximiliano ningún apoyo. Carlota se puso furiosa e
hizo un viaje a París y a Roma en busca de ayuda, pero todo fue inútil.
Maximiliano fue capturado por las fuerzas del presidente Juárez y
fusilado en 1867. La desgraciada Carlota se volvió loca y murió en
35 el año 1927 a la edad de ochenta y siete años.

Preguntas

1. ¿Cuántos presidentes tuvo México durante los primeros cincuenta y cinco años de su independencia? 2. ¿En qué guerra
perdió México una gran parte de su territorio? 3. ¿Cuál fue el
origen de Juárez? 4. ¿En qué se distinguió Juárez? 5. ¿A qué
norteamericano contemporáneo se parecía Juárez? 6. ¿Qué ideas
tenía Juárez acerca del progreso del país? 7. ¿En qué guerra fue
jefe Juárez? 8. ¿Quién invadió su país? 9. ¿Por qué invadió
México Napoleón III? 10. ¿Quién llegó a ser emperador de México?
11. ¿Cómo se llamaba la esposa de Maximiliano? 12. ¿Qué le
faltaba a Maximiliano? 13. ¿Qué tuvo que hacer Napoleón finalmente? 14. ¿Quién se puso furiosa? 15. ¿Por qué hizo Carlota un
viaje a París y a Roma? 16. ¿Por quién fue capturado Maximiliano?
17. En 1867 ¿qué le hicieron los mexicanos a Maximiliano? 18. ¿Qué
mujer se volvió loca? 19. ¿A qué edad murió Carlota?

[1] *archduke*

Aquélla es la catedral más grande de las Américas

*¡ Miren qué calles estrechas y fíjense en las torres
de su catedral colonial !*

Los artesanos desarrollan los talentos artísticos
de sus antecesores indios

*Un famoso artículo de la Constitución de 1917 dice que el gobierno
tiene derecho de expropiar las tierras para dárselas a individuos*

Imagínese un bonito puerto tropical con magníficas playas

No hay nada más pintoresco en México que el lago de Pátzcuaro

EJERCICIOS

A. *Substitúyanse los guiones por se hizo, se puso, se volvió o llegó a ser.*

1. Este joven —— abogado. 2. El mismo joven —— presidente a la edad de cuarenta años. 3. Aquella mujer —— loca. 4. Mi padre fue a la universidad y —— profesor. 5. El viejo —— ciego a la edad de ochenta años. 6. Mi hermano —— dueño de un hotel. 7. Cuando Roberto oyó las noticias, —— muy contento. 8. El estudiante pasó cuatro años en la facultad de medicina y —— médico.

B. *Contéstense las preguntas siguientes en el afirmativo según el ejemplo. Préstese[1] atención a la forma del verbo.* EJEMPLO: ¿ Le gusta a usted la historia ? *Sí, me gusta la historia.*

1. ¿ Le gusta a usted esta clase ? 2. ¿ Le gusta a usted el clima de esta región ? 3. ¿ Le gusta a usted el francés ? 4. ¿ Le gustan a usted los plátanos ? 5. ¿ Le gustan a usted los coches europeos ? 6. ¿ Le gustan a usted la primavera y el otoño ? 7. ¿ Le gustó a usted el viaje a México ? 8. ¿ Le gustó a usted el desayuno ? 9. ¿ Le gustó a usted la casa del señor García ? 10. ¿ Le gustaron a usted las playas de Acapulco ? 11. ¿ Le gustaron a usted las calles de Monterrey ? 12. ¿ Le gustaron a usted los hoteles de Guadalajara ?

C. *Contéstense las preguntas siguientes en el negativo según el ejemplo.* EJEMPLO: ¿ Le falta a usted tiempo para leer ? *No, no me falta tiempo para leer.*

1. ¿ Le falta a usted dinero ? 2. ¿ Le faltan a usted sillas ? 3. ¿ Le faltan a usted libros ? 4. ¿ Le faltó a usted un coche ? 5. ¿ Le faltó a usted gasolina ? 6. ¿ Le faltaron a usted armas ? 7. ¿ Le faltaron a usted trajes ?

D. *Contéstense las preguntas siguientes en el negativo, según el ejemplo.* EJEMPLO: ¿ No le queda a usted mucho dinero ? *No, no me queda mucho dinero.*

1. ¿ No le queda a usted mucho tiempo ? 2. ¿ No le queda a usted un mapa de México ? 3. ¿ No le quedan a usted muchas naranjas ? 4. ¿ No le quedan a usted muchos pesos mexicanos ? 5. ¿ No le quedó a usted gasolina en el tanque ? 6. ¿ No le quedó a usted una fotografía de Taxco ? 7. ¿ No le quedaron a usted cuartos en este hotel ? 8. ¿ No le quedaron a usted plátanos ?

[1] Be careful to see that the verb form is accurate.

Vocabulario — Páginas 152–153

Gramática

1. In Spanish, there are four common ways of saying *become*. What are they? When is each used? (§ 104)

2. In Lesson 17 you studied the verb *gustar*, whose construction is different from the English construction. The verbs *quedar* and *faltar* are often used similarly. Give examples with these verbs. (§ 100)

3. How would *Napoleón III* be read in Spanish? (§ 18 C)

4. In line 31 of the lesson is the sentence beginning *Carlota se puso furiosa e hizo un viaje a París* . . . Why is *e* rather than *y* used for *and* in this case? (§ 48 A)

LECCIÓN VEINTINUEVE

La Universidad Nacional de México

Habían pasado algunas semanas desde el viaje a Acapulco. Entretanto, Roberto había hecho muchos amigos y ya los trataba de tú, forma íntima que se usa en español cuando se habla con amigos. Todos los días Roberto y Felipe asistían a los cursos de la Universidad
5 Nacional de México que se encuentra en un vasto terreno al sur de la capital. Los edificios de la Universidad, muy amplios y modernos, están construidos con una armonía magnífica y reflejan en su arquitectura y en los murales de mosaico de algunos de ellos la historia y los temas sobresalientes[1] de la vida mexicana. La Universidad Na-
10 cional ofrece cursos en casi todas las disciplinas: humanidades, ciencias, medicina, derecho, ingeniería[2], arquitectura, comercio, etc.

---

[1] *outstanding*   [2] *engineering*

Tiene también la Ciudad Universitaria campos y canchas[1] para muchos deportes[2].

Un día Roberto y Felipe estaban sentados en una banca cerca de la gran Biblioteca Central de la Ciudad Universitaria.   15

— ¿ Qué te parece la Universidad de México comparada con la tuya ? — preguntó Felipe.

— ¡ Es magnífica y mucho más bella que la mía ! — contestó Roberto —. ¿ Sabes que nunca me imaginé que iba a encontrar edificios tan bellos y modernos como éstos ? Creo que los arquitectos 20 mexicanos son más ingeniosos y atrevidos que los nuestros. Es la suya una arquitectura moderna y funcional.

— Es que nuestra universidad es a la vez más antigua y más moderna que las de los Estados Unidos. Fue fundada en el año 1551, pero la Ciudad Universitaria es completamente nueva. ¿ Sabes que 25 en 1950 estas tierras no eran más que un desierto de piedra volcánica ?

— Parece mentira, hombre, y lo que más me impresiona es la adaptación de la arquitectura al terreno, especialmente su Estadio Olímpico, que está en perfecta armonía con el paisaje.

— ¿ Y qué te parecen los adornos[3] de la biblioteca y de los otros 30 edificios ? ¿ Te gustan ?

— ¡ Sí que[4] me gustan ! Los colores y los diseños[5] son tan llamativos[6] como las formas arquitectónicas[7].

— Estoy completamente de acuerdo contigo. A mí también me gustan estos diseños[5] y colores. En estas pinturas se ve claramente 35 la mezcla española e indígena de nuestra cultura nacional; en ellas están representados todos los valores de nuestra historia.

— ¿ Cuántos estudiantes hay en esta universidad ?

— Tenemos aulas[8], laboratorios, oficinas y campos[9] de deportes para más de 100.000. Hay además una piscina[10] donde pueden nadar 40 hasta mil personas. También tenemos un banco, una librería[11], una oficina de correos, varios auditorios y el Club Central . . .

— Sí, ahí es donde he pasado mucho tiempo contigo; hemos comido muy buenos platos y hemos tomado refrescos[12]. También hemos conocido mucha gente ahí.   45

— A propósito, conozco a una muchacha bonita que desea practicar el inglés. ¿ Tienes tiempo para enseñarle algunas palabras esta tarde ?

---

[1] *courts*   [2] *sports*   [3] *decorations*   [4] For the use of this *que*, see § 35 B 1.   [5] *designs*
[6] *striking*   [7] *architectural*   [8] *lecture room*   [9] campos de deportes *athletic fields*
[10] *swimming pool*   [11] *bookstore*   [12] *refreshments*

— Felipe ¡ te digo con toda sinceridad que eres un amigo incom-
50 parable !

PREGUNTAS

1. ¿ Con qué personas se usa la forma *tú* en español ? 2. ¿ Dónde
se encuentra la Universidad Nacional de México ? 3. ¿ En qué disciplinas ofrece cursos esta universidad ? 4. ¿ Cuándo fue fundada la
Universidad Nacional de México ? 5. Antes de la construcción de la
Ciudad Universitaria ¿ qué había en estos terrenos ? 6. ¿ Qué nombre
se dio al estadio de la Universidad de México ? 7. ¿ Cuántas personas
pueden nadar en la piscina de la Universidad ? 8. ¿ Qué se puede
hacer en el Club de la Universidad ? 9. ¿ A qué muchacha conoce
Felipe ? 10. ¿ Qué contesta Roberto cuando Felipe le pregunta si
tiene tiempo para enseñarle algunas palabras de inglés ?

EJERCICIOS

A. *Substitúyase el último nombre de la frase por el pronombre posesivo
como en el ejemplo.* EJEMPLO: No veo mi libro. ¿ Tiene usted
su libro ? No veo mi libro. ¿ Tiene usted *el suyo ?*

1. Mi casa está en el campo. ¿ Dónde está *su casa ?* 2. Sus
flores son bonitas. ¿ Ha visto usted *nuestras flores ?* 3. Mi padre
viaja por España. ¿ Dónde viaja *su padre ?* 4. Mis hermanos estudian en la universidad. ¿ Qué hacen *sus hermanos ?* 5. Hay árboles
en nuestro jardín. ¿ Hay árboles en *su jardín ?* 6. Nuestras calles
son muy estrechas. ¿ Son estrechas *sus calles ?* 7. Sus ciudades son
grandes. ¿ Son grandes también *nuestras ciudades ?* 8. Yo hablo su
lengua. ¿ Habla usted *mi lengua ?* 9. Hay muchos libros en mi
biblioteca. ¿ Hay también muchos libros en *su biblioteca ?* 10. Sus
amigos van al Club Central. ¿ Van también *mis amigos* allí ? 11. Sus
clases son muy interesantes. ¿ Es interesante *nuestra clase ?*

B. *Substitúyanse las palabras inglesas entre paréntesis por sus equivalentes en español.*

1. ¿ Es su médico mejor que (*mine*)? 2. Mi traje costó más que
(*yours*). 3. Mi coche está en el garage; (*theirs*) está en la calle.
4. He encontrado a nuestro amigo, pero todavía no he encontrado
a[1] (*his*). 5. Sus niños saben más que (*ours*).

[1] This *a* will contract with the following singular article.

C. *Las palabras en bastardilla se refieren a tú. Cámbiese tú por usted y háganse los demás cambios necesarios.* EJEMPLO: Yo voy a mi casa y *tú vas* a *la tuya.* Yo voy a mi casa y *usted va* a *la suya.*

1. *Tú tienes tus* libros en *tu* mesa ¿ verdad ? 2. ¿ Qué *dijiste* a *tus* sobrinos ? 3. Yo *te* doy *tu* regalo. 4. ¿ *Has visto* a *tu* hermana ?

D. *En las frases siguientes, cámbiese usted por tú y háganse los cambios necesarios en los verbos.* EJEMPLO: Usted tiene muchos amigos. *Tú tienes* muchos amigos.

1. Usted asiste a la clase de las nueve. 2. ¿ Está usted en la biblioteca ? 3. Usted sabe que este edificio es muy moderno. 4. ¿ Come usted en el Club Central ? 5. Usted nada en una piscina muy grande. 6. Usted tomó refrescos conmigo. 7. ¿ Habló usted español con Carlos ? 8. ¿ Aprendió usted mucho en el laboratorio ? 9. ¿ Comprendió usted la importancia de la universidad ? 10. ¿ Vivió usted mucho tiempo cerca de la universidad ? 11. Usted puso el libro en la mesa. 12. ¿ Fue usted al Estadio Olímpico ? 13. ¿ Qué dio usted a Carlos ? 14. ¿ Qué dijo usted a Felipe ? 15. Usted estuvo en México un año.

E. *Substitúyanse los guiones por las formas convenientes del presente de saber o conocer.*

1. Yo —— a tres mexicanos. 2. Yo —— que estos mexicanos no hablan inglés. 3. ¿ —— usted mi nombre ? 4. ¿ —— usted al señor González ? 5. Nosotros —— que este señor vive en Texas. 6. Nosotros no —— a su amigo Carlos.

VOCABULARIO — PÁGINAS 153–154

GRAMÁTICA

1. What is a possessive pronoun? Give an English sentence with a possessive pronoun. What are the Spanish possessive pronouns? Give examples of their use. (§ 32 A, B, C)

2. Note that the possessive pronoun is ordinarily used with the definite article. When may it be used without the definite article? (§ 32 D)

3. When the possessive adjective is emphatic, it follows its noun and coincides in form with the possessive pronoun. (§ 14, D, E)

Give an example of a sentence used in the text in which this strong form of the possessive adjective occurs.

4. What new way do you find in this lesson of saying *you*? When is this form used? (§ 23 D)

5. The familiar *tú* has its own set of verb forms. (Page 154) It also has possessive adjective forms (§ 14 B, D), object pronoun forms (§§ 24 D, 25 D), prepositional pronoun forms (§ 29 B), and possessive pronoun forms (§ 32 B). These forms need not be memorized unless your teacher wishes, but you should learn to recognize them.

6. Like what other verb in *-cer* is *conocer* conjugated in the present tense? Conjugate *conocer* in the present. (Page 155) Note that both *saber* and *conocer* mean *to know* but that *conocer* means *know* in the sense of **be acquainted with** whereas *saber* means *know* in the sense of *knowing a fact*.

7. Give the forms of the present of the verb *ofrecer*. (Page 155) Notice that *ofrecer* and *conocer* follow the same pattern.

LECCIÓN TREINTA

La Revolución

En 1876, cuatro años después de la muerte de Juárez, fue elegido presidente de México el general Porfirio Díaz. Don Porfirio estableció una dictadura que duró treinta y cinco años. Fue aquélla una época de paz y de mucho progreso material. En muchos aspectos fue una
5 época de gran esplendor: los mexicanos ricos imitaban a los franceses en su manera de vivir; se representaban muchas óperas, se celebraban bailes, se usaban elegantes vestidos y las casas estaban lujosa[1] y suntuosamente[2] amuebladas[3]. Los ricos llevaban una vida de tal esplen-

[1] *luxuriously*   [2] *sumptuously*   [3] *furnished*

dor que no se fijaban en la miseria de los pobres; eran éstos[1] víctimas de aquéllos, y mientras las riquezas del país se acumulaban cada vez 10 más en las manos de una pequeña minoría, la mayoría de los mexicanos sufrían como esclavos.

En las elecciones de 1910 el hacendado[2] idealista Francisco Madero, declarándose candidato, se atrevió a protestar contra la reelección de Porfirio Díaz, pero el gobierno le metió en la cárcel. La reelección 15 de Díaz fue una farsa, y Madero se refugió en el norte donde dio principio a una revolución popular. Así empezó un período de guerra civil que duró diez años. A una rebelión seguía otra, y casi todas eran motivadas por las ambiciones personales de jefes populares como Pancho Villa, Huerta, Zapata, Carranza y Obregón. La muerte de 20 todos éstos fue tan violenta como la revolución misma. La anarquía de aquella época dio a México muy mala fama en todo el mundo.

Con toda su turbulencia y desorganización, la Revolución dio a luz los ideales que fueron incorporados a la célebre Constitución de 1917. Un famoso artículo de ésta dice que los recursos naturales per- 25 tenecen al pueblo en general y no a compañías extranjeras y que el gobierno tiene derecho de expropiar las tierras para dárselas a individuos o a comunidades enteras. Otro artículo garantiza a los obreros el derecho de organizarse en sindicatos[3].

La historia de México desde la Revolución es la aplicación de 30 los ideales de esta constitución. El que más hizo para realizarlos fue el presidente Lázaro Cárdenas: entre los años 1934 y 1940 dio un gran impulso a la educación popular con la construcción de centenares de escuelas rurales, repartió tierras entre los campesinos, mejoró las condiciones de los obreros, permitiendo a los sindicatos apoderarse 35 de los ferrocarriles y otras empresas industriales, limitó el poder de las compañías extranjeras, estimuló el turismo con la construcción de la carretera nacional y dio a los artesanos[4] oportunidades para desarrollar los talentos artísticos heredados de sus antecesores[5] indios.

En los últimos años México ha prosperado bastante con el 40 establecimiento de muchas nuevas industrias. Hay gran número de personas que poseen instrucción y talento suficientes para contribuir al progreso del país.

PREGUNTAS

1. ¿Quién fue elegido presidente de México en 1876? 2. ¿Cuántos años duró la dictadura de don Porfirio? 3. ¿Hubo guerras

---

[1] When used in this sense, *éste* means *the latter*, *aquél* means *the former*. (§ 33 B)
[2] *owner of a country estate*   [3] *unions*   [4] *skilled workmen*   [5] *ancestors*

durante la época de don Porfirio ? 4. ¿ A quiénes imitaban los mexicanos ricos de aquella época ? 5. Cuando Francisco Madero se atrevió a protestar contra la reelección de Porfirio Díaz ¿ qué le hizo el gobierno ? 6. ¿ Cuántos años duró la Revolución ? 7. Según la Constitución de 1917 ¿ a quién pertenecen los recursos naturales ? 8. ¿ Cuál fue el presidente que más hizo para realizar los ideales de la Revolución ? 9. ¿ Qué hizo Cárdenas por la educación ? 10. ¿ Cómo trató Cárdenas de mejorar las condiciones de los obreros ? 11. ¿ Ha prosperado México en los últimos años ?

EJERCICIOS

A. *Substitúyanse los infinitivos por los gerundios*[1]. *Todos los gerundios de este ejercicio son regulares.* EJEMPLO: hablar español — *hablando* español

1. contestar una pregunta. 2. explicar la lección 3. cantar una canción 4. cerrar la puerta 5. encontrar a un amigo 6. comer fruta 7. aprender una lengua 8. volver a casa 9. correr a la escuela 10. tener dinero 11. vivir en México 12. escribir una carta 13. sufrir mucho 14. salir del hotel

B. *Substitúyanse los infinitivos por los gerundios*[1]. *Todos los gerundios de este ejercicio son irregulares.*

1. pedir dinero 2. dormir en un cuarto 3. decir una palabra 4. poder escribir 5. servir una comida 6. morir de hambre 7. impedir una guerra

C. *Substitúyanse los infinitivos por los gerundios*[1]. *Todos estos verbos son reflexivos. Nótese la posición del acento.* EJEMPLO: lavarse por la mañana — *lavándose* por la mañana

1. despertarse a las siete 2. acostarse temprano 3. levantarse tarde 4. sentarse en una silla 5. bañarse en el lago 6. quedarme en México 7. aprovecharme de la situación 8. reunirnos en la sala 9. fijarnos en la lección

D. *Substitúyanse los infinitivos por los gerundios*[1] *de los verbos indicados.*

1. (estar) en la estación de gasolina, Roberto decidió llenar el tanque. 2. Felipe llegó (comer) un plátano. 3. (salir) del pueblo, los jóvenes atravesaron un barrio muy pobre. 4. Felipe, (levantarse)

[1] The verb form called *present participle* or *gerund* in English is called *gerundio* in Spanish.

cada vez más tarde, comenzaba a llegar tarde a la clase. 5. Los españoles perdieron la batalla, (morirse) muchos de ellos en el lago. 6. (ser) Cárdenas un hombre idealista, era difícil convencerle de que los cambios eran demasiado rápidos.

E. *Substitúyanse las palabras inglesas entre paréntesis por sus equivalentes en español.*

1. ¿ (*How much*) dinero tiene usted ? 2. ¿ (*How much*) tiene su hermano ? 3. ¿ (*What*) hace este señor ? 4. ¿ (*Who*) abrió la puerta ? 5. ¿ En (*what*) parte de México está Guadalajara ? 6. ¿ A (*whom*) dio usted aquel periódico ? 7. ¿ (*What*) tiene usted en el bolsillo ? 8. ¿ (*Who*) son los estudiantes que hablan al profesor ? 9. ¿ (*What*) hace usted ? 10. ¿ (*How many*) estados tiene México ?

F. *Escríbase el enunciado de los verbos siguientes*[1]. EJEMPLO: poner — pongo — puse — puesto.

1. imitar 2. responder 3. recibir 4. dormir 5. decir 6. estar 7. hacer 8. ir 9. poder 10. querer 11. saber 12. ser 13. tener 14. traer 15. venir 16. ver

VOCABULARIO — PÁGINAS 155-156

GRAMÁTICA

1. What is an interrogative pronoun? How are the interrogative pronouns *who, whom, what,* and *how many* expressed in Spanish? (§ 34 A)

2. What is an interrogative adjective? How are the interrogative adjectives *which, what,* and *how many* expressed in Spanish? (§ 16 A, B, D)

3. How is the English verbal ending *-ing* expressed in a Spanish *-ar* verb? a Spanish *-er* or *-ir* verb? (§ 81 A) What are the present participles of *mejorar, comprender,* and *invadir?* (Page 156)

4. Radical-changing verbs in *-ir* make the same stem-vowel change in the present participle as they do in the third person of the preterite. What are the present participles of *pedir* and *dormir?* (Page 156, § 106 C) What are the present participles of the irregular verbs *decir* and *poder?* (Page 156)

5. Give examples of the use of the present participle. (§ 82 A, B)

[1] For the principal parts of irregular verbs, consult § 110.

6. How many principal parts has a Spanish verb? Why is it convenient to know the principal parts of a verb? What are the principal parts of the regular verbs *gritar*, *beber*, and *decidir?* of the *–ir* radical-changing verb *servir?* (page 157) of the irregular verbs [1] *decir* and *ir?*

7. In line 9 of the lesson is the clause: . . . *las casas estaban lujosa y suntuosamente amuebladas.* What is the meaning of *lujosa?* Why does it take the *–a* ending? (§ 19 B)

[1] For the principal parts of irregular verbs, consult § 110.

Ay, Ay, Ay

Asómate [1] a la ventana, ay, ay, ay,
paloma [2] del alma mía.
Asómate a la ventana, ay, ay, ay,
paloma del alma mía.

Que ya la aurora [3] temprana
nos viene a anunciar el día.
Que ya la aurora temprana, ay, ay, ay,
nos viene a anunciar el día.

Si alguna vez en tu pecho [4]
mi cariño [5] no lo abrigas [6],
engáñalo [7] como a un niño
pero nunca se lo digas.

Me aconsejan que te olvide
los que no saben querer
como si fuera tan fácil
olvidar a una mujer.

Soñé que el fuego se [8] helaba,
soñé que la nieve ardía [9],
y por soñar imposibles [10]
soñé que tú me querías.

[1] *look out*   [2] *dove*   [3] *dawn*   [4] *bosom*   [5] *affection*   [6] *shelter*   [7] *deceive it*   [8] *was freezing*
[9] *was burning*   [10] *impossible (things)*

Sexto Repaso — Lecciones 26 a 30

Nombres importantes

Identifíquense en español los nombres siguientes.

Acapulco	Díaz	Maximiliano
Borda	Dolores	Morelia
Cárdenas	Estadio Olímpico	Napoleón III
Carlota	Hidalgo	Nueva España
Ciudad Universitaria	Juárez	Pátzcuaro
criollo	Madero, Francisco	Taxco
Cuernavaca		Villa

Preguntas

1. ¿Cómo trataron los colonizadores españoles a los indios?
2. ¿De qué situación en Europa se aprovecharon los liberales mexicanos para empezar la rebelión contra España? 3. ¿Cuál es la fecha de la independencia de México? 4. ¿Qué visitan los turistas que van a Cuernavaca? 5. ¿Por qué es tan pintoresca la arquitectura de Taxco? 6. ¿Por qué les gusta a los turistas Acapulco? 7. ¿Qué emperador europeo envió los soldados que invadieron México? 8. ¿En qué famoso edificio de México vivieron Carlota y Maximiliano? 9. ¿Cómo murió Maximiliano? 10. ¿Qué forma íntima se usa en español cuando se habla con amigos? 11. ¿Para qué sirve el Estadio Olímpico de la Universidad de México? 12. ¿En qué edificio de la Ciudad Universitaria de la Universidad de México se puede encontrar amigos y tomar refrescos? 13. Descríbase la época de don Porfirio. 14. ¿Cómo empezó la Revolución mexicana de 1910? 15. ¿Qué hizo el presidente Cárdenas por México?

Temas para composición escrita

Hágase una composición sobre cualquiera de los temas siguientes.

1. La historia de México en los siglos XIX y XX
2. Un viaje a Acapulco
3. La Universidad de México

Ejercicios

A. *Substitúyanse los infinitivos entre paréntesis por sus participios pasados convenientes. Todos estos verbos tienen participios pasados irregulares.*

1. ¿ Qué ha (decir) usted ?   2. ¿ Dónde ha (poner) usted su abrigo ?   3. Hoy hemos (hacer) muchas cosas.   4. ¿ Quién ha (abrir) mi maleta ?   5. Todavía no le he (ver).   6. ¿ Quién ha (escribir) esto ?   7. El esclavo ya había (morir) cuando llegó el médico.

B. *Substitúyanse los infinitivos entre paréntesis por las formas convenientes del pluscuamperfecto.*

8. Nosotros ya (mandar) la carta cuando recibimos el regalo. 9. Yo ya (comer) mucho antes de salir para Cuernavaca. 10. ¿ (sentarse) usted ya ?

C. *Substitúyanse los infinitivos entre paréntesis por las formas convenientes del imperativo.*

11. (abrir) usted la puerta y (ir) al comedor.   12. (comprar) ustedes un coche y (venir) aquí.   13. (imaginarse) usted una hermosa avenida con árboles y flores.

D. *Cámbiense por pronombres las expresiones en bastardilla. Pónganse acentos donde sea necesario.*

14. Escríbanos *la carta* en seguida.   15. Den *el regalo a su amigo.* 16. Lea *el artículo a los estudiantes.*   17. No puedo ver *la montaña* desde mi casa.   18. Pasamos el día enseñando *la ciudad a los norteamericanos.*

E. *Substitúyanse los infinitivos entre paréntesis por sus gerundios.*

19. Hemos visto a estos mexicanos (bailar) en la calle.   20. Pasé mucho tiempo (escribir) cartas a mis padres.

F. *Substitúyanse las rayas por las formas convenientes del pretérito de los equivalentes en español del verbo inglés* become.

21. Usted —— médico.   22. Esta mujer —— loca.   23. El hijo —— rey a la muerte de su padre.

G. *Contéstense por frases completas las preguntas siguientes.*

24. ¿ Le falta a usted tiempo ?   25. ¿ Les queda a ustedes mucho trabajo ?   26. Yo soy el profesor.   ¿ Me gustan a mí las poesías españolas ?

H. *Substitúyanse las palabras inglesas entre paréntesis por sus equivalentes en español.*

27. Yo tengo mis problemas y usted tiene (*yours*).   28. Estas sillas cuestan más que (*mine*).   29. ¿ (*Who*) fue a México y (*what*) hizo allí ?   30. ¿ (*Who*) son estos niños y (*how many*) flores traen ?

GRAMÁTICA

1. The difference between *se llama* and *llamado*. (Page 122, no. 5.)
2. The difference between *saber* and *conocer*. (Page 134, no. 6).
3. The emphatic possessive adjectives. (§ 14 D, E)
4. Interrogative adjectives. (§ 16 A, B, D)
5. The use of ordinals to indicate kings and emperors. (§ 18 C)
6. The personal pronoun *tú*. (§ 23 D)
7. Pronoun objects joined to the verb. (§ 30 B, C)
8. Possessive pronouns. (§ 32 A, B, C, D)
9. Interrogative pronouns. (§ 34 A, B, D)
10. The use of *e*. (§ 48 A)
11. Formation and use of the pluperfect. (§§ 72, 73)
12. Formation and use of the present participle. (§§ 81, 82 A, B)
13. Past participles of irregular verbs. (§ 84 B)
14. Imperative of regular and irregular verbs. (§§ 95 A, B, C, D, 105 D)
15. Constructions with *gustar*, *faltar*, and *quedar*. (§ 100)
16. Four ways of expressing the English word *become*. (§ 104)
17. Present participle of *–ir* radical-changing verbs. (§ 106 C)
18. The principal parts of the Spanish verb. (§ 109)

Tercer Suplemento – Lecciones 21-30

LECCIÓN VEINTIUNA

Vocabulario

avanzar	(económico)	pasar
color (*m.*)	inferior	(temperatura)
condición	maravilloso	típico
	(panorama, *m.*)	

campo *field*
cerca (*adv.*) *near, near by;*
  cerca de (*prep.*) *near*
encima (*adv.*) *above, over*
fresco (*adj.*) *cool; fresh*

huevo *egg*
luz (*f.*) *light*
llevar *carry; wear*
maíz (*m.*) *corn*
modo *manner, way*

paisaje (*m.*) *landscape*
paja *straw*
peligroso *dangerous*
punto *point*
techo[a] *roof*

traje (*m.*) *suit*
valle (*m.*) *valley*
ventana *window*
vestir (i) *dress;* vestido *dressed*

de vez en cuando *from time to time*
en vez de *instead of*
gracias a *thanks to*
hoy día *today, at the present time, nowadays*
modo de vivir *way of life*
muchas veces *often*
ponerse en camino *set out*
por todos lados *on all sides*

Verbos

EL IMPERFECTO
VERBOS REGULARES

hablar	comer	vivir
hablaba	comía	vivía
hablaba	comía	vivía
hablábamos	comíamos	vivíamos
hablaban	comían	vivían

VERBOS IRREGULARES

ser	ir	ver
era	iba	veía
era	iba	veía
éramos	íbamos	veíamos
eran	iban	veían

The imperfect of *hay* (**there is, there are**) is *había* (**there was, there were**).

Ejercicios

Before writing, analyze each sentence to determine whether to use the preterite or the imperfect. Treat the exercise as a connected passage.

A. 1. When I woke up, it was raining. 2. I washed myself and went[1] downstairs. 3. There were many people[2] in the dining room. 4. My friends

---

[1] *go downstairs = bajar*   [2] *gente*

---

[a] The word *techo* means both *roof* and *ceiling* in Mexico and many South American countries. In Spain *techo* means *ceiling*, whereas *tejado* means *roof*.

were eating eggs. 5. I greeted them and sat down. 6. While we were eating, Robert came[1] in. 7. He was wearing a white suit. 8. We used[2] to wear white suits when it was hot. 9. Did you use to go to Mexico every summer?

B. 1. Tell Robert that you were talking when your sister entered the room. 2. Ask Philip if he used to study Spanish. 3. Tell Charles that there was a book on the table. 4. Ask him if he was in Texas when the letter arrived.

[1] *come in* — *entrar*

[2] Spanish expresses *used to wear* by one word. What tense of *llevar* should be used to express this customary action? (§ 61 B 3)

LECCIÓN VEINTIDÓS

Vocabulario

(anatomía)
(arteria)
(biológico)
ciencia
circular
complicado

correspondiente
difícil
estudio
(etcétera — etc.)
humano
interior (*m.*)
interrumpir

manera
memoria
(músculo)
(nervio)
ordinario
(vena)

apenas *scarcely*
bastar *be enough*
boca *mouth*
brazo *arm*
cabeza *head*
cara *face*
ciego *blind*
corazón (*m.*) *heart*
cubierto *covered*
cuello *neck*
cuerpo *body*
deber de *must (probably)*
dedo *finger*
diente (*m.*) *tooth*
el, la, los, las (*followed by* de *or* que)
  the one, he, she, etc.
enseñar *teach*
eso (*see* § 33 C) *that*

esto (*see* § 33 C) *this*
estómago *stomach*
hueso *bone*
largo *long*
lección *lesson*
lengua *tongue*
mano (*f.*) *hand*
mesa *table;* (*flat-topped*) *desk*
nariz (*f.*) *nose*
nombre (*m.*) *name*
ojo *eye*
olvidar *forget*
oreja *ear*
pelo *hair*
pie (*m.*) *foot*
pierna *leg*
recordar (ue) *remember*
solo *single; only; sole*

aprender de memoria *learn by heart, memorize*
de la misma manera *in the same way, similarly*

Ejercicios

Before writing, analyze the sentence to determine whether to use the preterite or the imperfect.

A. 1. Robert was waiting for[1] his friend[2] outside the school. 2. Many students were coming[3] out of the building. 3. Those[4] who had books were going home[5] to[6] study. 4. Finally Charles came[3] out and greeted Robert. 5. Robert and Charles got[7] into their car, which was older than that of their friends. 6. He who teaches does not earn much money. 7. Those who study medicine have to learn the parts of the human body. 8. The teacher's desk is larger than those of the students. 9. He who forgets the lesson must work more.

[1] Included in the verb.   [2] This is a personal object. What does it require?
[3] *come out of* = *salir de*   [4] Use a form of the definite article.   [5] *a casa*   [6] *a*
[7] *get into* = *subir a*

B. 1. Tell Joseph that Spanish must be very difficult. 2. Tell him that you can scarcely remember a single word. 3. Ask Charles if he puts his[1] feet on the desk. 4. Ask him if that is polite.

[1] *los*

LECCIÓN VEINTITRÉS

Vocabulario

(arquitecto)	misterioso	San Juan de Teotihuacán
(azteca)	(pirámide, *f.*)	(serpiente, *f.*)
conservación	(prehistórico)	(símbolo)
conservar	Quetzalcoatl	(templo)
distancia	religión	Tenochtitlán
Egipto	religioso	(tolteca)
(fantástico)	representar	(tribu, *f.*)
(interpretar)	república	(volcánico)

aquel, aquella *that* (referring to some-
    thing distant); aquellos, aquellas
    those
bandera *flag*
caballo *horse*
construir *construct*
desaparecer[a] *disappear*
establecerse[a] *settle*
estado *state*
fundar *found*

hábil *skillful; able; clever*
hierro *iron*
imponente *imposing*
jefe (*m.*) *chief; head; leader*
lugar (*m.*) *place*
luna *moon*
mayor (*comparative of* grande) *larger;*
    greater
pico *beak*
piedra *stone*

[a] These are vowel + *-cer* verbs conjugated like *parecer*.

pluma *feather; pen*
poderoso *powerful*
por *by*
quedar *remain, be left*

rueda *wheel*
sitio *place*
suerte (*f.*) *luck*
unos *some*

en efecto *as a matter of fact; in reality, in fact*

Verbos

PARTICIPIO PASADO

hablar	comer	vivir
hablado	comido	vivido

VERBOS QUE TERMINAN EN –uir
construir

PRESENTE	PRETÉRITO
construyo	construí
construye	construyó
construimos	construimos
construyen	construyeron

Ejercicios

Note that the past participle of a verb in the passive voice agrees with the subject in gender and number.

A. 1. That temple is near Teotihuacan. 2. The capital was founded in that place. 3. Those pyramids were constructed by skillful workers. 4. The chiefs were chosen by some one[1] hundred men of the tribe. 5. It is said that the most advanced civilization of that country was that of the Spanish. 6. That bird was interpreted as a[2] sign of good luck. 7. That flag remains in the national museum. 8. That horse was[3] bought in Saltillo. 9. Horses[4] are[5] bought and sold in Mexico every day. 10. That[6] is true.

[1] *one hundred = cien*   [2] Omit in translation.   [3] Use the passive voice.
[4] This noun, used in a general sense, requires the definite article.
[5] Use the *se construction* here.
[6] Use the indefinite neuter demonstrative pronoun.

B. 1. Tell Robert that the car was sold this morning. 2. Ask him if the Indians had horses. 3. Tell the servant that this is a sign of good luck. 4. Ask her if the temple was constructed in the sixteenth[1] century.

[1] *el siglo dieciséis*

LECCIÓN VEINTICUATRO

Vocabulario

abandonar	dramático	oportunidad
arma	espiritual	político
atacar	(expedición)	(prisionero)
batalla	(fanático)	(rebelarse)
Cuba	Hernán Cortés	resistir
declarar	horrible	sacrificio
dominar	majestuoso	(tributo)
(episodio)	marcha	(vasallo)
escaparse	militar	(víctima)
	Moctezuma	
	obligar	

adelante *forward*

apoderarse (de + *noun*) *seize*

conquista *conquest*

contra *against*

descubrimiento *discovery*

dios *god*

durar *last*

ejército *army*

ello (*referring to preceding idea or circumstance*) *it*

emperador (*m.*) *emperor*

enojar *anger*

enviar *send*

imperio *empire*

lago *lake*

llegada *arrival*

miedo *fear*

morir (ue, u) *die*

noticias *news*

peligro *danger*

perder (ie) *lose*

propio *own*

recibir *receive*

regalo *gift*

rey (*m.*) *king*

seguir (i, i) *follow; continue*

soldado *soldier*

tesoro *treasure*

tratar (de + *inf.*) *try*

seguir adelante *go forward; push on*

tener miedo *be afraid*

Verbos

PRETÉRITO
RADICAL-CHANGING VERBS IN −ir

dormir	pedir	seguir
dormí	pedí	seguí
durmió	pidió	siguió
dormimos	pedimos	seguimos
durmieron	pidieron	siguieron

Ejercicios

In this exercise, check the preterite of each radical-changing verb in *-ir* to be sure that you have made the vowel changes where necessary.

A. 1. We did not sleep during the night but many soldiers slept. 2. I asked permission to[1] go to the movies and Robert asked permission to[1] go to the bullfight. 3. Moctezuma didn't want to receive Cortes in his capital. 4. The owner of the hotel served us a good meal. 5. We greeted our friends. 6. Did you send a gift to the soldier? 7. Did the emperor die of fear? 8. The battle lasted the whole day. 9. We received the gifts and sent them[2] to the soldiers.

[1] *para*   [2] *se los*

B. 1. Ask your friend if it is dangerous to[1] continue forward. 2. Tell him that you are afraid. 3. Ask him if he lost the gift. 4. Tell him that the king died when he received the news.

[1] Omit in translation.

LECCIÓN VEINTICINCO

Vocabulario

Alameda	(conmemoración)	(ópera)
(arquitectura)	declaración	palacio
artista (*m. and f.*)	Diego Rivera	Palacio de Bellas Artes
atención	Dolores	Palacio Nacional
(balcón, *m.*)	(exclusivo)	presidente (*m.*)
(catedral, *f.*)	(impresionar)	(tráfico)
celebrar	(independencia)	(tragedia)
civil	(limitar)	violencia
(concierto)	(modernismo)	Zócalo

antigüedad *ancientness; antiquity*
aquél, aquélla, aquéllos, aquéllas
   (*dem. pron.*) *that, that one; those*
caminar *walk*
comprender *include, contain; under-stand*
conocido *famous; well-known*
derecho (*adj.*) *right*
entero *entire*

ése, ésa, ésos, ésas (*dem. pron.*) *that, that one; those*
éste, ésta, éstos, éstas (*dem. pron.*) *this, this one; those*
gritar *shout*
grito *shout; cry*
guerra *war*
haber (*auxiliary verb*) *have*
hasta *up to*

hecho (*irreg. p. p.* hacer)   *made*   pintor (*m.*)   *painter*
llevar   *take (a person)*   pintura   *painting*
miseria   *poverty; misery*   plaza   *square (in a city)*
pintar   *paint*   vivo   *lively, vivid*

a la derecha   *to (on) the right*
a las once en punto   *at exactly eleven o'clock*
hacerse famoso   *become famous*
llamar la atención   *attract attention*

Verbos

haber

PRESENTE	IMPERFECTO	PRETÉRITO
he	había	hube
ha	había	hubo
hemos	habíamos	hubimos
han	habían	hubieron

PERFECTO

hablar	comer	vivir
he hablado	he comido	he vivido
ha hablado	ha comido	ha vivido
hemos hablado	hemos comido	hemos vivido
han hablado	han comido	han vivido

Ejercicios

A. 1. Diego Rivera has painted many murals concerning Mexican life[1].
2. These are his paintings. 3. I have walked from[2] the Zócalo. 4. This
painter has worked more than that one. 5. We have looked on[3] the right,
but there is nothing to[4] see. 6. The men have lost their money. 7. Is this
the avenue that goes to the center of the city? 8. Is this the square where
you met Robert? 9. The employe has filled the tank of the car.

[1] Supply the definite article.   [2] *desde*   [3] *a*   [4] *que*

B. 1. Tell Charles that you have often walked in the Alameda. 2. Ask
him if he has eaten in the restaurant on the right. 3. Tell Mr. García that
you have visited the most famous painter in[1] the city. 4. Ask him if he
has come to[2] see the museum.

[1] *de*   [2] *a*

LECCIÓN VEINTISÉIS

Vocabulario

colonia
comercio
(conspiración)
(conspirar)
(destructor, –ora)
ejemplo
entusiasmar
grave
idea
(inestabilidad)

incitar
inmediato
(insurrección)
(invasión)
(latinoamericano)
(liberal, *m.* and *f.*)
Miguel Hidalgo
Napoleón
Nueva España

política (*noun*)
posesión
(privilegio)
puro
(rebelión)
revolución
situación
supremo
territorio
violento

acerca de *concerning*
amanecer *ᵃ dawn*
antes (*adv.*) *formerly*
aprovecharse (de + *noun*) *profit* (*by*),
  take advantage (*of*)
bastante (*adv.*) *rather*
campana *bell*
conservador (–ora) *conservative*
corte (*f.*) *court*
cura (*m.*) *priest*
derecho (*noun*) *right*
descubrir (*p.p.* descubierto) *discover*
discurso *speech*

educación *bringing-up, rearing*
gozar (de + *noun*) *enjoy*
hacienda *large estate; farm*
hasta que (*conj.*) *until*
iglesia *church*
librar *free, liberate*
nacer *be born*
nuevo *new*
poder (*m.*) *power*
prender *seize, arrest*
repartir *distribute*
reunir(se) *gather together*
ruido *noise*

a principios de *at the beginning of*

Verbos

EL PARTICIPIO PASADO
VERBOS IRREGULARES

abrir	abierto	**morir**	muerto
decir	dicho	**poner**	puesto
escribir	escrito	**ver**	visto
hacer	hecho	**volver**	vuelto

ᵃ Verbs in VOWEL + *–cer* are conjugated like *parecer* (page 92). For the complete pattern of such verbs, see § 107 E.

El pluscuamperfecto

hablar

había hablado
había hablado
habíamos hablado
habían hablado

Ejercicios

A. 1. We had visited the estate of a man called García. 2. They had gone to church and had returned home[1]. 3. Hidalgo's famous speech is called *the Cry of Dolores*. 4. The servant had opened the door and had said that no one was at home. 5. A doctor called Gonzalez had died. 6. A woman called Marie had written the letter. 7. Formerly the Indians had not enjoyed[2] these rights. 8. The priest had seen the soldiers and had awakened the inhabitants of the town by the sound of[3] bells. 9. The Mexican had taken[4] advantage of the instability of the government in Spain.

[1] *a casa*   [2] *enjoy something = gozar de algo*   [3] Supply the definite article.
[4] *take advantage of = aprovecharse de*

B. 1. Tell the teacher that you were born in the United States. 2. Ask Joseph if he had put the gift on the desk before the arrival of the teacher. 3. Tell him that you had already seen the film when the man arrived. 4. Tell the doctor that your father is rather conservative.

LECCIÓN VEINTISIETE

Vocabulario

¡ ah !	(fértil)	opinión
Borda	fotografía	Pátzcuaro
Cuernavaca	imaginar(se)	permitir
descender (ie)	mapa (*m.*)	responder
divino	Morelia	(romántico)
favor (*m.*)		vacaciones (*f. pl.*)

acostado *lying*
adónde *where,* (*to*) *where*
azul *blue*
cabo *end*
consejo *piece of advice;* (pl.) *advice*
convencer *convince*

figurarse *imagine*
fijarse (en + *noun*) *notice, look at*
fin (*m.*) *end*
igual *alike, equal*
nadar *swim*
perezoso *lazy*

pintoresco *picturesque*
playa *beach*
político *politician*

se *one* (§ 28 C)
torre (*f.*) *tower*
valer *be worth*

al cabo de *at the end of*
de repente *suddenly*
debe de haber *there must be*
fin de semana *weekend*
la semana que viene *next week*
lo [a] de las hamacas *that "business" about the hammocks*
más vale ir *it is better to go*
por favor *please*
¡ Qué pueblo más [b] pintoresco ! *What a picturesque town!*
¿ Qué le parece ? *What do you think about it?*
¡ Qué viaje tan [b] magnífico ! *What a magnificent trip!*

Verbos

El imperativo

	Infinitive	1st person sing. present indic.	Present stem	Imperatives	
REGULAR VERBS	hablar	hablo	habl–	hable Ud.	hablen Uds.
	comer	como	com–	coma Ud.	coman Uds.
	vivir	vivo	viv–	viva Ud.	vivan Uds.
RADICAL-CHANGING VERBS	cerrar	cierro	cierr–	cierre Ud.	cierren Uds.
	volver	vuelvo	vuelv–	vuelva Ud.	vuelvan Uds.
	pedir	pido	pid–	pida Ud.	pidan Uds.
VERBS WITH IRREGULAR 1ST PERSON SINGULAR PRESENTS	decir	digo	dig–	diga Ud.	digan Uds.
	poner	pongo	pong–	ponga Ud.	pongan Uds.
	traer	traigo	traig–	traiga Ud.	traigan Uds.

VERBOS IRREGULARES

dar	ir	saber	ser
dé Ud.	vaya Ud.	sepa Ud.	sea Ud.
den Uds.	vayan Uds.	sepan Uds.	sean Uds.

[a] For the use of the neuter article *lo* as a pronoun, see § 5 D.
[b] For the use of the exclamatory *qué* with *más* and *tan*, see § 16 C.

Ejercicios

Be sure to place accents on imperative forms followed by pronoun objects if the spoken stress does not follow the rules for accent.

A. 1. Look at[1] the church. Look at[1] it. 2. Visit the beaches of Acapulco. Visit them. 3. Repeat these words. Repeat them. 4. Show the photographs to the students. Show them to them. 5. Tell me the story of Cortez. Tell it to me. 6. Discuss the price of the article with the clerk. Discuss it with him. 7. Eat those bananas. I do not want to eat them. 8. Write a letter to your friend. I am not going to[2] write to him. 9. Do your work. I cannot do it.

[1] Included in the verb *mirar*.   [2] *a*

B. 1. Ask Philip if he is going to swim next week. 2. Tell him that there must be many lazy students in his class. 3. Tell him to imagine the picturesque beaches of Acapulco. 4. Ask him if he wants to take a walk.

LECCIÓN VEINTIOCHO

Vocabulario

Abrahán Lincoln	dictador (*m.*)	Napoleón III
absoluto	distinguir	Oaxaca
(ambicioso)	educar	París
Benito Juárez	(financiero)	período
(capturar)	gloria	(provisional)
Carlota	Habsburgo	retirar
caso	(instalar)	Roma
(concentración)	invadir	(serie, *f.*)
(contemporáneo)	liberal (*adj.*)	trágico
(democracia)	Maximiliano	(tropa)

abogado *lawyer*
apoyo *support*
ayuda *help, aid*
ayudar *help, aid*
bajo (*prep.*) *under* (usually figurative)
busca *search*
cobrar *collect*
desgraciado *unfortunate, unhappy*
deuda *debt*
e (*before words beginning with i- and hi-*) *and*

edad *age*
faltar *be lacking*
fuerza *force*
gobernador (*m.*) *governor*
habilidad *skill*
honradez (*f.*) *honesty*
impedir (i) *prevent*
inútil *useless*
joven (*adj.*) *young*
loco *mad, insane*
obra *work*

parecerse (a + *noun*) *resemble*
peor (*comparative of* malo) *worse;*
   worst
propiedad *property*

retirarse *withdraw; retreat*
riqueza *riches, wealth*
trono *throne*

hacerse (+ *noun*) *become* (+ noun)
llegar a ser (+ *noun*) *become* (+ noun)
pasar a manos de *pass into the hands of*
ponerse (+ *adjective*) *become* (+ adjective)
por consiguiente *therefore, consequently*
servir de *serve as*
volverse (+ *adjective*) *become* (+ adjective)

Ejercicios

Where possible, use constructions with faltar, gustar, *and* quedar.

A. 1. That man became the president of the United States. 2. Maximiliano became emperor of Mexico. 3. His wife became mad. 4. I lack money to[1] pay the debt. 5. He has fifty pesos left. 6. That painter likes picturesque beaches. 7. The soldier needs a horse. 8. The old man has five dollars left. 9. I get[2] tired when I work a great deal.

[1] *para*   [2] In English, *get* often is the equivalent of *become*.

B. 1. Tell Robert that you think that Philip is becoming crazy. 2. Tell him that it is useless to try to collect the debt. 3. Ask Mrs. García at what age she came to the United States. 4. Tell her that your lawyer is the worst in[1] the state.

[1] *de*

LECCIÓN VEINTINUEVE

Vocabulario

(adaptación)
(amplio)
(armonía)
(auditorio)
comparar
(disciplina)[a]
especial

(estadio)
forma
(funcional)
(incomparable)
(indígena)
(ingenioso)
íntimo

(mosaico)
(mural)
(olímpico)
practicar
(reflejar)
(universitario)
(vasto)

ahí *there*
asistir (a + *noun*) *attend, be present*
  (*at*)

atrevido *bold, daring*
banca[b] *bench*
banco *bank*

[a] In this lesson used in the sense of *branch of learning.*   [b] The common Mexican word for a *park bench.* In Mexico, *un banco* indicates a type of *stool* as well as a *bank.* In Spain and in many other parts of the Spanish-speaking world, *banco* is used for *bench.*

biblioteca *library*
contigo[a] *with you*
con**ocer** *know, be acquainted with*
curso *course*
derecho *law (study of, practice of)*
desear *desire*
encontrarse *be, be located*
entretanto *meanwhile*
¡ hombre ! *fellow, man!*
humanidad *humanity;* humanidades
 the humanities
lo que *that which, what*

mentira *lie*
el mío, la mía *mine*
muchacho *boy;* muchacha *girl*
el nuestro, la nuestra *ours*
ofr**ecer** *offer*
sinceridad *sincerity, sincereness*
el suyo, la suya *his, hers, theirs, yours*
te *you, yourself*
tratar *treat*
tú *you*
el tuyo, la tuya *yours*
valor (*m.*) *value*

a la vez *at the same time*
a propósito *by the way*
asistir a un curso *attend a course*
Biblioteca Central *Main Library*
Ciudad Universitaria *the University City, the total area devoted to all the*
 activities of the University
de acuerdo *in agreement*
Estado Olímpico *Olympic Stadium*
oficina de correos *post office*
parece mentira *it's incredible, it's hard to believe*
¿ Qué te parece . . . ? *How do you like . . . ?*
¡ Sí que me gustan ! *Sure I like them. You bet I like them.*
tratar de tú *address (someone) with the tú form*
Universidad Nacional de México *official name of the University of Mexico*

Verbos

tú[b]

	hablar	comer	vivir
presente	hablas	comes	vives
imperfecto	hablabas	comías	vivías
pretérito	hablaste	comiste	viviste
perfecto	has hablado	has comido	has vivido
pluscuamperfecto	habías hablado	habías comido	habías vivido
imperativo[c]	habla / no hables	come / no comas	vive / no vivas

[a] When the preposition *con* is used with *mí* and *ti*, the forms become *conmigo* and *contigo*.
[b] In the GRAMÁTICA, the *tú*-forms are incorporated into the verb conjugations.
[c] There are two *tú-imperatives:* the affirmative imperative and the negative imperative.
 (§ 95 F, G)

conocer	ofrecer
conozco	ofrezco
conoce	ofrece
conocemos	ofrecemos
conocen	ofrecen

Ejercicios

To express you, use **usted** *unless your teacher instructs you to use* **tú.**

A. 1. Do you know Robert? 2. His brother lives in Mexico; mine lives in the United States. 3. Your library is larger than ours. 4. Our house is smaller than yours. 5. I know that Philip desires to speak Spanish. 6. He knows the boy who lives in your street. 7. Our courses are easier than theirs. 8. Do you know Spanish? 9. I know a man who speaks Spanish.

B. 1. Tell Charles that the University of Mexico is more beautiful than yours. 2. Ask him if he knows a Mexican girl. 3. Tell him that you know a Mexican girl who wants to practice English. 4. Ask him if he knows that this university is completely modern.

LECCIÓN TREINTA

Vocabulario

(acumular)	(estimular)	(motivar)
(ambición)	(expropiar)	número
(anarquía)	(farsa)	Obregón
aplicación	Francisco Madero	organizar
artístico	(garantizar)	Pancho Villa
(asesinar)	general (*m.*)	personal
(candidato)	Huerta	Porfirio Díaz
Carranza	ideal (*m.*)	(prosperar)
(comunidad)	(idealista, *adj.*)	protestar
constitución	imitar	(reelección)
contribuir	(impulso, *m.*)	(refugiarse)
(desorganización)	(incorporar)	talento
(elección)	individuo	(turbulencia)
(esplendor, *m.*)	industria	(turismo)
(esplendoroso)	Lázaro Cárdenas	Zapata

baile (*m.*) *dance*
bastante *quite a bit*
cambio *change*

cárcel (*f.*) *prison*
centenar (*m.*) *hundred* (noun)
desarrollar *develop*

dictadura *dictatorship*

don (*title of respect used before Christian names*) *Don*

elegir (i, i) *elect*

empresa *enterprise, undertaking*

época *time*

establecer *establish*

establecimiento *establishment*

fama *reputation*

ferrocarril (*m.*) *railroad*

heredar *inherit*

mejorar *improve*

meter *put* (*into*)

mientras *while*

muerte (*f.*) *death*

paz (*f.*) *peace*

pertenecer (a + *noun*) *belong* (*to*)

realizar *carry out, realize*

recurso *resource*

resolver (ue) *solve*

tal *such*

último *last*

usar *wear; use*

vestidos (*noun*) *clothing*

cada vez más *more and more*

dar a luz *give birth*

dar principio a *begin*

en los últimos años
  in the last few years

llevar una vida *lead a life*

Verbos

El gerundio

verbos regulares

hablar	comer	vivir
hablando	comiendo	viviendo

radical-changing verbs in *-ir*

dormir	pedir
durmiendo	pidiendo

verbos irregulares

decir	poder
diciendo	pudiendo

The Principal Parts of the Verb[a]

The principal parts of a verb are simply those parts from which the different tenses are formed. In English, there are three principal parts:

present	*past*	*past participle*
jump	jumped	jumped
live	lived	lived
eat	ate	eaten
see	saw	seen

[a] A more complete discussion of the principal parts is given in § 109.

In Spanish, there are four principal parts:

infinitive	first person singular present	preterite	past participle
hablar	hablo	hablé	hablado
comer	como	comí	comido
vivir	vivo	viví	vivido
servir	sirvo	serví	servido
hacer	hago	hice	hecho
saber	sé	supe	sabido
tener	tengo	tuve	tenido

In Spanish, as in English, a regular verb offers no difficulties: *all tenses* are formed from the infinitive stem. But for irregular verbs, it is necessary to know the four principal parts, and some verbs are so irregular that even these do not suffice.

In studying the tenses by principal parts, it is convenient to list the infinitive twice, once as the infinitive, once as the infinitive stem, but the latter need not be given when one recites principal parts. The infinitive stem is simply the infinitive without the final *-ar*, *-er*, or *-ir* which characterizes all infinitives. [a]

Because you have not yet studied all tenses, the following outline is limited to the tenses you have had with a few remarks on others. The complete list of tenses derived from each principal part is given in § 109 of the GRAMÁTICA.

1. *infinitive* — Endings added to the infinitive give the *future*, which you will study in Lesson 31 and the *conditional*, which you will study in Lesson 37.

2. *infinitive stem* — Endings added to this stem give the *present*, the *imperfect*, and the *present participle*.

3. *first person singular present* — This stem gives the *usted* and *ustedes imperatives* and the *present subjunctive*, which you will study in Lesson 42.

4. *preterite* — This gives the *preterite* and one other tense.

5. *past participle* — The compound tenses, of which you have studied the *perfect* and the *pluperfect*, are formed with the auxiliary verb and the past participle.

We are now going to take the irregular verb *poner* and outline under its principal parts the tenses you have already studied. Notice how each tense follows the pattern set by the principal part under which it comes.

---

[a] Although the infinitive stem is not useful orally, it seems quite effective when one writes the principal parts. The very irregular verbs *ser* and *ir* have no useful infinitive stem.

INFINITIVE	INFINITIVE-STEM	FIRST PERSON SINGULAR PRESENT	PRETERITE	PAST PARTICIPLE
poner	pon–	pongo	puse	puesto
			puso	
	present	*imperative*	pusimos	*perfect*
			pusieron	
	pongo	ponga usted		he puesto
	pone	pongan ustedes		ha puesto
	ponemos			hemos puesto
	ponen			han puesto
	imperfect			*pluperfect*
	ponía			había puesto
	ponía			había puesto
	poníamos			habíamos puesto
	ponían			habían puesto
	present participle			
	poniendo			

Ejercicios

A. 1. We spent the day eating and drinking. 2. Who put[1] that man in prison[2]? 3. How many railroads are there in Mexico? 4. Who are these soldiers? 5. What are those enterprises? 6. Madero, declaring himself a[3] candidate, dared to[4] protest against the reelection of Díaz. 7. Robert went[5] out of the house speaking of his work. 8. What revolution began in 1910? 9. Díaz and Madero were presidents of Mexico. The latter was an[3] idealist, the former a[3] dictator.

[1] Use a form of *meter*.   [2] Supply the definite article.   [3] Omit in translation.   [4] *a*
[5] *go out of* = *salir de*

B. 1. Tell Charles that the railroads belong to the government. 2. Tell him that you hate dictatorships. 3. Ask Philip if the policeman put him in jail. 4. Tell him that you went to a dance last Saturday.

*España es un país montañoso en toda su
superficie y casi no tiene ríos navegables*

LECCIÓN TREINTA Y UNA

España

El viajero que atraviesa los Pirineos hacia el sur encuentra un
país que, tanto por su aspecto físico como por el carácter y las costumbres de sus habitantes, es casi completamente diferente de las
demás naciones de la Europa occidental.

España ocupa la mayor parte de la península ibérica[1] y es un país 5
montañoso en casi toda su superficie[2]. Al norte está separada del resto

[1] *Iberian (referring to the peninsula which comprises Spain and Portugal)*   [2] *surface*

de Europa por los altos Pirineos, una prolongación de los cuales se extiende a lo largo de la costa norte. Toda la parte central de la península es una meseta silenciosa, severa, desnuda y quemada por
10 el sol; dos cadenas montañosas cruzan esta meseta de un lado a otro. Al sur de la meseta se encuentra la Sierra Morena y todavía más al sur la Sierra Nevada, la cual atraviesa casi todo el sur de la península hasta la costa mediterránea.

En España casi no hay ríos navegables. En el nordeste[1] se en-
15 cuentra el Ebro que desemboca[2] en el Mediterráneo; los demás ríos más importantes son: en el noroeste[3] el Duero, en el centro el Tajo y en el sur el Guadalquivir, los cuales desembocan en el Atlántico. De estos ríos principales sólo el Guadalquivir es navegable y únicamente hasta Sevilla.

20 El clima de España es extremado. En casi todo el país menos en la parte norte hace un calor insoportable[4] y no llueve durante el verano. En invierno hace frío en la mayor parte de la península. El clima de las costas es más suave y por eso mucha gente pasa el verano en la costa norte y en la de Cataluña. En el sur los inviernos
25 son tan suaves que los que pueden pasan esta estación del año en las playas de Málaga y de otras ciudades de la costa sur.

España tiene un gran desarrollo agrícola. Sus principales productos son trigo, legumbres, aceitunas, naranjas y otras frutas. Tiene también muchas industrias, especialmente en Cataluña y las Provincias Vascon-
30 gadas, en las cuales se fabrican barcos, automóviles, camiones, etc.

Por su terreno montañoso y el desarrollo de su historia en la Edad Media, España se divide en trece regiones. Desde el punto de vista político e histórico, las más importantes son las dos Castillas, las cuales se encuentran en la meseta central. Por su mucho color, una
35 de las regiones más pintorescas y más bonitas de España es Andalucía, célebre por sus corridas de toros, sus fiestas y sus bailes típicos.

España es un país de vivos contrastes: gran riqueza al lado de mucha pobreza, edificios modernísimos junto a monumentos muy antiguos, regiones fertilísimas al lado de terrenos secos e improduc-
40 tivos. Tiene algunas ciudades grandes con calles anchas y rectas[5] y un gran número de pueblos pintorescos fundados en la Edad Media, lo cual hace de este país uno de los más interesantes para el viajero.

---

[1] *northeast* [2] *empties (said of a river)* [3] *northwest* [4] *unbearable* [5] *straight*

La gente libre de trabajo sale a pasear

Impresiona mucho el viejo aspecto que tienen las calles

España es un país de vivos contrastes

Uno tiene la impresión
de haberse trasladado a otro siglo

Por su terreno montañoso y el desarrollo de su historia
en la Edad Media, España se divide en trece regiones

Preguntas

1. ¿ En qué península está situada España ? 2. ¿ Por qué montañas está separada España del resto de Europa ? 3. ¿ Cómo es la parte central de España ? 4. ¿ Cómo es la superficie del sur de España ? 5. ¿ Cuáles son los principales ríos de España ? 6. ¿ Cuál de estos ríos es navegable ? 7. ¿ Qué tiempo hace en verano en España ? 8. ¿ Qué clima tiene España en invierno ? 9. ¿ Cuáles son los principales productos agrícolas de España ? 10. ¿ En cuántas regiones está dividida España ? 11. ¿ Cuáles son las regiones industriales de España ? 12. ¿ Por qué es célebre Andalucía ? 13. ¿ Por qué es España uno de los países más interesantes para el viajero ?

Ejercicios

A. *Póngase el artículo determinado conveniente delante de cada una de las palabras siguientes*[1]. Ejemplo: ciudad — *la* ciudad

[1] In general, the nouns in this exercise are of the groups in § 6 B 1, 3, 4.

1. trigo   2. facultad   3. nación   4. aspecto   5. expedición
6. energía   7. prolongación   8. religión   9. música   10. costumbre
11. río   12. desarrollo   13. Pirineos   14. península   15. año   16. playa
17. concentración   18. meseta   19. comunidad   20. legumbre   21. dificultad   22. civilización   23. habilidad   24. región   25. libertad
26. aceituna   27. silla   28. antigüedad   29. invierno   30. viajero
31. edad   32. lengua   33. regalo   34. historia   35. propiedad
36. cultivo

B. *Póngase el artículo determinado conveniente delante de cada una de palabras siguientes*[1].

1. cura   2. idioma   3. día   4. mano   5. capitalista   6. clima
7. águila   8. poema   9. problema   10. mujer   11. agua   12. estudiante   13. artista   14. hombre

C. *Substitúyanse los guiones por* lo cual *o por la forma conveniente del pronombre relativo* el cual. EJEMPLO: Al norte España está separada del resto de Europa por los altos Pirineos, una prolongación de —— se extiende a lo largo de la costa.   Al norte España está separada del resto de Europa por los altos Pirineos, una prolongación de *los cuales* se extiende a lo largo de la costa.

1. España es una nación en —— se notan muchos contrastes.
2. En España no llueve mucho, —— tiene mucha influencia sobre la riqueza del país.   3. La capital del país, —— está situada en la meseta central, es una ciudad muy moderna.   4. En el sur de España hace mucho calor, —— no es agradable para el viajero que lo visita en verano.   5. En España hay muchas playas cerca de —— mucha gente pasa el verano.   6. Es mejor no pasar el verano en el centro de España, —— tiene un clima muy seco y caluroso.   7. Fuimos a Sevilla, por —— corre el río Guadalquivir.   8. Hemos leído varios libros de —— no queremos hablar hoy.   9. En Cataluña la gente trabaja mucho, —— hace de esta región una de las más ricas del país.

VOCABULARIO — PÁGINAS 209-210

GRAMÁTICA

1. In Spanish it is very important to know the gender of each noun because it is necessary to use the proper article and to make the correct agreement of the adjectives which modify that noun.   What is the most common masculine ending of Spanish nouns?   (§ 6 B 1)

[1] Many of the nouns in this exercise are of the group § 6 B 2.

the most common feminine ending? (§ 6 B 3) What two common words are exceptions to these rules? (Page 306, notes 1 and 3)

2. What are the other common feminine endings? Give examples of words with each of these endings. (§ 6 B 4)

3. What types of masculine words end in *-a?* Give examples. (§ 6 B 2)

4. The words *agua* and *águila* are feminine, yet the Spanish say *el agua, el águila* and *un águila*. When are *el* and *un* used with feminine nouns? (Page 299, note 1; page 300, note 1)

5. You have already used the common relative pronoun *que* in many of the previous lessons. What more precise relative pronoun is used in this lesson? With what does it agree? Find various types of examples of its use. (§ 37 A, B)

6. In the last sentence in the lesson is the neuter relative *lo cual.* To what does it refer? Explain when it is used. (§ 5 E)

7. In this lesson is the verb *cruzar.* When does the *-z-* of the infinitive form change to *-c-?* (§ 107 A) Why? Give the present, the imperative, and the preterite of *cruzar.* (Page 210)

8. In the last paragraph of the lesson you will find the adjectives *modernísimos* and *fertilísimas.* What is the effect of the suffix *-ísimo*[1] on the word to which it is added? (§ 12 D)

LECCIÓN TREINTA Y DOS

De Irún a Ávila

Madrid, 2 de julio de 1972

Muy estimado profesor:

Le estoy escribiendo desde mi hotel en Madrid, adonde llegué esta mañana, pues quiero mandarle en seguida mis primeras impresiones sobre este país tan interesante.

[1] Even if an adjective occurs for the first time in the text with the suffix *-ísimo*, it will be presented in the vocabulary in its simple form.

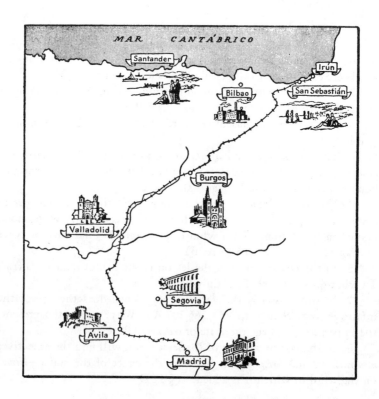

*Según nos alejamos del mar, vamos entrando en la imponente
llanura salpicada de colinas y casi desprovista de árboles que
caracteriza el paisaje de Castilla*

5   Salimos de Francia la semana pasada y entramos en España por
Irún. Inmediatamente notamos que estábamos en un país diferente.
Delante de la estación vimos guardias civiles españoles, con sus típicos
sombreros llamados tricornios[1], que estaban guardando el orden
público. Por todas partes oíamos hablar español y desde las venta-
10 nillas[2] del tren notamos lo[3] distinta que es la arquitectura de las casas
españolas.

     Como queríamos conocer el norte de España antes de ir a Madrid,
primero tomamos un tren hasta San Sebastián, ciudad situada junto al
mar, con hermosas playas donde mucha gente pasa el verano. Estu-
15 vimos allí dos días, bañándonos y tomando el sol en la playa.

[1] *three-cornered*   [2] *windows (of a train coach, car, etc.)*
[3] *how different the architecture of the Spanish houses is* (page 304, note 1)

164

Luego nos decidimos a tomar el rápido[1] que sale para Burgos a las ocho de la mañana. Llegamos a la estación a las siete y cuarto. La taquilla[2] estaba todavía cerrada, pero encontramos una larga cola[3] de gente que estaba esperando para sacar billetes. Nos pusimos en la cola y cuando se abrió la taquilla quince minutos más tarde, nos dijeron que no quedaba ningún billete para el rápido. Salía un correo[1] a las diez, y para este tren sí[4] conseguimos billetes a las nueve y media. Así es que ahora ya sabemos que en España para conseguir billete en cualquier tren rápido es más seguro pedirlo con varios días de[5] anticipación en las oficinas de la RENFE[6] o en una agencia de viajes.

En los últimos años se ha hecho mucho progreso en los ferrocarriles del país. España tiene ahora varios trenes muy modernos con refrigeración[7], como el TALGO[8] y el TER[9], pero aún estos trenes de lujo no pueden ir tan rápidamente como los de otros países por las condiciones de las líneas[10]. Además, en España hay tanta gente que viaja por tren que no hay bastante sitio para todos. En muchos trenes hay todavía tres clases: primera, segunda y tercera. Los coches de segunda y tercera van a menudo muy llenos y a veces la gente viaja con pollos u otros animales y productos para el mercado.

Según nos alejábamos del mar, íbamos[11] entrando en la imponente llanura salpicada[12] de colinas[13] y casi desprovista[14] de árboles que caracteriza el paisaje de Castilla. Por todas partes se veían grandes campos amarillos sembrados[15] de trigo. Los labradores, cuyos métodos de trabajo nos parecieron muy primitivos, estaban recogiendo la cosecha.

Al llegar a Burgos, nos bajamos del tren para visitar su famosa catedral, que llama la atención por su gran esbeltez[16] y su puro estilo gótico[17]. Al día siguiente seguimos viajando hacia el sur.

---

[1] In Spain there are three types of trains: *el correo* (the local), *el expreso* (the express), and *el rápido* (the very rapid train)
[2] *ticket window*   [3] *line*   [4] sí conseguimos *we did get* (lit. *yes, we got*)
[5] de anticipación *in advance*
[6] *National Network of Spanish Railways.* RENFE is made up of the initial letters of *Red Nacional de Ferrocarriles Españoles.*   [7] *air-conditioning*
[8] a very rapid lightweight luxury train invented by the Spanish engineer Goicoecha, backed by the capital of Oriol, which resembles American streamliners. TALGO is made up of the initial letters of *Tren Articulado Ligero Goicoecha Oriol.*
[9] a rapid luxury train with air-conditioned coaches, which runs, along with other types of trains, on most of the important lines of Spain. TER is made up of the initial letters of *Tren Español Rápido.*
[10] *roadbed*   [11] íbamos entrando *we gradually began entering*   [12] *dotted*   [13] *hills*
[14] *without*   [15] *sown*   [16] *elegance*   [17] *Gothic*

Llegamos a Ávila a las cinco de la tarde. ¡Qué[1] ciudad más
45 preciosa es Ávila! Desde las ventanillas del tren pudimos ver las
antiguas murallas[2] medievales que todavía rodean esta vieja ciudad.
Por todas partes se encuentran iglesias y monasterios de arquitectura
románica[3] y gótica, y muchos monumentos tienen una mezcla de los
dos estilos. Uno tiene la impresión de haberse trasladado a otro siglo.

(continuará)

PREGUNTAS

1. ¿De dónde está escribiendo el alumno? 2. ¿Por qué escribe
el alumno a su profesor? 3. ¿Por qué ciudad se puede entrar en
España viniendo de Francia? 4. Al llegar a España ¿qué se nota
en seguida? 5. ¿Qué vio el alumno delante de la estación de Irún?
6. ¿Dónde está situada la ciudad de San Sebastián? 7. ¿Qué tiene
uno que hacer para conseguir billete en un tren español? 8. ¿Qué
son el TALGO y el TER? 9. ¿Cuántas clases hay en los trenes españoles? 10. ¿Por qué resultan sucios los viajes por tren en España?
11. ¿Por qué es desagradable viajar en tercera clase en España?
12. ¿Cómo es el paisaje de Castilla? 13. ¿Qué monumento de arquitectura hay en Burgos? 14. ¿De qué está rodeada Ávila? 15. ¿Qué
monumentos hay en Ávila?

EJERCICIOS

A. *Síganse[4] las indicaciones.*

1. Dígale a Marta que ustedes están trabajando mucho. 2. Dígale
a Pedro que usted está estudiando una lección de español. 3. Pregúntele a Manuel si estaba escribiendo cuando el profesor entró en la
sala. 4. Pregúntele a Luisa si estaba hablando con Roberto cuando
la criada abrió la puerta.

B. *Cámbiese el verbo de la frase por la forma conveniente de estar con
el gerundio.* EJEMPLO: 1. Mi hermana *nada* en el mar. Mi
hermana *está nadando* en el mar. 2. Yo *comía* en el restaurante.
Yo *estaba comiendo* en el restaurante.

1. Escribo una carta. 2. Hablo con mi padre. 3. Aprendo la
lección. 4. El alumno corre hacia la escuela. 5. Viajamos por
España. 6. ¿Qué hacen ustedes? 7. Yo esperaba a mi madre.
8. Usted salía de la casa. 9. Cerrábamos la puerta. 10. La criada

---

[1] *What a marvellous city Avila is!*   [2] *walls*   [3] *Romanesque*
[4] If you do not know how to do this type of exercise, read note 1 on page 67.

preparaba la cena. 11. ¿ Trabajaban ustedes en el jardín ? 12. ¿ Leía usted mi libro en la sala ? 13. Dormíamos¹ en el coche. 14. La criada servía¹ la fruta. 15. Me² levantaba. 16. Nos² paseábamos en el jardín. 17. Los españoles se² acercaban al río.

C. *Substitúyanse las palabras inglesas entre paréntesis por sus equivalentes en español. Úsese una forma de estar con el gerundio.*
1. Nosotros (*are crossing*) el puente. 2. Ustedes (*were trying*) de conseguir billetes para el tren. 3. ¿ Quién (*is eating*) en la sala ? 4. Yo (*was writing*) una carta mientras Carlos (*was getting out of*) el coche. 5. Roberto (*continued*³ *working*). 6. Nosotros (*continued eating*). 7. Nuestros amigos (*continued talking*) al profesor.

D. *Cámbiense por pronombres las expresiones en bastardilla. Escríbanse las frases de dos maneras.* EJEMPLO: Estamos aprendiendo *muchas palabras.* 1. Estamos aprendiéndo*las.* 2. *Las* estamos aprendiendo.

1. Carlos está tocando *la guitarra.* 2. Felipe está explicando *la lección a Roberto.* 3. Yo estaba enseñando *la casa a la señora.* 4. ¿ Quién está pagando *su cuenta* ?

E. *Substitúyanse los infinitivos entre paréntesis por la forma conveniente del imperativo.*
1. (pagar) usted la cuenta. 2. (empezar) ustedes el trabajo. 3. (cruzar) ustedes la calle. 4. (llegar) ustedes temprano. 5. (comenzar) usted a leer el libro.

F. *Cámbiense por el pretérito los verbos en bastardilla.*
1. *Pago* al dueño de la casa. 2. *Llego* a Málaga a las dos de la tarde. 3. *Empiezo* a escribir una carta. 4. ¿ Quién *paga* la cuenta ? 5. Carlos *comienza* a leer el periódico.

VOCABULARIO — PÁGINA 211

GRAMÁTICA

1. What is the progressive form of a tense? Give an example in English of the progressive form of a tense. What sort of action does this progressive form indicate? (§ 83)

¹ What irregularity is there in the present participle of radical-changing verbs in *-ir?* (Page 156)
² In the progressive forms, the object pronoun may be put either before the form of *estar* or appended to the present participle. Reread § 30 E.
³ Use the preterite of *seguir* with the present participle. The preterite of *seguir* is *seguí, siguió, seguimos, siguieron.*

2. What form of the verb usually indicates progressive action in Spanish? With what auxiliary verb is it used to make up the progressive form? (§ 83 A, B)

3. What verbs other than *estar* are sometimes used with the present participle to indicate continued action? Find examples of such constructions in your reading lesson. (§ 83 C)

4. You have already learned that pronoun objects follow a present participle. (§ 30 B, C) One would therefore say: *Estoy escribiendo la carta. Estoy escribiéndola.* In what other way might this last sentence be said? (§ 30 E)

5. What is the imperative of the verb *llegar?* the first person singular of the preterite of *llegar?* When is a *-u-* inserted between the stem and the endings of verbs in *-gar?* (§ 107 B) Give the present, the imperative, and the preterite of *llegar.* (Page 212)

6. The letter in your reading lesson begins with a date. How are dates written in Spanish? (§ 18 D)

LECCIÓN TREINTA Y TRES

Costumbres españolas

(continuación)

Pero ya basta de ciudades. Desde ahora hablaremos de cosas más interesantes; le escribiré sobre las costumbres españolas. Como en España hace mucho calor, sus habitantes no viven como nosotros. Las tiendas se abren ordinariamente a las nueve y se cierran a la una 5 o a la una y media para dar a los empleados tiempo para comer. La comida del mediodía, que es la más importante de todas, se hace a las dos. Durante los meses de verano, después de la comida es costumbre del español dormir la siesta, es decir descansar durante una hora. Las oficinas y las tiendas se abren de nuevo a las cuatro o a las cuatro y 10 media y quedan abiertas hasta las ocho o las ocho y media. Como no se cena ordinariamente hasta las diez o las once de la noche, hay un período desde las ocho y media hasta las diez en que la gente libre de trabajo sale a pasear durante los meses de verano por el paseo principal del lugar.

Las personas mayores se quedan sentadas en los cafés o en los bancos de los parques y la gente joven se pasea en grupos o en parejas[1] de un lado para otro. En casi toda ciudad hay un sitio dedicado al paseo y allí se encuentran los amigos y los novios. Se ve una gran animación en estos paseos; yo veía a los chicos hablar a todas las chicas guapas que pasaban por su lado y, como sentía curiosidad por saber lo que decían, me coloqué entre ellos y oí que decían a las chicas cosas bonitas para demostrar su admiración. Pero por lo general ellas no les hacían caso y pasaban de largo sin mirarlos siquiera. Y ahora le contaré una conversación que oí el otro día a dos chicos que al pasear se cruzaron con dos chicas:

— Oye[2], Pepe — decía uno de ellos — ¿ te has fijado qué morena viene por allí ?

— Sí; y la rubia que va con ella tampoco está mal.

— ¿ Nos vamos tras ellas ? A ver si podemos llevarlas esta tarde[3] al cine.

— Creo que no tendremos tanta suerte; pero con intentarlo, nada se pierde.

Se acercaron a las chicas y aunque ellas no les hacían caso, se colocaron uno a cada lado.

— Oye — dijo uno de los chicos, dirigiéndose a una de las chicas — yo[4] a ti te conozco de algo.

Silencio absoluto por parte de la chica.

— Sí; me parece que te vi el otro día en un baile. ¿ No estabas allí ?

La chica se dignó contestar muy secamente:

— ¡ No !

— Ah, pues entonces, he debido soñar contigo.

Las chicas trataron de contener la risa pero no pudieron. Aprovechando la ventaja obtenida, los chicos fueron ganando terreno y después de un largo rato de conversación, propusieron acompañarlas al cine.

— Esta tarde tendremos que ir de compras — contestaron ellas — pero tal vez mañana.

[1] *couples* [2] The *tú-imperative* of *oír*, which means *look here* or *listen*.
[3] In Spain *la tarde* comprises the time between *la comida* (about 2 P.M.) and *la cena* (about 10 P.M.).
[4] *I've met you somewhere*

Ellos se despidieron de ellas después de apuntar el número de su
50 teléfono, prometiendo llamarlas al día siguiente.

Yo procuraré algún día citarme con una chica en el paseo como
hacen los españoles pero creo que no sabré hacerlo tan bien como ellos.
Pero ya no puedo escribirle más por hoy, pues pronto vendrá el
amigo con quien saldré para ver Madrid. Como oigo sonar el teléfono,
55 supongo que ya me estará esperando abajo.

Le saluda su discípulo[1] que no le olvida,

JUAN

PREGUNTAS

1. ¿ Por qué no viven los españoles de la misma manera que nosotros ? 2. ¿ A qué hora se abren las tiendas en España ? 3. ¿ Por qué
se cierran las tiendas a la una o a la una y media ? 4. ¿ A qué hora se
hace la comida del mediodía ? 5. Durante los meses de verano ¿ qué
hacen los españoles después de la comida ? 6. ¿ A qué hora se cena
en España ? 7. ¿ Qué hace la gente entre las ocho y media y las diez
de la noche ? 8. Ordinariamente ¿ qué hacen las chicas cuando los
chicos les hablan en el paseo ? 9. ¿ Dónde creía el chico haber visto
a la chica ? 10. ¿ Fueron las chicas al cine con los chicos ? 11. ¿ Por
qué ? 12. ¿ Por qué no puede escribir más Juan ?

EJERCICIOS

A. *Escríbanse en el futuro las frases siguientes según el ejemplo. Todos
estos verbos son regulares en el futuro.* EJEMPLO: Hoy hablo español. Mañana . . . Mañana *hablaré* español.

1. Hoy vivo en Madrid. Mañana . . . 2. Hoy cenamos a las
ocho. Mañana . . . 3. Hoy los chicos trabajan en el campo. Mañana . . . 4. Hoy las tiendas se abren a las nueve. Mañana . . .
5. Hoy comemos en el restaurante. Mañana . . . 6. Hoy ustedes
escriben cartas. Mañana . . . 7. Hoy mi padre viaja hasta Ávila.
Mañana . . . 8. Hoy me levanto temprano. Mañana . . .

B. *Escríbanse en el futuro las frases siguientes según el ejemplo. Todos
estos verbos son irregulares en el futuro.* EJEMPLO: Ahora hay
mucha gente en la plaza. Esta noche . . . Esta noche *habrá*
mucha gente en la plaza.

[1] *pupil*

1. Ahora sé la lección. Esta noche . . . 2. Ahora me pongo el sombrero nuevo. Esta noche . . . 3. Ahora el soldado dice la verdad. Esta noche . . . 4. Ahora Roberto viene . . . Esta noche . . . 5. Ahora no puedo venir. Esta noche . . . 6. Ahora los niños hacen muchas cosas. Esta noche . . . 7. Ahora mi padre sale para Madrid. Esta noche . . . 8. Ahora tenemos bastante dinero. Esta noche . . . 9. Ahora voy al restaurante. Esta noche . . .

C. *Escríbanse en el futuro las frases siguientes según el ejemplo.* EJEMPLO: Ayer encontré a mi amigo. Pronto . . . Pronto *encontraré* a mi amigo.

1. Ayer me cité con Dolores. Pronto . . . 2. Ayer el médico escribió una carta. Pronto . . . 3. Ayer ganamos mucho dinero. Pronto . . . 4. Ayer leímos la historia de México. Pronto . . . 5. Ayer aprendí la lección. Pronto . . . 6. Ayer fui a Burgos. Pronto . . . 7. Ayer estuvimos en la escuela. Pronto . . . 8. Ayer salí para Barcelona. Pronto . . . 9. Ayer hizo mucho frío. Pronto . . .

D. *Substitúyanse los infinitivos entre paréntesis por la forma conveniente del imperativo.*

1. (explicar) usted el problema. 2. (sacar) ustedes el dinero. 3. (dirigirse) usted al oficial de la aduana.

E. *Substitúyanse los infinitivos entre paréntesis por sus formas convenientes del pretérito.*

1. Yo (colocar) el libro sobre la mesa. 2. Yo (dirigirse) a la guardia. 3. Usted (dirigirse) al jefe.

VOCABULARIO — PÁGINAS 212-213

GRAMÁTICA

1. On what stem is the future formed? What in reality are the future endings? (§ 65 A) Conjugate in the future the verbs *sonar, prometer,* and *sentir.* (Page 213)

2. What three types of irregular futures are there? Give the first person singular future of the following irregular verbs: *decir, haber, hacer, poder, poner, querer, saber, salir, tener, valer,* and *venir.* (§ 65 B)

3. What type of actions does the future normally indicate? (§ 66 A) Find examples in your lesson of sentences with the future.

4. What special use of the future is there in Spanish? (§ 66 B) Find one example of this use of the future in your lesson.

5. What is the imperative of the verb *colocar?* the first person singular of *colocar?* What spelling change is made in some forms of *–car* verbs and why? (§ 107 C) Give the present, the imperative, and the preterite of *colocar.* (Page 214)

6. Give the present, imperative, and preterite of the verb *dirigir.* (Page 214) What spelling change is made in these tenses of *–ger* and *–gir* verbs and why? (§ 107 D)

LECCIÓN TREINTA Y CUATRO

Barcelona

Barcelona, la segunda ciudad de España, es un gran puerto del Mediterráneo situado en el nordeste[1] del país. Se extiende al lado del mar y sube suavemente hacia las pequeñas montañas que casi la rodean. Alrededor de la ciudad hay extensos suburbios con muchas fábricas, y
5 todo ello da la impresión de que Barcelona es una ciudad muy moderna y completamente distinta de la mayoría de las otras ciudades de España.

Contrastando con esta ciudad tan moderna de calles tan anchas y rectas se encuentra en la zona del puerto el barrio[2] viejo, o sea la
10 Barcelona antigua. Allí las calles son tan estrechas que en algunas de ellas no pueden pasar coches y las casas están tan cerca las unas de las otras que ni el sol puede penetrar. En estas calles antiguas y tortuosas[3] vive la gente pobre y humilde. Lo interesante es que antes de 1900 este viejo barrio, encerrado en sus murallas[4] medievales, constituía la
15 ciudad de Barcelona, mientras que hoy es sólo una pequeña parte de la gran ciudad moderna. Esta transformación tan rápida se debe[5] a que desde el principio del siglo XX millares[6] de campesinos llegan a Barcelona en busca de trabajo para ganarse la vida en sus fábricas y

---

[1] *northeast*   [2] *district*   [3] *winding*   [4] *walls*   [5] *is due to the fact that*   [6] *thousands*

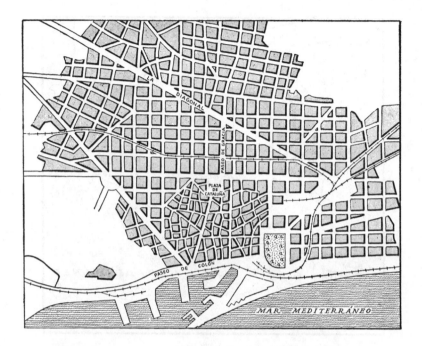

Barcelona es una ciudad muy moderna y completamente distinta de la mayoría de las otras ciudades de España

en estos setenta años se ha alzado la ciudad actual, mucho más grande que la que ya existía. 20

Barcelona se encuentra en el antiguo reino de Cataluña que es bastante diferente del resto de España. Es una región agrícola donde se produce de todo, especialmente frutas: melocotones[1], ciruelas[2], manzanas, peras, etc. Es una de las regiones más bellas de España, ya que a lo largo del Mediterráneo se encuentra la Costa Brava con 25 sus grandes rocas y sus pinos que llegan hasta el mar. La Costa Brava atrae a muchos turistas de otras naciones europeas por su belleza natural y por sus precios relativamente bajos. Algo más al sur hay muy bellas playas y muchas grandes y hermosas fincas[3] donde la gente rica va a veranear[4]. 30

La lengua oficial de Cataluña es el castellano, el cual se usa en todos los asuntos públicos y en las escuelas. Pero en la familia y en la calle se oye hablar el catalán[5], lengua derivada del latín, que

---

[1] *peaches*   [2] *plums*   [3] *estates*   [4] *spend the summer*
[5] *Catalan, the language of Catalonia*

Barcelona se encuentra en el antiguo reino de
Cataluña que es bastante diferente del resto de España

se parece algo al castellano y aun más al provenzal[1], lengua del sur
35 de Francia en la Edad Media. El catalán se distingue del castellano
sobre todo por terminar sus palabras en consonantes. Cuando la
gente de Cataluña habla entre sí, suele usar el catalán y en algunas
partes rurales de la región hay personas que no hablan más que este
idioma y no entienden el castellano. Antes se publicaban periódicos
40 en catalán pero no se permiten publicaciones semejantes desde hace
algunos años.

Aunque hace quinientos años que Cataluña es parte de España, ya
que se unió a ella a fines del siglo quince, el catalán siempre ha conservado su espíritu de independencia.

Preguntas

1. ¿Dónde está Barcelona? 2.¿Qué hay alrededor de Barcelona? 3. ¿Qué barrio se encuentra en la zona del puerto? 4. ¿Cómo

[1] *Provençal, the language of southern France during the Middle Ages*

LECCIÓN TREINTA Y CUATRO

son las calles del barrio viejo ? 5. ¿ Quiénes viven en aquel barrio ?
6. ¿ Por qué fue tanta gente a Barcelona en la primera mitad del siglo
XX ? 7. ¿ En qué antigua región se encuentra Barcelona ? 8. ¿ Qué
frutas se cultivan en Cataluña ? 9. ¿ Qué caracteriza a la Costa Brava ?
10. ¿ Qué dos lenguas se hablan en Barcelona ? 11. ¿ Cuál es la lengua
oficial ? 12. ¿ Cuál de ellas se oye hablar en la calle y en las familias ?
13. ¿ Qué es el provenzal ? 14. ¿ Desde cuándo es Cataluña parte de
España ? 15. ¿ Qué espíritu ha conservado siempre Cataluña ?

Ejercicios

A. *Contéstense las preguntas siguientes según el ejemplo.*[1] Ejemplo:
¿ Desde cuándo va usted a la iglesia ? (el primero de enero)
Voy a la iglesia desde *el primero de enero.*

1. ¿ Desde cuándo están ustedes en España ? (ayer) 2. ¿ Desde
cuándo conoce Felipe a esta chica ? (el 4 de julio) 3. ¿ Desde cuándo
salen ustedes todas las noches ? (la semana pasada) 4. ¿ Desde
cuándo están ustedes en el laboratorio ? (las dos y media) 5. ¿ Desde
cuándo vive Pedro en Barcelona ? (mil novecientos sesenta) 6. ¿ Desde
cuándo habla usted catalán ? (mi primer día en Barcelona) 7. ¿ Desde
cuándo se venden flores aquí ? (el siglo diez y siete) 8. ¿ Desde
cuándo hay fábricas en los suburbios ? (la guerra)

B. *Contéstense las preguntas siguientes según el ejemplo.*[2] Ejemplo:
¿ Desde cuándo viven ustedes en México ? (cuatro años)
Vivimos en México desde *hace cuatro años.*

1. ¿ Desde cuándo hablan ustedes español ? (seis meses) 2. ¿ Desde
cuándo van ustedes al cine ? (un mes) 3. ¿ Desde cuándo entienden
ustedes español ? (poco tiempo) 4. ¿ Desde cuándo escriben ustedes
cartas a Marta ? (un año) 5. ¿ Desde cuándo leen ustedes estos
libros ? (mucho tiempo) 6. ¿ Desde cuándo trabajan ustedes en la
fábrica ? (dos años) 7. ¿ Desde cuándo se levantan ustedes a las seis
de la mañana ? (una semana) 8. ¿ Desde cuándo duermen ustedes en
un hotel ? (dos días)

C. *Contéstense las preguntas siguientes según el ejemplo.*[3] Ejemplo:
¿ Desde cuándo trabaja usted ? (una hora) *Hace una hora
que trabajo.*

---

[1] Before doing this exercise, reread § 59 B 1.
[2] Before doing this exercise, reread § 59 B 2.
[3] Before doing this exercise, reread § 59 B 3.

1. ¿Desde cuándo está usted aquí? (diez minutos) 2. ¿Desde cuándo espera usted a Carlos? (media hora) 3. ¿Desde cuándo vive usted en Burgos? (dos años) 4. ¿Desde cuándo aprende usted español? (seis meses) 5. ¿Desde cuándo habla usted francés? (un mes) 6. ¿Desde cuándo busca usted a María? (veinte minutos) 7. ¿Desde cuándo estudia usted en la universidad? (tres años) 8. ¿Desde cuándo ayuda usted a su padre? (mucho tiempo) 9. ¿Desde cuándo conoce usted a Felipe? (seis meses)

D. *Escríbanse los adverbios que corresponden a los adjetivos siguientes.*
EJEMPLO: antiguo — *antiguamente.*

1. especial   2. respectivo   3. difícil   4. suave   5. puntual
6. verdadero   7. entero   8. ligero   9. actual   10. fácil

VOCABULARIO — PÁGINAS 214-215

GRAMÁTICA

1. What tense is used in the English sentences *I have been working since eight o'clock,* and *I have been working for an hour?* The Spanish equivalents of these sentences are *Trabajo desde las ocho,* and *Trabajo desde hace una hora.* What tense is used in the Spanish sentences? Explain this construction. (§ 59 B)

2. In the sentence *We have been waiting since yesterday,* the word *yesterday* is a point in time. The Spanish equivalent of the sentence is, *Esperamos desde ayer.* With what preposition is this point in time expressed? What tense is used in this sentence? (§ 59 B 1)

3. In the sentence *You have been waiting for ten minutes,* the expression *ten minutes* indicates a space of time. The Spanish equivalent of the sentence is, *Usted espera desde hace diez minutos.* With what preposition is this space of time expressed? What tense is used in this sentence? (§ 59 B 2)

4. The sentence *You have been waiting for ten minutes* may also be expressed in Spanish by *Hace diez minutos que usted espera.* In that case, notice that the time expression comes between *hace* and *que* and that the entire time expression comes at the beginning of the sentence. (§ 59 B 3)

5. What is the common ending of the English adverb? What is the common ending of the Spanish adverb? How are Spanish adverbs formed? (§ 19 A)

6. Find in your lesson an example of the neuter article *lo* used with an adjective. How is this construction expressed in English? (§ 5 A)

¡ Qué bonita es Barcelona !

¡ Qué bonita es Barcelona
perla[1] del Mediterráneo !
¡ qué bonito es el color
de su cielo tan azul
en invierno y en verano !

¡ Qué bonita es Barcelona
la ciudad de mis amores[2] !
¡ qué delicia[3] es contemplar[4]
las mujeres pasear
por la Rambla[5] de las Flores !

Rodeada de montañas
centinelas[6] de su paz
Es la flor que se engalana[7]
con la fe[8] de Montserrat[9].

¡ Qué bonita es Barcelona !
¡ qué grandeza[10] hay en su llano[11] !
donde juntos puso Dios
el trabajo y el amor
desde el mar al Tibidabo[12].

[1] *pearl*   [2] *loves*   [3] *delight*   [4] *contemplate*   [5] *Boulevard*   [6] *sentinels*
[7] *is decorated, adorned*   [8] *faith*   [9] *the virgin of the mountain Montserrat*
[10] *greatness*   [11] *plain*   [12] *high hill overlooking Barcelona*

La comida y las pensiones en España

En España hay cinco comidas: el desayuno, el almuerzo, la comida, la merienda[1] y la cena, aunque la mayoría de los españoles comen solamente las tres más importantes que son el desayuno, la comida y la cena.

5　　El desayuno, que se toma por la mañana, tiene lugar entre las siete y media y las nueve. Por lo general, el desayuno consta de pan y una gran taza de café con leche o de una taza pequeña de chocolate espeso con pan tostado o pastas[2].

　　Las personas que madrugan[3] y toman solamente un desayuno
10 ligero muy temprano suelen almorzar hacia las once de la mañana. Este almuerzo generalmente consiste en un bocadillo[4].

　　La comida, que se hace entre las dos y las tres de la tarde, es la principal, y en ella hay una gran cantidad de platos. Comienza por los entremeses[5], o sea un pequeño plato de tomates, aceitunas, sar-
15 dinas, huevos duros, un poco de jamón[6] y otras cosas parecidas. A esto sigue un plato de sopa o tortilla[7] a la española hecha de huevos con patatas. Luego se suele comer pescado frito[8], verduras o patatas y un plato de carne de ternera[9], cerdo, cordero[10], conejo[11] o pollo. La comida se termina con el postre, que es un plato de fruta, queso,
20 helado, pasteles[12] o dulces. Durante la comida se bebe vino, que, para lo bueno que es, en España se compra por poco dinero. Cuando toda la comida ha terminado, se acostumbra a tomar una taza de café negro para ayudar a hacer la digestión.

　　Casi todas las familias suelen tomar a las seis o a las siete de la
25 tarde una ligera merienda que consiste en un poco de pan con jamón, queso o chocolate.

---

[1] *later afternoon lunch, light supper*　　[2] *sweet rolls and the like*　　[3] *get up early*
[4] *sandwich (in Spain)*　　[5] *relishes*　　[6] *ham*　　[7] *omelette*　　[8] *fried*　　[9] *veal*
[10] *mutton* or *lamb*　　[11] *rabbit*　　[12] *pastry*

La cena, que comienza a las diez o a las once de la noche, es más ligera que la comida y en ella se toma sopa y se come patatas con judías[1] o guisantes[2], pescado o tortilla y fruta.

La comida española, debido a la gran cantidad de aceitunas que 30 se cultivan en el país, es diferente de las demás por el sabor del aceite de oliva con que se hace.

Los españoles tienen varios platos característicos y entre ellos merece especial mención la paella[3], que es un plato de arroz mezclado con pescado, carne, mariscos[4] y otros ingredientes que lo hacen muy 35 sustancioso.

Para el español que vive lejos de su familia y para los extranjeros que viajan por España hay en cada ciudad numerosos hoteles y pensiones[5]. En éstas, por poco dinero el viajero puede conseguir una habitación para dormir y tres comidas por día. 40

Y hablando de hoteles y pensiones conviene señalar una persona de la cual dependen en cierto modo tanto los habitantes de estos lugares como los de las casas de pisos: el sereno. Ordinariamente, casi nadie tiene la llave de la puerta principal de una casa; un portero[6] cierra esta puerta hacia las diez de la noche y cuando uno llega 45 después de esta hora, tiene que dar unas palmadas[7] en la calle para llamar al sereno, un tipo característico de España que tiene las llaves de todas las casas que están bajo su vigilancia. Éste acude a las palmadas dadas por los que llegan tarde y abre la puerta para dejarlos entrar, y es costumbre darle una pequeña propina[8]. 50

Preguntas

1. ¿ Cuáles son las cinco comidas españolas ? 2. ¿ Comen las cinco la mayoría de los españoles ? 3. ¿ Cuáles son las tres comidas más importantes ? 4. ¿ A qué hora se toma el desayuno ? 5. ¿ De qué consta el desayuno ? 6. ¿ Qué se come a veces a las once de la mañana ? 7. ¿ A qué hora se hace la comida ? 8. ¿ Qué entremeses existen en España ? 9. ¿ Qué clase de carne se sirve en la comida ? 10. Diga qué postres se pueden comer. 11. ¿ Qué se bebe durante la comida ? 12. ¿ Qué se bebe después de la comida ? 13. ¿ Qué es la merienda ? 14. ¿ A qué hora comienza la cena ? 15. ¿ Qué se come durante la cena ? 16. ¿ Con qué aceite se hace la comida española ? 17. ¿ Qué es la paella ? 18. ¿ Dónde puede conseguir el viajero habi-

---

[1] *green beans* [2] *peas* [3] *Spanish rice with meat and sea food* [4] *sea food*
[5] *boarding houses* [6] *combination doorman and janitor* [7] *claps of the hand* [8] *tip*

tación y comidas en España? 19. En España cuando uno llega tarde por la noche y encuentra la puerta de la casa cerrada ¿ qué debe uno hacer para entrar?

EJERCICIOS

A. *Contéstense las preguntas siguientes con* para, *según los ejemplos.* EJEMPLOS: 1. ¿ Para qué fue usted a la tienda? (comprar manzanas) Fui a la tienda *para comprar manzanas.* 2. ¿ Para quién es esta carta? (mi hermana) Esta carta es *para mi hermana.* 3. ¿ Para[1] qué barrio de la ciudad sale usted? (barrio viejo) Salgo *para[1] el barrio viejo.*

1. ¿ Para qué fue usted al cine? (ver una película mexicana) 2. ¿ Para qué va usted a la escuela? (aprender) 3. ¿ Para qué lleva usted una llave? (abrir la puerta) 4. ¿ Para quién compró usted estas frutas? (mi madre) 5. ¿ Para quién trae usted este libro a la clase? (María) 6. ¿ Para quién es este periódico español? (la señora Pérez) 7. ¿ Para dónde sale usted ahora? (Francia) 8. ¿ Para qué región de España saldrá usted mañana? (Cataluña) 9. ¿ Para qué ciudad salió usted ayer? (Barcelona)

B. *Substitúyanse los guiones por la preposición* por *o* para *según convenga.*

1. Nos quedamos en el hotel —— tres días. 2. —— su poca instrucción este hombre sabe mucho. 3. La madre preparó la comida —— sus hijos. 4. Estoy —— irme al cine, pero me quedaré estudiando. 5. La luz entra —— la ventana. 6. Los franceses salieron esta mañana —— Salamanca. 7. Muchos trenes españoles salen solamente tres veces —— semana. 8. Taxco es célebre —— su catedral. 9. Queremos el traje —— hoy. 10. Leímos el periódico —— saber lo que pasaba. 11. No quiero andar —— aquella calle. 12. Viajamos —— Francia todo el verano.

C. *Substitúyanse los guiones por la preposición* por *o* para *según convenga.*

1. En España se puede vivir —— muy poco dinero. 2. Este muchacho estudia —— ser un buen médico. 3. Vendí el libro —— cincuenta pesetas. 4. Traje dos libros —— mi profesor. 5. España fue conquistada —— los árabes en el siglo VIII. 6. Nuestro profesor tiene mucho interés —— la literatura moderna. 7. Había

[1] Expressing destination.

patios bonitos —— todas partes. 8. Su madre y su hermana esperan el coche; están —— ir a Burgos. 9. ¿No harán ellas el viaje —— tren? 10. Pedro trabaja bien —— su edad. 11. ¿Tiene usted una habitación —— nosotros? 12. No, y —— eso, ustedes tendrán que buscar una en otro hotel.

D. *Substitúyanse los guiones por la preposición* por *o* para *según convenga.*

1. La estación está —— allí. 2. Viajamos a cien kilómetros —— hora. 3. Cuando llegué, no me quedé porque la familia estaba —— salir. 4. Muchos obreros españoles ganan solamente veinticinco pesetas —— día. 5. Compré el coche —— mucho dinero. 6. Santiago es importante —— su catedral y su universidad. 7. Mi hotel está —— aquí. 8. Saldré esta tarde —— Sevilla. 9. América fue descubierta —— los españoles. 10. Uno debe hacerlo todo —— su país. 11. Vendí el coche —— poder comprar uno nuevo. 12. El pobre pidió dinero diciendo: «Déme algo —— el amor[1] de Dios.»

Vocabulario — Página 216

Gramática

1. Underline each *por* and *para* in your reading lesson. What is the meaning of each?

2. Find three different uses of the preposition *para.* Study the examples of *para* given in § 45 B of the Gramática. Then make original examples of each use of *para.*

3. Find as many uses as you can of the preposition *por* in this lesson. Study the examples of *por* given in § 45 A of the Gramática. Then make original examples of each use of *por.*

4. Give the present tense and the imperatives of *merecer.* (Page 217) All verbs ending in a vowel + *-cer* have certain irregularities. Study these verbs in § 107 E.

_____
[1] *love*

Séptimo Repaso — Lecciones 31 a 35

Explíquense en español los nombres siguientes.

almuerzo	Ebro	Pirineos
Andalucía	gótico	RENFE
Ávila	Guadalquivir	San Sebastián
Barcelona	Irún	sereno
Burgos	Madrid	Sierra Morena
Castilla	Málaga	Sierra Nevada
comida	Mediterráneo	Tajo
desayuno	merienda	TALGO
Duero		TER

PREGUNTAS

1. ¿Cuáles son las montañas principales de España? 2. ¿Qué clima tiene España? 3. ¿Qué regiones de España tienen muchas industrias? 4. Cuando el viajero que viene de Francia entra en España ¿cómo puede ver en seguida que está en un país diferente? 5. ¿Por qué tiene uno que esperar mucho tiempo para conseguir billete en un tren español? 6. Descríbase la llanura de Castilla. 7. ¿Durante qué horas del día están abiertas las tiendas españolas? 8. ¿A qué hora del día y en qué estación del año se duerme la siesta? 9. En verano ¿qué hacen los habitantes de las ciudades españolas entre las siete de la tarde y la hora de la cena? 10. ¿Cuál es la segunda ciudad de España? 11. En Barcelona ¿qué lengua se habla en las familias? 12. ¿Por qué ha crecido Barcelona tan rápidamente en este siglo? 13. ¿A qué horas se come en España? 14. ¿Qué es una pensión de familia? 15. ¿Para qué sirve el sereno?

TEMAS PARA COMPOSICIÓN ESCRITA

Hágase una composición sobre cualquiera de los temas siguientes.

1. Costumbres españolas
2. Los ríos y las montañas de España
3. Los trenes españoles

EJERCICIOS

A. *Escríbase la forma conveniente del artículo determinado delante de las palabras siguientes.*

1. (*a*) compra   (*b*) águila   (*c*) población   (*d*) curiosidad
2. (*a*) agua   (*b*) clima   (*c*) costumbre   (*d*) pájaro

B. *Substitúyanse los guiones por lo cual o por la forma conveniente del pronombre el cual.*

3. Vamos a estudiar algunas costumbres españolas, muchas de —— dependen del clima y de la superficie del país. 4. Ayer viajé de Ávila a Burgos, para —— necesité cinco horas. 5. Vimos muchos pueblos, algunos de —— son muy pintorescos. 6. España es un país bastante pobre, —— explica una parte de sus problemas actuales.

C. *Substitúyanse los infinitivos entre paréntesis por las formas convenientes del imperfecto del verbo estar con el gerundio de dicho infinitivo.*

7. Los niños (cantar) en la calle. 8. Nosotros (comer) cuando llegó el dueño de la pensión. 9. Carlos (escribir) una carta cuando José entró en su habitación.

D. *Substitúyanse los infinitivos entre paréntesis por las formas convenientes del futuro.*

10. Mañana nosotros (comprar) una máquina nueva. 11. Antes de salir, yo (despedirse) de mis amigos. 12. ¿Cuándo (venir) José? 13. Ustedes (poder) vernos mañana. 14. María le (decir) dónde está el dinero.

E. *Substitúyanse las palabras inglesas entre paréntesis por las palabras españolas equivalentes.*

15. Estudio inglés (*since*) 1962. 16. (*We have been*) en Madrid desde hace tres días. 17. Hace una hora que Juan (*has been waiting*) en la sala.

F. *Escríbanse los adverbios correspondientes a los adjetivos siguientes.*

18. (*a*) ligero (*b*) inútil 20. (*a*) habitual (*b*) suave
19. (*a*) constante (*b*) trágico

G. *Substitúyanse los guiones por la preposición por o para según sea necesario.*

21. Estudiamos mucho —— aprender español. 22. Mañana salgo —— Monterrey. 23. México fue conquistado —— Cortés. 24. Voy a hacer el viaje —— tren. 25. ¿Quiere usted hacer algo —— mí? 26. Ávila es famosa —— sus murallas medievales. 27. ¿Cuánto gana un obrero —— año?

H. *Pónganse los infinitivos entre paréntesis según se indica en cada frase.*

(imperativo) 28. (sacar) usted su dinero y (pagar) la cuenta.
(pretérito) 29. Yo (sacar) mi dinero y (pagar) la cuenta.
(imperativo) 30. (buscar) ustedes el mapa e (indicar) al chico dónde está Irún.

GRAMÁTICA

1. The use of *el* and *un* before a feminine singular noun. (Page 299, note 1, page 300, note 1)
2. The gender of nouns. (§ 6)
3. The formation of adverbs. (§ 19 A)
4. The position of pronoun objects used with progressive forms. (§ 30 E)
5. The relative pronouns *lo cual* and *el cual*. (§§ 5 E, 37 A, B)
6. The uses of *por* and *para*. (§ 45)
7. The present with *desde, desde hace* and *hace . . . que* with time expressions. (§ 59 B)
8. The formation and use of the future. (§§ 65, 66)
9. The progressive forms of tenses. (§ 83)
10. Spelling changes in verbs ending in *-zar, -gar, -car, -ger, -gir,* and a VOWEL + *-cer*. (§ 107 A, B, C, D, E)
11. The irregular verb *andar*. (§ 110, no. 9)[1]

[1] The complete conjugation of the simple tenses of irregular verbs is given in § 110. From now on, you will be referred to this section.

La borrachita[1]

Borrachita me voy para olvidarte,
le quero[2] mucho, él también me quere.
Borrachita me voy, hasta la Capital,
pa[3] servir al patrón[4] que me mandó llamar,
anteayer[5].

Yo le quise[6] traer, dijo que no,
que si había de llorar ¿ pa[3] qué volver ?
Borrachita[1] me voy, hasta la Capital,
pa[3] servir al patrón que me mandó llamar,
anteayer.

[1] *the loving girl (the girl intoxicated with love)* [2] quero = quiero [3] pa = para
[4] *boss* [5] *the day before yesterday* [6] *tried*

Los árabes en España

La historia de España se remonta[1] a muchos siglos antes de Jesucristo, y durante la época romana España pasó a ser una de las provincias más importantes del Imperio romano. Además de sus leyes, su lengua y su administración, los romanos introdujeron en España sus acueductos, teatros, templos, baños y sus métodos de construir 5 caminos. El latín llegó a ser la base de la lengua castellana.

A la caída del Imperio romano, España fue invadida por varios pueblos diferentes. Éstos, como los romanos anteriormente, eran cristianos, de manera que desde tiempos muy remotos España ha sido una nación cristiana. 10

Pero en aquella época la religión musulmana[2] iba creciendo desde Arabia por el norte de África y en el año 711 los árabes invadieron España, que fue ocupada casi en su totalidad, quedando un pequeño núcleo cristiano independiente en el norte. Los moros ocuparon España durante ocho siglos y dejaron en ella huellas[3] muy marcadas 15 de su civilización. La cultura árabe era en aquella época mucho más avanzada que la cristiana y los musulmanes españoles cultivaron intensamente la literatura, la filosofía, el arte, la ciencia y el comercio. En el siglo X había millares[4] de estudiantes en la Universidad de Córdoba en una época en que muy poca gente de los países cristianos 20 del norte sabía leer. Los árabes fueron los importadores de la naranja y del arroz y ellos implantaron en España sus adelantados sistemas de riego[5], así como el uso del papel. Aunque hoy no hay moros en España, quedan muchas huellas de ellos en todo el país. La arquitectura de tipo árabe es abundante y en el idioma español hay muchas 25 palabras de origen árabe como *alcohol, álgebra* y *ajedrez*[6]. En algunas de las regiones las canciones y los bailes populares conservan todavía aspectos de su origen árabe, sobre todo en Andalucía.

Desde los primeros tiempos de la dominación árabe, los cristianos refugiados en el norte comenzaron a reconquistar[7] poco a poco lo 30 perdido; ya en el siglo XI eran dueños de todo el norte de España

---

[1] *dates back*   [2] *Mohammedan*   [3] *traces*   [4] *thousands*   [5] *irrigation*   [6] *chess*
[7] *reconquer*

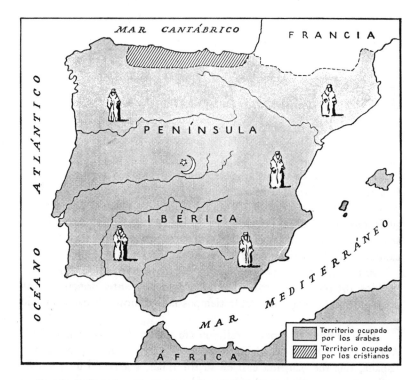

*En el año 711 los árabes invadieron España, que fue ocupada casi
en su totalidad, quedando un pequeño núcleo cristiano en el norte*

hasta Toledo, y en menos de dos siglos después lo[1] eran hasta Sevilla.
Así es que el lugar donde permanecieron durante mayor tiempo los
musulmanes fue en la parte sur, en Andalucía y sobre todo en Granada,
35 y por ello es aquí donde quedan mejores recuerdos de ellos. La arquitectura musulmana de Toledo, Córdoba y Sevilla pertenece a la primera época de la dominación árabe y aunque es tal vez más monumental
que la de Granada, ésta es acaso más interesante para nosotros.
      Granada, ciudad de 200.000 habitantes situada cerca de la Sierra
40 Nevada, fue la última capital que conservaron los reyes moros. Encima de una colina[2] desde la que se puede ver el panorama de la Sierra
Nevada construyeron la Alhambra, una fortaleza oriental rodeada de
torres y murallas[3]. Dentro de las murallas y en medio de bellos jardines
se encuentra un palacio esplendoroso[4] que servía de residencia a los
45 reyes moros.

[1] For this use of *lo*, see § 5 C.   [2] *hill*   [3] *walls*   [4] *splendorous, magnificent*

Washington Irving, uno de los primeros escritores importantes de la literatura norteamericana, fue a la Alhambra en 1829 y allí vivió algunos meses durante los cuales recogió las leyendas[1] moriscas[2] de la época en que Granada era musulmana. Aunque Irving escribió sus *Cuentos de la Alhambra* en inglés, la obra fue traducida varias veces al español y hoy se lee mucho en España. 50

Preguntas

1. ¿Qué introdujeron los romanos en España? 2. ¿Qué idioma es la base de la lengua castellana? 3. ¿Cuándo invadieron los árabes España? 4. ¿Durante cuántos siglos ocuparon los árabes España? 5. ¿De qué fueron importadores los árabes? 6. ¿Qué huellas de los moros quedan hoy en España? 7. ¿En qué región de España se conservan canciones de origen árabe? 8. ¿Qué comenzaron a hacer los cristianos del norte? 9. ¿En qué lugar de España permanecieron los musulmanes durante mayor tiempo? 10. ¿En qué ciudades de España hay todavía arquitectura árabe? 11. ¿Cuántos habitantes tiene Granada? 12. ¿Cerca de qué montañas está situada? 13. ¿Qué es la Alhambra? 14. ¿Qué escritor norteamericano pasó algunos meses en la Alhambra? 15. ¿Qué recogió este escritor durante su estancia allí? 16. ¿En qué lengua fue escrita su obra *Cuentos de la Alhambra*?

Ejercicios

A. *Substitúyanse las preposiciones inglesas entre paréntesis por sus equivalentes en español. Todas las preposiciones españolas de este ejercicio son sencillas.*

1. Mi madre está (*at*) casa. 2. Durante ocho siglos los españoles vivieron (*under*) los moros. 3. Puse mi libro (*on*) la mesa. 4. Los cristianos del norte avanzaron (*against*) los moros que se habían establecido en casi todo el país. 5. (*according to*) mi padre, el español es más fácil que el francés. 6. Fuimos (*to*) Europa el verano pasado. 7. Fui al cine (*with*) un amigo. 8. Aprendemos español (*since*) el mes de octubre. 9. ¿Dónde estuvo usted (*during*) la guerra? 10. Llegamos a Barcelona (*without*) dificultad. 11. Quédese aquí (*until*) mañana. 12. Los deportes son populares (*among*) los estudiantes. 13. Luego nos dirigimos (*toward*) la capital.

[1] *legends*   [2] *Moorish*

B. *Substitúyanse las preposiciones inglesas entre paréntesis por sus equivalentes en español. Todas las preposiciones españolas de este ejercicio son compuestas.*

1. Hay un coche (*in front of*) nuestra casa. 2. Ayer me acosté (*before*) las nueve de la noche. 3. ¿ A dónde fue usted (*after*) la cena ? 4. Hay muchos árboles (*near*) la casa. 5. Nuestra madre hace muchas cosas (*in addition to*) su trabajo. 6. Queremos ir al cine (*after*) la comida. 7. Compramos un coche (*instead of*) una casa. 8. (*near*) la tienda hay un buen garage. 9. (*as for*) la comida mexicana, no me gusta. 10. Hay murallas (*around*) la ciudad. 11. Hay una fábrica (*along side of*) este río. 12. Los obreros pudieron trabajar (*in spite of*) la nieve. 13. Nuestra casa está (*opposite*) la escuela. 14. ¿ Quién está (*behind*) la puerta ?

C. *Substitúyanse las expresiones inglesas entre paréntesis por sus equivalentes españoles. Antes de hacer este ejercicio, léase otra vez § 80 D.*

1. Trabajamos en casa (*instead of leaving*). 2. Carlos leyó el periódico (*before going to bed*). 3. Yo escuché la música (*before getting up*)[1]. 4. Los niños se lavaron las manos (*after eating*). 5. Comenzamos a hablar (*after sitting down*)[1].

D. *Substitúyanse los verbos en bastardilla por el imperfecto o el pretérito según convenga.*

Una noche de invierno un viajero *entra* en un hotel. *Está* cansado y *tiene*[2] hambre. *Nieva* constantemente y como *hace* mucho frío, *hay* mucha gente sentada en la gran sala del hotel alrededor del fuego[3], de manera que el viajero no *consigue* ningún lugar donde sentarse.
5 Todo el mundo *habla* y *discute* entre sí, y nadie *presta*[4] atención al viajero.

Éste *se*[5] *pregunta* cómo *va* a conseguir un sitio cerca del fuego y por fin *dice* en voz[6] muy alta, dirigiéndose a un criado:

— Mozo[7], ve[8] a llevar a mi caballo un plato de ostras[9].

10 Esto *sorprende* al muchacho, que *sabe* que los caballos no comen ostras, y le *contesta:*

— Pero señor, supongo que su caballo no comerá ostras —, a lo que *responde* el viajero con mucha calma:

[1] The reflexive pronoun must correspond with the subject of the sentence even when used with the infinitive. Therefore, in this sentence the reflexive pronoun would not be –*se*.
[2] *is hungry* [3] *fire* [4] *pays attention* [5] *asks himself, wonders* [6] *a very loud voice*
[7] *boy, waiter* [8] *go (familiar imperative of* it) [9] *oysters*

— Llévale a mi caballo lo que te he dicho, y tú lo verás por ti
mismo.   15

Los otros *oyen* estas palabras y como *quieren* ver un caballo que
come ostras, *se levantan* y *se van* con el mozo. En[1] cuanto *salen*, el
viajero *se coloca* cerca del fuego, y cuando al poco rato *vuelven* los
huéspedes el viajero *está* sentado tranquilamente[2] al fuego.

— Señor — *dice* el chico — ¿ no le he dicho a usted que los caba- 20
llos no comen ostras ?

El viajero le *mira* con aire entre sorprendido y divertido[3] y le
responde con mucha serenidad[4]:

— Pues bien, entonces tráemelas a mí y me las comeré yo mismo.

VOCABULARIO — PÁGINAS 217–218

GRAMÁTICA

1. Review the simple Spanish prepositions and make sentences to
illustrate their use. (§ 40)

2. A compound preposition is a preposition composed of two or
more words, such as the English preposition *in front of.* In Spanish
compound prepositions are often formed with *a* and with *de.* Those
formed with *de* are especially common. Study these prepositions and
make sentences to illustrate their use. (§ 41)

3. What verbal construction follows a preposition in Spanish?
(§ 80 D)

4. In speaking and writing Spanish it is very important to use the
correct past tense. Review the uses of the imperfect (§ 61 A, B) and
preterite (§ 63) and the manner of using the two tenses together in a
narration (§ 64).

5. What irregularities are found in the present, imperative, and
preterite of verbs in *-ducir?* (§ 107 F) Conjugate the verb *traducir* in
these tenses. (Page 218)

[1] *as soon as*   [2] *calmly*   [3] *amused*   [4] *serenity*

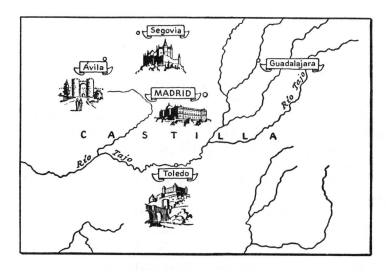

*A unos setenta kilómetros al sur de Madrid
se encuentra la antiquísima ciudad de Toledo*

Toledo

A unos setenta kilómetros al sur de Madrid se encuentra la antiquísima ciudad de Toledo situada sobre un cerro y rodeada de antiguas murallas[1]. Parece una gran fortaleza dentro de la cual se destacan[2] contra el cielo las torres de su antiguo Alcázar. El río Tajo corre
5 entre rocas por la base del cerro, envolviendo las tres cuartas partes de la circunferencia de la ciudad.

El interior de la ciudad conserva íntegramente[3] su primitiva forma que no está profanada por el menor detalle moderno. Sus empinadas[4] calles son tortuosas[5] y tan estrechas que en muchas de

---

[1] *walls*   [2] *stand out*   [3] *integrally*   [4] *steep*   [5] *winding*

ellas un automóvil no puede pasar y en muy pocas pueden pasar dos 10 a la vez. Hay muchas iglesias, de las cuales la más famosa es la catedral, comenzada en 1226. Toledo es la ciudad donde vivió y murió el Greco, célebre pintor del siglo XVI; allí, en su propia casa y en los museos del Greco y de San Vicente, se conservan la mayor parte de sus obras. 15

Hoy Toledo es una ciudad de unos cincuenta mil habitantes, pero ya existía como pequeña población fortificada unos 190 años antes de Jc. Sería interesante poder trasladarnos a las varias épocas históricas de esta ciudad y así podríamos seguir en muchas de sus fases[1] la historia de España misma. 20

Durante varios siglos Toledo fue una de las capitales de España, pues en aquella época la nación no tenía sólo una capital sino varias, que eran los lugares donde el rey establecía su corte.

Toledo ha sido a través de los tiempos la inspiración de muchas leyendas[2] que aparecieron en forma literaria, escritas por célebres 25 autores como Zorrilla y Bécquer. Una de las más conocidas es la del *Cristo de la Vega*, cuyo resumen es el siguiente:

Eran dos amantes, llamados Diego e Inés, ella de familia noble y rica y él de familia más humilde. Para mejorar su fortuna, Diego decidió irse a la guerra, pero antes de marcharse le 30 prometió a Inés que a su regreso se casaría con ella, lo cual juró ante una imagen del Cristo crucificado llamado *de la Vega*, e Inés prometió a su vez que le esperaría hasta su regreso. Pasaron los años y Diego regresó cubierto de honores y de gloria. Mas al ver a su antigua amada, se negó a casarse con ella, diciendo que él no 35 había prometido nada. Inés le llevó ante los jueces y éstos le preguntaron si tenía algún testigo o documento escrito para comprobar[3] sus palabras. Ella contestó que no tenía más que un testigo: el Cristo de la Vega. Asombrados los jueces ante esta apelación[4], decidieron bajar a la ermita[5] para tomar juramento 40 al Cristo, y al preguntarle a la sagrada imagen si era cierto lo que Inés manifestaba, se oyó una voz en lo alto que contestaba afirmativamente, al mismo tiempo que el brazo derecho del Cristo se desclavaba[6] de la cruz y caía sobre los evangelios[7] que delante estaban. Arrepentido, Diego Martínez ingresó[8] como fraile[9] en 45 un convento y también Inés se hizo religiosa[10]. Todavía se puede ver hoy día el Cristo de la Vega con la mano desclavada.

[1] *phases*   [2] *legends*   [3] *prove*   [4] *appeal*   [5] *hermitage*   [6] *detached (unnailed) itself*
[7] *gospels*   [8] *entered*   [9] *monk*   [10] *nun*

PREGUNTAS

1. ¿Dónde está Toledo? 2. ¿De qué está rodeada Toledo? 3. ¿Qué parece Toledo? 4. ¿Qué río envuelve las tres cuartas partes de Toledo? 5. ¿Cómo son las calles de Toledo? 6. ¿Cuál es la iglesia más famosa de Toledo? 7. ¿Qué célebre pintor del siglo XVI vivió en Toledo? 8. ¿Cuántos habitantes tiene Toledo ahora? 9. ¿Qué autores han escrito leyendas sobre Toledo? 10. En la leyenda del *Cristo de la Vega* ¿cómo se llamaban los amantes? 11. Antes de marcharse a la guerra ¿qué prometió Diego a Inés? 12. ¿Por qué llevó Inés a Diego ante los jueces? 13. ¿Quién fue su testigo? 14. ¿Qué hizo Diego al oir la voz que respondía?

EJERCICIOS

A. *Todos los verbos de este ejercicio están en presente. Escríbanlos en condicional.* EJEMPLO: contestan — *contestarían*

1. escribo   2. me caso   3. cierro   4. recibe   5. se levanta
6. hablamos   7. encontramos   8. nos acostamos   9. decidimos
10. mandan 11. piden 12. preguntan 13. estoy 14. muere 15. doy
16. vamos   17. somos   18. digo   19. hacemos   20. puede   21. sé
22. salgo   23. tenemos   24. vengo

B. *Substitúyanse los infinitivos entre paréntesis por las formas convenientes del condicional. Dichos verbos son todos regulares en el condicional.*

1. Diego prometió a Inés que (casarse) con ella. 2. Dijo que pronto (volver) de la guerra. 3. Inés prometió que (esperar) a Diego. 4. El profesor nos dijo que nosotros (leer) algunas leyendas de Toledo. 5. Yo le contesté que me (gustar) leerlas. 6. Mi amigo me preguntó si yo le (escribir) una carta. 7. Contestaron que nosotros (perder) mucho tiempo viajando a Córdoba.

C. *Substitúyanse los infinitivos entre paréntesis por las formas convenientes del condicional. Dichos verbos son todos irregulares en el condicional.*

1. El chico contestó que no (tener) tiempo para cenar. 2. Las chicas dijeron que (salir) el lunes. 3. ¿Dijo su madre que Inés (venir) esta tarde? 4. Dijimos que nosotros (poder) ayudarle en seguida. 5. Mi madre dijo que (poner) la comida en la mesa. 6. ¿Qué (decir) el jefe? 7. ¿Cómo (saber) nosotros que no estaba en casa? 8. El dueño del hotel prometió que (haber) habitaciones para nosotros.

Al llegar a Burgos,
visitamos su famosa catedral
que llama la atención
por su gran esbeltez
y su puro estilo gótico

¡ Qué ciudad más preciosa es Ávila !

*Barcelona
es una gran ciudad moderna
de calles anchas*

Barcelona es un gran puerto del Mediterráneo

*Las tiendas se cierran a la una para dar a los empleados
tiempo para comer*

Granada fue la última capital que conservaron los reyes moros

D. *Escríbanse el primer verbo en pretérito y el segundo en condicional, según el ejemplo.* EJEMPLO: Roberto *dice* que *cantará.* Roberto *dijo* que *cantaría.*

1. María dice que hablará de su trabajo. 2. Carlos promete que comerá poco. 3. Felipe contesta que leerá el periódico. 4. Marta pregunta si Roberto escribirá. 5. El señor Pérez responde que saldrá. 6. Elena dice que tendrá tiempo. 7. Alberto contesta que podrá venir. 8. El estudiante promete que vendrá. 9. Jorge dice que irá al cine.

E. *Escríbanse el primer verbo en pretérito y el segundo en condicional, según el ejemplo.* EJEMPLO: *Decimos* que *buscaremos* el coche. *Dijimos* que *buscaríamos* el coche.

1. Decimos que llegaremos mañana. 2. Contestamos que viviremos en Barcelona. 3. Prometemos que veremos la película italiana. 4. Decimos que iremos a la iglesia. 5. Contestamos que saldremos a las ocho. 6. Decimos que pondremos el coche en el garage. 7. Contestamos que tendremos dinero para el cine.

F. *Substitúyanse los guiones por pero o sino.*

1. Yo quería ir al cine —— no pude. 2. El señor García no fue a Burgos —— a Ávila. 3. No busco libros —— periódicos en esta tienda. 4. Tengo mucho que hacer, —— no quiero trabajar.

VOCABULARIO — PÁGINA 219

GRAMÁTICA

1. What is the conditional? Give examples of sentences in English which use the conditional. (§ 67)

2. How is the Spanish conditional formed? (§ 67 A) Conjugate in the conditional the verbs *marchar, envolver y existir.* (Page 219)

3. Note that the verbs that are irregular in the future have the same irregular stem in the conditional. Conjugate in the conditional the irregular verbs *decir, haber, hacer, poder, poner, querer, saber, salir, tener, valer,* and *venir.* (Page 220)

4. How is the conditional commonly used? (§ 68 A) What is a special use of this tense? (§ 68 B) Find examples of the conditional in your reading-lesson.

5. In line 22 of this lesson, the word *sino* is used for the English word *but.* In line 34, the word *mas* is used to mean *but.* When is *pero,* when *sino,* and when *mas* used to express *but?* (§ 49 A, B, C)

6. In the vocabulary of this lesson, the irregular verb **caer** is in boldface, and its principal parts are given. In what tense is it irregular? From now on, learn the principal parts of each irregular verb which is presented in the vocabulary. You will always find the infinitive of these verbs in boldface type.

LECCIÓN TREINTA Y OCHO

Los pueblos castellanos

Según nos alejamos de la ciudad y nos acercamos al campo, vemos de vez en cuando en la llanura amarilla de Castilla pueblos que no son más que un grupo de casas con tejados[1] rojos agrupadas alrededor de una iglesia. Si entramos en cualquiera de estos pueblos, observamos
5 que tienen en el centro una gran plaza de la cual parten casi todas las calles y callejas del pueblo. En esta plaza, que es la más espaciosa del lugar, se encuentran las principales tiendas, la central telefónica, la única farmacia[2], los mejores cafés y tabernas[3] del pueblo, el despacho del alcalde y la consulta del único médico.
10 Las casas del pueblo se componen generalmente de dos pisos y están construidas con materiales obtenidos en el mismo pueblo, como piedra y adobe. En el piso bajo está la cuadra[4] donde viven los animales de los campesinos: vacas, burros, cerdos y gallinas. En el primer piso está instalada la vivienda[5] de los campesinos; ésta consiste generalmente
15 en cuatro o cinco piezas: dos o tres dormitorios, una sala y una cocina donde se hace la comida en una lumbre[6] sobre el suelo que tiene una gran campana para recoger el humo. La cocina sirve también de comedor donde se reúne toda la familia.
Estos pueblos están habitados casi exclusivamente por labradores,

---

[1] *roofs*   [2] *drugstore*   [3] *taverns, wine shops*   [4] *stable*   [5] *living quarters*   [6] *open fire*

y en ellos la vida es muy sencilla. A veces parece que la higiene de los 20
campesinos deja mucho que desear, pero generalmente gozan de buena
salud. Cada familia tiene su propio trozo de tierra. En los últimos
tiempos muchos laboradores se han unido para cultivar sus tierras con
tractores modernos comprados cooperativamente. De todas formas,
ellos tienden a ser fieles a sus viejas costumbres y tradiciones, y cuando 25
alguien que se interesa por el progreso les dice que deberían cambiar
de métodos, se ríen de él, contestándole que tienen muy buenos brazos
para trabajar.

Durante el otoño, los campesinos labran y siembran[1] la tierra,
utilizando a veces el antiguo arado[2] romano tirado por dos bueyes[3], 30
mulas o burros. En el invierno las ocupaciones de los campesinos se
reducen a cuidar de los animales, a reunirse a beber vino y a mirar la
televisión en una de las tabernas del pueblo. Durante la primavera,
los labriegos que poseen huertas tienen que trabajar para sembrarlas,
pero el trabajo fuerte no empieza hasta el verano. Es en el mes de julio 35
cuando los labradores tienen que segar[4] el trigo, y como entonces
hace un calor abrasador[5], es ésta la época de trabajo más duro para los
labradores. Las faenas[6] de la cosecha del trigo terminan hacia el mes
de septiembre.

El principal centro de diversión de los campesinos casados y 40
viejos es la taberna, donde beben vino y juegan a las cartas y al dominó, y las diversiones de los jóvenes son la taberna, el baile y el
frontón[7].

El espíritu de los campesinos es generalmente muy sencillo, lleno
de religiosidad[8] y de respeto hacia los superiores y no sin cierta 45
enemistad[9] hacia los habitantes de la capital. Muchos aldeanos[10] ven
con cierta envidia la vida moderna de la ciudad; los que pueden salen
del pueblo para ir a la capital a trabajar y casi todas las criadas que
sirven en las capitales[11] son de pueblo. Los que quedan en las aldeas
se quejan de aburrimiento[12] y muchos de ellos sueñan con poder salir 50
algún día del lugar.

Aunque son hospitalarios y se puede contar con ellos cuando se
necesita ayuda, por lo general los labriegos son algo avaros[13] y pro-
curan aprovecharse hasta de las bodas, casándose con la mujer que
tiene tierras al lado de las suyas. 55

Por lo general, se interesan por cosas de su pueblo, no pre-
ocupándose por nada de lo que sucede en el mundo exterior.

---

[1] *sow* [2] *plow* [3] *oxen* [4] *mow* [5] *scorching* [6] *chores* [7] *handball*
[8] *religious fervor* [9] *enmity* [10] *villagers* [11] *large cities* [12] *boredom* [13] *miserly*

Preguntas

1. ¿Qué hay en el centro de los pueblos castellanos? 2. ¿Qué cosas se encuentran en esta plaza? 3. ¿De cuántos pisos se componen generalmente las casas de la aldea? 4. ¿Qué hay en el piso bajo de estas casas? 5. ¿Dónde vive la familia? 6. ¿Qué habitaciones hay en el primer piso? 7. ¿Qué se hace en la cocina? 8. ¿Quiénes viven en estas aldeas? 9. ¿Por qué no compran los labradores máquinas modernas? 10. Cuando alguien que se interesa por el progreso les dice que deberían cambiar de métodos ¿qué responden ellos? 11. ¿Qué hacen los campesinos durante el invierno? 12. ¿En qué estación del año tienen mucho trabajo? 13. ¿Cuál es el principal centro de diversión de los campesinos? 14. ¿Con qué sueñan los habitantes de los pueblos? 15. ¿Cómo se aprovecha el labriego de las bodas?

Ejercicios

A. *Escríbase cada frase tres veces, substituyéndose las palabras indicadas entre paréntesis, como en el ejemplo.* Ejemplo: Carlos salió de la *escuela* ayer. (*a*. ciudad *b*. Francia *c*. Barcelona) *a*. Carlos salió de la *ciudad* ayer. *b*. Carlos salió de *Francia* ayer. *c*. Carlos salió de *Barcelona* ayer.

1. Marta y María entraron en *la casa*. (*a*. la sala *b*. la escuela *c*. la ciudad) 2. Felipe se parece a *su padre*. (*a*. su madre *b*. sus hermanos *c*. mi hermana) 3. Muchas veces pensamos en *nuestro trabajo*. (*a*. los problemas nacionales *b*. nuestros amigos *c*. la lección) 4. Me intereso mucho por *el básquetbol*. (*a*. la música *b*. los deportes *c*. las corridas de toros) 5. La mesa está cubierta de *libros*. (*a*. papeles *b*. platos muy buenos *c*. periódicos españoles)

B. *Cada una de las preguntas siguientes tiene un verbo seguido de una preposición. Contéstense las preguntas con* no *y con frase completa, subrayando el verbo y la preposición.* Ejemplo: ¿Se quejó usted del mal tiempo? No, no *me quejé del* mal tiempo.

1. ¿Cambió usted de habitación esta semana? 2. ¿Salió usted de Madrid ayer? 3. ¿Se casó usted con una española? 4. ¿Se fijó usted en las señales que había al lado de la carretera? 5. ¿Juega usted al dominó? 6. ¿Piensa usted en un viaje a España? 7. ¿Se interesa usted por los deportes? 8. ¿Se parece usted a su padre? 9. ¿Se ríe usted de los campesinos? 10. ¿Soñó usted con mucho dinero? 11. ¿Llegó usted a Granada antes de las ocho?

C. *Substitúyanse los guiones por las preposiciones convenientes cuando sea necesario.*

1. Cada región de España se compone —— varias provincias. 2. En verano los Pirineos no están cubiertos —— nieve. 3. Durante la guerra aquella casa sirvió —— residencia al general. 4. El presidente debe pensar mucho —— los problemas del país. 5. Aquella noche soñé —— una enorme fortuna. 6. El que se pierde en una ciudad española puede dirigirse —— un guardia. 7. ¿Esperó usted mucho tiempo —— el tranvía? 8. Llegué —— España el 19 de junio. 9. No se rían ustedes —— los burros. 10. Nos acercamos ahora —— una ciudad muy antigua. 11. Buscamos —— un buen coche. 12. Como los campesinos son buenas personas, se puede contar —— ellos. 13. ¿Se interesa usted —— la literatura española? 14. Este libro pertenece —— mi hermano.

D. *Substitúyanse los guiones por la preposición conveniente.*

1. Voy a aprovecharme —— la ayuda de mis padres. 2. Los soldados se escaparon —— la cárcel. 3. ¿—— quién se casó su amigo? 4. El chico se alejó —— la aldea. 5. Luis se parece mucho —— su madre. 6. Los viajeros llegaron —— la capital antes de la hora de comer. 7. Algunos estudiantes se quejan —— su mucho trabajo. 8. Todos entraron —— la iglesia. 9. Salimos —— la tienda a las cuatro y media. 10. La comida española consiste —— varios platos. 11. ¿En qué época se apoderaron los españoles —— los Países Bajos? 12. ¿Se ha fijado usted —— la hora?

E. *Tradúzcanse las frases siguientes al inglés, poniendo especial atención al traducir el verbo en bastardilla.*

1. *Debo* salir a las cuatro. 2. Usted *debería* volver temprano. 3. Aquel hombre *debe de* trabajar mucho. 4. La familia *ha debido* comprar muchas cosas. 5. Usted *debe de* recibir varias cartas cada día. 6. Este muchacho *debe* mucho dinero.

VOCABULARIO — PÁGINAS 220–221

GRAMÁTICA

1. In English we say *I enter the house.* In Spanish they say *Entro en la casa.* In English we say *I look for the book.* In Spanish they say *Busco el libro.* In the first sentence, Spanish uses a preposition after *entrar*, English none after *enter;* in the second sentence, English uses a preposition after *look*, Spanish uses none after *buscar*.

2. There is no rule which will indicate the proper preposition to use after a verb and before a noun. Yet, in order to speak correctly you must use the correct preposition in a given construction. In § 46 of the GRAMÁTICA there is a list of the common constructions of **verb + preposition + noun.** Learn these constructions.

3. After working out exercises B, C, and D, go over them until you can fill out the blanks automatically. Only then can you be sure to use these constructions properly.

4. Various tenses of the verb *deber* express various shades of duty or obligation. What are these shades of meaning? (§ 99)

LECCIÓN TREINTA Y NUEVE

La enseñanza en España

La escuela española está cambiando su orientación y sus objetivos.[1] Hasta hace poco, la educación no estaba al alcance de todos. Sólo los hijos de las familias de clase rica y clase media podían llegar hasta la universidad. Hoy, el gobierno ofrece la misma educación gratuita[2]
5 y obligatoria a todos los españoles hasta el octavo año por lo menos. Desde este momento en adelante, el alumno puede escoger el tipo de instrucción más conveniente a sus aptitudes y a sus posibilidades. La educación española tiene como objetivo la formación integral del individuo y el desarrollo armónico[3] de su personalidad. Este proceso[4]
10 está inspirado en el concepto cristiano de la vida y en la cultura y tradiciones españolas.

La formación del niño empieza a la edad de seis[5] años y dura hasta los catorce. Durante este período adquiere su instrucción básica en

---

[1] In 1970, the *Cortes* (Spanish legislature) passed a new law which changes the Spanish educational system radically. This lesson summarizes the system proposed, which will be put into effect gradually.

[2] *free*   [3] *harmonious*   [4] *process*

[5] Many Spanish children start their pre-school training as early as the age of two or three. These years of schooling are optional.

lectura, composición, aritmética, gramática, geografía, historia, música, arte y otras asignaturas[1]. Al cabo de estos ocho años el alumno 15 recibe el título de *graduado*[2] *escolar*. Es en este momento cuando el joven puede escoger entre dos tipos de educación radicalmente diferentes. Puede seguir adelante, estudiando ciencias o letras, o puede empezar a aprender un oficio. En cualquiera de los dos casos, el estudiante tiene la posibilidad de continuar estudios superiores. 20

Los que escogen ciencias o letras estudian desde la edad de trece o catorce años hasta los dieciséis o diecisiete en un Instituto[3] o en un centro de enseñanza privada. Los Institutos son del Estado, pero los padres que tienen medios económicos suficientes suelen mandar a sus hijos a colegios, la mayoría de los cuales son religiosos. En ambos, 25 los estudiantes tienen cursos de geografía, historia y literatura española y universal, filosofía, ciencias y dibujo[4]. Además, se aprenden lenguas modernas como el inglés, el francés y el alemán[5], y lenguas clásicas como el latín y el griego[6]. Los cursos de matemáticas, lengua española y religión son obligatorios en todos los años del bachillerato[7]. El 30 alumno es examinado al final de cada año. Estos exámenes son en junio. Al terminar los tres años, el estudiante recibe el título de *bachiller*[8], y, si desea, puede continuar en la universidad. En este caso, ingresa en un curso de orientación universitaria, el cual equivale[9] al duodécimo[10] año de sus estudios. Después de esta etapa[11] de transición, 35 el alumno es admitido en una de las diferentes facultades[12] o escuelas técnicas[13] superiores de la universidad. Allí puede estudiar hasta obtener uno de los títulos universitarios que se ofrecen e incluso[14] el de doctor.[15]

En cuanto a los jóvenes de trece años que desean aprender un oficio, 40 acuden a los centros de formación profesional de primer grado, donde pasan de dos a cuatro semestres adquiriendo el dominio de una técnica[16] que les permitirá entrar en la industria como productores[17] semi-especializados[18]. A partir de ese momento, si toma cursos adicionales el obrero puede llegar hasta las escuelas técnicas superiores, si 45 demuestra la capacidad y la voluntad suficientes.

---

[1] *subjects*   [2] a title equivalent to the American 8th grade diploma
[3] *public high school*   [4] *drawing*   [5] *German*   [6] *Greek*   [7] *secondary school*
[8] *bachelor;* título de bachiller = *high school diploma*   [9] *is equivalent*   [10] *twelfth*
[11] *period*   [12] *colleges*   [13] *technical*   [14] *also, even*
[15] The new law permits persons of over twenty-four years of age who have not completed
the *bachillerato* to study at the university after passing a strict entrance examination.
[16] *trade*   [17] *workers*   [18] *semi-specialized*

Así, en el último cuarto de este siglo, España está dispuesta a entrar en la familia de naciones altamente desarrolladas por medio de la reforma de su sistema de enseñanza.

PREGUNTAS

1. Antes ¿ los hijos de qué clase podían llegar hasta la universidad ? 2. ¿ Cuál es el objetivo de la educación española ? 3. ¿ En qué está inspirado el proceso de educación en España ? 4. ¿ A qué edad empieza la formación del niño en España ? 5. ¿ Qué asignaturas se estudian durante el período de instrucción básica ? 6. ¿ Qué título recibe el alumno al cabo de los ocho años de instrucción básica ? 7. ¿ Qué es el Instituto ? 8. ¿ A quién pertenece el Instituto ? 9. ¿ Quiénes pueden mandar a sus hijos a colegios ? 10. ¿ Qué cursos tienen los estudiantes en el Instituto ? 11. ¿ Qué lenguas modernas se aprenden en el Instituto ? 12. ¿ Qué cursos son obligatorios en el Instituto ? 13. ¿ Cuándo son los exámenes finales de cada curso ? 14. ¿ Qué título recibe el estudiante al terminar los tres años de Instituto ? 15. ¿ A dónde acuden los jóvenes que desean aprender un oficio ? 16. ¿ Qué tiene que hacer el obrero para llegar hasta las escuelas técnicas superiores ?

EJERCICIOS

A. *Contéstense las preguntas siguientes en el afirmativo con frases completas empezando con sí. Subráyese cada forma de ser o estar en la contestación.*

1. ¿ Está la casa del Greco en Toledo ? 2. ¿ Es el Greco un pintor español ? 3. ¿ Es usted de Veracruz ? 4. ¿ Está hablando por teléfono su amigo ? 5. ¿ Está usted cansado ? 6. ¿ Son los exámenes en abril ? 7. ¿ Fue escrito *Don Quijote* por Cervantes ? 8. ¿ Está escrita la carta ? 9. ¿ Era rico el rey de España ?

B. *Substitúyanse los guiones por las formas convenientes del presente de ser o estar. Explíquese oralmente por qué se ha escogido tal verbo.*

1. ¿ En qué parte de España —— Granada ? 2. ¿ Yo —— de Málaga. 3. El señor García habla demasiado y por eso —— muy aburrido. 4. El Instituto —— una escuela del Estado. 5. ¿ —— abierta la puerta ? 6. El inglés no —— estudiado por todos los alumnos. 7. Madrid y Barcelona —— las ciudades más grandes de España. 8. He trabajado mucho y —— muy cansado. 9. Nuestros exámenes —— en diciembre. 10. Las casas españolas no —— de

madera. 11. Yo —— escribiendo una carta a Ramón. 12. La pirámide —— construida de piedra volcánica. 13. Aquella tienda no —— en la calle principal de esta ciudad. 14. No tenemos nada que hacer y por eso —— muy aburridos. 15. Su mesa —— llena de libros. 16. Nosotros —— hablando con el dueño de la tienda. 17. La corrida —— en la plaza de toros. 18. Este chico —— muy inteligente. 19. Esa señora ya —— muy vieja. 20. Su hijo —— muy listo. 21. La ciudad —— situada en un cerro.

C. *Substitúyanse los guiones por las formas convenientes del imperfecto de ser o estar. Explíquese oralmente por qué se ha escogido tal verbo.*

1. Roberto —— estudiando cuando Felipe entró en su habitación. 2. El señor Pérez —— un profesor muy bueno. 3. La mesa —— cubierta de platos. 4. El señor García —— muy rico. 5. Los indios —— vestidos con sarapes.

D. *Substitúyanse los guiones por las formas convenientes del pretérito de ser o estar. Explíquese oralmente por qué se ha escogido tal verbo.*

1. Aquella carta —— escrita el domingo. 2. Yo —— en Sevilla ayer. 3. La puerta —— cerrada por la criada. 4. Aquella fiesta —— en enero. 5. Los soldados —— atacados por el enemigo.

VOCABULARIO — PÁGINA 222

GRAMÁTICA

1. List the five principal uses of the verb *ser* and make examples of each use. (§ 97)
2. List four uses of *estar* and give examples of each use. (§ 98 A, B, C, D)
3. Underline all forms of *ser* and *estar* used in your reading lesson and explain in each case why *ser* or *estar* was used.
4. How does the meaning of the following adjectives change when used with *ser* or *estar: bueno, cansado, limpio, listo, malo, aburrido.* (§ 98 E)
5. Conjugate the verb *continuar* in the present tense. (Page 222) What irregularity do verbs in *-uar* have in the present? (§ 107 I)
6. What irregularities do you note in the present and imperative of *adquirir?* (Page 223)

LECCIÓN CUARENTA

La Ciudad Universitaria de Madrid

La universidad es una escuela de estudios superiores compuesta de varias facultades que en general son cinco: Filosofía[1] y Letras, Ciencias, Medicina, Farmacia y Derecho. En España la gran mayoría de las universidades son del Estado. La más famosa por su tradición
5 histórica y por su antigüedad es la Universidad de Salamanca, pero la[2] más concurrida y grande es la de Madrid. En ella hay más de cuarenta mil estudiantes.

La Ciudad[3] Universitaria de Madrid ocupa un vasto territorio al noroeste[4] de la capital. Se empezó en 1929 durante la monarquía y se[5]
10 continuó construyendo durante la República y durante el régimen del General Franco. Esta obra tan magnífica y tan extensa se parece mucho a un *campus* universitario norteamericano.

En la Ciudad Universitaria se encuentran todas las facultades[6] y escuelas técnicas[7] de la Universidad de Madrid. En esta ciudad para
15 los estudiantes la mayoría de los edificios son modernísimos, sus aulas[8] amplísimas[9] y por lo general sus laboratorios están dotados[10] del material más moderno y de todas las comodidades para hacer agradable el trabajo a profesores y estudiantes.

Completan la Ciudad Universitaria unos magníficos campos[11] de
20 deportes con pistas[12] para carreras y terrenos para ejercicios gimnásticos. Hay además estadios de futbol[13], una piscina[14], un campo para rugby y canchas[15] para juegos como tenis y baloncesto[16]. Cada facultad tiene un gimnasio propio y un bar[17] donde se sirven comidas por muy poco dinero.
25 La manera de enseñar varía según las carreras y los catedráticos[18], pero los métodos son prácticos y entretenidos para el alumno: se

---

[1] *Philosophy and Letters* (the name of one of the most important colleges in many European and Latin American universities)　　[2] *the one having the largest attendance*
[3] The *Ciudad Universitaria* is equivalent to the American university campus in its broadest sense　　[4] *northwest*　　[5] *construction was continued*　　[6] *colleges*　　[7] *technical*
[8] *classrooms*　　[9] *very large*　　[10] *equipped*　　[11] *athletic fields*　　[12] *race tracks*
[13] *soccer*　　[14] *swimming pool*　　[15] *courts*　　[16] *basketball*　　[17] *snack-bar*
[18] teachers in an *Instituto* or university who have tenure

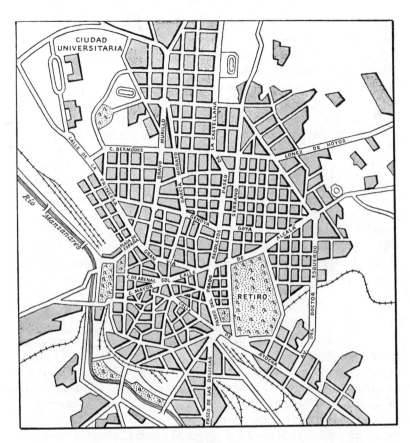

La Ciudad Universitaria de Madrid ocupa
un vasto territorio al noroeste de la capital

proyectan películas didácticas, se hacen dibujos[1] y se establecen clases prácticas en laboratorios y salas de disección. Hay clases en las que se explica teoría exclusivamente y asisten muchos alumnos. En estas clases el catedrático no pregunta. Hay otras clases de pocos alumnos 30 en las cuales los estudiantes pueden hacer preguntas sobre la lección del día.

Por lo general, las clases sólo tienen lugar desde las ocho hasta las dos. Los estudiantes tienen la obligación moral de asistir a clase, pero debido al gran número de alumnos es imposible llevar un control 35 riguroso de las faltas[2] de asistencia. En estos casos hay siempre

---

[1] *drawings*   [2] *absences;* asistencia = *attendance*

algunos estudiantes que se atreven a faltar a la clase para marcharse al cine o irse de paseo.

En los bares de las distintas facultades se ven carteles que anuncian
40 bailes organizados por los estudiantes. Así un día tienen un baile los[1] de Filosofía y Letras, otro los de Ciencias, otro los de Medicina, etc. Además, chicos y chicas se ven en la Ciudad Universitaria y salen juntos muchas veces.

En la Universidad se organizan excursiones baratas dentro de
45 España y al extranjero y durante el verano los estudiantes tienen residencias en los principales puntos[2] de veraneo a las que pueden ir por poco dinero. También el gobierno presta libros de estudio y da comidas y pases[3] para el autobús a estudiantes necesitados. El Estado suele dar en cada universidad muchas becas[4] que consisten en ofrecer
50 al estudiante necesitado y aplicado cierta cantidad de dinero, de 6,000 a 48,000 pesetas por año.

PREGUNTAS

1. ¿ Cuántas facultades hay generalmente en las universidades españolas ? 2. ¿ Cuáles son las facultades de la universidad ? 3. ¿ Cuál es la universidad española más famosa por su tradición ? 4. ¿ Qué universidad tiene el mayor número de estudiantes ? 5. ¿ Dónde está la Ciudad Universitaria de Madrid ? 6. ¿ Cuándo se empezó la construcción de esta Ciudad Universitaria ? 7. ¿ Cómo son los edificios de la Universidad de Madrid ? 8. ¿ Qué hay en la Ciudad Universitaria para hacer deportes y ejercicios ? 9. ¿ Qué métodos de enseñanza se usan en la universidad ? 10. Por lo general ¿ entre qué horas hay clases ? 11. ¿ Tienen los estudiantes obligación de asistir a clase ? 12. ¿ Quiénes organizan bailes en las facultades ? 13. ¿ Qué se organiza en la Universidad para los estudiantes durante el verano ? 14. ¿ Cómo ayuda el gobierno a los estudiantes necesitados ?

EJERCICIOS

A. *Contéstense las preguntas siguientes en el afirmativo con* **yo.**[1] EJEM-PLOS: 1. ¿ Se quedó usted mucho tiempo en Barcelona ? Sí,

[1] students of Philosophy and Letters
[2] *summer resorts*   [3] *passes*   [4] *scholarships*

[1] Ordinarily, the pronoun *yo* is omitted in the reply, since the ending of the verb form and the reflexive *me* are sufficient to indicate the meaning.

me quedé mucho tiempo en Barcelona. 2. ¿Quiere usted levantarse a las ocho? Sí, quiero levantarme a las ocho. 1. ¿Se acuesta usted a las once? 2. ¿Se despierta usted a las seis de la mañana? 3. ¿Se divierte usted mucho en el cine? 4. ¿Se duerme usted en sus clases? 5. ¿Se levantó usted temprano ayer? 6. ¿Se sentó usted en una silla cómoda? 7. ¿Se puso usted un abrigo antes de salir? 8. ¿Va usted a dedicarse[1] a la literatura? 9. ¿Tiene usted que bañarse[1] antes de salir? 10. ¿Debe usted lavarse[1] las manos antes de comer?

B. *Contéstense las preguntas siguientes en el negativo con nosotros.*[2] EJEMPLOS: 1. ¿Se acostarán ustedes temprano esta noche? No, no nos acostaremos temprano esta noche. 2. ¿Tienen ustedes que prepararse para un examen? No, no tenemos que prepararnos para un examen.

1. ¿Se atreven ustedes a hablar por teléfono con esta chica? 2. ¿Se dedican ustedes a la música? 3. ¿Se marchan ustedes ahora? 4. ¿Se quedaron ustedes mucho tiempo en España? 5. ¿Se fijaron ustedes en la arquitectura de la iglesia? 6. ¿Se encontraron ustedes en el museo? 7. ¿Se acercarán ustedes al río? 8. ¿Se dirigirán ustedes al jefe? 9. ¿Piensan ustedes verse[1] mañana? 10. ¿Quieren ustedes sentarse[1] aquí? 11. ¿Van ustedes a aprovecharse[2] de sus vacaciones? 12. ¿Tienen ustedes que levantarse[1] temprano?

C. *Contéstense en el afirmativo las preguntas siguientes.*

1. ¿Se habla mucho español en esta clase? 2. ¿Se estudia mucho en la universidad? 3. ¿Se ve a muchas chicas guapas en la biblioteca? 4. ¿Se pasa mucho tiempo leyendo en casa? 5. ¿Se hace mucho trabajo durante la semana?

D. *Substitúyanse los guiones por la forma cnveniente del pronombre reflexivo. Luego, escríbase la frase con la forma alternativa.* EJEMPLO: Vamos a acostar — en seguida. Vamos a acostarnos en seguida. **Nos** vamos a acostar en seguida.

1. Voy a levantar— a las nueve. 2. No puedo divertir— en este club. 3. Queríamos sentar— en el parque. 4. Debo lavar— antes de salir. 5. Estamos acostumbrándo— a la comida española. 6. Estoy

[1] The reflexive pronoun must correspond to the subject of the sentence even when it is used with the infinitive. See the second example in the directions.
[2] Ordinarily, the pronoun *nosotros* is omitted in the reply, since the ending of the verb form and the reflexive *nos* are sufficient to indicate the meaning.

preparándo— para un examen. 7. Estamos divirtiéndo— en esta ciudad. 8. Estoy acostándo—.

E. *Substitúyanse las palabras inglesas entre paréntesis por sus equivalentes en español, usando las formas reflexivas convenientes.*

1. Nosotros (*met each other*) en Madrid. 2. Estos árboles (*are found*) en el sur del país. 3. (*One enters*) en la casa por aquella puerta. 4. Esta calle (*is called*) avenida de los Muertos. 5. Aquí (*books*[1] *are sold*). 6. Estas montañas (*are seen*) desde la ciudad. 7. En esta tienda (*Spanish*[1] *is spoken*). 8. (*One eats*) a las nueve. 9. En aquel país (*they work*) mucho. 10. Por la noche (*they dance*) y (*they sing*).

Vocabulario — Página 223

Gramática

1. What are the reflexive pronouns? With what must the reflexive pronoun agree? (§ 26)

2. Which verbs may become reflexive? (§ 27 A) Find an example in this lesson of a verb which becomes reflexive by the addition of a reflexive object.

3. Find two verbs which exist only in the reflexive form. (§ 27 B)

4. Find a verb in the lesson which has one meaning in its non-reflexive and a different meaning in its reflexive form. (§ 27 D)

5. Find an example of a reflexive pronoun which means *each other.* What grammatical term is given to reflexive pronouns with this meaning? (§ 27 F)

6. Find examples in the text of *se* used as a substitute for the passive voice. (§ 28 A)

7. Find examples of sentences in which *se* has virtually the connotation of the English indefinite pronoun *one.* (§ 28 B, C)

8. Conjugate the verbs *variar* and *anunciar* in the present tense. (Page 224) What irregularity do some verbs in –*iar* have in the present and the imperative? (§ 107 I)

[1] Place after the verb in Spanish.

Octavo Repaso — Lecciones 36 a 40

NOMBRES IMPORTANTES

Explíquense en español los nombres siguientes.

Alhambra	Córdoba	Salamanca
bachillerato	Granada	Toledo
Bécquer	el Greco	Zorilla
	Irving	

PREGUNTAS

1. ¿A qué tiempo se remonta la historia de España? 2. ¿En qué ciudades de España se encuentran hoy sobre todo huellas de la civilización árabe? 3. ¿Por qué van muchos turistas norteamericanos a ver la Alhambra? 4. ¿Por qué es Toledo una ciudad muy interesante para el viajero? 5. ¿Por qué era Toledo importante durante la Edad Media? 6. ¿Qué escribieron Zorilla y Bécquer sobre Toledo? 7. Descríbase la plaza típica de un pueblo castellano. 8. ¿Cómo se ganan la vida los habitantes de una aldea de Castilla? 9. Descríbase la casa típica de un pueblo castellano. 10. ¿A qué edad comienzan a ir a la escuela los niños españoles? 11. ¿Después de cuántos años de instrucción básica empieza la educación secundaria en España? 12. Para ingresar en la universidad ¿qué tiene que hacer el alumno español? 13. Descríbanse los edificios de la Universidad de Madrid. 14. Además de los edificios de las facultades ¿qué hay en la Ciudad Universitaria de Madrid? 15. ¿A qué clase de estudiantes ofrece el Estado becas?

TEMAS PARA COMPOSICIÓN ESCRITA

Hágase una composición sobre cualquiera de los temas siguientes.

1. La enseñanza secundaria y universitaria en España
2. Los árabes en España

EJERCICIOS

A. *Substitúyanse las preposiciones inglesas por sus equivalentes en español.*

1. El alumno escribió una carta (*about*) su viaje por Andalucía.
2. Me quedé en casa (*instead of*) salir a la calle. 3. (*As for*) José, tuvo que estudiar. 4. Los estudiantes se presentaron (*before*) su

profesor para examinarse. 5. No fuimos al cine (*because of*) la lluvia.
6. La escuela está (*near*) una iglesia.

B. *Substitúyanse los guiones por las preposiciones convenientes cuando
sea necesario.*

7. El presidente de un país tiene que pensar mucho —— los problemas internacionales. 8. La hija del señor García se casó —— un
chico muy rico. 9. Pronto llegamos —— la plaza principal de Valencia. 10. Espero —— una carta de mi amigo. 11. Aquellas montañas
siempre están cubiertas —— nieve.

C. *Substitúyanse los infinitivos entre paréntesis por sus formas convenientes del condicional.*

12. Mi hermano dijo que usted (recibir) su carta mañana. 13. El
profesor prometió que nosotros (ver) las películas. 14. El chófer
preguntó si yo (poder) ir a la estación. 15. ¿ (tener) los hermanos
mucho dinero ? 16. La señora me dijo que ustedes (salir) esta noche.

D. *Substitúyanse los guiones por pero o sino.*

17. No llegaremos hoy —— mañana. 18. Aquellos estudiantes
no hablan francés —— español.

E. *Substitúyanse los guiones por las formas convenientes de ser o estar
en el tiempo indicado.*

19. La puerta (PRESENTE) abierta; ciérrela. 20. Los cuentos de la
Alhambra (PRETÉRITO) escritos por Washington Irving. 21. Yo
(IMPERFECTO) hablando con María cuando empezó a llover. 22. Toledo
(PRESENTE) a setenta kilómetros al sur de Madrid. 23. José (PRESENTE)
de Cádiz. 24. Yo (PRESENTE) muy cansado porque he trabajado mucho.

F. *Substitúyanse los guiones por los pronombres reflexivos convenientes.*

25. Yo —— presenté a la señora y le dije que buscaba una habitación. 26. Queremos levantar— mañana a las ocho. 27. No pude
quejar— porque quedé muy satisfecho.

G. *Substitúyanse las palabras inglesas entre paréntesis por sus equivalentes en español. Úsese un pronombre reflexivo en cada frase.*

28. Los chicos (*met each other*) en el parque. 29. En Monterrey
(*are sold*) muchos artículos norteamericanos. 30. En México (*they
sing*) mucho.

GRAMÁTICA

1. The uses of the reflexive verb and of *se*. (§§ 27, 28)
2. Simple and compound prepositions. (§§ 40, 41)
3. Verbs governing nouns with or without a preposition. (§ 46)
4. Three ways of expressing *but*. (§ 49 A, B, C)
5. The uses of the imperfect and preterite in narration. (§§ 61 A, B, 63, 64)
6. Formation and use of the conditional. (§§ 67, 68)
7. The uses of *ser* and *estar*. (§§ 97, 98)
8. Meanings of the verb *deber* in various tenses. (§ 99)
9. Spelling changes in verbs ending in *-ducir*, *-iar*, and *-uar*. (§ 107 F, I)

Cuarto Suplemento – Lecciones 31-40

LECCIÓN TREINTA Y UNA

Vocabulario

(agrícola, *m. and f.*)	extenderse (ie)	(navegable)
Atlántico	(extremado)	(occidental)
carácter (*m.*)	histórico	(prolongación)
Castilla	(improductivo)	severo
(concentrar)	Málaga	Sevilla
Europa	Mediterráneo	silencioso
	(mediterráneo)	

Los principales ríos son:	Las principales montañas son:
el Duero	los Pirineos
el Ebro	la Sierra Morena
el Guadalquivir	la Sierra Nevada
el Tajo	

aceituna *olive*

Andalucía *Andalusia, region of southern Spain*

barco *boat, ship*

cadena *chain*

camión (*m.*) *truck*

Castilla *Castile, region of central Spain*

Cataluña *region of northeastern Spain,*
of which Barcelona is the capital

cruzar *cross*

el cual, la cual, los cuales, las cuales, lo cual (*rel. pron.*) *which, that; who*

demás *other, the rest*

desarrollo *development*

desnudo *bare*

físico *physical*

junto a   *alongside of, beside*
legumbre (*f.*)   *vegetable*
menos (*prep.*)   *except*
monte (*m.*)   *low mountain*
pobreza   *poverty*
quemar   *burn*

río   *river*
suave   *mild; soft, gentle*
trigo   *wheat*
viajero   *traveler*
vista   *view*

al lado de   *alongside of*
las dos Castillas   *the two Castiles, that is, the regions of central Spain known*
   as Castilla la Vieja *and* Castilla la Nueva
Edad Media   *Middle Ages*
las Provincias Vascongadas   *region of northern Spain; the Basque country*
punto de vista   *point of view*
tanto . . . como   *as much . . . as, both . . . and*

Verbos

Verbos que terminan en –zar — cruzar

PRESENTE	PRETÉRITO	IMPERATIVO
cruzo	crucé	
cruza	cruzó	cruce usted
cruzamos	cruzamos	crucen ustedes
cruzan	cruzaron	

Ejercicios

A. 1. Spain produces much wheat, a great part of which she sells to the other nations of Europe. 2. In Spain there are few navigable rivers, which explains the great differences between the regions of the country. 3. The traveler who crosses the Pyrenees finds a country almost completely different from the other nations of Europe. 4. Spain is divided into thirteen regions, each one of which has its customs. 5. The summers are so dry that at times there is not enough water for the cultivation of the fields. 6. In Spain there are many mountains, some of which are very high. 7. Many people spend the summer on the coast, which costs a great deal of money. 8. One of the most picturesque regions of Spain is Andalusia, which is famous for its dances. 9. In Spain there are very old cities and ruins of ancient civilizations, which makes a trip to that country very interesting[1].

[1] Place directly after the verb.

B. 1. Tell your friend that Spain is a very mountainous country, which explains the differences between the regions. 2. Ask your teacher to speak of the various regions of Spain. 3. Tell Charles that in Spain there are many

large cities, some of which are modern. 4. Tell Philip that in Spain it is so
hot in summer that often there is little rain.

LECCIÓN TREINTA Y DOS

Vocabulario

(agencia)

animal (*m.*)

(anticipación)

Ávila

Burgos

caracterizar

impresión

inmediato

Irún

línea

Madrid

(medieval)

(método)

(monasterio)

San Sebastián

abierto (*pp of* abrir)   *open*
adonde   *where, to which*
alejarse (de + *noun*)   *move away*
amarillo   *yellow*
bajarse   *get off, get out of* (*a vehicle*)
billete[a] (*m.*)   *ticket*
civil   *civilian* (*adj.*)
coche (*m.*)   *train coach*
conseguir (i, i)   *get, obtain*
cosecha   *harvest*
cualquier   *any, any whatever*
cuyo   *whose*
estilo   *style*
guardar   *keep; guard*
guardia (*m.*)   *policeman*
junto (a)   *beside, next to, close to*
labrador (*m.*)   *farmer; farmhand*
lujo   *luxury*

llanura   *plain*
mandar   *send*
mar (*m. and f.*)   *sea*
mercado   *market ,*
orden (*m.*)   *order*
pasado (*adj.*)   *past, last*
pollo   *chicken*
precioso   *marvelous, beautiful*
recoger   *gather*
rodear   *surround*
según (*conj.*)   *as*
seguro   *sure; safe*
sombrero   *hat*
tan   *so*
trasladar   *transport*
u (*used instead of* o *before words beginning
with* –o– *and* ho–)   *or*

a menudo   *often*
agencia de viajes   *travel agency*
la semana pasada   *last week*
por todas partes   *on all sides, everywhere*
sacar billete   *buy a ticket*
seguir + PRESENT PARTICIPLE   *go on doing, continue doing*
tomar el sol   *sun oneself, take a sunbath*
tren de lujo   *de luxe train*

---

[a] In Spain, *billete* means both *ticket* and *bill* (*banknote*). In Mexico, *billete* usually refers
only to banknotes, while *boleto* is used for *ticket*.

Verbos

VERBOS QUE TERMINAN EN -gar — llegar

PRESENTE	PRETÉRITO	IMPERATIVO
llego	llegué	
llega	llegó	llegue usted
llegamos	llegamos	lleguen ustedes
llegan	llegaron	

Ejercicios

Use the proper Spanish progressive form of the verb wherever possible in translating the sentences of this exercise.

A. 1. The farmers are burning the wood. 2. I was helping my father to[1] gather the harvest. 3. The children were taking a walk in the woods. 4. The students are shouting in the square. 5. They continued to receive[2] letters after the departure of their friend. 6. The chauffeur had looked at the tank and was filling it when I arrived. 7. We are traveling in a marvelous country. 8. The policemen were listening to the music in the café. 9. We are showing the yellow grain to the foreigners.

[1] *a*   [2] What construction follows *seguir?*

B. 1. Ask your teacher if he is writing a letter in Spanish. 2. Tell Mr. García that you are looking for[1] a book. 3. Tell your mother that your friend is waiting in front of the house. 4. Tell her that all the children were shouting when the teacher arrived.

[1] Included in the verb.

LECCIÓN TREINTA Y TRES

Vocabulario

acompañar	curiosidad	obtener[a]
admiración	dedicar	(siesta)
animación	grupo	silencio
café (*m.*)		teléfono

abajo   *down below; downstairs*   banco   *bench*
acercarse (a + *noun*)   *approach*   citarse (con + *noun*)   *make an appoint-*
apuntar   *note down*   *ment,* "*date*"

---

[a] Conjugated like *tener.*

compra *purchase*
colocar *place, put*
contar (ue) *tell*
contener [a] *hold back; contain*
chico [b] *boy;* chica *girl*
demostrar *show*
despedirse (i, i) (de + *noun*) *take leave of; say goodbye to*
dignarse *deign*
dirigirse (a + *noun*) *address, turn to; make one's way toward*
entonces *then*
guapo *good-looking*
intentar *try, attempt*
irse [c] *go, go away*
Juan *John*
libre *free*
mal (*adv.*) *bad(ly)*
a ver *let's see*
citarse con *make a "date" with*
cruzarse con *cross the path of*
de nuevo *again*
dormir [f] la siesta *take a "siesta," take a nap*
es decir *that is to say*

mayor [d] *older*
moreno *brunette*
novio *sweetheart, "boy friend"; fiancé*
paseo *walk; boulevard*
pasear(se) *take a walk*
procurar *try*
prometer *promise*
proponer [e] *propose*
risa *laugh, laughter*
rubio *blond*
sentir (ie, i) *feel*
siquiera *even*
sonar (ue) *ring; sound*
soñar (con + *inf.*) *dream (of)*
suponer [e] *suppose*
tras *behind, after*
ventaja *advantage*

hacer caso *pay attention*
ir de compras *go shopping*
pasar de largo *pass by*
por allí *over there*
por parte de *on the part of*
pues entonces *then, well, well then*
tal vez *perhaps*

Verbos

EL FUTURO

VERBOS REGULARES

hablar	**comer**	**vivir**
hablaré	comeré	viviré
hablará	comerá	vivirá
hablaremos	comeremos	viviremos
hablarán	comerán	vivirán

---

[a] Conjugated like *tener.*
[b] The word *chico* is in reality an adjective which means *small.* In Spain, it is used familiarly but very frequently to mean *boy* or *girl.*
[c] Conjugated like *ir.*
[d] An irregular comparative of *grande,* meaning both *older* and *greater.*
[e] Conjugated like *poner.*
[f] Depending on the part of Spain, one hears various idioms to express this idea, such as *echarse la siesta, echar la siesta, hacer la siesta,* etc.

VERBOS IRREGULARES

decir	diré	haber	habré	poner	pondré
hacer	haré	poder	podré	salir	saldré
		querer	querré	tener	tendré
		saber	sabré	valer	valdré
				venir	vendré

VERBOS QUE TERMINAN EN –car — **colocar**

PRESENTE	PRETÉRITO	IMPERATIVO
coloco	coloqué	
coloca	colocó	coloque usted
colocamos	colocamos	coloquen ustedes
colocan	colocaron	

VERBOS QUE TERMINAN EN –ger Y –gir — **dirigir**

PRESENTE	PRETÉRITO	IMPERATIVO
dirijo	dirigí	
dirige	dirigió	dirija usted
dirigimos	dirigimos	dirijan ustedes
dirigen	dirigieron	

Ejercicios

A. 1. According to the doctor, the boy will remain in Burgos a week. 2. Who will come to our house tomorrow? 3. Will they get tickets for Madrid? 4. The train will leave at ten o'clock. 5. We will eat with John. 6. I will not be able to accompany you. 7. What will you do tomorrow? 8. The girls will have to remain in Avila. 9. Perhaps there will be a dance tonight.

B. 1. Tell Charles that you will leave for Madrid tomorrow. 2. Tell Mary that you will pay the bill at once. 3. Ask your teacher if he will give you John's book. 4. Tell your friend that the letters will arrive soon.

LECCIÓN TREINTA Y CUATRO

Vocabulario

Barcelona	(consonante, *f*.)	(derivar)
comparar	(contrastar)	espíritu (*m*.)
constituir	Costa Brava	(latín, *m*.)

oficial (*adj.*)	producir	(relativo)
penetrar	(publicación)	(suburbio)[a]
(pera)	publicar	(transformación)
(pino)		unir(se)

actual *present* (*time*)
actualmente *at present*
algo (*adv.*) *somewhat*
alrededor *around*
alzar *raise*
asunto *matter, affair*
atraer *attract*
belleza *beauty*
castellano *Castilian* (*language and
people*)
encerrar (ie) *shut, shut in, enclose*
extenso *extensive*

humilde *humble*
manzana *apple*
ni *not even*
periódico *newspaper*
precio *price*
quinientos *five hundred*
reino *kingdom*
roca *rock*
semejante *similar*
sí (*refl. pron.*) *himself, herself, themselves, yourself*
soler (ue) *be accustomed to*

a fines de *at the end of*
desde hace: PRESENT + desde hace PERFECT + *for*
entre sí *between* (*among*) *themselves* (*yourselves*)
ganarse la vida *earn a living*
hace . . . que: hace + **time expression** + que + PRESENT *for* + **time
expression** + PERFECT
o sea *that is, or*
se produce de todo *everything is produced*
ya que *since, because*

Ejercicios

A. 1. At present there are many persons in Barcelona who speak Spanish
and Catalan. 2. They have been sleeping[1] since three o'clock. 3. We have
been talking[1] about that affair for two hours. 4. For three weeks they have
been traveling[1] through Spain, especially through Andalusia. 5. Since when
has he been waiting[1]? 6. He has been waiting[1] since two o'clock. 7. I have
been reading[1] for fifteen minutes. 8. This village is typically Spanish. 9. For
an hour he has been writing[1] rapidly.

[1] Spanish does not use the perfect tense in this construction.

B. 1. Tell John that you have been waiting for the train for ten minutes.
2. Tell your father that you have been studying for two hours. 3. Tell your
mother that you have known Mary since the month of May. 4. Tell her that
your sister has been talking for a long time.

---

[a] The usual word for *suburb* is *afuera*. The term *suburbio* refers to a suburb in a factory
district.

LECCIÓN TREINTA Y CINCO

Vocabulario

acostumbrar(se)	(mención)	sopa
consistir	numeroso	(sustancioso)
chocolate (*m.*)	(oliva)	tipo
depender	(patata)	(tomate, *m.*)
(digestión)	(sardina)	(tostar)
(ingrediente, *m.*)		(vigilancia)

acudir   *come (in answer to a call)*
almuerzo[a]   *lunch*
arroz (*m.*)   *rice*
café (*m.*)   *coffee*
cantidad   *quantity*
carne (*f.*)   *meat*
cena   *supper, evening meal*
cerdo   *pig, hog; pork*
comida   *meal; noon meal, dinner*
constar (de + *inf.*)   *consist (of)*
convenir (ie)[b]   *be proper, be suitable*
debido (a)   *owing (to), due (to)*
dulce (*m.*)   *sweet; candy;* (adj.) *sweet*
duro   *hard; hard-boiled* (egg)
espeso   *thick*
habitación[c]   *room*
hacia   *about (in time)*
helado   *ice cream*
leche (*f.*)   *milk*

lejos   *far*
ligero   *light*
llave (*f.*)   *key*
merecer   *deserve*
negro   *black*
pan (*m.*)   *bread*
parecido   *similar*
pescado[d]   *fish*
piso[e]   *apartment*
postre (*m.*)   *dessert*
queso   *cheese*
sabor (*m.*)   *taste, flavor*
se   *each other*
señalar   *point out*
sereno   *night watchman*
taza   *cup*
verdura(s)   *greens, vegetables*
vino   *wine*

a la española   *in the Spanish fashion*
casa de pisos   *apartment house*
tener lugar   *take place*

---

[a] While *almuerzo* sometimes refers to a light lunch at about eleven o'clock in the morning, in some regions of Spain it refers to breakfast and takes the place of *desayuno*, and in other regions, it refers to the midday meal and takes the place of *comida*. The same confusion of terms is found in English in words such as *lunch, dinner,* and *supper,* which refer to different meals in different parts of the United States.

[b] Conjugated like *venir.*

[c] In Spain, *habitación* is the commonest word for *room*. In some parts of Spain *cuarto* is not used, in some parts it means *apartment,* and in some parts *room*.

[d] Live fish are *pez* (*peces*); fish as food is *pescado*.

[e] The word *piso* means both *apartment* and *floor of a building* in Spain.

Verbos

VERBOS QUE TERMINAN EN *vocal* + -cer — merecer

PRESENTE	PRETÉRITO	IMPERATIVO
merezco	merecí	
merece	mereció	merezca usted
merecemos	merecimos	merezcan ustedes
merecen	merecieron	

Ejercicios

A. 1. The dessert was prepared by the landlady's daughter. 2. Spain is famous for its wines. 3. This child knows a great deal for his age. 4. Most Spaniards eat four times a day. 5. I am about to return. 6. In Spain you can live in a boarding house for very little money. 7. He took out the key in order to open the door. 8. We are leaving this morning for Barcelona. 9. In Spain there are good meals everywhere.

B. 1. Ask your father who opened the door. 2. Tell Charles that you traveled at ninety kilometers per hour. 3. Tell Mary that you are buying a gift for her. 4. Ask your teacher if he is leaving for Spain.

LECCIÓN TREINTA Y SEIS

Vocabulario

(acueducto)
(administración)
África
(alcohol, *m.*)
(álgebra)
Alhambra
(árabe, *noun and adj.*)
Arabia
bárbaro
base (*f.*)
Córdoba
cristiano

(dominación)
Granada
(implantar)
(importador, *m.*)
independiente
intenso
introducir
Jesucristo
marcar
(monumental)
(morisco, *noun and adj.*)

(moro)
(núcleo)
oriental
(remoto)
(residencia)
(romano)
sistema (*m.*)
Toledo
(totalidad)
uso
Washington Irving

acaso *perhaps*
adelantar *advance;* adelantado *advanced*
anterior *previous*

baño *bath*
caída *fall*
canción *song*
crecer[a] *grow; increase*

[a] Conjugated like other verbs in VOWEL + -cer. See § 107 E.

cuento *short story*

encima de *on top of, on*

escritor (*m.*) *writer*

el que, la que, los que, las que*ᵃ* *which;*
   that; who

fortaleza *fortress*

fuente (*f.*) *fountain; spring*

ley (*f.*) *law*

medio *middle*

papel (*m.*) *paper*

permanecer*ᵇ* *remain, stay*

recuerdo *recollection, remembrance;*
   souvenir

traducir *translate*

antes de Jesucristo (*abbr.* a. de Jc.) *B. C.*

así como *as well as*

Cuentos de la Alhambra *Tales from the Alhambra*

de manera que *so that*

Imperio romano *Roman Empire*

pasar a ser *come to be, become*

poco a poco *little by little*

por ello *for that reason*

Verbos

VERBOS QUE TERMINAN EN –ducir — traducir

PRESENTE	PRETÉRITO	IMPERATIVO
traduzco	traduje	
traduce	tradujo	traduzca usted
traducimos	tradujimos	traduzcan ustedes
traducen	tradujeron	

Ejercicios

A. 1. In Spain there are many ancient cities besides Toledo. 2. Instead of a church they have constructed a museum there[1]. 3. As for the Romans, they brought their language and their laws to Spain. 4. The Arabs could not take the entire peninsula because of the Christians in the north. 5. Since last year Guadalajara has more inhabitants than Monterrey. 6. The army of Cortez advanced[2] as far as the capital. 7. Granada is near the Sierra Nevada. 8. Washington Irving wrote stories concerning the Moors in Spain. 9. Behind the Alhambra there are some[3] beautiful gardens where the Moorish[4] kings used to take walks.

[1] Place before *museum.*   [2] Use a form of *avanzar.*   [3] *unos*   [4] *moros*

B. 1. Tell your friend that you are going to the movie in spite of the rain. 2. Ask John if there is a car in front of the house. 3. Tell your father that according to the teacher Spain is one of the most interesting countries in Europe. 4. Tell him that the horse is near the bridge.

ᵃ This is an alternate relative pronoun form which is used as *el cual.* See § 37 C.

ᵇ Conjugated like other verbs in VOWEL + *-cer.* See § 107 E.

LECCIÓN TREINTA Y SIETE

Vocabulario

(afirmativo)
Alcázar
antiquísimo [a]
autor (m.)
Bécquer
(circunferencia)
(convento)
Cristo
(crucificar)

Diego Martínez
(documento)
(fortificar)
fortuna
Greco, El
honor (m.)
imagen (f.)
Inés
inspiración

(literario)
momento
noble
(predominante)
(profanar)
(resumen, m.)
San Vicente
Vega
Zorrilla

amante (m. and f.) lover
amar love; amado (as noun) loved one
ante in the presence of, before
aparecer appear
arrepentirse (ie, i) repent
asombrar astonish, surprise
caer, caigo, caí, caído fall
casarse (con + noun) marry
cerro hill
cielo sky
cruz (f.) cross
cuarto (adj.) fourth
cubrir cover
envolver (ue) surround, wrap
juez (m.) judge
juramento oath; word (of honor)

jurar swear
manifestar (ie) reveal, express
marchar go
mas (literary) but
menor least
mismo itself
negarse (ie) (a + inf.) refuse
población town
regresar return
regreso return
sagrado sacred
sino but
testigo witness
unos, unas some
voz (f.) voice

a su vez in (his) turn
a través de through, throughout, across
Cristo de la Vega Christ of the Lowlands
en lo alto on high, above
ser cierto be true

Verbos

EL CONDICIONAL

VERBOS REGULARES

hablar	comer	vivir
hablaría	comería	viviría
hablaría	comería	viviría
hablaríamos	comeríamos	viviríamos
hablarían	comerían	vivirían

[a] Before adding the suffix -ísimo, the adjective antiguo changes -gu- to -qu-.

VERBOS IRREGULARES

decir	diría	haber	habría	poner	pondría
hacer	haría	poder	podría	salir	saldría
		querer	querría	tener	tendría
		saber	sabría	valer	valdría
				venir	vendría

Ejercicios

A. 1. The witness said that he would return later. 2. The judge asked the[1] soldier if he would marry Inés. 3. But the soldier answered that he would go to[2] war. 4. The king promised that he would hide the prisoner. 5. We are not studying French but Spanish. 6. It would be interesting to visit Toledo, but we do not have the time. 7. Spain does not have one large city but several. 8. The lover said that he would be able to enter the garden. 9. But the girl answered that she would go out that night.

[1] *al*   [2] *a la*

B. 1. Tell Robert that you didn't see Charles but Philip. 2. Ask Mary if she would go to the movies with you. 3. Tell her that you would return home before eleven. 4. Tell her that she could see a very interesting film.

LECCIÓN TREINTA Y OCHO

Vocabulario

(agrupar)
carta[a]
cooperativo
diversión
(dominó, *m.*)
(espacioso)

exterior (*adj.*)
(hospitalario)
interesarse (por + *noun*)
material (*m.*)
(mula)
observar
ocupación

(patrón, *m.*)
reducir
respeto
superior (*m.*)
(telefónico)
(tractor, *m.*)

alcalde (*m.*) *mayor*
aldea *village*
alguien *someone*
boda *wedding*
calleja *small street; alley*
campana *bell; chimney (in shape of a bell)*
cocina *kitchen*

componerse[b] (de + *noun*) *be composed (of)*
consulta *doctor's office*
contar (ue) (con + *noun*) *count (on)*
cualquiera (*pron.*) *anyone*
despacho *office*
envidia *envy*
fiel *faithful*

---

[a] The word *carta* means *playing card* as well as *letter*. But an ordinary *card* or *postcard* is a *tarjeta*.
[b] Conjugated like *poner*.

gallina *hen*

habitar *inhabit*

hasta *even; to the point of*

huerta *vegetable garden*

humo *smoke*

labrar *work in the fields; work the soil*

labriego *farm hand; farmer*

partir *leave, go off; start*

pieza *room*

piso *story, floor* (in counting floors of a house)

preocuparse (de + *noun*) *worry (about)*

quejarse (de + *noun*) *complain (about)*

reírse (i, i) (de + *noun*) *laugh (at)*

rojo *red*

salud (*f.*) *health*

sencillo *simple*

suceder *happen*

suelo *floor*

tender (ie) *tend (to)*

tirar *pull; draw*

trozo *piece*

la central telefónica *telephone office, telephone exchange*

de todas formas *in any case*

dejar mucho que desear *leave much to be desired*

en los últimos tiempos *in recent times*

piso bajo *ground floor*

por nada *in no way at all*

primer piso *second floor*

seguir siendo *continue to be*

servir para *be used for, be good for*

Ejercicios

In this exercise each Spanish verb is followed by a preposition which is different from the preposition used in the corresponding English construction. If you are in doubt as to the preposition to use, consult the lesson vocabulary, the final vocabulary, or GRAMÁTICA § 46.

A. 1. The soldiers approached the city. 2. They looked for a hotel in the village. 3. The farm hands entered the house. 4. We laughed at their ideas. 5. The students complained about the work that they had to do. 6. Did you dream of a wedding? 7. They arrived in the town at eight o'clock. 8. He noticed the vegetable gardens that there were around the city. 9. You resemble your sister.

B. 1. Tell your friend that you are looking for a good servant. 2. Ask her if she is thinking of her lesson. 3. Ask her what she is laughing at. 4. Tell her that your sister married an engineer.

LECCIÓN TREINTA Y NUEVE

Vocabulario

(adicional)
admitir
(aptitud)
(aritmética)
(básico)
capacidad
clásico
composición
concepto

continuar
doctor (m.)
examinar
(geografía)
(gramática)
inspirar
(integral)
(matemáticas, f. pl.)
(objetivo)
(obligatorio)

(orientación)
(personalidad)
posibilidad
(radical)
(reforma)
(semestre, m.)
título
(transición)
universal

adquirir (ie) acquire
alcance (m.) reach
alumno pupil
colegio private secondary
school; boarding school
conveniente suitable
dispuesto (pp. of disponer)
ready, disposed
dominio mastery
enseñanza teaching; instruction;
education
Estado the Government, the State
formación training; education

grado level; rank
hace ago
lectura reading
medio means; pl. (financial) means,
resources
octavo eighth
oficio trade
ofrecer offer
padres (m. pl.) parents
privado private
superior (adj.) higher, more advanced
voluntad will

a partir de ese momento from that time on
al alcance de within the reach of
de primer grado on the first level
desde este momento en adelante from this time on
en cuanto a as for
hasta hace poco until a short time ago, until very recently
por lo menos at least

Verbos

ALGUNOS VERBOS QUE TERMINAN EN –uar — continuar

PRESENTE	PRETÉRITO	IMPERATIVO
continúo	continué	
continúa	continuó	continúe usted
continuamos	continuamos	continúen ustedes
continúan	continuaron	

adquirir (ie)

PRESENTE	PRETÉRITO	IMPERATIVO
adquiero	adquirí	
adquiere	adquirió	adquiera usted
adquirimos	adquirimos	adquieran ustedes
adquieren	adquirieron	

Ejercicios

A. 1. Robert is an English student, but he is in Madrid this year. 2. The door was opened at nine o'clock and now it is still open. 3. We are looking at his photograph. 4. We are from San Francisco. Where are you from? 5. The book was written by a Mexican author. 6. Our examination will be tomorrow. 7. The table is covered with books. 8. Formerly she was rich, but now she is old and poor. 9. Their mother is very tired.

B. 1. Tell John that our Independence Day is in July. 2. Ask Mary if the table is covered with papers. 3. Tell the children that you are very tired. 4. Ask your friend where the newspaper is.

LECCIÓN CUARENTA

Vocabulario

anunciar
(autobús, m.)
(campus, m.)
completar
(control, m.)
(didáctico)
(disección)
(excursión)

Franco
(gimnasio)
(gimnástico)
imposible
(monarquía)
moral (adj.)
obligación

proyectar
(régimen, m.)
República[a]
(riguroso)
(rugby, m.)[b]
Salamanca
(tenis, m.)
variar

aplicado *industrious*
barato *cheap*
cartel (m.) *poster*
carrera *race; career*
comodidad *comfort*
compuesto (pp of componer) *composed*

ejercicio *exercise*
entretener[c] *entertain;* entretenido *entertaining*
faltar *miss*
Farmacia[d] *Pharmacy*
juego *game*

[a] In Spanish, *la República* regularly refers to the Spanish republic which existed between 1931 and 1936, when the Civil War began.
[b] The British term for what Americans call *football*. Note that the Spanish *fútbol* is equivalent to the American term *soccer*.
[c] conjugated like *tener*
[d] used to refer to *la facultad de Farmacia*, i.e., the College of Pharmacy

juntos (*adv.*) *together*

necesitado *needy*

peseta *Spanish monetary unit roughly equivalent to a cent and a half in United States currency*

al extranjero *abroad, outside the native land*
asistir a clase *attend class*
falta de asistencia *absence*
faltar a la clase *miss class, "cut" class*
hacer preguntas *ask questions*
irse de paseo *take a walk*
libro de estudio *textbook*
llevar un control *exercise control*

Verbos

Verbos en -iar que cambian de acentuación — variar

PRESENTE	PRETÉRITO	IMPERATIVO
varío	varié	
varía	varió	varíe usted
variamos	variamos	varíen ustedes
varían	variaron	

Ejercicios

Use the reflexive form of the verb wherever possible.

A. 1. We meet each other every day. 2. In the university they study a great deal. 3. In each college various courses are taught[1]. 4. I want to go to bed early tonight. 5. We ought to complain at once. 6. Do they cut class much here? 7. I cannot yet[2] get married because I haven't enough money. 8. The posters interest all the pupils, and I am especially interested in those which explain the lessons very clearly. 9. Scholarships are offered[2] to the students.

[1] Place before *various courses*.   [2] Place at the beginning of the sentence.

B. 1. Tell Mr. García that English is spoken in that store. 2. Tell Mary that we see each other every day. 3. Ask John if olives are eaten a great deal in France. 4. Ask your teacher if one learns to speak Spanish in that class.

"El entierro del conde de Orgaz,"
el cuadro más conocido del Greco

*La antiquísima ciudad de Toledo está situada sobre un cerro
y rodeada de antiguas murallas*

*La más famosa de las iglesias de Toledo
es la catedral, comenzada en 1226*

Es en el mes de julio cuando los labradores tienen que segar el trigo,
el trabajo más duro

Estos pueblos están habitados
casi exclusivamente por labradores
y en ellos la vida es muy sencilla

*La más concurrida y grande
de las universidades es la de Madrid*

*Hay siempre algunos estudiantes
que se atreven a faltar a la clase*

Madrid: la Gran Vía

— ¡ Taxi, taxi ! — gritó Pedro, deteniendo un coche a la salida de su hotel cerca de la Plaza de España —¿ podría usted llevarnos al Museo del Prado ? Y como no tenemos ninguna prisa, no nos lleve muy rápidamente y así podremos ver algo de la ciudad.

— Con mucho gusto los llevaré. Pero ¿ nunca han estado en 5 Madrid ?

— No — contestó Antonio —, somos estudiantes sudamericanos que venimos a Madrid a estudiar y acabamos de llegar anoche mismo. Y hemos oído hablar tanto de la capital que, como usted comprenderá, tenemos muchas ganas de conocerla. 10

— Pues han tenido ustedes mucha suerte en encontrarme — dijo el taxista[1] — porque de los cincuenta años que tengo, he pasado veinte conduciendo este mismo coche por las calles de la capital. Así que conozco Madrid, sus rincones y sus historias como la palma de mi mano. 15

— Y díganos ¿ estamos ahora muy lejos del centro de la ciudad ?

— No, pero comencemos el viaje y ustedes lo verán por sí mismos. Subamos por esta calle . . .

— ¡ Mira, Pedro — exclamó Antonio de repente —, en qué ancha y modernísima avenida estamos . . . edificios altos . . . grandes hoteles 20 . . . bares[2] . . . librerías[3] . . . bancos ! ¡ Qué moderno !

— Esta calle, señores, es la Gran Vía, la avenida más moderna de la capital; en ella están los edificios más altos de Madrid donde se encuentran los mejores hoteles y oficinas más importantes y los cines y teatros donde se pueden ver las mejores películas y los más suntuo- 25 sos[4] espectáculos.

— ¡ Mira, Antonio, esa gente sentada delante de las mesas que hay sobre la misma acera ! ¿ Qué[5] harán allí ? — exclamó extrañado Pedro, mirando la acera de delante de un café que veía a su izquierda.

[1] *taxi driver*
[2] *A small establishment where soft drinks, ice cream, sandwiches, and light lunches are served.*
[3] *bookstores (not to be confused with* **libraries**, *which are* **bibliotecas***)*
[4] *sumptuous*
[5] *What can they be doing there?* For this use of the future, see § 66 C.

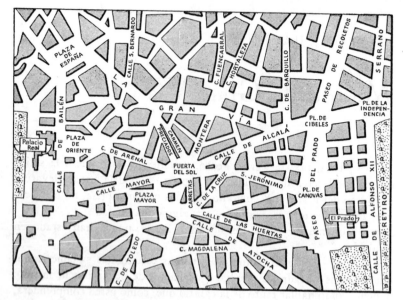

La Gran Vía es la avenida más moderna de la capital — en ella están los edificios más altos de Madrid

30 — Esas mesas pertenecen a los cafés que hay al lado, que son lugares donde se toman helados, café y otras cosas ligeras — les explicó el taxista —. En España hay muchos de estos establecimientos adonde vamos en verano cuando tenemos calor y sed y donde mucha gente suele pasar una o dos horas hablando y distrayéndose 35 mirando a los que pasan. Pero si ustedes tienen hambre, no vayan a un café; busquen un restaurante, porque en estos cafés no sirven comidas. En el invierno, cuando la gente tiene frío, va a estos cafés a disfrutar de la buena temperatura que hay en ellos. Yo mismo, en las noches de invierno cuando no tengo sueño después de cenar, voy 40 a un café que hay cerca de mi casa a pasar un rato. Naturalmente entonces no ponen las mesas en la calle.

— Otra cosa — continuó Pedro —, díganos ¿ hay muchos tranvías en Madrid ?

— Hace algunos años los tranvías eran los únicos vehículos en que 45 viajaba la gente de la capital — explicó el taxista —, pero ahora han sido substituidos por autobuses que son más cómodos y más rápidos. Tenemos además varias líneas de metro que recorren la ciudad en todas direcciones. Pero si ustedes quieren viajar por cualquier parte

de Madrid, no lo hagan en ningún vehículo público; tomen ustedes un
taxi e irán mucho más cómodos.   50
— Tiene usted razón — dijo Pedro —, pero también son más caros
y además se dice que ustedes tienen la culpa de muchos de los acci-
dentes que ocurren.
— No tengan ustedes miedo. Les aseguro que Madrid está lleno
de guardias de la circulación muy severos que nos hacen tener mucho   55
cuidado con el tráfico; pueden ver uno de ellos en el centro de esta
misma calle. Además, estos guardias les serán muy útiles a ustedes.
Si no saben donde está cierta calle, no se preocupen; diríjanse a un
guardia y pregúntenle: « Perdone usted, ¿ puede decirnos por dónde
se va a la calle de tal ? », y él les indicará muy claramente por donde 60
deben ir . . . Pero vamos a dejar la Gran Vía en este ángulo y entremos
por estas calles de la derecha.

(continuará)

PREGUNTAS

1. ¿ Cerca de qué estación tomaron el taxi los estudiantes sudamericanos ? 2. ¿ A dónde querían ir ? 3. ¿ Por qué no querían viajar
por la capital muy rápidamente ? 4. ¿ Cuál es la avenida más moderna de Madrid ? 5. ¿ Qué edificios se encuentran en la Gran Vía ?
6. ¿ Qué toma la gente en los cafés ? 7. ¿ Cómo se puede viajar de
una parte de Madrid a otra ? 8. ¿ Por qué tienen los chóferes de
Madrid mucho cuidado con el tráfico ? 9. En Madrid si uno no sabe
donde está cierta calle ¿ a quién debe dirigirse ?

EJERCICIOS

A. *Complétense las frases siguientes con la palabra que más conviene.*[1]

1. No he dormido toda la noche, y por eso tengo ——. 2. Cuando
las mujeres ven una serpiente, siempre tienen ——. 3. Roberto nació
hace veinte años. Por consiguiente, este año tiene ——. 4. No he
comido hoy, y por eso tengo ——. 5. La señora Pérez cree que va a
llegar tarde, y por eso tiene ——. 6. Hay mucho sol en Andalucía al
mediodía y por eso los habitantes de aquella región tienen ——. 7. El
marido no está de acuerdo con su mujer, porque en su opinión ella
no tiene ——. 8. El niño quiere beber, porque tiene ——. 9. Al

---

[1] Choose the idiom which best suits the meaning of the sentence. For possibilities, consult the list of idioms with *tener* on page 278.

atravesar una calle donde hay mucho tráfico, tenga usted ——. 10. En invierno cuando hay mucha nieve, siempre tengo ——. 11. Esta mañana Pablo quería estudiar, pero ahora no tiene ——. 12. Cuando hay un accidente de automóvil, el que debe pagar es el que tiene ——.

B. *Escríbase el imperativo* **usted** *de los infinitivos siguientes.*[1] EJEMPLO: perdonar — *perdone usted*

1. llamar 2. aprender 3. abrir 4. cerrar 5. dormir 6. pedir
7. decir 8. hacer 9. oir 10. poner 11. ser

C. *Escríbase el imperativo* **ustedes** *de los infinitivos siguientes.*[1] EJEMPLO: vivir — *vivan ustedes*

1. estudiar 2. leer 3. asistir 4. jugar 5. empezar 6. servir
7. salir 8. traer 9. venir 10. ver 11. saber

D. *Escríbase el imperativo* **nosotros** *de los infinitivos siguientes.*[1] EJEMPLO: prometer — *prometamos*

1. cuidar 2. vender 3. subir 4. pensar 5. encontrar 6. volver
7. dar 8. ir 9. decir

E. *Cámbiense por pronombres las expresiones en bastardilla.*[2] *Después, escríbase la frase en forma negativa.*[3] EJEMPLO: Coma *los huevos.* Cómalos. No *los* coma.

1. Cierre *la puerta.* 2. Mate *la serpiente.* 3. Escriba *su nombre* aquí. 4. Vendan *las casas.* 5. Lean *el periódico.* 6. Devuelva *el dinero.* 7. Haga *el trabajo.* 8. Digan *la verdad.* 9. Traiga *las fotografías.* 10. Ponga *el papel* sobre la mesa. 11. Abran *la ventana.* 12. Acompañemos *al profesor.* 13. Esperemos *a nuestros amigos.*

F. *Cámbiense por pronombres las expresiones en bastardilla.*[2] *Después, escríbase la frase en forma negativa.*[3] EJEMPLOS: 1. Enséñeme *este libro.* Enséñemelo. No *me lo* enseñe. 2. Diga *la verdad al señor.* Dígasela. No *se la* diga.

[1] In this exercise, infinitives 4, 5 and 6 are radical-changing verbs. For the imperatives of radical-changing verbs, see § 106 E. Infinitives from 7 on are irregular in the imperative. For the imperative of those verbs, see § 95 C, D and E.

[2] The stress remains on the verb and the accent must be written if the basic rules for accent in PRONUNCIACIÓN § 7 A, B are violated. Be sure to place the accents where necessary.

[3] Note that the accents of the affirmative imperative will not be necessary in the negative imperative.

1. Tráigame *este libro.* 2. Déme *el dinero.* 3. Léanos *el artículo.*
4. Enséñenos *las pinturas.* 5. Escriba *esta carta a José.* 6. Explique *las
lecciones a María.*

Vocabulario — Páginas 277–278

Gramática

1. Learn the personal idiomatic expressions with the verb *tener.*
(§ 103 B and page 278)

2. In what vowel do the *usted*-imperatives of *-ar* verbs end? of
-er and *-ir* verbs? (§ 95 B)

3. Notice that the *usted*-imperatives of radical-changing verbs
have the same endings as those of other verbs plus the change of the
root vowel. What are the *usted*-imperatives of *cerrar, volver, pedir,*
and *dormir?* (§ 106 E)

4. Give the *usted*-imperatives of the following irregular verbs:
caer, decir, hacer, oir, poner, salir, tener, traer, venir, and *ver.* (§ 95 C)
of *dar, ir, saber,* and *ser.* (§ 95 D)

5. In what two ways is the LET's-imperative expressed in Spanish?
Give the LET's-imperatives of *hablar, comer, vivir, caer, dar, decir, ir,*
and *ser.* (Pages 278, 279 and § 95 E)

6. You have already studied the imperatives of verbs with
spelling-changes. Try to write the *usted* and LET's-imperatives of
cruzar, llegar, colocar, conocer, traducir, distinguir, variar, and *continuar.*
Then check these forms under IMPERATIVE in § 107.

7. What happens to a LET's-imperative when the object pronoun
nos is appended to it? (§ 105 D 1 b)

8. What is the position of pronoun objects of an affirmative imperative? (§ 30 B) of a negative imperative? (§ 30 D) What happens
to the stress when a pronoun is appended to an affirmative imperative? (§ 30 C)

9. The adjective *mismo* is used in various ways in this lesson.
Find each place in which *mismo* is used, and give its meaning in that
context.

10. For recognition purposes, review the following *tú*-imperatives:

	-ar VERBS	-er VERBS	-ir VERBS
AFFIRMATIVE	mira	come	vive
NEGATIVE	no mires	no comas	no vivas

Madrid: la Puerta del Sol, Cibeles y el Retiro

(continuación)

— Pero ¡ mira, Antonio, qué enorme es la plaza en la que entramos ahora ! ¿ Cómo es posible que existan en Madrid plazas tan grandes ?

— Es la única, señores, la Puerta del Sol, la plaza principal de la
5 ciudad. Forma el centro comercial de la capital y es tan grande que de ella salen diez calles importantes.

— ¡ Y cuánto tráfico de coches, trolebuses y autobuses hay en esta plaza ! Es probable que por aquí pasen centenares de vehículos al día.

10 — ¿ Y ven ustedes el reloj que hay en aquel edificio ? Es muy conocido porque por él se guían todos los relojes de España y porque delante de él se reúne mucha gente la última noche del año y cuando suenan las doce, lo que señala el fin del año, la gente come doce uvas[1]. Cuando el reloj deja de sonar, todo el mundo, muy alegre, se divierte
15 bebiendo y bailando en la misma Puerta del Sol para celebrar el año nuevo. . . . Pero todavía nos queda mucho por ver, y es preciso que sigamos . . .

— ¿ Y cuál es aquella gran plaza de forma circular que se ve allá abajo ?

20 — Es la Cibeles, donde se encuentran el Banco de España, otros edificios del gobierno y, sobre todo, Correos.

— Debemos fijarnos bien donde está este lugar para venir a Correos a comprar sellos — dijo Pedro.

— Si quieren ustedes comprar sellos, no es necesario que vengan
25 acá — dijo el taxista[2] —. En España tenemos un sistema comodísimo; hay repartidas en las ciudades por todas partes unas pequeñas tiendas llamadas estancos[3] donde se venden tabacos y sellos de correos.

[1] *grapes*   [2] *taxi driver*   [3] *tobacco shops*

Pueden ustedes reconocerlas porque tienen pintados en la portada[1] los colores rojo, amarillo y rojo de la bandera española.

— Entonces, Madrid debe de ser una ciudad bastante moderna. 30

— Es natural que no sea tan nueva como las de ustedes, porque en realidad Madrid ya existía en la Edad Media, pero no adquirió gran importancia hasta 1560, año en que Felipe II fijó su corte aquí. Aun así hace setenta años la capital no tenía ni la tercera parte de la población que tiene hoy día. 35

— ¿ Y cómo es que ha crecido la ciudad tan rápidamente ? — preguntó Antonio.

— Porque en el siglo veinte ha venido mucha gente a Madrid a establecerse y en setenta años se han construido muchas calles nuevas, de manera que actualmente Madrid es una gran ciudad moderna de 40 3.000.000 de habitantes en la que predominan las calles rectas[2] y anchas.

— Pero ¿ cuál es ese inmenso parque que se ve allí ?

— Es el Retiro, un hermoso bosque cruzado por bellos paseos en el cual se encuentran el Jardín Zoológico y el Jardín Botánico. Tiene en el centro un gran estanque[3] y en éste hay barcas[4] en que puede 45 pasearse la gente. En el verano es raro que no se vean en él estudiantes leyendo, parejas[5] que pasean, criadas que cuidan de niños y soldados que van a disfrutar de la agradable temperatura del Retiro, y también es corriente que la banda municipal de Madrid dé conciertos por la tarde y algunas veces por la noche en este parque. 50

— Pero oye, Pedro, yo creo que ya le hemos quitado bastante tiempo a nuestra visita al Prado y que ya es hora de que vayamos allá. Chófer ¿ puede usted llevarnos por fin al museo ?

— Naturalmente; está muy cerca de aquí y solamente es preciso que volvamos a la Cibeles . . . aquí estamos . . . ya entramos en el 55 Paseo del Prado . . . y ahora ya están ustedes ante el mismo museo. Aquí termina nuestro viaje; son ciento diez pesetas.

— Tome usted ciento veinticinco y quédese con la vuelta; y muchísimas gracias por habernos enseñado con tanto detalle la ciudad.

— No hay de qué; y que me salgan muchos clientes[6] como ustedes. 60

Preguntas

1. ¿ Qué es la Puerta del Sol ? 2. ¿ Cuántas calles importantes parten de la Puerta del Sol ? 3. ¿ Por qué es muy conocido el reloj

---

[1] *front* [2] *straight* [3] *pond* [4] *(small) boats* [5] *couples* [6] *customers*

de la Puerta del Sol ? 4. ¿ Qué hace la gente en la Puerta del Sol la
última noche del año ? 5. ¿ Qué edificios se encuentran en Cibeles ?
6. ¿ Qué se vende en los estancos ? 7. ¿ Cómo se pueden reconocer
los estancos ? 8. ¿ Cuándo adquirió Madrid gran importancia ?
9. ¿ Cuál es la población de Madrid ? 10. ¿ Qué estilo de calles pre-
domina en Madrid ? 11. ¿ Qué se encuentra en el Retiro ? 12. ¿ Dónde
está el Prado ?

Ejercicios

A. *Póngase la expresión* Es posible que *. . . delante de cada una de
las frases siguientes. Háganse los cambios necesarios en el verbo.
Todos estos verbos son regulares en presente del subjuntivo.* Ejemplo:
María habla. Es[1] posible que María *hable*.

1. Acabo el libro. 2. Me caso. 3. Usted comprende. 4. Dejamos la ciudad. 5. Los chicos ganan dinero. 6. Comemos. 7. Suben
la escalera. 8. Sufrimos del calor. 9. Aprendo la lección. 10. Viven
en Francia.

B. *Póngase la expresión* Es preciso que *. . . delante de cada una de las
frases siguientes. Háganse los cambios necesarios en el verbo.
Todos estos verbos cambian su vocal radical en presente del subjuntivo.* Ejemplo: Repetimos la frase. Es preciso que *repitamos*
la frase.

1. Carlos piensa mucho. 2. Encuentro a Felipe en la tienda.
3. Ustedes se sientan en seguida. 4. Dormimos toda la noche.
5. Muere el jefe. 6. Usted vuelve.

C. *Póngase la expresión* Es probable que *. . . delante de cada una de
las frases siguientes. Háganse los cambios necesarios en el verbo.
Todos estos verbos son irregulares en presente del subjuntivo.* Ejemplo: El chico quiere ir al cine. Es probable que el chico *quiera*
ir al cine.

1. Usted dice la verdad. 2. Marta viene mañana. 3. Me da el
dinero. 4. Voy al cine. 5. Ustedes saben la lección. 6. Pedro es el
autor de este libro. 7. Salimos esta noche. 8. Los padres hacen su
trabajo. 9. Veo a mis amigos.

D. *Póngase la expresión* Es importante que *. . . delante de cada una
de las frases siguientes. Todas estos verbos tienen cambios ortográficos.* Ejemplo: El tren llega a tiempo. Es importante que
el tren *llegue* a tiempo.

[1] It is possible that Mary *may speak*. The auxiliary *may* is often used to form the English
subjunctive.

1. Juan busca la contestación.   2. Sus amigos cogen el tren.
3. Las clases comienzan a las nueve.   4. Ustedes sacan el dinero de
aquel banco.   5. Nosotros pagamos la cuenta.   6. Ustedes conocen
a José.   7. Usted recoge su abrigo.   8. Yo sigo trabajando.   9. Ustedes envían dinero a casa.

E. *En cada frase hay una forma del pronombre posesivo que no es com-*
   pletamente clara. Escríbase cada frase de otro modo, de manera que
   el sentido corresponda exactamente a la palabra inglesa que está
   entre paréntesis. Ejemplo: Éste es mi libro.   No sé dónde
   está **el suyo** (*hers*).   Éste es mi libro.   No sé dónde está *el*
   de ella.

1. ¿Tiene usted su coché?   No podemos viajar en **el suyo** (*his*).
2. Nuestros niños están en el campo.   ¿Dónde están **los suyos** (*yours*)?
3. Felipe leyó mis artículos, pero no leyó **los suyos** (*theirs*).   4. Me
gusta mi casa, pero no me gusta **la suya** (*his*).   5. Hablando de escuelas, **las suyas** (*yours*) son mucho más cómodas que **las suyas** (*theirs*).

Vocabulario — Páginas 279–280

Gramática

1. On what stem is the present subjunctive formed?   (§ 88 A)
What are the subjunctive endings of *–ar* verbs? of *–er* and *–ir* verbs?
(§ 88 A)   Conjugate in the present subjunctive the verbs *quitar,*
suceder, asistir, caer, decir, hacer, and *ver.*   (Page 280 and § 88 B)
2. Conjugate the verbs *dar, haber, ir, saber,* and *ser,* which are
completely irregular in the subjunctive.   (Page 281)
3. Radical-changing verbs in *-ar* and *-er* have the same stem-vowel
changes in the subjunctive as in the indicative.   Radical-changing
verbs in *–ir* have an additional change in the *nosotros* forms.   What
is this change?   (§ 106 D)   Conjugate in the present subjunctive the
radical-changing verbs *cerrar, volver, pedir,* and *dormir.*   (Page 280)
4. Write the present subjunctive of the verbs *explicar, pagar,*
avanzar, ofrecer, reconocer, coger, exigir, seguir, enviar, and *continuar,* and
then check in § 107 under subjunctive, omitting the *tú* and *vosotros*
forms given in those tables.
5. Study the irregular present participle and preterite of *–aer* and
–eer verbs and give these forms of *caer* and *leer.*   (§ 107 J)
6. What is the difference between the indicative and the subjunctive mode?   Give examples of the English subjunctive.   (§ 92)

7. After what type of expressions is the subjunctive used in this lesson? List these expressions. (§ 92 B)

8. The possessive pronoun *el suyo* (*la suya, los suyos, las suyas*) may mean *his, hers, theirs,* and *yours.* How may ambiguity be avoided in expressing this concept? (§ 32 E)

LECCIÓN CUARENTA Y TRES

El Museo del Prado

El Prado es un inmenso edificio de estilo neoclásico[1] que fue convertido en museo de pintura en la primera mitad del siglo XIX y hoy es considerado como uno de los más completos del mundo. Sus muchas salas de luz indirecta se encuentran llenas de obras de los
5 principales pintores de todo el mundo y de todas las épocas. Naturalmente, la colección más completa es la de la pintura española, y allí se pueden estudiar paso a paso las diferentes fases[2] del desarrollo de ésta.

Uno de los primeros pintores sobresalientes[3] de España fue el Greco, que nació en Grecia[4] pero desarrolló todo su arte en España
10 en el siglo XVI. Es uno de los pintores más originales de todos los tiempos por su dibujo[5] y su técnica de colorido. El cuadro más conocido del Greco, *El entierro del conde de Orgaz*, no está en el Prado sino en la iglesia de Santo Tomé en Toledo. En él aparecen alrededor del grupo principal formado por el cadáver del conde de Orgaz, soste-
15 nido por San Esteban[6] y San Agustín[7], una serie de caballeros de la época, todos los cuales tienen rostro de algún amigo del Greco e incluso[8] su hijo se encuentra en esta pintura. El cuadro termina en su parte superior por una de esas glorias tan características del Greco en que se puede ver el alma del conde que sube a ser juzgada.

[1] *neoclassical*   [2] *phases*   [3] *outstanding*   [4] *Greece*   [5] *drawing*   [6] *Stephen*
[7] *Augustine*   [8] *even, also*

Diego Velázquez fue pintor de la corte de Felipe IV durante el 20 siglo XVII. Sobresale[1] entre todos los pintores anteriores y posteriores por el gran realismo con que ha pintado el aire que nunca ha aparecido tan visible como en sus cuadros *Las hilanderas*[2] y *Las meninas*[3], considerado este último como uno de los mejores cuadros del mundo. Además de éstos se encuentran en el Prado muchos 25 otros cuadros de Velázquez, entre ellos los retratos de Felipe IV y de otros miembros de su familia y *La rendición*[4] *de Breda*, donde está representada la capitulación de los defensores de Breda, ciudad de los Países[5] Bajos rendida al ejército español en 1625. En el cuadro se ve al jefe del ejército vencido que entrega las llaves de la ciudad al 30 marqués de Spinola, jefe del ejército español, intentando arrodillarse ante él; pero éste, con benévola expresión, le pone la mano sobre el hombro y parece que le está diciendo que un buen militar que ha sido vencido no tiene que humillarse. En este cuadro las lanzas de los soldados forman un verdadero bosque y por eso se llama también 35 *Cuadro de las lanzas*.

Murillo es otro de los grandes artistas que pertenecen a este siglo de oro de la pintura española. Era sevillano[6] y su pintura es esencialmente religiosa, siendo sus cuadros conocidos en todo el mundo por su misticismo y por la belleza que este artista ha dado a las figuras 40 de niños pintadas por él.

Posteriormente a esta época aparece el genio de Goya que desarrolló su pintura al final del siglo XVIII y al principio del XIX. Fue pintor de la corte de Carlos IV y de Fernando VII, de cuyas reales familias hizo gran cantidad de retratos. Se le puede considerar como 45 el primer precursor de la pintura moderna, ya que en él aparece por primera vez el impresionismo. Sus cuadros reflejan[7] la vida y la historia de la época y el menor motivo popular es aprovechado por Goya para reproducirlo en sus pinturas, como ocurre en el cuadro de *Los fusilamientos*[8] *del 2 de mayo*[9]. El hecho que el pintor reprodujo 50 en este cuadro tuvo lugar durante la época de Napoleón, cuando los franceses invadieron España. Éstos fusilaron[10] durante la noche del 2 al 3 a muchos de los defensores de Madrid y Goya presenció la ejecución. En cuanto los soldados franceses abandonaron el campo,

---

[1] *He stands out*   [2] *spinners*   [3] *handmaidens*   [4] *surrender*
[5] *Low Countries, i.e., the Netherlands and Belgium*   [6] *from Seville*   [7] *reflect*
[8] *executions*
[9] This is the popular title of the painting, although in the Prado it is called *Los fusilamientos del 3 de mayo* because the shooting took place at two o'clock in the morning.
[10] *shot*

55 Goya fue con un farol¹ al lugar de la tragedia y, levantando los cadáveres, los estudió y compuso este cuadro tan realista.

Además de las obras de éstos y otros pintores españoles, hay en el Museo del Prado una muy rica colección de obras de artistas extranjeros.

PREGUNTAS

1. ¿De qué estilo de arquitectura es el Prado? 2. ¿Qué es el Prado? 3. ¿De qué están llenas sus salas? 4. ¿Cuál es la colección más completa del museo? 5. ¿Quién fue uno de los primeros pintores sobresalientes de España? 6. ¿Dónde nació el Greco? 7. ¿En qué siglo vivió el Greco? 8. ¿Cuál es el cuadro más conocido del Greco? 9. ¿En qué ciudad y en qué iglesia está esta pintura? 10. ¿En qué siglo vivió Velázquez? 11. ¿En qué cuadros ha pintado Velázquez muy visible el aire? 12. ¿Qué representa su cuadro *La rendición de Breda*? 13. ¿Por qué son conocidos los cuadros de Murillo? 14. ¿Quién fue el pintor de la corte de Carlos IV y de Fernando VII? 15. ¿Qué reflejan los cuadros de Goya? 16. ¿Qué hizo Goya para pintar de una manera realista *Los fusilamientos del 2 de mayo*? 17. Además de las obras de pintores españoles ¿qué otras colecciones de pinturas hay en el Prado?

EJERCICIOS

A. *Escríbanse en forma singular las expresiones siguientes.* EJEMPLOS: 1. unos libros — *un libro* 2. las primeras lecciones — *la primera lección*

1. los buenos profesores 2. los primeros coches 3. algunos amigos 4. los primeros ejercicios 5. los grandes problemas 6. algunos países 7. los primeros días 8. unos relojes 9. algunos soldados 10. los buenos cursos 11. las primeras veces 12. unas mujeres 13. las buenas comidas 14. algunas dificultades 15. unas ciudades interesantes 16. algunos paseos largos 17. las primeras impresiones 18. los buenos poetas franceses 19. las primeras iglesias católicas 20. los grandes pintores españoles 21. las grandes pinturas francesas

B. *Escríbase la forma conveniente de la palabra indicada entre paréntesis.*

1. ¿Ha visto usted (uno) retrato del Greco? 2. (cualquiera) persona puede decirle dónde está el Prado. 3. El (tercero) coche es

¹ *lantern*

el mío. 4. Hoy tenemos muy (malo) tiempo. 5. ¿Quién fue el (primero) pintor del siglo XVI? 6. Hay (uno) cuadros franceses en el Prado. 7. Es la (tercero) semana del mes. 8. En (alguno) ciudades de España no hay bastante agua durante el verano. 9. De noche no hay (ninguno) coche en la calle. 10. (cualquiera) habitante de Madrid sabe eso. 11. Déme un (bueno) libro de historia. 12. Velázquez fue un pintor muy (bueno). 13. Es la (primero) vez que vengo aquí. 14. Este cuadro es muy (bueno). 15. (ninguno) médico quiere trabajar en el campo.

C. *Escríbase la forma conveniente de grande.*

1. Barcelona es una ciudad muy ——. 2. Cervantes fue un —— escritor. 3. Los niños bebieron una —— cantidad de agua. 4. En España la enseñanza es un problema muy ——. 5. En el Prado están representados los cuadros de todos los —— pintores. 6. Hay un —— número de chicos en la plaza.

D. *Escríbase la forma conveniente de santo.*

1. —— Juan de la Cruz fue un poeta español. 2. El cuadro más famoso del Greco está en la iglesia de —— Tomé. 3. En este cuadro están representados —— Esteban y —— Agustín. 4. ¿Qué sabe usted de —— Domingo? 5. ¿Nació —— Teresa en España?

E. *Escríbanse en letra las cantidades indicadas.*

1. 100 libros 2. 200 pesetas 3. 150 niños 4. 100.000 habitantes 5. 580 personas 6. 100 mujeres 7. 110 kilómetros

F. *Escríbanse en letra los siguientes números.*

1. Felipe IV 2. Carlos I 3. Fernando VII 4. 1° de noviembre 5. Luis XVI 6. Napoleón I 7. el siglo X 8. Lección VII 9. el siglo V 10. Lección XXV 11. 15 de julio 12. el siglo XII 13. el siglo XX 14. Lección VIII

Vocabulario — Páginas 281-282

Gramática

1. Which adjectives sometimes drop their endings before certain nouns? (§ 10 A) What grammatical name is given to this shortening? (§ 10)

2. When do these adjectives drop their endings? (§ 10 A)

3. When does *grande* become *gran*? (§ 10 B)

4. When does *ciento* become *cien?* (§ 10 C)
5. When does *santo* become *san?* When does it remain *santo?*
(§ 10 D)
6. What form does the adjective *cualquiera* usually take? (§ 10 E)
7. Count by ordinals to *ten.* (§ 18 A) Why are the ordinals
above *ten* unimportant in Spanish? (§ 18 B)
8. When are cardinals and when ordinals used in indicating
kings and emperors? (§ 18 C)
9. When are cardinals and when ordinals used to indicate the
day of the month? (§ 18 D) centuries? (§ 18 E)
10. In line 32 of this lesson, explain the construction *le pone la
mano sobre el hombro.* (§ 25 F)

LECCIÓN CUARENTA Y CUATRO

El matrimonio en España

— Me alegro mucho de estar en España, pero me siento muy
solo — se lamentaba un estudiante norteamericano, dirigiéndose a un
español, compañero de viaje —. Me gustaría conocer a la gente
española; quiero relacionarme[1] con una chica española con quien
5 pueda salir, pero ¿cómo? Veo a muchas por la calle; me acerco
a ellas, les hablo, pero no me contestan. Temo que me tengan miedo.
¿Podría usted aconsejarme qué debo hacer?
— Con mucho gusto; es lástima que usted no haya podido tratar
a una chica, pero en España es así. Una señorita española bien edu-
10 cada no habla con desconocidos.
— Entonces ¿cómo puedo lograr que me escuchen y conversen
conmigo? Como soy desconocido para ellas, dudo que me hagan caso.
— Usted ha de buscar una persona que lo presente a ella, y si no
lo hace, no creo que consiga mucho. Después de tal presentación,
15 la chica le hablará.

[1] *get acquainted with*

— ¿ Y no hay otra forma de tratar a una chica ?

— Sí que [1] las hay; se las puede conocer en bailes, en la universidad, en la playa durante las vacaciones y a veces en el paseo, pero para ello hay que tener mucha habilidad y no creo que haya estado usted en España el tiempo suficiente para adquirirla.   20

— ¿ Y a qué lugares se puede ir con una señorita ?

— Generalmente a los paseos, a las avenidas o a los parques.

— ¿ Y a los espectáculos ?

— Raramente; si la amistad es muy grande, consentirá en ir con usted a alguna función de cine o teatro.   25

— Si la amistad se convierte en amor y el chico pretende casarse con ella ¿ cómo lo hace ?

— Primero debe usted saber que los novios españoles no se casan hasta que se conocen perfectamente, porque en España no existe el divorcio y el matrimonio dura toda la vida. Si el chico decide casarse,   30 se lo dice a la chica. Si ella está de acuerdo con él y le contesta que [2] sí, de amigos pasan a ser novios. Más tarde se lo comunican a sus respectivas familias para conseguir su consentimiento, que unas veces es concedido y otras no.

— ¿ Y si las dos familias dan su consentimiento ?   35

— La costumbre exige que los padres de él visiten a los padres de ella para « pedir la mano de la novia ». En aquel momento se fija la fecha de la boda y en algunas familias, las condiciones del matrimonio, es decir la dote [3] de la mujer y la aportación [4] de bienes del hombre.   40

— ¿ A qué se llama la dote ?

— A la cantidad de dinero que los padres de la novia dan a la hija para aumentar los bienes de los casados.

— Y después de esto ¿ cuánto [5] tiempo tardan en casarse ?

— Es muy variable y depende más que nada de las circunstancias   45 económicas.

— ¿ Y cómo se hace la boda ?

— El matrimonio, que según las leyes debe ser civil y canónico, tiene lugar en la iglesia ante el sacerdote y con asistencia [6] de una representación del juez municipal civil.   50

— ¿ Y después ?

---

[1] For this use of *que*, see § 35 B 1.   [2] For this use of *que*, see § 35 B 2.   [3] *dowry*
[4] *contribution*
[5] *How long does the engagement last?* (lit. *How long do they delay in getting married?*)
[6] *presence*

— Suele haber una comida o un desayuno al que asisten todos los invitados a la boda. Después de esto, los novios suelen salir en viaje de « luna de miel ».

55 — Muchas gracias por haberme informado tan extensamente sobre el matrimonio. Si alguna vez he de casarme con una española, ya sabré cómo debo hacerlo.

PREGUNTAS

1. ¿A quién quería conocer el estudiante norteamericano? 2. ¿Qué hacen las chicas españolas cuando un chico desconocido les habla? 3. ¿Qué clase de señorita española no habla con desconocidos? 4. ¿Cómo puede un chico relacionarse con una española? 5. ¿A qué lugares puede ir el chico con la chica? 6. ¿Por qué no se casan los novios españoles hasta que se conocen perfectamente? 7. ¿Para qué visitan los padres del novio a los padres de la novia? 8. ¿Qué es la dote? 9. ¿Dónde tiene lugar la boda? 10. ¿Qué suele haber después de la boda? 11. ¿A dónde van los novios después de la comida?

EJERCICIOS

A. *Escríbase*[1] *Me alegro que* . . . *delante y ayer al final de las frases siguientes, como en el ejemplo.* EJEMPLO: Rosa sale. *Me alegro que Rosa haya salido ayer.*

1. Usted escribe a su hermano. 2. El campesino come mucho. 3. Juan habla con su padre. 4. Vamos a Burgos. 5. Ustedes encuentran a Carlos. 6. Mi madre está en la ciudad. 7. Usted hace este trabajo. 8. Podemos ver esta película francesa.

B. *Escríbase* **Mi padre tiene miedo de que** . . . *delante y el lunes pasado al final de las frases siguientes, como en el ejemplo.* EJEMPLO: Fernando no regresa. **Mi padre tiene miedo de que** Fernando no *haya regresado el lunes pasado.*

1. El niño pierde el dinero. 2. Su mujer no llega a tiempo. 3. Yo olvido mis libros. 4. Usted no va al centro. 5. Ustedes no aprenden la lección. 6. No vendemos bastantes coches. 7. Su hijo no dice la verdad. 8. Yo no como bastante.

[1] *Write* Me alegro que . . . *in front of and* ayer *at the end of the following sentences, as in the example.* Make the necessary changes in the verb-forms of these sentences.

C. *Escríbanse las frases siguientes en forma afirmativa.* Ejemplo: No creo que el señor García conozca a esta mujer. *Creo* que el señor García *conoce* a esta mujer.

1. No creo que usted tenga mucho dinero. 2. No creo que Juan haya visto al presidente. 3. No creo que ustedes vayan a Francia. 4. No creo que mis amigos hagan mucho. 5. No creo que Felipe estudie mucho. 6. No creo que ustedes hayan escrito todos los ejercicios. 7. No creo que hayamos ganado mucho. 8. No creo que este niño sepa la lección.

D. *Substitúyase la forma del verbo* tener *por la forma correspondiente del verbo* buscar, *haciendo los otros cambios necesarios en la frase.* Ejemplo: Tenemos un empleado que sabe mucho. *Buscamos* un empleado que *sepa* mucho.

1. Tengo un amigo que habla español. 2. Tengo una criada que escribe bien. 3. Tenemos una casa que está en el campo. 4. Marta tiene un marido que no va a la taberna.

E. *Substitúyase* Hay alguien . . . *por* No hay nadie . . . , *haciendo los otros cambios necesarios en la frase.* Ejemplo: Hay alguien en la clase que entiende al profesor. *No hay nadie* en la clase que *entienda* al profesor.

1. Hay alguien que puede acompañarme. 2. Hay alguien aquí que es muy rico. 3. Hay alguien en la tienda que tiene mucho dinero. 4. Hay alguien en el restaurante que come demasiado. 5. Hay alguien en la clase que sabe la lección.

F. *En cada frase hay una forma del adjetivo posesivo* su *que no es completamente clara. Escríbase cada frase de otro modo, de manera que el sentido corresponda exactamente a la palabra inglesa que está entre paréntesis.* Ejemplo: ¿ Ha visto usted su (*their*) casa ? ¿ Ha visto usted la casa de ellos ?

1. Busco su (*your*) libro. 2. Su (*her*) sombrero está en la cocina. 3. No puedo encontrar sus (*his*) cartas. 4. El profesor habló de su (*your*) trabajo. 5. Me gustaría conocer a sus (*their*) hijas.

Vocabulario — Páginas 283-284

Gramática

1. The perfect subjunctive is a compound tense. Of what two parts is it formed? (§ 90) Conjugate the verb *dudar* in the perfect subjunctive. (Page 284)

2. What type of action does the perfect subjunctive express? After what tenses is it used? (§ 93 B)

3. What types of verbs and expressions used in this lesson require the subjunctive in a following dependent clause? (§ 92 C, D)

4. When are verbs of believing followed by the indicative? When must they be followed by the subjunctive? (§ 92 D)

5. Why is the subjunctive used in sentences such as *Usted ha de buscar una persona que lo presente a ella?* (§ 92 E)

6. What is the meaning of *hay que* + INFINITIVE? (§ 101 C) of *haber de* + INFINITIVE? (§ 101 D)

7. The possessive adjective *su* (*sus*) may mean *his, her, their,* or *your.* What alternative construction is sometimes used to avoid ambiguity of meaning? (§ 14 C)

LECCIÓN CUARENTA Y CINCO

Galicia

— ¡ Qué[1] calor más espantoso hace en Madrid en estos días de julio ! — decía la señora Pérez —; toda la gente se va de vacaciones y los que nos quedamos unos días más tenemos tantas ganas de irnos que se nos[2] hace el tiempo más largo de[3] lo que es.

5 — Tienes razón, María — le contestaba la señora González, en cuya casa estaban de tertulia[4] —, y si unes a todo este calor y a esta soledad lo mucho que trabaja aquí la gente, comprenderás lo merecidas[5] que tienen sus vacaciones de quince días o un mes los empleados y todos los que trabajan. Mi marido tiene la culpa de que todavía

---

[1] See § 16 C for ¡ *Qué* + NOUN + *más* + ADJECTIVE . . . !
[2] *for us* This is an example of the indirect object used to denote disadvantage. (§ 25 G)
[3] This is a comparison with an idea contained in a preceding clause. (§ 12 I)
[4] *on a friendly visit*
[5] *well-deserved* (For the agreement of this adjective, see p. 304, note 1.)

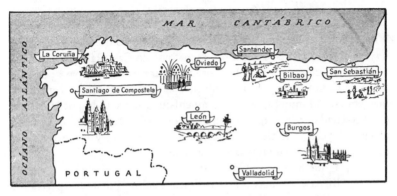

Las playas de todas las ciudades y todos los pueblos
de la costa cantábrica son magníficas en verano

no hayamos salido. Yo le aconsejé que pidiese las vacaciones para el 10
mes de julio, pero él prefiere que se las den en agosto. Así es que
hasta el mes que viene, no podremos salir de aquí. ¡ Ay, pero qué
calor hace ! Y tengo tanta sed que creo que hoy ya habré[1] bebido
más de[2] tres litros de agua. Y a propósito ¿ cuándo os vais a ir vosotros ? 15
— Mi hermano y su esposa querían que fuésemos todos a Francia,
pero ya sabes lo caro que es la vida allá, y no sabíamos si el gobierno
permitiría que sacáramos dinero suficiente para tal viaje. Por eso
cambiamos de idea y ahora estamos pensando hacer un viaje por varias
partes de España. 20
— Mi marido había sugerido[3] que hiciéramos un viaje a Santander o a San Sebastián. Sus playas, como las de todas las ciudades y
todos los pueblos de la costa cantábrica[4], son magníficas en verano,
pero hay allí tanto lujo y hay que gastar tanto dinero que nuestros
medios no nos permiten hacer ese viaje. Además, ayer recibí una 25
carta de mi hermana en la cual nos invitaba a que pasáramos un mes
en su casa de Galicia.
— Yo nunca he estado en aquella región de España y me gustaría
mucho conocerla.
— Yo ya estuve el año pasado en su casa y me quedé enamorada 30
de aquella región. ¡ Qué maravilloso es el paisaje de Galicia ! Creo
que sería difícil decir dónde hay más belleza, si en su mar o en su
campo. Como el agua es abundantísima, la vegetación es exuberante[5],

[1] This future perfect (§ 76) expresses what was probably true in the recent past. (§ 77 B)
[2] Why is *de* used to express *than* here? (§ 12 F 1)   [3] *suggested*
[4] *Cantabrian, i.e. northern*   [5] *abundant*

243

y los árboles se cuentan por millares[1]. Todo en Galicia es verde y no
35 hay ni un solo campo amarillo y seco como en Castilla. Mi hermana
vive en un pueblo cerca de La Coruña y para ir a verla, pasé por Santiago de Compostela, cuya catedral, que es el monumento románico[2]
más grande del mundo, me gustó muchísimo, sobre todo por la belleza
de su fachada[3] y la gran riqueza de sus arcos. Me impresionó mucho
40 el viejo aspecto que tienen las calles de esta ciudad y lo antiguo que
es allí todo, hasta su famosa universidad.

— ¿ Y qué hiciste en Galicia ?

— Allí pasé algunas semanas descansando. Por todas partes oía
hablar gallego[4], ese dialecto tan parecido al portugués, y cuando
45 oía hablar castellano, siempre era con acento de la región. Tengo
deseos de volver a ver sus típicas gentes, en particular las mujeres
que llevan sobre la cabeza grandes cestos sin utilizar las manos. Los
gallegos[5] me parecen simpáticos, y lo único malo que encuentro en
ellos es que son bastante avaros[6]. En cuanto al clima de Galicia, lo
50 encuentro muy apropiado para pasar el verano, y lo único que me
desagrada es que llueve casi todos los días y que hace frío muy a
menudo.

— Si tanto te gusta el clima de allá, procura[7] no quedarte todo
el año, pues te echaríamos de menos tus amigas de Madrid.

55 — Calla, María, y no digas[8] cosas raras. Tengo treinta y nueve
años y los he pasado todos en esta ciudad donde primero vi la luz
del día. Además, el clima de Galicia durante el invierno es algo
triste y bastante desagradable.

(continuará)

PREGUNTAS

1. ¿ Por qué tienen los habitantes de Madrid tantas ganas de
irse de vacaciones en julio ? 2. ¿ Cuántos días de vacaciones suelen
tener los que trabajan ? 3. ¿ Por qué es difícil que los españoles
se vayan al extranjero durante sus vacaciones ? 4. ¿ Por qué no
puede la mayoría de la gente ir de vacaciones a Santander o a San
Sebastián ? 5. ¿ Cómo es el paisaje de Galicia ? 6. ¿ Qué estilo de
arquitectura tiene la catedral de Santiago de Compostela ? 7. ¿ Qué
aspecto tienen las calles de Santiago ? 8. ¿ Qué dialecto se habla en

[1] *thousands*   [2] *Romanesque*   [3] *façade*   [4] *dialect of Galicia*
[5] *Galicians, i.e., inhabitants of Galicia*   [6] *stingy*
[7] This is the affirmative *tú*-IMPERATIVE. (§ 95 F)
[8] This is the negative *tú*-IMPERATIVE, which is a subjunctive form. (§ 95 F)

Galicia ? 9. ¿ A qué lengua se parece el gallego ? 10. ¿ Cómo hablan el castellano los gallegos ? 11. ¿ En qué son típicas algunas mujeres gallegas ? 12. ¿ Qué carácter tienen los habitantes de Galicia ? 13. ¿ Qué clima tiene Galicia ?

Ejercicios

A. *Substitúyase*[1] *José quiere* ... *por José quería* ... *y háganse los otros cambios necesarios en la frase. Escríbase la forma –r– del imperfecto de subjuntivo.* Ejemplo: José quiere que yo hable. *José quería* que yo *hablara.*

1. José quiere que yo compre el coche. 2. José quiere que usted trabaje. 3. José quiere que Carlos venda su coche. 4. José quiere que Marta aprenda la canción. 5. José quiere que ustedes escriban. 6. José quiere que ustedes vivan aquí. 7. José quiere que los niños suban en seguida. 8. José quiere que preguntemos la hora. 9. José quiere que volvamos a las dos. 10. José quiere que suframos. 11. José quiere que comamos bien. 12. José quiere que recibamos el dinero.

B. *Substitúyase* **Prefiero** ... *por* **Prefería** ... *y háganse los otros cambios necesarios en la frase. Escríbase la forma –r– del imperfecto de subjuntivo. Todos los verbos de este ejercicio cambian su vocal radical en el imperfecto de subjuntivo.* Ejemplo: Prefiero que usted no pida dinero. *Prefería* que usted no *pidiera* dinero.

1. Prefiero que las criadas sirvan plátanos. 2. Prefiero que ustedes no duerman demasiado. 3. Prefiero que los chicos no se diviertan demasiado. 4. Prefiero que la vaca no muera. 5. Prefiero que usted no repita la noticia. 6. Prefiero que sigamos estudiando la lección.

C. *Substitúyase* **La señora pide** ... *por* **La señora pidió** ... *y háganse los otros cambios necesarios en la frase. Escríbase la forma –r– del imperfecto de subjuntivo. Todos los verbos de este ejercicio son irregulares en el pretérito y por consiguiente también en el imperfecto de subjuntivo.* Ejemplo: La señora pide que estemos en la cocina. *La señora pidió* que *estuviéramos* en la cocina.

[1] *Change* José quiere ... *to* José quería ... *and make the other necessary changes in the sentence. Write the –r– form of the imperfect subjunctive.*

1. La señora pide que yo diga la verdad.   2. La señora pide que yo haga este trabajo.   3. La señora pide que usted ponga la fruta en la mesa.   4. La señora pide que usted sepa todas las palabras de la lección.   5. La señora pide que usted tenga mucho cuidado.   6. La señora pide que le traigamos el dinero.   7. La señora pide que seamos prácticos.   8. La señora pide que ustedes vayan a España pronto.

D. *Escríbase la segunda frase según el modelo de la primera. Úsese la forma –r– del imperfecto de subjuntivo.* EJEMPLO: Quiero que mi amigo salga conmigo. Quería . . . *Quería* que mi amigo *saliera* conmigo.

1. Espero que Marta esté en Barcelona. Esperaba que Marta . . . 2. Prefiero que usted haga todo el trabajo. Preferí que usted . . . 3. Le aconsejo a José que diga la verdad. Le aconsejé a José que . . . 4. Vale más que nosotros sepamos su nombre. Valdría más que nosotros . . . 5. Es importante que yo vaya a Madrid. Era importante que yo . . . 6. Sugiero que María se acueste en seguida. Sugerí que María . . . 7. Es una lástima que usted no pueda venir. Fue una lástima que usted . . . 8. La madre permite que su hijo vaya al cine. La madre permitió que su hijo . . . 9. El médico prohibe que yo coma carne. El médico prohibió que yo . . . 10. El marido manda que su mujer prepare la comida. El marido mandó que su mujer . . .

E. *Escríbase la segunda frase según el modelo de la primera. Úsese la forma –s– del imperfecto de subjuntivo.* EJEMPLO: Preferimos que ustedes vengan mañana. Preferíamos que ustedes . . . *Preferíamos* que ustedes *viniesen* mañana.

1. Pido que usted abra la puerta. Pedí que usted . . .   2. Les aconsejo que vengan ustedes temprano. Les aconsejé que ustedes . . . 3. Espero que ustedes tengan siempre bastante dinero. Esperaba que ustedes . . . 4. Dudo que María sea una buena criada. Dudaba que María . . . 5. ¿Permite usted que Felipe entre en la cocina? ¿Permitiría usted que Felipe . . . ? 6. ¿Quiere usted que su hija salga con el señor Pérez? ¿Quería usted que su hija . . . ?

F. *Contéstense las preguntas siguientes con frases completas, empezando cada contestación por sí.*

1. En verano ¿parece el tiempo más caluroso de lo que es?   2. ¿Es más interesante este libro de lo que usted creía?   3. ¿Sabe usted lo difícil que es aprender a hablar una lengua extranjera?   4. Al mirar

las fotografías de España ¿ comprende usted lo antiguas que son sus ciudades ? 5. ¿ Sabe usted lo que hacen los otros alumnos de la clase ? 6. ¿ Quiere usted decirme lo que usted tiene que hacer ?

G. *Las palabras en bastardilla se refieren a vosotros. Cámbienlas de modo que se refieran a ustedes.* EJEMPLO: *Vosotros habláis vuestros* dialectos. *Ustedes hablan sus* dialectos.

1. *Vosotros coméis* a las dos ¿ verdad ? 2. Después *vais a vuestras* clases. 3. *Os* vi en la calle esta mañana. 4. Pero *vosotros* no me *visteis.* 5. *Vosotros escribíais* muchas cartas ¿ verdad ? 6. ¿ A qué hora *saldréis* mañana ? 5. *Vosotros os* levantáis temprano.

VOCABULARIO — PÁGINAS 284-285

GRAMÁTICA

1. From what stem is the imperfect subjunctive formed? (§ 89 A) What endings are added to this stem to form the imperfect subjunctive? (§ 89 B) Which set of endings is more used? (§ 89 C)

2. Give the *–r–* and *–s–* forms of the imperfect subjunctive of *recibir* and *tener.* (Page 285)

3. After which tenses in the main clause is the imperfect subjunctive used in the subordinate clause? At what time does the action of a verb in the imperfect subjunctive take place? (§ 93 C)

4. After what types of verbs is the subjunctive used in this lesson? (§ 92 F) Find examples in your reading-lesson.

5. Find examples in your lesson of the neuter article *lo* used with adjectives and explain this construction. (§ 5 A)

6. How may the neuter article *lo* be used with the relative pronoun *que?* Find an example of *lo que* in your lesson. (§ 5 F)

7. Explain the use of *de lo que* in the sentence *Se nos hace el tiempo más largo de lo que es.* (§ 12 I)

8. In this lesson the subject pronoun *vosotros* is used. When is it used? (§ 23 E) Learn to recognize the verb endings which go with *vosotros.* (Page 286) Also learn to recognize the *vosotros* forms of the possessive adjectives (§ 14 B, D), the object pronouns (§ 24 D, 25 D), the reflexive pronouns (§ 26 C), the prepositional forms (§ 29 B), and the possessive pronouns (§ 32 B).

Noveno Repaso — Lecciones 41 a 45

Noveno Repaso — Lecciones 41 a 45

Nombres importantes

Explíquense en español los nombres siguientes.

Cibeles	el Greco	Retiro
La Coruña	Prado	Santander
Goya	Puerta del Sol	Santiago de Compostela
Gran Vía		Velázquez

Preguntas

1. ¿Qué edificios se ven en la Gran Vía de Madrid? 2. ¿Por qué va la gente a los cafés en España? 3. En Madrid ¿cómo puede el viajero trasladarse de una parte de la ciudad a otra? 4. Descríbase la Puerta del Sol. 5. ¿Para qué sirven los estancos? 6. ¿Qué se ve en el Retiro? 7. ¿Cuáles son los pintores españoles más conocidos? 8. ¿Cuáles son los cuadros más conocidos de Velázquez? 9. ¿En qué cuadro reprodujo Goya la escena de los fusilamientos de los españoles por los soldados de Napoleón? 10. En España ¿cómo puede un chico tratar a una chica? 11. ¿Por qué suelen tardar los españoles más tiempo en casarse que los norteamericanos? 12. ¿Qué costumbres de matrimonio en España son diferentes de las de los Estados Unidos? 13. ¿Por qué no viajan los españoles mucho al extranjero? 14. ¿En qué es diferente Galicia de Castilla? 15. ¿Qué temperatura tiene Madrid en verano?

Temas para composición escrita

Hágase una composición sobre cualquiera de los temas siguientes.
1. Madrid
2. El matrimonio en España
3. La vida en Galicia

Ejercicios

A. *Substitúyanse los adjetivos entre paréntesis por su forma conveniente.*

1. Sevilla es una (grande) ciudad. 2. ¿Ha leído usted las obras de (santo) Agustín? 3. Me gustaría encontrar (alguno) (bueno) libro.

B. *Escríbanse los pronombres y adjetivos posesivos en la forma conveniente para que el sentido sea perfectamente claro.*[1]

[1] See Lesson 42, exercise E, and Lesson 44, exercise F.

4. Déme **su** (*your*) reloj. 5. **Su** (*their*) hija viaja por España. 6. Mis amigos vienen hoy y **los suyos** (*hers*) vendrán mañana. 7. Nuestro coche está en el garage; **el suyo** (*yours*) está delante de la casa.

C. *Escríbanse los tres imperativos de los verbos siguientes.* EJEMPLO: (llevar) su abrigo al cine. 1. *Lleve* usted su abrigo al cine. 2. *Llevemos* su abrigo al cine. 3. *Lleven* ustedes su abrigo al cine. 8. (salir) en seguida. 9. (levantarse) temprano. 10. (explicar) el problema al alumno.

D. *Cámbiense por pronombres las expresiones en bastardilla.* EJEMPLO: Lean *la carta a sus amigos.* Léan*sela.*

11. Describa *el paisaje a su madre.* 12. No digamos *la verdad a Juan.* 13. Enséñeme *su dinero.* 14. No nos explique *el ejercicio.* 15. No busquemos *a Felipe.*

E. *Substitúyanse los infinitivos entre paréntesis por el presente de subjuntivo.*

16. Es importante que usted (aprender) español. 17. El profesor quiere que nosotros (venir) a clase todos los días.

F. *Substituyanse los infinitivos entre paréntesis por el perfecto de subjuntivo.*

18. No me importa que ustedes (perder) mi libro. 19. Es probable que los chicos (ver) esta película.

G. *Substitúyanse los infinitivos entre paréntesis por el imperfecto de subjuntivo.*

20. La madre dijo a sus hijos que no (salir) después de las nueve de la noche. 21. Nos gustaría que nuestros amigos (trabajar) más.

H. *Substitúyanse los infinitivos entre paréntesis por la forma conveniente del verbo cuando sea necesario.*

22. Es natural que un hijo (ayudar) a su familia. 23. Creo que (llover) mañana. 24. Mi amigo me aconsejó que (volver) más tarde. 25. No hay nadie aquí que (hablar) español pero hay un señor que (hablar) francés. 26. Me alegro que María (encontrar) a su amiga la semana pasada. 27. No fué posible que nosotros (hacer) lo que usted quería. 28. Tengo un empleado que me (ayudar) pero busco una criada que (saber) preparar las comidas. 29. Creo que ellos (recibir)

la carta la semana pasada, pero no creo que ellos la (contestar) todavía.
30. Tememos (cruzar) las calles donde la circulación es grande.

GRAMÁTICA

1. The neuter article *lo*. (§ 5 A, F)
2. Apocopation. (§ 10)
3. The use of *lo* in comparisons. (§ 12 I)
4. Clarification of the possessive adjective *su*. (§ 14 C)
5. The ordinal numerals. (§ 18)
6. The pronoun *vosotros* (§ 23 E), its adjectival (§ 14 B, D), pronoun (§§ 24 D, 25 D, 26 C, 29 B, 32 B), and verb (page 286) forms.
7. The position of pronoun objects with imperatives. (§ 30 B, C, D)
8. Clarification of the possessive pronoun *el suyo*. (§ 32 E)
9. The formation of the present (§ 88), imperfect (§ 89), and perfect (§ 90) subjunctive.
10. Uses of the subjunctive. (§ 92 A, B, C, D, E, F)
11. The LET's-imperative. (§ 95 E)
12. Uses of *hay que* and *haber de*. (§ 101 C, D)
13. The present subjunctive of radical-changing verbs. (§ 106 D)
14. The present subjunctive of verbs with spelling-changes. (§ 107 A, B, C, D, E, F, I, K)
15. The present participle and preterite of verbs in *-aer* and *-eer*. (§ 107 J)

LECCIÓN CUARENTA Y SEIS

Valencia y Andalucía

(*continuación*)

— Y vosotros, Concha, ¿ pensáis de veras ir a Santander ?
— Todavía no lo sabemos; lo decidiremos cuando mi marido regrese de su viaje de negocios y saldremos en cuanto sepamos el lugar

Por su mucho color, una de las regiones más
pintorescas y más bonitas de España es Andalucía

exacto. Quizá vayamos a Valencia. ¡ Cuánto me gusta aquella
región ! Tengo muchas ganas de ver los naranjales[1], los grandes 5
arrozales[2] y sus numerosas huertas en las cuales se cría lo mejor de
España. Y ya sabes lo buenas[3] que son la paella[4] y la horchata[5]
valencianas. ¿ Conoces tú Valencia ?

— Todavía no, pero voy a hablar a mi marido para que vayamos
uno de estos días. De todos modos, la región que a mí más me gusta 10
es Andalucía. Cuando yo estuve allí, me impresionaron mucho los
millares[6] y millares de olivos[7] y viñas[8] que se extienden más allá de
lo que alcanza la vista. Me gusta mucho el carácter de los andaluces[9],
alegre, simpático y despreocupado[10]. ¡ Qué distinto es nuestro castellano ! Pero hablan un español bastante difícil de entender, pues 15
se comen la mitad de las letras y pronuncian una mezcla espantosa
de « s » y de « z ». Me dijeron que estuviste en Sevilla durante las
ferias[11] de abril. ¿ Es verdad ?

---

[1] *orange groves*   [2] *rice fields*
[3] For the agreement of this adjective, see page 304, note 1.
[4] *Spanish rice with meat and sea food*   [5] *a sweet whitish drink made from the ''chufa'' plant*
[6] *thousands*   [7] *olive trees*   [8] *vineyards*   [9] *inhabitants of Andalusia*
[10] *happy-go-lucky, carefree*   [11] *festivals*

— Sí, estuve con mi esposo en la capital[1] el Jueves y el Viernes
20 Santos y asistimos a todas las procesiones religiosas. Nos quedamos
en Sevilla hasta la semana siguiente en que se celebraban las ferias.
Nos entusiasmaron mucho los bailes andaluces y las bellas mozas
sevillanas[2] con sus bonitos trajes y sus flores en el pelo. Por todos
lados se oían canciones andaluzas y sobre todo flamenco[3], ese canto
25 tan melancólico y sentimental de origen árabe. Todo este ambiente[4]
mezclado con la arquitectura árabe de Sevilla daba a las fiestas un
carácter tan exótico que parecía un cuento de *Las mil y una noches*.

— Lo que más me gusta de Sevilla es su Alcázar, ese maravilloso
palacio árabe con diseños[5] tan finos y columnas tan esbeltas[6] que
30 por mucho que las mirase nunca me cansaría. También me parecen
interesantes su torre árabe, la Giralda, y su catedral gótica[7].

— Todo esto de Andalucía es muy hermoso y muy típico, pero
no es muy apropiado hablar de ello cuando se están haciendo planes
de verano. Me asusta la idea de que tuviese que pasar un verano en
35 Sevilla, donde tienen que tapar las calles con toldos[8] a fin de que el
sol no penetre.

— Mi esposo estuvo hace unos días en Córdoba y dice que es el
lugar de España donde más calor hace. Vino maravillado[9] de su
mezquita[10] tan sencilla en su exterior pero tan rica en su interior,
40 donde se pierde uno en medio de centenares de arcos y columnas
maravillosos. ¡ Qué interesante sería podernos trasladar a la época
de los árabes cuando Córdoba era el centro de la cultura musulmana !
Afortunadamente, este invierno tendré una buena ocasión de conocer
mejor Andalucía; a menos que luego cambie de idea, pienso ir a Má-
45 laga a pasar una temporada.

— Estoy segura que te gustará esta ciudad del Mediterráneo y
además allí estarás bien durante el invierno, pues en sus playas te
podrás bañar hasta en el mes de enero. Espero que te diviertas mucho
allá.

50 — ¡ Ojalá[11] se cumplan tus palabras ! No hay cosa que más
moleste que ir a cualquier sitio a pasar una temporada agradable y
empezar uno a aburrirse tan pronto como llega. Pero ya son las
nueve y media, y como hoy hemos hablado bastante, creo que es hora
de que me marche.

[1] i.e., Seville, which is the capital of the province; *capital* often has the meaning of
a large city.
[2] *of Seville* [3] *name of popular regional song in Spain* [4] *atmosphere* [5] *designs*
[6] *slender* [7] *Gothic* [8] *canvas coverings* [9] *astonished* [10] *mosque* [11] *I hope that*

— No te vayas todavía, aun falta una hora para la cena y podemos 55
seguir hablando hasta entonces.

— No, no puedo quedarme más. Todavía tengo que hacer la
cena, y no me gustaría que cuando viniese mi marido la encontrase
sin[1] hacer. Ya sabes que te espero a merendar[2] en casa el jueves
que viene. 60

— Puedes estar segura que no faltaré, María.

— Adiós, Concha, hasta el jueves.

— Adiós.

PREGUNTAS

1. ¿En qué región de España se encuentran muchas naranjas?
2. ¿Qué impresiona al viajero en el paisaje de Andalucía? 3. ¿Qué
carácter tiene el andaluz? 4. ¿Por qué es difícil entender al andaluz?
5. ¿Qué se puede ver en Sevilla durante la Semana Santa? 6. ¿Qué
es el flamenco? 7. ¿Qué hacen en Sevilla para que el sol no penetre
en las calles? 8. ¿Cómo se llama el palacio árabe de Sevilla?
9. Para los turistas ¿cuál es el edificio más interesante de Córdoba?
10. ¿Por qué pasa la gente el invierno en Málaga? 11. ¿Por qué
vuelve a su casa la señora González?

EJERCICIOS

A. *La primera frase está en el pasado, la segunda en el futuro. Complétese la segunda frase, como en el ejemplo.* EJEMPLO: Los turistas
vieron muchos indios cuando fueron a México. Los turistas
verán muchos indios cuando... Los turistas verán muchos
indios cuando *vayan* a México.

1. Comí cuando encontré un restaurante. Comeré cuando...
2. Los obreros trabajaron cuando necesitaron dinero. Los obreros
trabajarán cuando... 3. Vendí mi casa cuando tuve que ir a la
guerra. Venderé mi casa cuando... 4. Corrí a la puerta cuando
llamó mi amigo. Correré a la puerta cuando... 5. Me levanté
cuando Carlos empezó a tocar la guitarra. Me levantaré cuando...
6. Mi madre abrió la ventana cuando vio llegar el coche. Mi madre
abrirá la ventana cuando... 7. Pablo visitó la catedral cuando
estuvo en Granada. Pablo visitará la catedral cuando... 8. Escribí
los ejercicios cuando vino el profesor. Escribiré los ejercicios

[1] *unprepared*   [2] *have a six-o'clock lunch*

cuando . . . 9. Se bajaron del coche cuando llegaron a la oficina.
Se bajarán del coche cuando . . . 10. Estuve de acuerdo con José
cuando hablamos del problema. Estaré de acuerdo con José cuando . . .

B. *Substitúyase y por para que y háganse los otros cambios necesarios
en la frase.* EJEMPLOS: 1. Iremos a Madrid y usted verá el
Prado. Iremos a Madrid *para que* usted *vea* el Prado. 2. Fuimos
a Madrid y usted vio el Prado. Fuimos a Madrid *para que*
usted *viera* el Prado.

1. Iré a su casa y usted me venderá la máquina. 2. Fui a su casa
y usted me vendió la máquina. 3. Pedro abrirá la puerta y entraremos. 4. Pedro abrió la puerta y entramos. 5. Compraré este libro
y usted lo leerá. 6. Compré este libro y usted lo leyó. 7. Dejaré el
coche en el garage y usted saldrá en él. 8. Dejé el coche en el garage
y usted salió en él. 9. El señor González escribirá una carta y yo
conseguiré trabajo. 10. El señor González escribió una carta y yo
conseguí trabajo. 11. Mi madre pondrá frutas en la mesa y las comeremos. 12. Mi madre puso frutas en la mesa y las comimos.

C. *Substitúyanse los infinitivos entre paréntesis por las formas convenientes del indicativo o del subjuntivo según el sentido de la frase.*

1. Escribí la carta antes de que usted (saber) su nombre. 2. El
chico vino corriendo tan pronto como yo le (llamar). 3. Trabajé
hasta que mis amigos (venir) a buscarme. 4. Quizá los alumnos (ver)
al profesor mañana. 5. Hablé con el chico hasta que me (prometer)
ir a clase. 6. Saldré antes de que mi padre (recibir) la carta. 7. Aunque nosotros (hablar) con el jefe, no hemos podido hacer nada.
8. Compraré esta casa a menos que usted la (querer). 9. Aunque yo
(tener) bastante tiempo, no iré al cine mañana. 10. Yo le daré el
libro en cuanto lo (recibir). 11. Salí después de que (llegar) el jefe.
12. Estudiaré hasta que usted me (llamar). 13. Ojalá no (llover).
14. Me quedaré aquí hasta que (terminar) el trabajo.

VOCABULARIO — PÁGINA 287

GRAMÁTICA

1. After which conjunctions is the subjunctive always used?
(§ 92 G)

2. When is the subjunctive used after conjunctions such as *cuando,
después que, en cuanto, hasta que,* etc.? (§ 92 H)

3. When is the indicative, and when the subjunctive, used after *aunque?* (§ 92 I)

4. When is the subjunctive used after expressions such as *quizá(s)*, *tal vez*, and *acaso?* (§ 92 J)

5. Give examples of sentences with *ojalá*, *por mucho que*, etc. (§ 92 K)

LECCIÓN CUARENTA Y SIETE

Gloria y decadencia de España

Al final de la Edad Media la península ibérica estaba dividida en seis reinos, cinco cristianos y uno musulmán[1], el de Granada. En la segunda mitad del siglo XV, subió al trono[2] de Castilla Isabel I que, al casarse con Fernando de Aragón, unió bajo un solo mando estos dos reinos. Ambos monarcas, llamados los Reyes Católicos, 5 unieron todos los reinos cristianos de España salvo Portugal en uno solo y expulsaron[3] a los moros que habitaban en España desde hacía casi ochocientos años. De este modo los Reyes Católicos crearon el moderno estado de España con unidad nacional, política y religiosa.

Desde hacía algunos años los barcos españoles y portugueses 10 hacían viajes de exploración siempre con la esperanza de encontrar nuevas rutas comerciales para llegar al oriente. El 12 de octubre de 1492 Cristóbal Colón descubrió América para España, dando comienzo al imperio colonial español que duró más de tres siglos. Este descubrimiento tuvo resultados sumamente[4] importantes porque 15 no sólo aumentó el territorio de España sino que también le dio mucha riqueza. También en esta época pasó a poder de España toda la parte sur de Italia.

[1] *Mohammedan*   [2] *throne*   [3] *expel*   [4] *highly*

A Carlos I le sucedió su hijo Felipe II, el cual con razón podía decir: « En mis dominios nunca se pone el sol » porque tenía grandes territorios en Europa, Asia, África, América y Oceanía

Sucedió[1] a los Reyes Católicos su nieto Carlos I, el cual, como encontró el terreno tan bien preparado por sus abuelos, hizo de España la nación más poderosa de su época. Por herencia Carlos I era dueño de los Países Bajos[2] y fue elegido emperador de Alemania con el nombre de Carlos V; gobernó durante la primera mitad del siglo XVI y bajo su mando se hicieron la mayor parte de los grandes descubrimientos y conquistas de los españoles al otro lado del mar: Ponce de León, buscando la fuente de la juventud, descubrió la Florida;

---

[1] There was a short period after the death of Isabel in which her daughter Juana la Loca, wife of Felipe el Hermoso, reigned in Castile.
[2] *The Low Countries, i.e., Belgium and Holland*

*Es la única, la Puerta del Sol,
la plaza principal de la ciudad*

*Es la Cibeles, donde se encuentran el Banco de España,
otros edificios del gobierno y, sobre todo, Correos*

*El Retiro tiene en el centro
un gran estanque
y en éste hay barcas
en que puede pasearse la gente*

*La Faraona, la gitana
más famosa de Granada*

"*Los fusilamientos del 2 mayo*" *de Goya*

"*La rendición de Breda*" *de Velázquez*

Balboa descubrió el Pacífico; los barcos de Magallanes dieron la primera vuelta al mundo; Cortés conquistó Méjico; Pizarro colonizó el Perú; de Soto fue el primer hombre blanco que vio el Misisipí; se conquistaron los territorios de casi toda Sud y Centro América y los 30 colonizadores y misioneros españoles llegaron hasta Tejas, Arizona, Nuevo Méjico y California.

A Carlos I le sucedió su hijo Felipe II, el cual con razón podía decir: «En mis dominios nunca se pone el sol» porque tenía grandes territorios en Europa, Asia, África, América y Oceanía. Los enemigos 35 más grandes de Felipe II eran, en el Mediterráneo los turcos, en Europa Francia y en el océano Inglaterra. Los primeros fueron vencidos por los españoles en la batalla naval de Lepanto (1571), Francia fue derrotada[1] en San Quintín (1557), y para atacar a Inglaterra, Felipe II organizó una gran flota llamada «la Armada Invencible», la cual 40 fue deshecha por las tempestades y por la armada inglesa (1587–1588).

La[2] política tanto de Carlos I como de Felipe II fue siempre de defensa del catolicismo. Hacía ya algunos años que el protestantismo se extendía por Europa y ellos sentían que hubiese nacido esta nueva religión que amenazaba la unidad del catolicismo. Por[3] su espíritu de 45 reyes católicos les habría gustado que la Reforma hubiese desaparecido de raíz, y para tratar de conseguir esto gastaron la mayor parte de su poder tanto material como espiritual.

En los últimos años de Felipe II empezó la decadencia del gran imperio español y a su muerte sus sucesores no hicieron más que 50 acentuarla. Poco a poco España fue perdiendo sus vastos territorios en Europa y durante el siglo XVIII se dedicó casi exclusivamente al comercio con sus colonias de América.

Las causas de esta decadencia fueron numerosas, pero en general se podría decir que fue debida a que después de la época de su mayor 55 grandeza, España quedó muy debilitada y pobre en el orden material. Había agotado todo su dinero y su poderío militar en mantener la lucha contra el protestantismo y en sostener su dominación en los Países Bajos. Contribuyó también a esta decadencia la emigración masiva para colonizar el Nuevo Mundo. 60

(continuará)

---

[1] *defeated*
[2] *The policy of both Charles I and Philip II*
[3] *Because of their sense of obligation as Catholic monarchs, they would have liked to have the Reformation completely uprooted, and in order to bring this about, they expended the greater part of their strength, material as well as spiritual.*

PREGUNTAS

1. ¿Quiénes fueron los Reyes Católicos? 2. ¿A quiénes expulsaron de España los Reyes Católicos? 3. ¿Por qué hacían los barcos españoles y portugueses viajes de exploración? 4. ¿Cuándo fue descubierta América? 5. ¿Por quién fue descubierta América? 6. ¿Qué resultados tuvo el descubrimiento de América para España? 7. ¿Qué hizo de España Carlos I? 8. ¿De qué países además de España era dueño Carlos I? 9. ¿Qué descubrió Ponce de León? 10. ¿Quién descubrió el Pacífico? 11. ¿Qué viaje hicieron los barcos de Magallanes? 12. ¿Quién colonizó el Perú? 13. ¿En qué siglo fue España la nación más poderosa de Europa? 14. ¿Por qué podía decir Felipe II: « En mis dominios nunca se pone el sol.»? 15. ¿Qué fue la Armada Invencible? 16. ¿En qué gastaron Carlos I y Felipe II la mayor parte de su poder material y espiritual? 17. ¿Cuándo empezó la decadencia de España? 18. ¿A qué se dedicó España casi exclusivamente en el siglo XVIII?

EJERCICIOS

A. *Escríbanse el primer verbo de la frase en imperfecto del indicativo y el segundo en pluscuamperfecto del subjuntivo, como en el ejemplo.*
EJEMPLO: Es lástima que usted no haya venido. *Era* lástima que usted no *hubiera venido.*

1. Siento que usted no haya estado con nosotros. 2. Dudamos que su compañero haya visitado Francia. 3. Tengo miedo de que usted no haya trabajado mucho. 4. Es posible que Pedro ya haya salido. 5. No creo que Juanita se haya casado. 6. Espero que nuestra escuela haya ganado. 7. Es natural que los otros no hayan querido venir. 8. El profesor duda que hayamos terminado los ejercicios. 9. Es lástima que el campesino haya bebido demasiado. 10. Tememos que nuestros amigos hayan perdido.

B. *Substitúyanse los infinitivos por sus formas convenientes.*

1. Hacía ya muchos años que estos señores se (conocer). 2. Yo (estudiar) desde hacía una hora cuando Carlos me llamó. 3. (estar) casados desde hacía treinta años cuando el esposo se murió. 4. Hacía dos días que yo (esperar) cuando por fin conseguí un billete para Madrid.

C. *Substitúyanse los guiones por las preposiciones convenientes donde sea necesario.*

1. A los seis años los estudiantes aprendieron —— leer y a contar. 2. Quisiera[1] —— cantar una canción española. 3. No puedo —— entender a aquel hombre porque habla demasiado rápidamente. 4. Voy —— preparar la comida en seguida. 5. ¿Quién trató —— entrar en el jardín? 6. Empezó —— llover a las seis de la tarde. 7. Le oí —— hablar en el patio. 8. Pronto comenzaremos —— escribir artículos. 9. El niño se negó —— salir de su habitación. 10. Los chicos consiguieron —— llegar antes de las doce. 11. Ustedes tardaron mucho —— escribir. 12. El profesor insistió —— hablar francés durante la clase. 13. Fuimos —— ver el parque. 14. Esperamos —— quedarnos allí dos horas. 15. ¿Ha tratado usted —— comprender lo que ha leído? 16. Comenzaron ayer —— hacer dibujos. 17. Por fin me decidí —— hacer un viaje por Andalucía.

Vocabulario — Páginas 288-289

Gramática

1. Of what two parts does the pluperfect subjunctive consist? (§ 91) Conjugate the verb *gastar* in the pluperfect subjunctive. (Page 289)

2. When a pluperfect subjunctive is used in a dependent clause, which tenses must be used in the main clause? What type of action must be expressed in the dependent clause? (§ 93 D)

3. With what prepositions of time and with what tense do the Spanish express an action which began in the past and took place up to the time when another past action began? (§ 61 C) Find examples of this type of construction in your lesson.

4. In English, we say *I must leave. I like to study. I insist on leaving.* In Spanish, likewise, some verbs require no preposition before an infinitive, others require *de*, others *a*, and some *en*. These prepositions must be learned for each verb. In doing Exercise C, refer to the verbs in § 47 and learn the prepositions which follow the verbs in that exercise.

5. What is the present tendency in Spanish in regard to the use of the definite article with names of countries? (§ 4 H)

6. When is the expression *sino que* used to express *but* in Spanish? (§ 49 D)

---

[1] *I should like* For the use of the subjunctive in softened statements, see § 92 K.

España en los siglos XIX y XX

(continuación)

Al principio del siglo XIX comenzó una nueva época en la historia de España cuando las tropas de Napoleón invadieron la península y apresaron[1] al rey español Fernando VII. El victorioso ejército de Napoleón encontró gran resistencia popular en varias ciudades. 5 Al cabo de seis años los españoles lograron derrotar[2] a los franceses. La guerra terminó en el año 1814 poco antes de que Napoleón fuese derrotado en Waterloo. Fue durante estos años cuando casi todas las colonias españolas de América, aprovechando la situación de España en Europa, se libraron de la madre patria.

10 Durante todo el siglo XIX hubo multitud de revoluciones, guerras entre partidos y cambios de gobierno, y si España no se hubiese debilitado tanto a causa de estas luchas interiores, probablemente no habría perdido tan rápidamente las pocas colonias que todavía le quedaban al otro lado del mar cuando en 1898 los Estados Unidos le declararon 15 la guerra.

Aunque a principios del siglo XX se trataba de introducir ideas modernas en el gobierno y la monarquía era ya constitucional, el pueblo, que seguía sufriendo de la situación, quería obtener más libertad, y por eso en 1931 se votó la República. El rey se marchó y 20 el país adoptó una constitución muy liberal que permitió la igualdad entre el hombre y la mujer, que produjo la separación de la iglesia y el Estado, etc., etc. La República fue una experiencia idealista durante la cual algunos, aprovechando su libertad sin límites, comenzaron a declarar huelgas y motines[3] contra el gobierno.

25 En 1936 la situación política era muy inestable[4]. Con motivo[5] de las elecciones hubo muchos desórdenes y se quemaron deliberadamente iglesias y edificios públicos. Hubo entonces gente que veía con malos ojos un gobierno que daba al pueblo una libertad que en su

---

[1] *seized* [2] *defeat* [3] *uprisings, mutinies* [4] *unstable*
[5] *owing to, on the occasion of* (not *motive*)

opinión era excesiva. Estos descontentos deseaban un gobierno más nacionalista y menos liberal y formaron un partido llamado *la falange*[1]. Este partido rehusó[2] aceptar los resultados de la elección y, unido al ejército, se levantó contra la República. Así comenzó una guerra civil que duró tres años. De Marruecos[3] vino el general Francisco Franco, quien se puso al mando del ejército del partido nacional. Las fuerzas rebeldes no tardaron mucho en ocupar todo el sur de la península y a fines de 1936 ya estaban a las puertas de Madrid. Alemania e Italia ayudaban a Franco con hombres y materiales y Rusia apoyaba a los republicanos. Sobre esta guerra se han expresado diversas opiniones: si el general Franco no hubiese tenido tropas moras[4], no habría triunfado tan pronto; si las otras naciones no hubiesen intervenido, tal vez el gobierno hubiera podido suprimir[5] la revolución; y si Francia e Inglaterra se hubiesen atrevido a enviar ayuda a los republicanos, acaso éstos hubieran ganado. De todos modos, la guerra terminó en 1939 y se impuso la dictadura.

En los últimos tiempos la dictadura en España ha sido menos severa de lo que era. Sin embargo, faltan ciertas libertades que existen en muchos países, y se puede decir que desde el punto de vista político y económico España no es uno de los países más avanzados de Europa.

Una gran parte de los problemas del país se deben a la pobreza del suelo. Si éste fuese más fértil, seguramente habría más comida; si hubiera más minerales y más energía eléctrica, la gente sería menos pobre. Si hubiese más fábricas en España, los españoles tendrían un nivel de vida más alto y serían más felices. No obstante, actualmente España está gozando de un lento pero seguro desarrollo económico que se manifiesta en todas partes del país.

La política sigue siendo un gran problema, y es difícil imaginar precisamente qué forma tendrá el gobierno nacional en el futuro.

PREGUNTAS

1. ¿ Qué tropas invadieron España a principios del siglo XIX ? 2. ¿ Qué encontró el ejército de Napoleón en España ? 3. ¿ Cuándo se terminó la guerra con Francia ? 4. ¿ Qué hicieron las colonias españolas de América durante la invasión de Napoleón ? 5. ¿ Qué

[1] conservative political party which organized the overthrow of the Spanish Republic
[2] *refused*
[3] *Spanish Morocco:* Up to 1956 the northern part of Morocco was a Spanish protectorate.
[4] *Moorish* [5] *suppress*

caracteriza la historia de España en el siglo XIX? 6. ¿Por qué perdió España tan rápidamente la guerra con los Estados Unidos? 7. ¿Por qué se votó la República en 1931? 8. ¿Qué clase de constitución adoptó esta República? 9. ¿Qué sucedió durante la República? 10. ¿Qué ocurrió durante las elecciones de 1936? 11. ¿Cómo empezó la Guerra Civil de España? 12. ¿De dónde vino el general Franco al mando del ejército nacional? 13. ¿Qué naciones ayudaron a los nacionales? 14. ¿Qué nación ayudó a los republicanos? 15. ¿Qué es *la falange*? 16. ¿Quiénes ganaron la Guerra Civil? 17. ¿Qué clase de gobierno tiene España hoy día?

Ejercicios

A. *Contéstense las preguntas con frases completas, empezando la contestación con sí.*

1. Si usted fuera rico ¿compraría usted un coche? 2. ¿Iría usted a clase si lloviera? 3. Si usted estuviera en España ¿hablaría usted español? 4. Si usted tuviera mucho tiempo ¿leería usted muchos libros? 5. ¿Habría ido usted al cine ayer si no hubiera tenido tanto que hacer? 6. ¿Habría salido usted anoche si no hubiera llovido?

B. *Cámbiense las frases siguientes como en el ejemplo.* [1] EJEMPLO: Si usted estudia, aprenderá mucho. Si usted estudiara ... Si usted estudiara, *aprendería* mucho.

1. Si usted viene aquí, verá a mi madre. Si usted viniera aquí, ... 2. Si ustedes son ricos, comprarán un coche. Si ustedes fueran ricos, ... 3. Si los chicos tienen tiempo, irán a Sevilla. Si los chicos tuvieran tiempo, ... 4. Si la chica canta demasiado, perderá la voz. Si la chica cantara demasiado, ... 5. Si llueve, me quedaré en casa. Si lloviera, ... 6. Si mi padre me da el dinero, iré a la taberna. Si mi padre me diera el dinero, ... 7. Si tengo tiempo, haré un viaje a España. Si tuviera tiempo, ... 8. Si nuestro hermano muere, estaremos muy solos. Si nuestro hermano muriera, ...

---

[1] Be sure that you understand how the change affects the meaning of the sentence. In the example, for instance, the original sentence reads: If *you* **study**, *you* **will learn** *a great deal.* After the change, the sentence will read: If *you* **studied**, *you* **would learn** *a great deal.* The changed sentence is a contrary-to-fact condition. This type of contrary-to-fact condition is very common in both languages. It is, therefore, very necessary and useful to be able to say such a sentence in Spanish.

C. *Cámbiense las frases siguientes como en el ejemplo.*[1] EJEMPLO:
Cantaré todo el día si me venden una guitarra. Cantaría
todo el día si ... Cantaría todo el día si me *vendieran* una
guitarra.

1. Leeré este libro si tengo tiempo. Leería este libro si ...
2. Tendré que pagar mucho dinero si compro una casa. Tendría
que pagar mucho dinero si ... 3. Compraré un coche nuevo si vendo
el viejo. Compraría un coche nuevo si ... 4. Hablaré francés si
voy a Francia. Hablaría francés si ... 5. No podré vivir si gasto
demasiado dinero. No podría vivir si ... 6. Volveré al jardín
contigo si tu padre te permite salir. Volvería al jardín contigo si ...
7. Saldré para Madrid si no viene María. Saldría para Madrid si ...
8. Iré a la corrida si los toreros son buenos. Iría a la corrida si ...

D. *Cámbiense las frases siguientes como en el ejemplo.*[2] EJEMPLO: Si
voy a España, gastaré poco dinero. Si hubiera ido a España ... Si hubiera ido a España, *habría gastado* poco
dinero.

1. Si usted canta, me marcharé. Si usted hubiera cantado, ...
2. Si usted le da el dinero al chico, lo gastará. Si usted le hubiera
dado el dinero al chico, ... 3. Si ustedes no aprenden la lección,
no podrán salir. Si ustedes no hubieran aprendido la lección, ...
4. Si los niños juegan con el fuego, se quemarán. Si los niños hubieran jugado con el fuego, ... 5. Si los turistas visitan Andalucía,
no entenderán a los habitantes de la región. Si los turistas hubieran
visitado Andalucía, ... 6. Si ustedes van a la costa, verán playas
bonitas. Si ustedes hubieran ido a la costa, ... 7. Si usted lee estos
libros, aprenderá mucho. Si usted hubiera leído estos libros, ...
8. Si los soldados atacan al enemigo, ganarán la batalla. Si los soldados hubieran atacado al enemigo, ...

E. *Cámbiense las frases siguientes como en el ejemplo.*[1] EJEMPLO: En-
señaré la carta a la señora si Jorge la escribe. Habría enseñado

---

[1] The sentences in this exercise follow the same pattern as those in the previous exercise,
but the conclusion precedes the if-clause.
[2] Be sure that you understand how the change affects the meaning of the sentence. In
the example, for instance, the original sentence reads: *If I go to Spain, I will spend
little money.* After the change, the sentence will read: *If I had gone to Spain, I would
have spent little money.* The changed sentence is a different type of contrary-to-fact
condition. This type is also very common in both languages. It is therefore important to repeat sentences with this pattern until you can formulate them without
hesitation.

la carta a la señora si . . . Habría enseñado la carta a la señora si Jorge la *hubiera escrito*. 1. Usted encontrará a José si viene en seguida. Usted habría encontrado a José si . . . 2. Podré salir si hago el trabajo. Habría podido salir si . . . 3. Los obreros no ganarán mucho dinero si no trabajan. Los obreros no habrían ganado mucho dinero si . . . 4. La chica no contestará si el chico le habla. La chica no habría contestado si . . . 5. Los turistas estarán muy contentos si toman el rápido. Los turistas habrían estado muy contentos si . . . 6. Los estudiantes se aburren si el profesor no canta. Los estudiantes se habrían aburrido si . . . 7. Los pobres no tendrán pan si no hay bastante trigo. Los pobres no habrían tenido pan si . . . 8. Ustedes pagarán mucho más si comen en aquel restaurante. Ustedes habrían pagado mucho más si . . .

Vocabulario — Página 290

Gramática

1. Of what two parts does the conditional perfect consist? (§ 78) Conjugate the verb *votar* in the conditional perfect. (Page 291)

2. Of what two parts does a conditional sentence consist? Give examples of an English conditional sentence. (§ 96)

3. If the imperfect subjunctive is used in the **if-clause** of a condition, what tense is generally used in the conclusion? If the pluperfect subjunctive is used in the **if-clause** of a condition, what tense is generally used in the conclusion? (§ 96 B)

4. What forms may be used instead of the conditional and the conditional perfect in the conclusion of a contrary-to-fact condition? (Page 399, note 2, and page 400, note 1)

La literatura española: sus comienzos y el siglo de oro

La literatura castellana, aunque relativamente desconocida fuera del mundo de habla española, es sin embargo una de las más ricas de la Europa occidental y no solamente ha creado géneros nuevos como la novela picaresca[1] sino que también en ciertas épocas ha tenido gran influencia en otras literaturas.

La primera obra sobresaliente[2] de la literatura española es un poema épico, *El cantar de mío Cid*, que aunque escrito en el siglo XII, ya refleja[3] tres característicos temas[4] nacionales: el sentimiento monárquico, el sentimiento religioso y el sentimiento del honor. El poema trata de las aventuras del Cid, fiel vasallo que, aunque ha sido desterrado sin razón por el monarca castellano, nunca pierde su lealtad al rey. El Cid, buen padre que llora al dejar a su familia, gran jefe sin ningún temor en sus campañas contra los moros, es al final del poema un majestuoso hidalgo[5] español que ha recobrado su honor, sus bienes y el respeto de la corte.

A fines del siglo XV aparece *La Celestina*, larga obra dramática cuyo principal personaje, Celestina, es una vieja conocida por sus brujerías[6] y por el éxito que ha tenido en ayudar a los jóvenes enamorados. Facilita que Calisto y Melibea se encuentren de noche en la huerta de esta última sin que se den cuenta de estas relaciones los padres de la joven. La astuta vieja recibe en pago de sus servicios una cadena de oro sobre la posesión de la cual riñe con los criados de Calisto. Los amantes son descubiertos, el joven muere de una caída al escalar[7] la tapia[8] de Melibea y ésta se suicida lanzándose de una alta torre. La sabiduría diabólica de la vieja, su profundo conocimiento de las debilidades humanas y su astucia[9] en llevar a cabo sus empresas son tres de las cualidades de esta imponente creación literaria.

[1] *picaresque, i.e., concerning a rogue*   [2] *outstanding*   [3] *reflects*   [4] *themes*   [5] *nobleman*
[6] *witchcraft*   [7] *climb over*   [8] *fence*   [9] *astuteness*

Durante el período comprendido entre 1550 y 1650, llamado *el Siglo de Oro*, alcanzó la literatura española su máximo esplendor. En
30 esta época hubo grandes autores líricos, místicos, satíricos y dramáticos y nació la novela picaresca con la publicación del *Lazarillo de Tormes*. En una narración picaresca siempre se describen las aventuras de un muchacho pobre que tiene que servir a varios amos y se cuentan las hipocresías de estos últimos y de la sociedad española en
35 medio de la cual él recibe crueles burlas y sufre casi siempre de hambre. Por boca del pícaro el autor puede criticar[1] ciertas instituciones como la iglesia, el gobierno, etc., con menor peligro de ser censurado por las autoridades.

El drama floreció también en el siglo de oro, de tal manera que
40 se escribieron millares[2] de comedias en verso, muchas de las cuales se han perdido. Se supone, por ejemplo, que Lope de Vega escribió más de mil seiscientas comedias además de sus muchos poemas líricos. Y tan buenas eran sus comedias que, en su época, decir de una cosa « Es de Lope » significaba que era de primera calidad. Lope, como
45 otros muchos dramaturgos[3] españoles, o encontró sus temas dramáticos en los romances[4] viejos que tratan de leyendas[5] nacionales, o inventó comedias de intriga amorosa que tanto gustaban a un público compuesto de todas las clases sociales.

Un personaje de gran importancia en la literatura española es
50 don Juan, que apareció en forma dramática por primera vez en *El burlador de Sevilla* de Tirso de Molina. Don Juan Tenorio es un arrogante galán[6] que seduce a las mujeres sin hacer caso a las palabras de un criado que siempre le aconseja dejar su vida pecaminosa[7] y confesarse. Un día en un cementerio don Juan invita a cenar a su
55 casa a la estatua del padre de una de sus víctimas. A la hora de cenar, suenan tres golpes en la puerta y sale la estatua, la cual, después de la cena, invita a don Juan para el día siguiente. Aunque su criado le ruega que no acepte, el atrevido galán llega al cementerio, se acerca para saludar a la estatua y muere horriblemente en el momento de
60 tocarla.

(continuará)

PREGUNTAS

1. ¿Qué nuevo género ha creado la literatura española? 2. ¿Cómo se llama el poema épico más célebre de la literatura castellana? 3. ¿Qué

[1] *criticize*   [2] *thousands*   [3] *dramatists*   [4] *ballads*   [5] *legends*   [6] *gallant lover*
[7] *sinful*

tres temas nacionales se encuentran en la literatura española ? 4. ¿ De qué trata *El cantar de mío Cid?* 5. ¿ Quién es Celestina ? 6. ¿ Qué géneros literarios cultivaron los autores del siglo de oro ? 7. ¿ Qué es un pícaro ? 8. ¿ Por qué se escribieron muchas novelas picarescas durante el siglo XVI ? 9. ¿ Quién fué Lope de Vega ? 10. ¿ En qué comedia se encuentra la leyenda de Don Juan ? 11. ¿ Dónde muere don Juan ?

Ejercicios

A. *Contéstense las preguntas siguientes con una frase completa, empezando la contestación con sí.*

1. ¿ Es fácil viajar por Francia ? 2. ¿ Es necesario estudiar mucho en esta clase ? 3. ¿ Es posible ganar mucho dinero en los Estados Unidos ? 4. ¿ Quiere usted divertirse ? 5. ¿ Tiene usted miedo de viajar a la luna ? 6. ¿ Se alegra usted de hablar en español ? 7. ¿ Se lava usted antes de acostarse ? 8. ¿ Espera usted para hablar con el profesor ?

B. *Complétese[1] la segunda frase de cada grupo de manera que los sujetos de las dos partes de la frase se refieran a la misma persona.* Ejemplo: Tengo miedo de que usted no venga. Tengo miedo de no . . . Tengo miedo de *no venir.*

1. Quiero que usted hable con el señor Ramírez. Quiero . . . . 2. Me alegro de que ustedes estén aquí. Me alègro de . . . . 3. Los estudiantes esperan que usted salga mañana. Los estudiantes esperan . . . 4. Fui a España antes de que mis amigos recibieran la carta de José. Fui a España antes de . . . 5. Compraré un coche para que podamos viajar por España. Compraré un coche para . . .

C. *Complétese[2] la segunda frase de cada grupo de manera que las dos partes de la frase se refieran a dos personas diferentes.* Ejemplo: Queremos ir a Toledo. Queremos que los estudiantes . . . Queremos que los estudiantes *vayan a Toledo.*

1. Es lástima quedarse en casa. Es lástima que ustedes . . . 2. Tengo miedo de caminar en algunos barrios de Barcelona. Tengo miedo de que usted . . . 3. Sentimos dejar a Concha. Sentimos que

---

[1] *Finish the second sentence of each group so that the subjects of the two parts of the sentence refer to the same person.*

[2] *Finish the second sentence of each group so that the two parts of the sentence refer to two different persons.*

ellos . . . 4. Compré el libro para leerlo. Compré el libro para que María . . . 5. Comeré antes de salir. Comeré antes de que usted . . . 6. Es preciso esperar el autobús. Es preciso que nosotros . . . 7. No creo poder verle. No creo que nosotros . . . 8. Fue imposible encontrar un billete para Madrid. Fue imposible que Juan . . .

D. *Substitúyanse las palabras inglesas entre paréntesis por sus equivalentes en español.* EJEMPLOS: 1. Siento (*that you know*) la verdad. Siento *que usted sepa* la verdad. 2. Siento (*that I know*)[1] la verdad. Siento *saber* la verdad.

1. Tengo miedo[2] (*that Carlos will lose*) el regalo. 2. Tengo miedo[2] (*that I will lose*) el regalo. 3. Nos alegramos[2] (*that Robert has*) dinero. 4. Nos alegramos[2] (*that we have*) dinero. 5. Juan cerrará las ventanas (*before*[3] *we leave*). 6. Juan cerrará las ventanas (*before*[3] *he leaves*). 7. María trabajará este verano (*so that*[3] *her mother may buy*) un coche. 8. María trabajará este verano (*so that*[3] *she may buy*) un coche. 9. Es imposible (*for us to go*)[4] a Granada. 10. Es imposible (*to go*) a Granada. 11. Es preciso (*for you to travel*)[4] mucho. 12. Es preciso (*to travel*) mucho.

E. *Se pueden escribir las frases siguientes con cláusula dependiente o con infinitivo.* *Escríbanse las frases con infinitivo.* EJEMPLO: Usted aconsejó *que yo asistiera a la clase de español.* Usted *me* aconsejó *asistir a la clase de español.*

1. Invito a Juan a que coma conmigo. 2. Mandaron que yo viniera en seguida. 3. ¿Quién permitió que él saliera? 4. El profesor prohibe que los alumnos hablen en clase.

F. *Substitúyanse los guiones por las preposiciones convenientes donde sea necesario.*

1. No me atreví —— hablar con el jefe. 2. Usted debe —— hablar español en esta clase. 3. ¿Desea usted —— ganar mucho dinero? 4. He buscado mucho y acabo —— encontrar mi billete. 5. El niño insistió —— acompañar a su madre. 6. Ayudé a mi com-

---

[1] In this sentence think as follows: (1) Siento (*that I know*) la verdad. (2) Siento (*to know*) la verdad. (3) Siento *saber* la verdad. Keep in mind that if the subject of the dependent clause would be the same as the subject of the main clause, the infinitive construction is normally used instead of a subjunctive clause.

[2] The expressions *tener miedo* and *alegrarse* are followed by *de* before an infinitive and by either *que* or *de que* before a subjunctive clause.

[3] See § 94 B for ways of expressing this word before an infinitive and before a subjunctive clause.

[4] Reword so that the idea becomes a clause.

pañero —— bajar su maleta. 7. Después le invité —— acompañarnos. 8. Se me olvidó —— darle a Roberto su dinero. 9. ¿ A usted le gusta —— viajar ? 10. ¿ Sabe usted —— hablar español ? 11. Prefiero —— decírselo más tarde. 12. Pedro llamó a la puerta y luego volvió —— llamar.

Vocabulario — Páginas 291–292

Gramática

1. The subjunctive, when required, is generally used in a dependent clause whose subject is different from that of the independent clause. When the subject of the entire sentence remains the same person, what construction replaces the dependent clause with the subjunctive? (§ 94 A)

2. What prepositions replace *antes de que, para que, sin que, a fin de que, hasta que,* and *después de que* when the infinitive construction is used? (§ 94 B)

3. What verbs may take either the subjunctive or the infinitive construction even when there are two distinct subjects? (§ 94 C) Note that the infinitive construction is most common when the subject of the dependent clause is a pronoun. Find examples in the text of each construction.

4. In working out Exercise F, refer to the verbs in § 47 and learn the prepositions which follow the verbs in that exercise.

Asturias

Asturias, tierra querida,
Asturias de mis amores;
quien[1] estuviera en Asturias
en algunas ocasiones.

Tengo que subir al árbol,
tengo que cortar[2] la flor;
y dársela a mi morena;
que la ponga en el balcón,
que la ponga en el balcón,
que la deje de poner.
Tengo que subir al árbol
y la flor he de coger[3].

---

[1] *Fortunate is he who*   [2] *cut*   [3] *get*

La literatura española desde el siglo de oro hasta nuestros días

(continuación)

La obra más conocida del siglo de oro y de toda la literatura española es sin duda la novela *Don Quijote de la Mancha* de Cervantes, la cual fue publicada en los primeros años del siglo XVII. Don Quijote, viejo loco que ha leído numerosas novelas de caballería[1], anda
5 por España en busca de desgracias que remediar, acompañado de su gordo y gracioso escudero[2] Sancho Panza, el cual desea hacerse gobernador de una isla. Don Quijote, idealista y nada práctico, ve el mundo por lo que no es, y Sancho, hombre sencillo, no ve más que la realidad de la vida diaria. Estos dos personajes son inmortales en
10 la literatura universal y además de las burlas, locuras y divertidos episodios de la novela, Cervantes, cuyo conocimiento de la naturaleza humana era profundísimo, puso en su obra observaciones filosóficas de gran valor.

Desgraciadamente, la literatura española del siglo XVIII es en
15 general de poco valor y no fue hasta el siglo XIX cuando, después que hubo abdicado Fernando VII, lo que produjo la vuelta a España de los exilados políticos llenos de ideas románticas, los escritores lograron librarse de la tiranía de las estrechas reglas[3] neoclásicas para escribir versos y dramas románticos. Uno de los poetas españoles
20 más célebres de este breve período fue José de Espronceda, quien expresó su dolor y melancolía romántica en versos como los siguientes:

¿ Por qué volvéis a la memoria mía
Tristes recuerdos del placer perdido,
A aumentar la ansiedad y la agonía
25 De este desierto corazón herido ?

---

[1] *chivalry*   [2] *squire*
[3] *neoclassical rules (referring to the rules governing the classical French theater of the seventeenth century)*

Gustavo Adolfo Bécquer expresa también sentimientos románticos en los versos de sus breves y famosas rimas[1]:

> Por una mirada, un mundo;
> Por una sonrisa, un cielo;
> Por un beso . . . ¡ yo no sé   30
> Qué te diera por un beso !

Al mismo tiempo, otros escritores empezaron a escribir *artículos de costumbres* en los cuales describían escenas típicas de la vida española a la vez que señalaban defectos del carácter nacional. El realismo de estos artículos fue el origen de la novela realista, género en el que 35 varios escritores españoles se distinguieron durante el resto del siglo. Muchos novelistas, después de que hubieron observado las costumbres del pueblo español, escribieron no solamente para distraer a sus lectores sino también para que éstos se enteraran de los problemas nacionales. De todos los novelistas españoles desde Cervantes fue Galdós 40 probablemente el mejor y el más original.

El interés por los problemas nacionales fue una de las características predominantes de la *Generación del 98*. Los ensayistas[2], novelistas y dramaturgos[3] de esta generación resolvieron poner término a algunas antiguas costumbres de su país y, rompiendo hasta cierto punto con 45 el pasado, cada uno atacó con estilo individual el *españolismo*[4] tradicional y los defectos del gobierno. Los novelistas son menos conocidos fuera de España que el filósofo Unamuno y el dramaturgo Jacinto Benavente (Premio Nobel 1922), cuyo drama *La malquerida* tuvo gran éxito en Nueva York.   50

El poeta y dramaturgo Federico García Lorca, a quien tanto admiraban los intelectuales de Madrid como los gitanos[5] de Andalucía, escribió poemas y dramas que reflejan[6] la psicología de los gitanos con quienes había vivido en Granada. Murió asesinado por las tropas nacionales en 1936.   55

Desde sus orígenes hasta el presente las particularidades[7] esenciales de la literatura española son el realismo, el humorismo[8], el interés por problemas nacionales, la total ausencia de reglas literarias y el individualismo de escritores a quienes les importan más las ideas que la forma artística con que las expresan.   60

---

[1] *short poems (a term used especially by Bécquer)*   [2] *essayists*   [3] *dramatist*
[4] *chauvinism; love for and complacency with things Spanish*   [5] *gypsies*   [6] *reflect*
[7] *peculiarities*   [8] *humor*

PREGUNTAS

1. ¿Cuál es la obra más conocida de la literatura española?
2. ¿Quién escribió *Don Quijote*? 3. ¿Quién es Sancho Panza? 4. Además de las locuras y divertidos episodios ¿qué puso Cervantes en su obra? 5. ¿Qué expresa el poeta romántico Espronceda en sus poesías? 6. ¿Qué describieron los autores del siglo XIX en los artículos de costumbres? 7. ¿Qué grupo de escritores del siglo XIX resolvió poner término a ciertas antiguas costumbres? 8. ¿Qué dramaturgo español ganó el Premio Nobel en 1922? 9. ¿Cómo murió Federico García Lorca? 10. ¿Qué reflejan las mejores obras de Lorca? 11. Desde sus orígenes hasta el presente ¿qué características predominan en la literatura española?

EJERCICIOS

A. *En la frase* **Pienso tocar la guitarra,** *substitúyase el verbo* **Pienso** *por la forma correspondiente de los infinitivos siguientes y póngase una preposición si es necesario, como en los ejemplos.*[1] EJEMPLOS: 1. insistir — *Insisto* en tocar la guitarra. 2. esperar — *Espero* tocar la guitarra.

1. aprender 2. necesitar 3. deber 4. tratar 5. decidir 6. ir 7. prometer 8. rehusar 9. atreverse 10. poder 11. comenzar 12. olvidarse 13. preferir 14. prepararse 15. querer 16. saber

B. *Substitúyanse los guiones por* **que** *o la forma conveniente de* **quien.**

1. Sancho era un hombre práctico —— quería gobernar una isla. 2. El señor Pérez es el hombre de —— hablé. 3. Fernando VII fue un rey a —— nadie admiraba. 4. Bécquer escribió también leyendas de Toledo —— son muy bonitas. 5. ¿Ha visto usted los niños con —— yo fui al cine? 6. *Don Quijote* es una novela —— millones de personas han leído. 7. Las cosas de —— ellos hablan no son importantes. 8. Escribí una carta a mis abuelos, —— viven en el campo. 9. Voy a casa de mis amigos para —— he comprado varias cosas. 10. Las personas con —— hablé creían que llovería. 11. Uno de los mejores novelistas del siglo XIX fue Galdós, —— se interesó mucho por los problemas del pueblo español.

[1] It is very important to be able to use the verbs in this exercise with the proper construction before an infinitive. One of the best ways of learning to do so is to go over this exercise repeatedly in the laboratory until you can say the sentences automatically and without hesitation. It is also useful to read the exercise aloud at home until you can do so rapidly and without any hesitation.

C. *Substitúyanse los guiones por* que *o* lo que *según el sentido de la frase.*

1. Sancho quería gobernar una isla, —— sería para él bastante difícil. 2. España es un país —— está menos adelantado que otros muchos de Europa. 3. ¿Sabe usted —— hace mi hijo mayor esta tarde? 4. Busco un coche —— no cueste mucho dinero. 5. Vale la pena leer —— Unamuno ha escrito de la vida en España. 6. España está al sur de los Pirineos, —— la protege de invasiones del norte. 7. ¿Dónde está el dinero —— usted encontró en la acera delante de la casa? 8. Vamos a escribir unas cartas en español, —— exigirá mucho tiempo. 9. Déme —— usted tiene en el bolsillo. 10. España es diferente de los demás países de Europa, —— me gusta mucho. 11. En España hay muchas costumbres —— me gustan.

D. *Substitúyanse los guiones por las formas convenientes de* cuyo.

1. España es un país —— habitantes son simpáticos. 2. Buscamos un artista —— pinturas sean muy conocidas. 3. Cervantes fue un hombre —— ideas son profundísimas. 4. Lorca es un poeta —— poemas[1] son muy célebres. 5. Conozco a un niño —— padre viaja por Europa. 6. Espronceda es un autor —— versos son muy románticos. 7. El novelista describe una casa —— dueño es loco. 8. Una de sus novelas trata de una chica —— madre es ciega.

Vocabulario — Páginas 293-294

Gramática

1. In Lessons 47 and 49, you worked out exercises where common verbs are followed by a preposition before an infinitive or are followed directly by an infinitive. Using § 47 for reference where necessary, go over Exercise A of this lesson until you can say the model sentence with each verb without hesitation.

2. You have already studied the relative pronoun *que*, which can be used in almost every relative clause. When must *quien* or *quienes* be used instead of *que*? (§ 36 A)

3. What relative pronoun is sometimes used to introduce parenthetical clauses? (§ 36 B)

4. Find examples of forms of *el cual* in the reading lesson and explain their use. Review the exercise on *el cual* in Lesson 31. (§ 37 A, B)

---

[1] What is the gender of *poema*? Which nouns in *-a* are usually masculine? (§ 6 B 2)

5. Find examples of *lo cual* in the reading lesson. To what does *lo cual* refer? (§ 5 E)

6. Find examples of *lo que* in the reading lesson. To what does *lo que* refer? (§ 5 F)

7. Find examples of forms of *cuyo* in the reading lesson. With what does *cuyo* agree? (§ 38)

8. In this lesson a new tense, the preterite perfect, is used. How is it formed? (§ 74) Under what conditions is it used? (§ 75) Find sentences in the reading lesson which contain a preterite perfect.

El Quelite[1]

¡ Qué bonito es El Quelite,
bien haya[2] quien lo fundó
que por sus orillas[3] tiene
de quién acordarme yo.

Mañana me voy, mañana,
mañana me voy de aquí,
y el consuelo[4] que me queda
que te has de acordar de mí.

Camino[5] de San Ignacio,
camino de San Javier,
no dejes amor pendiente[6]
como el que dejaste ayer.

Mañana me voy, mañana,
mañana me voy de aquí,
y el consuelo que me queda
que te has de acordar de mí.

Debajo de un limón[7] verde;
me[8] dio sueño y me dormí,
y me despertó un gallito[9]
cantando . . . *ki-ki-ri-ki.*

Mañana me voy, mañana,
mañana me voy de aquí,
y el consuelo que me queda
que te has de acordar de mí.

Yo no canto porque sé
ni porque mi vez sea buena,
canto porque tengo gusto
en mi tierra y en la ajena[10].

Mañana me voy, mañana,
mañana me voy de aquí,
y el consuelo que me queda
que te has de acordar de mí.

---

[1] It is not known whether *El Quelite* refers to a village or a river, but it is thought that it is the name of a river.

[2] *praised be*   [3] *shores*   [4] *consolation*   [5] *on the way*   [6] *unfinished*   [7] *lemon tree*
[8] *I got sleepy*   [9] *rooster*   [10] *other lands*

Décimo Repaso — Lecciones 46 a 50

Nombres importantes

Explíquense en español los nombres siguientes.

Alcázar	Don Juan Tenorio	Magallanes
Armada Invencible	Don Quijote	Málaga
artículos de costumbres	Espronceda	Marruecos
Balboa	Felipe II	Pizarro
Benavente	Fernando V	Ponce de León
El burlador de Sevilla	Franco	Reforma
Carlos V	Galdós	San Quintín
La Celestina	Giralda	Sancho Panza
Cervantes	Isabel I	Sevilla
El Cid	Lepanto	Siglo de Oro
Colón	Lope de Vega	Tirso de Molina
Córdoba	Lorca	Unamuno
de Soto		Valencia

Preguntas

1. ¿ Por qué es interesante la región de Valencia ? 2. ¿ En qué parte de España se oye « s » en vez de « z »? 3. ¿ Por qué visitan los turistas Córdoba ? 4. ¿ En qué época fue España la nación más poderosa del mundo ? 5. ¿ Cómo se puede explicar la decadencia de España ? 6. ¿ Por qué fue importante para España el descubrimiento de América ? 7. ¿ En qué siglo está la historia de España llena de revoluciones y guerras entre partidos ? 8. ¿ Qué forma de gobierno adoptó España en 1931 ? 9. ¿ Qué les falta a los españoles para tener un nivel de vida más alto ? 10. ¿ Cuáles son las obras más sobresalientes de la literatura castellana ? 11. ¿ Cuál es la época en la que la literatura española alcanzó su mayor grandeza ? 12. ¿ Cuál es el dramaturgo más famoso del siglo de oro ? 13. Durante el período romántico ¿ de qué tiranía literaria lograron librarse los escritores ? 14. ¿ Cuáles son algunos de los autores españoles más conocidos del siglo veinte ? 15. ¿ Qué personaje de *Don Quijote* no ve más que la realidad de la vida diaria ?

Temas para composición escrita

Hágase una composición sobre cualquiera de los temas siguientes.

1. Un viaje por Andalucía
2. La historia de España
3. Las obras sobresalientes de la literatura española

EJERCICIOS

A. *Substitúyanse los guiones por las preposiciones convenientes donde sea necesario.*

1. Hoy comenzamos —— estudiar la historia de España. 2. Algunas personas tardan mucho —— llegar a una cita. 3. Este verano queremos —— visitar las principales ciudades de España. 4. Traté —— comprar el caballo, pero los dueños no quisieron venderlo. 5. Yo preferí —— quedarme en casa.

B. *Substitúyanse las rayas por las formas convenientes del pronombre relativo.*

6. El libro de —— usted habla ya no se vende. 7. Los amigos con —— yo fui a España viajan ahora por Alemania. 8. ¿ Sabe usted —— —— hace José ? 9. Busco una criada —— marido pueda ayudarme en el jardín. 10. El señor González, —— conoce a mi hermano, vendrá aquí esta tarde.

C. *Substitúyanse los infinitivos entre paréntesis por sus formas convenientes donde sea necesario.*[1]

11. Fuí a España para que usted (poder) verme. 12. Hacía varios meses que los niños (estar) en la playa cuando su padre fue a buscarlos. 13. Su madre la deja (comprar) todo lo que quiere. 14. Si los soldados (atacar) en seguida, habrían ganado la guerra muy rápidamente. 15. Me alegré que ustedes (terminar) su trabajo antes de mi llegada. 16. Los otros quieren que yo (ir) con ellos a ver el museo. 17. Yo (viajar) por España desde hacía muchos días cuando empezó la guerra. 18. Compraría un coche si yo (ser) rico. 19. El guardia permitió al hombre (salir) de su casa. 20. Quizás él (venir) mañana. 21. Es imposible (encontrar) pan en aquel lugar. 22. Si nosotros (tener) más tiempo, iríamos a Toledo. 23. Entró en el edificio para (hablar) con el oficial de la aduana. 24. Cuando yo (escribir) la carta, mi hermano todavía no estaba en España. 25. Hacía una hora que nosotros (comer) cuando oímos sonar el teléfono. 26. Si usted supiera español, usted (poder) viajar por Sud América. 27. Cuando usted (saber) lo que va a hacer, dígamelo. 28. Si hubiéramos estado en Madrid, nuestros amigos nos (encontrar). 29. Tu-

---

[1] This exercise involves the use of both indicative and subjunctive and of several tenses of each. It cannot be done without careful thought. You must analyse the construction of each clause and determine what tense and mood are required. Then repeat the correct sentence aloud several times.

vimos miedo de que los niños (perder) su dinero la semana pasada.
30. Quédese aquí hasta que yo le (llamar).

GRAMÁTICA

1. Relative pronouns. (§§ 35, 36, 37, 38)
2. The use of prepositions before an infinitive. (§ 47)
3. The use of the imperfect with *hacía . . . que* and *desde hacía* in time expressions. (§ 61 C)
4. The formation and use of the preterite perfect. (§§ 74, 75)
5. The formation and use of the conditional perfect. (§§ 78, 79)
6. The formation and use of the pluperfect subjunctive. (§§ 91, 93 D, E)
7. Uses of the subjunctive. (§ 92 G, H, I, J, K, L)
8. The use of the infinitive instead of the subjunctive. (§ 94)
9. Conditional sentences. (§ 96)

Quinto Suplemento – Lecciones 41-50

LECCIÓN CUARENTA Y UNA

Vocabulario

accidente (*m.*)	Gran Vía	Prado
ángulo	(palma)	(substituir)
Antonio	perdonar	(sudamericano)
dirección (*f.*)	Plaza de España	(vehículo)

acabar *finish*	detener[b] *stop*
acera *sidewalk*	disfrutar (de + *noun*) *enjoy*
anoche *last night*	distraer[c] *amuse*
antiguamente *formerly*	espectáculo *show*
asegurar *assure*	extrañar *wonder at; be surprised at;*
caro *dear, expensive*	extrañado *surprised*
circulación *traffic*	gana (*usually pl.*) *desire*
conducir *drive (a car)*[a]*; lead*	gusto *pleasure*
cuidado *care*	hambre (*f.*) *hunger*
culpa *blame*	izquierdo *left*

[a] In Spain, *conducir* is used to express the English *drive a car;* in Mexico, *manejar* is used.
[b] Conjugated like *tener.*   [c] Conjugated like *traer.*

mismo *very; self*	sed (*f.*) *thirst*
Pedro *Peter*	sueño *sleep*
recorrer *travel, go over*	tranvía (*m.*) *streetcar*
rincón (*m.*) *corner*	útil *useful*
salida *exit*	vía *way*

a la izquierda   *on the left*
acabar de + INFINITIVE   *have just + PAST PARTICIPLE* [a]
la calle de tal   *such and such a street*
con mucho gusto   *with great pleasure*
de repente   *suddenly*
estar al lado   *be near by*
la Gran Vía   *main commercial street of Madrid*
hace algunos años   *some years ago*
Museo del Prado   *Prado Museum*
oir tanto hablar de la capital   *hear so much about the capital*
¿ Por dónde se va a . . . ?   *Where is . . . ? Which way is . . . ? How does
    one get to . . . ?*
ustedes lo verán por sí mismos   *you will see it for yourselves*
vamos a + INFINITIVE   *let's + VERB* [b]

EXPRESSIONS WITH tener

tiene veinte años *he is twenty years old*	tiene hambre *he is hungry*
tiene calor *he is hot*	tiene miedo *he is afraid*
tiene cuidado *he is careful*	tiene prisa *he is in a hurry*
tiene la culpa *he is to blame*	tiene razón *he is right*
tiene frío *he is cold*	tiene sed *he is thirsty*
tiene ganas de *he feels like*	tiene sueño *he is sleepy*

Verbos

EL IMPERATIVO

			Imperatives		
		1st person			
	Infinitive	sing.	usted	**let's**	ustedes
		present			
REGULAR VERB	**hablar**	hablo	hable Ud.	hablemos	hablen Uds.
RADICAL-CHANGING VERB	**cerrar**	cierro	cierre Ud.	cerremos	cierren Uds.

[a] Acabo de llegar = *I have just arrived.*
[b] Vamos a estudiar = *Let's study.* But it may also mean: *We are going to study.*

VERB WITH SPELLING CHANGE	**pagar**	pago	pague Ud.	paguemos	paguen Uds.
IRREGULAR 1ST PERSON SINGULAR PRESENT	**venir**	vengo	venga Ud.	vengamos	vengan Uds.
IRREGULAR VERB	**saber**	sé	sepa Ud.	sepamos	sepan Uds.
REFLEXIVE VERB	**lavarse**	me lavo	lávese Ud. no se lave Ud.	lavémonos no nos lavemos	lávense Uds. no se laven Uds.

Ejercicios

A. 1. My father is thirty-six years old. 2. If you are not sleepy, do not go to bed. 3. If you (pl.) do not feel like taking the subway, don't take it. 4. Let us eat at two o'clock. 5. Let us wrap this fruit in a newspaper. 6. Do not get married this year; get married later. 7. Have you spoken to the travelers? Do not speak to them. 8. In winter I am very cold and in summer I am very warm. 9. There is wine here, but if you are not thirsty, don't drink it.

B. 1. Tell Charles that you are very hungry. 2. Ask Mary if she is in a hurry. 3. Tell Robert not to eat too much. 4. Ask him if he is sleepy.

LECCIÓN CUARENTA Y DOS

Vocabulario

Banco de España
(banda)
(botánico)
Cibeles (*f.*)
comercial

Felipe II
(municipal)
necesario
Paseo del Prado
probable
Puerta del Sol

raro
Retiro
tabaco
visita
(zoológico)

abajo *down below*
acá *here, over here*
adquirir (ie)[a] *acquire*
alegre *happy*
allá *there, over there*
bailar *dance*
correos[b] *post office*
corriente *ordinary, usual*
fijar *fix*

guiar *guide*
hace *ago*
pasearse *take a ride*
población *population*
quitar *take away; take off*
reconocer *recognize*
reloj (*m.*) *clock*
sello *stamp*
vuelta[c] *change (money)*

[a] The irregular present indicative of *adquirir* is: adquiero, adquiere, adquirimos, adquieren
[b] In Spain the plural form of *correo* is used to indicate the *post office*.
[c] In Spain *change (money)* is expressed by *la vuelta;* in Latin America by *el vuelto.*

al día *every day, per day*
Banco de España *Bank of Spain*
bastar con que *be enough that*
dejar de + INFINITIVE *stop . . . , cease . . .* + PRESENT PARTICIPLE
de cerca *close by, near*
es hora de que . . . *it is time that . . .*
no hay de qué (*in reply to* gracias) *you're welcome*
nos queda mucho por ver *we still have a lot to see*
por aquí *this way*
que me salgan muchos clientes *I hope I get many customers*
quedarse con *keep*
sonar las doce *strike twelve*
todo el mundo *everyone*

Verbos

EL PRESENTE DE SUBJUNTIVO

VERBOS REGULARES

hablar	comer	vivir
hable	coma	viva
hable	coma	viva
hablemos	comamos	vivamos
hablen	coman	vivan

RADICAL-CHANGING VERBS

cerrar	volver	dormir	pedir
cierre	vuelva	duerma	pida
cierre	vuelva	duerma	pida
cerremos	volvamos	durmamos	pidamos
cierren	vuelvan	duerman	pidan

ALGUNOS VERBOS IRREGULARES EN LA PRIMERA PERSONA SINGULAR DEL INDICATIVO

decir	hacer	salir	venir	ver
diga	haga	salga	venga	vea
diga	haga	salga	venga	vea
digamos	hagamos	salgamos	vengamos	veamos
digan	hagan	salgan	vengan	vean

VERBOS COMPLETAMENTE IRREGULARES
EN EL PRESENTE DE SUBJUNTIVO

dar	haber	ir	saber	ser
dé	haya	vaya	sepa	sea
dé	haya	vaya	sepa	sea
demos	hayamos	vayamos	sepamos	seamos
den	hayan	vayan	sepan	sean

Ejercicios

A. 1. It is possible that Charles does not recognize me. 2. It is possible that Charles will not recognize me. 3. It is natural that you should have a good time during your[1] vacation[2]. 4. It is probable that the professor will explain the lesson tomorrow. 5. It is necessary that you buy stamps in the post office. 6. It is not usual for a Spanish woman to go out at night without her husband[3]. 7. It is rare that Mr.[4] García comes here. 8. It is better that you should remember my name. 9. It is likely[5] that my work is more interesting than his. 10. It is necessary for[3] our pupils to know more than yours.

[1] Use the definite article.   [2] This word is plural in Spanish.
[3] How will you reword this sentence in order to put it into correct Spanish?
[4] Supply the definite article. See § 4 C.   [5] *fácil*

B. 1. Tell your teacher that is necessary that you return home at once. 2. Ask him if it is possible for[1] you to see the examination. 3. Tell your friend that it is not probable that you will be in Madrid this summer. 4. Tell him that it is natural that he should write you often.

[1] How must this sentence be reworded to be correct in Spanish?

LECCIÓN CUARENTA Y TRES

Vocabulario

aire (*m.*)	convertir (ie, i)	figura
(benévolo)	defensor (*m.*)	genio
Breda	Diego Velázquez	gloria[a]
cadáver (*m.*)	ejecución	Goya
(capitulación)	(esencial)	Grecia
Carlos IV	expresión	(impresionismo)
(colección)	Felipe IV	(indirecto)
considerar	Fernando VII	Italia

[a] Normally meaning *glory*, in this lesson *gloria* refers to a representation of light supposed to emanate from beings of peculiar sanctity.

(italiano)	(posterior)	San Agustín
(marqués)	(precursor, *m.*)	San Esteban
(misticismo)	(realismo)	Santo Tomé
Murillo	(realista, *m.* and *f.*)	Spinola
Orgaz	repro**duc**ir	(técnica)
original		(visible)

alma *soul*
aprovechar *take advantage of*
arrodillarse *kneel*
caballero *gentleman*
colorido *coloring*
conde (*m.*) *count*
cuadro *painting, picture*
entierro *burial*
entregar *hand over; deliver*
hecho *deed, act*
hombro *shoulder*
humillar *humble, humiliate*
juz**g**ar *judge*

lanza *lance*
levantar *lift*
mitad *half*
motivo *motif, theme*
paso *step*
presenciar *witness*
real *royal*
rendir (i, i) *surrender, give up, yield*
retrato *portrait*
rostro *face*
santo (noun) *saint;* (adj.) *saint*
sostener[a] *support, hold up*
ven**c**er *conquer*

en cuanto *as soon as*
este último *the latter*
paso a paso *step by step*
siglo de oro *golden age*
tener por qué *have reason*

Ejercicios

A. 1. In that museum there are a hundred pictures of English painters, a hundred and fifty pictures of Italian painters, and two hundred and sixty pictures of Spanish painters. 2. El Greco is a great artist; he is one of the greatest painters of Spain. 3. In any[1] museum some good paintings[2] can be found. 4. St. Peter and St. John are more famous than St. Dominic. 5. The first train arrived at eight o'clock; the third arrived at two o'clock. 6. Do you have any[3] portrait of St. Augustine? 7. There is no stamp in the house. 8. His third son was born July 5, 1961. 9. Do you know[4] any[3] good place to spend your[5] vacation?

[1] Use a form of *cualquier*.   [2] Place after the verb.   [3] Use a form of *alguno*.
[4] Use a form of *conocer*.   [5] Use a form of the definite article.

B. 1. Tell the doctor that you have a good portrait of your father. 2. Ask him if he has some good books on medicine. 3. Tell your friend that

---
[a] Conjugated like *tener*.

he can find meat in any restaurant in[1] the city.   4. Ask him if he has read the life of St. Stephen.

[1] *de*

LECCIÓN CUARENTA Y CUATRO

Vocabulario

(canónico)
circunstancia
conceder
consentimiento

consentir (ie, i) (en + *inf.;*
en + *noun*)
conversar
(divorcio)
informar

lamentarse
matrimonio
(respectivo)
(variable)

aconsejar *advise*
acuerdo *agreement*
alegrarse (de + *inf.;* de + *noun*) *be happy (about)*
amistad *friendship*
amor (*m.*) *love*
aumentar *increase*
bien (*m.*) *good, benefit;* (pl.) *property*
casados (*pl.*) *married couple*
compañero *companion*
comunicar *inform, communicate*
desconocido (adj.) *unknown;* (noun) *stranger*
dudar *doubt*
educar *bring up*
exigir *require, demand*
fecha *date*
forma *way, manner, method*

función *performance*
invitado *guest*
lástima *pity*
ley (*f.*) *law*
lograr (+ *inf.*) *succeed in, succeed in having*
miel (*f.*) *honey*
pretender *seek, try*
representación *representantive*
sacerdote (*m.*) *priest*
sentirse (ie, i) *feel, feel oneself*
solo *alone, lonely*
tardar (en + *inf.*) *be slow (in), delay (in), be long (in); put off*
temer *fear*
tratar (a + *noun*) *be sociable with, get on friendly terms with*

¿ A qué se llama la dote ?   *What is meant by a dowry?*
cada vez (más)   *more and more*
compañero de viaje   *traveling companion*
contestar que sí (see § 35 B 2)   *answer "yes"*
es (una) lástima   *it is too bad, it's a pity*
haber de + INFINITIVE   *be going to, have to*[a] + INFINITIVE

---

[a] This *have to* implies inevitability or probability, functioning much like future tense, not obligation or necessity. Compare the meaning of *must* in the sentence *He is shirking and he **must** work harder* (necessity), with that in *He is very tired; he **must** work too hard.* (inevitability or probability).

hay que + INFINITIVE   *it is necessary that, one must* + INFINITIVE
luna de miel   *honeymoon*
más que nada   *more than anything, more than anything else*
suele haber   *it is customary to have, there is customarily*

Verbos

EL PERFECTO DE SUBJUNTIVO

hablar	comer	abrir	volver
haya hablado	haya comido	haya abierto	haya vuelto
haya hablado	haya comido	haya abierto	haya vuelto
hayamos hablado	hayamos comido	hayamos abierto	hayamos vuelto
hayan hablado	hayan comido	hayan abierto	hayan vuelto

Ejercicios

A. 1. I am glad that you will arrange the affair. I am glad that you have arranged the affair. 2. I doubt that the guest will come. I doubt that the guest has come. 3. I do not believe that Peter will find his friend. I do not believe that Peter found his friend. 4. I am afraid that you will not get anything. I am afraid that you did not get anything. 5. I believe that it will rain tomorrow. I believe that it rained last night. 6. There is no one who knows how[1] to do it. 7. It is too bad that you will not see your companion. 8. His mother advises him that he should be slow to accept the money. 9. Do you know an artist who is young and rich?

[1] Included in the verb.

B. 1. Ask the teacher if he is looking for someone who reads German. 2. Tell him that you are afraid that your friend will not arrive. 3. Tell him that you are glad that he wrote that letter for you. 4. Tell him that there is no one who can help you.

LECCIÓN CUARENTA Y CINCO

Vocabulario

(apropiado)	Galicia	portugués
arco	González	Santander
desagradable	La Coruña	Santiago de Compostela
	Pérez	

callar(se) *be silent, keep still*
cesto *basket*
contar (ue) *count*
desagradar *displease*
deseo *desire*
enamorar *inspire love;* enamorado
 (*p.p.*) *in love*
espantoso *frightful*
gastar *spend*
lo malo *bad feature, bad characteristic*
medios (*pl.* of medio) *means, resources,
 fortune*

os (*direct and indirect obj. pron.*) *you*
 (pl.); *to you* (pl.)
parecido *like, similar*
simpático *appealing, having a pleasant
 personality, "nice"*
soledad *solitude*
triste *sad, sorrowful; dismal, dreary,
 gloomy*
verde *green*
vosotros (*2d person pl. subj. pron.*)
 you (pl.)

el año pasado *last year*
cambiar de idea *change one's mind*
decir cosas raras *talk foolishness*
echar de menos *miss*
en[a] cuanto a *as for*
irse de vacaciones *go off on a vacation*
el mes que[b] viene *next month*
quince días *two weeks*
tener deseos (de) *desire (to)*
volver a + INFINITIVE[c] INFINITIVE + *again*

Verbos

IMPERFECTO DE SUBJUNTIVO

infinitivo	**hablar**	**comer**	**poner**	**ser**
3ª *persona pretérito*	hablaron	comieron	pusieron	fueron
imperfecto de subjuntivo				
	hablara	comiera	pusiera	fuera
	hablara	comiera	pusiera	fuera
-ra	habláramos	comiéramos	pusiéramos	fuéramos
	hablaran	comieran	pusieran	fueran
	hablase	comiese	pusiese	fuese
-se	hablase	comiese	pusiese	fuese
	hablásemos	comiésemos	pusiésemos	fuésemos
	hablasen	comiesen	pusiesen	fuesen

[a] Note that *en cuanto* means *as soon as* (Lesson 43), whereas *en cuanto a* means *as for*.
[b] The expression *que viene* is very frequently used for *next*, as *la semana que viene, el año que viene, el verano que viene*, etc.
[c] For instance: Carlos *vuelve a leer* el libro. Charles *reads* the book *again*.

vosotros [a]

		hablar	comer	vivir
INDICATIVO	*presente*	habláis	coméis	vivís
	imperfecto	hablabais	comíais	vivíais
	pretérito	hablasteis	comisteis	vivisteis
	futuro	hablaréis	comeréis	viviréis
	condicional	hablaríais	comeríais	viviríais
	perfecto	habéis hablado	habéis comido	habéis vivido
	pluscuamperfecto	habíais hablado	habíais comido	habíais vivido
SUBJUNTIVO	*presente*	habléis	comáis	viváis
	imperfecto	hablarais	comierais	vivierais
		hablaseis	comieseis	vivieseis
	perfecto	hayáis hablado	hayáis comido	hayáis vivido
IMPERATIVO		hablad	comed	vivid
		no habléis	no comáis	no viváis

Ejercicios

A. 1. My friend wants me[1] to spend[2] my vacation[3] in Galicia. My friend wanted me to spend my vacation in Galicia. 2. That man orders us[4] to do the impossible[5]. That man ordered us to do the impossible. 3. I permit you[6] to leave at once. I permitted you to leave at once. 4. The teacher asks[7] the students[4] to be[8] silent. The teacher asked the students to be silent. 5. We want you[4] to come soon. We wanted you to come soon. 6. It is impossible for us[4] to go to Burgos. It was impossible for us to go to Burgos. 7. There is no one who spends[2] much money here. There is no one who spent much money here. 8. It is later than[8] you believe. 9. The boy goes out more than[9] his mother wishes.

[1] Reword the sentence to read *My friend wants that I spend* . . .
[2] *spend (time) = pasar; spend (money) = gastar*
[3] This word is plural in Spanish
[4] How will this sentence have to be reworded to be expressed in Spanish?
[5] For the Spanish method of expressing this idea, see § 5 A.
[6] Begin the sentence *Le permito a usted que* . . .
[7] Use a form of *pedir*.
[8] Use the reflexive form of the verb.
[9] For a way of expressing comparisons with an idea, see § 12 I.

B. 1. Tell Mary that you want her to buy a new hat. 2. Tell your teacher that your mother told you to return home. 3. Tell your mother that John works more than she thinks. 4. Tell your friend that the difficult thing is to find work.

---

[a] In the GRAMÁTICA, the *vosotros-forms* are incorporated into the verb conjugations.

LECCIÓN CUARENTA Y SEIS

Vocabulario

(columna)	Giralda	(procesión)
Concha	letra	sentimental
(exótico)	(melancólico)	Valencia
fino	plan (*m.*)	(valenciano)
	(plantación)	

aburrirse *be bored; become bored*
adiós *good-bye*
afortunadamente *fortunately*
alcanzar *reach; attain*
asustar *frighten*
cansar *tire*
canto *song; singing*
comerse *eat up, devour*
criar(se) *raise*
cumplir *fulfil, keep*
esperar *hope; wait, wait for*
esposo *husband*

luego *presently*
molestar *bother, annoy*
mozo *boy; servant;* moza *girl*
negocio (*usually pl.*) *business; affairs*
ocasión *opportunity*
para que *in order that, so that*
quizá(s) *perhaps*
santo *holy*
tapar *cover, cover up*
temporada *while, season, time*
traje (*m.*) *costume; clothes; suit*

a fin de que *in order that, so that*
a menos que *unless*
aún falta una hora para la cena *there is still an hour before supper*
se comen la mitad de las letras *they swallow half of their sounds*
de todos modos *at any rate*
de veras *really*
de viaje *on a trip*
estar bien *be well off; be comfortable*
hasta el jueves *until Thursday, I'll see you Thursday*
más allá *farther*
más allá de lo que alcanza la vista *farther than the eye can see (reach)*
Las mil y una noches "*The Arabian Nights*"
por mucho que *however much, no matter how much*
tan pronto como *as soon as*

Ejercicios

A. 1. We will call him by[1] telephone when he returns. 2. They left the hotel so that you could talk with me. 3. Go away before your friends become bored. 4. We wlil be able to take this trip unless you have spent all your money. 5. When Robert remembered his appointment, it was already[2] eight o'clock. 6. The children worked until we arrived. 7. I will stay here until

[1] *por*   [2] Place before the verb.

you arrive. 8. We [1] hope that you will not be bored. 9. Perhaps we will study medicine.

[1] *We hope that* = ¡ *Ojalá* . . . !

B. 1. Tell John that you will see him when he comes to the United States. 2. Ask Robert if he wrote the letter before you arrived. 3. Tell your friend that you will wait for him until he comes. 4. Tell Mr. Pérez that you wrote to him in order that he might know what was happening.

LECCIÓN CUARENTA Y SIETE

Vocabulario

(acentuar)	defensa	océano[c]
Aragón	de Soto	(oriente, *m.*)
Arizona	dominio	Perú[d]
(armada)	emigración	Pizarro
(Armada Invencible)	(exploración)	Ponce de León
Asia	(expulsar)	Portugal
Balboa	Fernando V	portugués
Carlos I [a]	Isabel I	(protestantismo)
(catolicismo)	Lepanto	Reforma
(católico)	Magallanes	(ruta)
causa	masivo	San Quintín
Centro América	(misionero)	(suceder)[e]
(colonizador, *m.*)	Misisipí	(sucesor, *m.*)
(colonizar)	(monarca)	Tejas[b]
Cristóbal Colón	(naval)	(turco)
(decadencia)	Nuevo Méjico[b]	(unidad)
	Nuevo Mundo	
	Oceanía	

abuelo *grandfather;* abuelos *grand-*
    parents
Alemania *Germany*
amenazar *threaten*

comienzo *beginning*
conquistar *conquer*
crear *create*

---

[a] Charles I of Spain was elected emperor of the Holy Roman Empire and from then on was usually known as Charles V.

[b] The spellings *Méjico* and *Tejas* are Spanish. For the policy of this text in regard to those spellings, see page xxi.

[c] Despite their written accent, the words *océano* and *período* are usually stressed on the next to the last syllable in Mexico and sometimes in Spain.

[d] This country is generally used with the article.

[e] In this lesson, the word *suceder* means *succeed* (*someone*). It also has the more common meaning of *happen*.

debilitar *weaken*
deshacer *ᵃ destroy*
enemigo *enemy*
esperanza *hope*
flota *fleet*
fuente (*f.*) *fountain*
gastar *waste; spend*
gobernar (ie) *govern*
grandeza *greatness; grandeur*
herencia *inheritance*
juventud (*f.*) *youth*

mando *command*
mantener *ᵇ maintain*
nieto *grandson*
raíz (*f.*) *root*
razón (*f.*) *reason*
salvo *except*
sentir (ie, i) *regret, be sorry*
sino que *but* (followed by a clause)
tempestad *storm*
vuelta *turn*

dar comienzo a *begin*
dar la vuelta al mundo *make a trip around the world*
de este modo *in this way*
debido a que *due to the fact that*
desaparecer de raíz *disappear completely, be uprooted, be obliterated*
desde hacía + IMPERFECT *for* + PLUPERFECT
en el orden material *in a material way*
hacía . . . que + IMPERFECT *for . . .* + PLUPERFECT
pasar a poder de *pass into the hands of*
Reyes Católicos *the Catholic monarchs* (name given to Fernando V and Isabel I)
el sol se pone *the sun sets*
subir al trono *ascend the throne*

Verbos

EL PLUSCUAMPERFECTO DE SUBJUNTIVO

hablar

hubiera hablado	hubiese hablado
hubiera hablado	hubiese hablado
hubiéramos hablado	hubiésemos hablado
hubieran hablado	hubiesen hablado

Ejercicios

A. 1. I feared that the child had fallen. 2. We regretted that our grandfather had wasted so much money. 3. I could not believe that his grandson had abandoned him. 4. It was too bad that we had not seen Granada. 5. They were glad that we had finished the work. 6. He had been writing[1]

[1] For the proper tense to use in this construction, see § 61 C.

ᵃ Conjugated like *hacer*.   ᵇ Conjugated like *tener*.

for an hour when I had to leave. 7. They had been living[1] in that house for many years when their father had to sell it. 8. They had been seeing[1] each other for some months. 9. We had been sleeping[1] for an hour when a noise awakened us.

[1] For the proper tense to use in this construction, see § 61 C.

B. 1. Tell someone that you had been there a month when you found your friend. 2. Ask him if he was afraid that you had not eaten enough. 3. Tell him that it was too bad that he had gone to Malaga. 4. Tell him that it had been raining for an hour when you arrived.

LECCIÓN CUARENTA Y OCHO

Vocabulario

(adoptar)	(intervenir)[a]	resistencia
(constitucional)	(librar)	Rusia
(deliberado)	límite (*m.*)	separación
(descontento)	mineral (*m.*)	triunfar
diverso	(multitud, *f.*)	(victoria)
(excesivo)	(nacionalista)	(victorioso)
expresar	precisamente	votar
futuro	(rebelde)	Waterloo
interior (*adj.*)	republicano	

actualmente   *at present*
antes de que   *before*
apoyar   *support*
desorden (*m.*)   *disorder*
experiencia   *experience; experiment*
extensión   *extent*
feliz (*pl.*) felices   *happy*
huelga   *strike*
igualdad   *equality*

imponer[b]   *impose*
infeliz   *unhappy*
lento   *slow*
par (*m.*)   *pair*
partido   (*political*) *party*
patria   (*native*) *country, fatherland*
puerta   *gate*
suelo   *ground*

a costa de   *at the expense of*
con malos ojos   *disapprovingly*
con motivo de   *at the occasion of, by reason of*
madre patria   *motherland*
nivel de vida   *standard of living*
no obstante   *nonetheless*

[a] Conjugated like *venir*.   [b] Conjugated like *poner*.

Verbos

EL CONDICIONAL PERFECTO

hablar

habría hablado
habría hablado
habríamos hablado
habrían hablado

Ejercicios

A. 1. If you bought the new shoes, they would cost you a great deal of money. 2. If the Spanish had conquered North America, their empire would have been much larger. 3. If they had given a tip to the driver, the latter would have gone off very satisfied. 4. If there were a strike tomorrow, the workingmen would not work. 5. If my grandfather should come to this city, I would show him the museums and the parks. 6. If the guests had been late in arriving, we would have begun without them. 7. If I spent a great deal of money in America, I would not have enough to travel through Europe. 8. If you had spent[1] your vacation[2] in Spain, you would have learned to speak Spanish. 9. If we had had to remain[3] in the living room the whole afternoon, we would have been bored.

[1] Use a form of *pasar*.   [2] Use the plural.   [3] Use the reflexive form.

B. 1. Tell John that if it had rained, you would not have gone to the movie. 2. Tell Mary that if you were a doctor, you would earn a lot of money. 3. Tell Robert that if he had studied a great deal, he would have known all the facts. 4. Tell Mr. González that if she had time, she could visit the Prado.

LECCIÓN CUARENTA Y NUEVE

Vocabulario

amoroso	(cementerio)	Don Juan Tenorio
(arrogante)	(censurar)	(drama, *m.*)
(astuto)	Cid	(épico)
autoridad[a]	confesar(se) (ie)	facilitar
aventura	creación	(hipocresía)
Calisto	describir[b]	(institución)
Celestina	(diabólico)	(intriga)

[a] To what English ending does the Spanish ending *-dad* correspond?
[b] Conjugated like *escribir;* p.p. *descrito.*

(inventar)	(narración)	relación
(lírico)	novela	(satírico)
Lope de Vega	picaresco	(**seducir**)
(máximo)	poema (*m.*)	sentimiento
Melibea	profundo	sociedad[a]
(místico)	protagonista (*m. and f.*)	(suicidarse)
(monárquico)	público (*noun*)	Tirso de Molina

burla *joke*
calidad *quality*
campaña *campaign*
comedia *play; comedy*
comprender *include*
conocimiento *knowledge, acquaintance*
cualidad *quality*
debilidad[a] *weakness*
desterrar (ie) *exile*
ejemplo *example*
éxito *success*
flo**recer** *flourish, flower*
género *kind, class, genre*
golpe (*m.*) *blow; beat, stroke*
habla *speech, speaking*
lan**zar** *throw*

lealtad *loyalty*
llorar *weep, cry*
menor *less*
muchacho *boy*
pago *payment, pay*
personaje (*m.*) *character; personage*
pícaro *rogue, rascal*
recobrar *recover*
reñir (i, i) *quarrel*
ro**gar** (ue) *ask, request, beg*
sabiduría *wisdom, knowledge*
signifi**car** *mean, signify*
sin que (+ *clause*) *without* (+ gerund)
temor (*m.*) *fear*
to**car** *touch*
vieja (*noun*) *old woman*

a finales de *at the end of*
El Burlador de Sevilla The "*Jokester*" of Seville, title of the famous play of Tirso de Molina which gave artistic form to the Don Juan legend
El Cantar de Mío Cid The Song of My Chief, title of the best known Spanish epic poem
La Celestina title commonly given to *La Tragicomedia de Calisto y Melibea*
darse cuenta de *realize*
de esta última *of the latter*
de habla española *of Spanish speech*
de tal manera que *in such a manner that*
Lazarillo de Tormes first picaresque novel, published in 1554; author unknown
en pago de *as payment for*

---

[a] To what English ending does the Spanish ending *-dad* correspond?

llevar a cabo *carry out*
novela picaresca *the picaresque novel, the novel of the adventures of a rogue*
por ejemplo *for example*

Ejercicios

A. 1. I am afraid that you will spend too much money. I am afraid that[1] I will spend too much money. 2. We are glad that my grandson will leave. We are glad that[1] we will leave. 3. It is necessary for[1] the servant to clean the floor. It is necessary to clean the floor. 4. It is possible that the teacher will require more work. It is possible to require more work. 5. I want you[1] to get up early tomorrow. I want to get up early tomorrow. 6. I regret that you do not have stamps. I regret that[1] I do not have stamps. 7. Are you going to leave without my[1] seeing you? Are you going to leave without seeing me? 8. I will go to Madrid after you write[2] me. I will go to Madrid after writing[3] him. 9. I will speak to the student in order that he may know the truth. I will speak to the student in order to tell him the truth.

[1] How must this part of the sentence be reworded in order to sound correct in Spanish?
[2] Since this action has not yet occurred, what mode is required?
[3] What verbal construction follows a preposition in Spanish?

B. 1. Tell John that you will see him before he leaves. 2. Tell him that you will see him before leaving. 3. Ask Robert if he wants you to bring him anything. 4. Ask Robert if he wants to buy anything.

LECCIÓN CINCUENTA

Vocabulario

(agonía)
(característica)
Cervantes
(defecto)
desierto (*adj.*)
Don Quijote
(exilado)
Federico García Lorca
(filosófico)
(filósofo)

Galdós
(generación)
Gustavo Adolfo Bécquer
(individual)
(individualismo)
(inmortal)
(intelectual, *noun*)
interés (*m.*)
Jacinto Benavente
José de Espronceda
Mancha

(melancolía)
novelista (*m. and f.*)
observación
presente (*m.*)
(psicología)
remediar
Sancho Panza
(tiranía)
total
(tradicional)
Unamuno

andar, ando, anduve, andado *go*
ansiedad *anxiety*
ausencia *absence*
beso *kiss*
breve *brief*
caballería *chivalry*
desgracia *misfortune*
diario *daily*
divertido *amusing*
dolor (*m.*) *grief; pain; sadness, sorrow*
duda *doubt*
enterarse (de + *noun*) *find out, become aware of*
escena *scene*
gordo *fat*
gracioso *funny, comical*

herir (ie, i) *wound*
isla *island*
lector (*m.*) *reader*
loco (*noun*) *madman*
locura *madness, insanity; folly*
mirada *glance, look*
nada (*adv.*) *not at all*
naturaleza *nature*
pasado (*noun*) *past*
placer (*m.*) *pleasure*
premio *prize*
regla *rule*
romper (con + *noun*) *break (away from)*
término *end*
valor (*m.*) *value*
vuelta *return*

artículos de costumbres *familiar essays published in newspapers or magazines which deal with customs and manners*
Don Quijote de la Mancha. Don Quixote, novel by Cervantes
Generación del 98 *The Generation of 98, referring to the group of writers and thinkers who, after the Spanish-American War, tried to find a way to remedy conditions*
La malquerida The Misbeloved, a play by Benavente
nada práctico *impractical*
poner término a *put an end to*
Premio Nobel *Nobel Prize*

Verbos

PRETÉRITO PERFECTO

hablar

hube hablado
hubo hablado
hubimos hablado
hubieron hablado

Ejercicos

A. 1. Do you know what Mary[1] is studying? 2. Robert works a great deal, which explains why he never comes to see us. 3. I know a girl whose

[1] Place after the verb.

father works in a bank. 4. Mr.[1] García has a servant whose parents live in Granada. 5. Where are the friends with whom you took the trip? 6. I am going to introduce you to Mr.[1] García, who speaks English. 7. Cervantes is an author who has written a novel which is known in the United States. 8. Have you found the gentleman to whom you gave the book? 9. Where is the store of which you (pl.) were speaking?

[1] For the use of the definite article with titles, see § 4 C.

B. 1. Tell John that you want to marry a girl whose parents are rich. 2. Ask him if he knows the girl with whom you went to the dance. 3. Tell him that Philip and Charles are the boys whom you saw on the street. 4. Ask Mary to give you the key with which she opened the door.

Perfidia

Nadie . . . comprende lo que sufro[1] yo
Canto . . . pues ya no puedo sollozar[2],
Sólo . . . temblando[3] de ansiedad estoy,
Todos . . . me miran y se van.

Mujer, si puedes tú con Dios hablar,
Pregúntale si yo alguna vez
Te he dejado de adorar.
Al mar, espejo[4] de mi corazón,
Las veces que me ha visto llorar
La perfidia[5] de tu amor.

Te he buscado por doquiera[6] que yo voy
Y no te puedo hallar.
¿ Para qué quiero otros besos
Si tus labios[7] no me quieren ya besar ?

Y tú, ¿ quién sabe por dónde andarás ?
¿ Quién sabe qué aventuras tendrás ?
¡ Qué lejos estás de mí !

[1] *suffer* [2] *sob* [3] *trembling* [4] *mirror* [5] *faithlessness* [6] *wherever* [7] *lips*

Repaso General[1]

Substitúyanse los infinitivos por sus formas convenientes donde sea necesario.[2]

A

En las escuelas de España los inspectores del Ministerio de Educación Nacional (ir) de vez en cuando a (ver) las clases, y los profesores (temer) muy a menudo que sus alumnos no les (dejar)[3] en muy buen lugar.

5 Sin embargo, en el Instituto de una pequeña ciudad, (haber) un profesor cuyos alumnos (parecer) siempre (saber) (contestar) a todas las preguntas que él les (hacer). Los otros profesores de esta misma escuela (asombrarse) de que los alumnos de dicho[4] profesor (saber) tantas cosas, y para (salir)[5] de dudas le (preguntar) un día:

10 — ¿ Cómo (ser) posible que sus alumnos (saber) siempre tanto ? ¿ Qué (hacer) usted para (enseñar) les todo tan bien ?

— (ser) muy fácil — (responder) el profesor —. Cuando yo (saber) que (ir) a (venir) un inspector, (decir) a mis alumnos: « Esta tarde la escuela (tener) visita. Cuando (llegar) el inspector, (levantar) 15 ustedes la mano derecha si (saber) (responder) a las preguntas y si no (saber), (levantar) ustedes la izquierda.» De esta manera siempre (haber) en la clase alguno que (poder) (contestar) a cada pregunta que (hacerse).

B

La mujer de un pobre campesino (estar) muy enferma[6]. Su marido (mandar)[7] venir al médico, y cuando éste (llegar), el campesino (estar) sentado ante una mesa donde (tener) varios billetes[8] de cien pesetas.

5 — Doctor — (decir) el campesino —, ¿ (ver) usted estas quinientas pesetas que (haber) aquí ? Pues bien, se las (dar) si usted (curar) a mi mujer, y se las (dar) igualmente si la (matar).

A pesar de todos los remedios que el médico le (dar), la mujer del campesino (morir).

---

[1] These three anecdotes constitute exercises in practical application of grammar and will serve to show the student that he must not only know grammatical principles but also how to apply them.

[2] The anecdotes are to be related in the past. Therefore, past tenses should be used whenever appropriate.

[3] *do them justice, show them up favorably*   [4] *the said, the above-mentioned*

[5] *satisfy their curiosity*   [6] *sick*   [7] *sent for*   [8] *bills*

Como el médico (enviar) la cuenta al campesino, y como después 10
de varias semanas no (tener) noticias de él, (ir) a verle él mismo
personalmente.

— Doctor — (decir) el labriego —, yo (querer) pagarle con mucho
gusto, pero ¿ (poder) usted (responder) a dos preguntas que yo le
(hacer)? 15

— Naturalmente que sí — (contestar) el médico.

— Pues bien — (continuar) el campesino — ¿ (curar) usted a mi
mujer ?

— Desgraciadamente no — (tener) que (responder) el otro.

— Entonces ¿ la (matar) usted ? 20

— ¡ No, por cierto !

— Pues en este caso, (recordar) usted nuestras condiciones —
(decir) el campesino —; yo no (ver) por qué (deber) (pagar) le las
quinientas pesetas.

C

Una noche en una ciudad de Galicia, un viajero (llegar) a un
hotel donde todo el mundo ya (estar) acostado. (pedir) una habitación al dueño y éste le (responder):

— No (tener) en todo el hotel más que una sola habitación bajo
la cual (encontrarse) un hombre muy nervioso que le (costar) mucho 5
trabajo (dormirse) y que después (despertarse) al menor ruido. Si
usted (querer), le (dar) la habitación a usted a condición de que no
(hacer) ningún ruido.

El viajero prometió al dueño (tener) mucho ciudado. (salir) del
despacho del hotel y (subir) al cuarto piso. Al (llegar) a su habita- 10
ción, (sacar) la llave que (tener) en el bosillo, (abrir) la puerta muy
suavemente para que nadie le (oir) y la (cerrar) del mismo modo.
Como (estar) muy cansado, (sentarse) en un gran sillón y (empezar)
a (quitarse) los zapatos. Olvidado del hombre que (dormir) abajo,
(dejar) (caer) al suelo uno de los zapatos con gran ruido; pero entonces 15
(acordarse) del hombre nervioso y (lamentar) lo ocurrido, (quitarse)
el otro zapato y lo (dejar) silenciosamente al lado del sillón. (acostarse) y (dormirse) rápidamente.

Al cabo de media hora, el viajero (despertarse) al (oir) (llamar)
a su puerta, y (sorprender) (decir): 20

— (pasar) usted.

La puerta (abrirse) ante un hombre en pijama, pálido[1] y nervioso,
que (preguntar) a nuestro viajero:

— (decir) me, por favor ¿ cuándo (ir) usted a (dejar) (caer) el
25 otro zapato ? Hace una hora que (estar) esperándolo y mientras no
lo (oir) (caer), no (poder) (dormirse).

La Sandunga

Antenoche[2] fui a tu casa,
muchos golpes di al candado[3];
tú no[4] sirves para amores;
tienes el sueño pesado[5];

Ay, Sandunga, Sandunga mamá[6], por Dios,
Sandunga, no seas ingrata[7],
mamá de mi corazón.

Perdóname, mamacita[6],
lo sinvergüenza[8] que he sido;
si tú no fueras la hermosa,
yo no fuera el atrevido.

Ay, Sandunga, Sandunga mamá, por Dios, etc.

Ya se van los pastores[9]

Ya se van los pastores a la Extremadura;
ya se van los pastores a la Extremadura;
ya se queda la sierra triste y oscura[10],
ya se queda la sierra triste y oscura.

Ya se van los pastores ya se van marchando;
ya se van los pastores, ya se van marchando;
más de cuatro zagalas[11] quedan llorando,
más de cuatro zagalas quedan llorando.

Ya se van los pastores hacia la majada[12];
ya se van los pastores hacia la majada;
ya se queda la sierra triste y callada,
ya se queda la sierra triste y callada.

---

[1] *pale* [2] *night before last* [3] *lock, "door"* [4] *are no good* [5] *heavy* [6] *"sweetheart"*
[7] *ungrateful* [8] *despicable* [9] *shepherds* [10] *dark* [11] *shepherdesses* [12] *flock*

Gramática

The Article – El artículo

In English the definite article is *the*. The indefinite article is *a* or *an*.

1. Forms of the Indefinite Article — *Formas del artículo indeterminado*

In English the indefinite article has only the forms *a* and *an*. In Spanish the indefinite article has several forms.

A. The singular forms of the Spanish indefinite article are:

un used with masculine singular nouns.

   un continente *un* país *un* edificio

una used with feminine singular nouns.[1]

   una nación *una* parte *una* cultura

B. The plural forms of the Spanish indefinite article, expressed in English by *some*, *any*, or *a few*, are:

unos used with masculine plural nouns.

Pasamos por *unos* pueblos pequeños.	We passed through *some* small villages.

unas used with feminine plural nouns.

Tengo aquí *unas* fotografías.	I have *some* photographs here.

2. Forms of the Definite Article — *Formas del artículo determinado*

In English the definite article has but one form: *the*. In Spanish the definite article has four forms.

A. The singular forms of the definite article are:

el used with a masculine singular noun.

   el centro *el* continente *el* edificio *el* país

---

[1] For reasons of pronunciation feminine singular nouns beginning with a stressed *a–* or *ha–* usually take un as an indefinite article. EXAMPLES: *un* aula, *un* águila.

la   used with a feminine singular noun.[1]

    la ciudad   *la* capital   *la* parte   *la* cultura   *la* nación

B. The plural forms of the definite article are:

    los   used with masculine plural nouns.

        los centros   *los* continentes   *los* edificios   *los* países

    las   used with feminine plural nouns.

        las ciudades   *las* capitales   *las* partes   *las* culturas   *las* naciones

3. Contractions of the Definite Article — *Contracciones del artículo determinado*

A. The definite article *el* contracts[2] with *de* as follows:

$$de + el = del$$

el centro *del* gobierno mexicano   the center *of the* Mexican government

B. The definite article *el* contracts[2] with *a* as follows:

$$a + el = al$$

La avenida va del parque de Chapultepec *al* centro de la capital.   The avenue goes from Chapultepec park *to the* center of the capital.

4. Uses of the Articles[3] — *Modos de usar los artículos*

In Spanish as in English, the indefinite article indicates one of a class without being specific, and the definite article points out a very definite object.

Norte América es *un* continente.   North America is *a* continent.

México es *una* parte de Norte América.   Mexico is *a* part of North America.

La capital es *el* centro *del* gobierno mexicano.   The capital is *the* center of *the* Mexican government.

There are, however, a number of cases in which the definite and indefinite articles are used or omitted in Spanish but not in English.

---

[1] For reasons of pronunciation feminine singular nouns beginning with a stressed *a-* or *ha-* require *el* as a definite article. EXAMPLES: *el* aula, *el* águila, *el* agua. However, if an adjective comes between the article and the noun, *la* is used. EXAMPLES: *la* primera águila, *la* buena agua.

[2] For contractions with *el* used as a demonstrative pronoun, see page 337, note 1.

[3] For the use of the definite article with adjectives to form nouns, see § 5 A, § 13.

A. The article *el* is normally used with names of languages.

La lengua nacional de México es *el* español.

The national language of Mexico is *Spanish*.

But when the unmodified[1] name of a language immediately[2] follows verbs such as *hablar*,[3] *entender*, *aprender*, *enseñar*, *escribir*, *estudiar*, *leer*, or *saber*, or the prepositions *en* or *de*, generally no article is used.

¿ Habla usted *inglés*?
Do you speak *English*?

Estudio *inglés*.
I study *English*.

El señor García es un profesor *de* español.
Mr. García is a *Spanish* teacher.

Vimos señales como DESPACIO y CURVA escritas *en español* y *en inglés*.
We saw signs like SLOW and CURVE written *in Spanish* and *in English*.

B. In English a noun unmodified by any article is often used to designate something taken in a general sense. In Spanish nouns used in a general sense must ordinarily be preceded by their definite article.

La instrucción en México es un gran problema.
Education in Mexico is a great problem.

Los médicos no ganan mucho dinero en el campo.
Doctors do not earn much money in the country.

C. The article is normally used before titles of respect when speaking *of* a person.

La señora García está ahora en casa.
Mrs. García is now at home.

El general Porfirio Díaz fué elegido presidente.
General Porfirio Díaz was elected president.

But the article is omitted when addressing a person and always before the title *don*.

— *Señora García* ¿ tiene usted un cuarto desocupado ?
"*Mrs. García*, do you have a vacant room?"

Don Porfirio estableció una dictadura.
Porfirio[4] established a dictatorship.

---

[1] The article is used when the language is modified. EXAMPLE: Estudio *el inglés de Londres*.
[2] When adverbs come between the verb and the language, the article is generally used. EXAMPLE: Usted habla *muy bien el español*.
[3] Only with *hablar* is it obligatory to omit the article before the name of the language. The article may be used with the other verbs, but the present tendency is to omit it.
[4] The Spanish title *don*, which is used before given (first) names, has no English equivalent.

D. The article is omitted in Spanish before unmodified nouns which designate profession, nationality, religion, political beliefs, etc. English uses an indefinite article in such constructions.

Felipe nota que Roberto es *extran-*   Philip notices that Robert is *a*
jero.   *foreigner.*
Roberto es *norteamericano.*   Robert is *a (North) American.*
Juárez se hizo *abogado.*   Juárez became *a lawyer.*

But when such nouns are modified, the indefinite article is used.

Roberto es *un norteamericano* que es-   Robert is *a (North) American* who is
tudia en la universidad.   studying in the university.

E. The article *el* is regularly used with the days of the week except after forms of the verb *ser.*

Salimos de San Luis *el lunes* por la   We left St. Louis on *Monday* morn-
mañana y llegamos a la frontera   ing and arrived at the border on
el martes por la tarde.   *Tuesday* afternoon.
Hoy es *lunes.*   Today is *Monday.*

The plural article *los* is used before the days of the week to indicate a regular occurrence each day of the week on the day mentioned. In English, *-s* is often added to the day of the week or the word *every* is placed before the day of the week.

Estos indios van al mercado *los*   These Indians go to market *Fridays*
viernes.   *(every Friday).*

The word *todos* may also be used with *los* before the days of the week to indicate a regular occurrence each week on the day mentioned.

Todos los domingos por la tarde la   *Every Sunday* afternoon the people
gente va a la plaza de toros.   go to the bull ring.

F. The definite article is generally used instead of the possessive adjective before articles of clothing or parts of the body especially when (1) the identity of the possessor is clearly understood, and (2) the noun in question is the direct object of the verb.

Vemos con *los ojos.*   We see with *our eyes.*
En *la boca* tenemos una lengua y   In *our mouths* we have a tongue and
treinta y dos dientes.   thirty-two teeth.
Las mujeres llevan sobre *la cabeza*   The women carry large baskets on
grandes cestos sin utilizar *las*   *their heads* without using *their*
manos.   *hands.*
Roberto se pone *el abrigo.*   Robert puts on *his topcoat.*

If the act is performed on some other person, the article which modifies the part of the body is reinforced by an indirect object personal pronoun referring to the person on whom the act is performed.

Spinola *le* pone la mano sobre *el* hombro.

Spinola puts his (own) hand on *his* (the other person's) shoulder.

G. Nouns in apposition, that is, nouns which follow other nouns in order to explain them, are not modified by any article if they help clarify the noun they follow.

Entré por Nuevo Laredo, *ciudad mexicana* enfrente de Laredo.

I entered by Laredo, *a Mexican city* opposite Laredo.

Entraron en el Palacio de Bellas Artes, *enorme edificio* donde está un gran teatro.

They entered the Palacio de Bellas Artes, *an enormous building* where there is a large theater.

Notice that English uses an article with nouns in apposition.

But if the noun in apposition simply states an already well-known fact, the definite article modifies the noun in apposition.

Éstos son los frescos de Diego Rivera, *el pintor* más conocido de México.

These are the murals of Diego Rivera, **the** best-known *painter* in Mexico.

H. As in English, the definite article is ordinarily not used with names of countries and continents.

Bolivia y *Venezuela* son países de *Sud América*, pero *México* no es un país de *Sud América*.

Bolivia and *Venezuela* are countries of *South America*, but Mexico is not a country of *South America*.

Contrary to English usage, the article is generally used with the following countries: la Argentina, el Brasil, el Canadá, la China, el Ecuador, la India, el Japón, el Perú. But there is an ever-increasing tendency to omit the article with many of these countries.

México y *el Canadá* tienen civilizaciones muy diferentes.

Mexico and *Canada* have very different civilizations.

When the name of the country is modified, the article must be used.

¿ En dónde se nota la influencia de los aztecas en *el México de hoy* ?

In what respect can one see the influence of the Aztecs on *present-day Mexico*?

I. Contrary to English usage, the indefinite article is never used with *otro* and is often omitted before *cierto*.

| Tampico es *otro* puerto del Golfo de México. | Tampico is *another* port on the Gulf of Mexico. |
| Ustedes tienen que llegar a su trabajo a *cierta* hora de la mañana. | You have to arrive at your work at *a certain* time in the morning. |

5. *The Neuter Article* lo — *El artículo neutro* lo

A. The neuter article *lo* may be placed before the masculine singular[1] form of an adjective or past participle to express an abstract idea which in English translation often requires the word *thing*.

| *Lo interesante* es que antes de 1900 este viejo barrio constituía la ciudad de Barcelona. | *The interesting thing* is that before 1900 this old district constituted the city of Barcelona. |
| Los cristianos refugiados en el norte comenzaron a reconquistar *lo perdido*. | The Christians who took refuge in the north began to reconquer *what had been lost*. |

B. The neuter article *lo* is used with adjectives in certain idiomatic expressions.

| *A lo largo* de la costa el terreno es muy bajo. | *Along* the coast the terrain is very low. |
| *Por lo general* en estas dos estaciones hace buen tiempo. | *In general* in these two seasons the weather is good. |

C. The neuter *lo* may be used as a pronoun to refer to a previous idea, state or condition.

| Ya en el siglo XI los cristianos eran dueños de todo el norte de España hasta Toledo, y en menos de dos siglos *lo* eran hasta Sevilla. | Already in the eleventh century the Christians were masters of all the northern part of Spain as far as Toledo, and in less than two centuries they were (masters) down to Seville. |

D. The neuter *lo* may be used as a pronoun meaning *the affair of, that business of*, etc.

| *Lo de* las hamacas me convence. | *That business of* the hammocks convinces me. |

---

[1] When the adjective is followed by *que*, however, the article often means *how*, and if the following verb is *ser*, *estar*, or their equivalent, the adjective agrees in gender and number with the word(s) in the following clause to which it refers. EXAMPLES: Desde las ventanillas del tren notamos *lo distinta* que es la arquitectura de las casas españolas. Y sabes *lo buenas* que son la paella y la horchata valencianas. Comprenderás *lo merecidas* que tienen sus vacaciones.

E. The neuter *lo* is used with the relative pronouns *cual* and *que* to refer to a previously mentioned idea or concept, which, of course, has neither gender nor number. We express this same idea in English by *which*.

Tiene algunas ciudades grandes con calles anchas y rectas y un gran número de pueblos pintorescos construidos en la Edad Media, *lo cual* hace de este país uno de los más interesantes para el viajero.	It has some large cities with wide and straight streets and a great number of picturesque towns constructed in the Middle Ages, *which* makes this country one of the most interesting for the traveler.

F. The neuter *lo* is used with the relative pronoun *que* to refer to an idea. The combination *lo que* is expressed by the English *what*, meaning *that which*.[1]

He visto *lo que* hace la gente en estos paseos.	I have seen *what* the people do on these boulevards.
Sentía curiosidad por saber *lo que* decían.	I was curious to know *what* they were saying.

The Noun [2] – El nombre

A noun is a word that names a person, place, or thing. EXAMPLES: *man, child, Robert, country, city, desk, radio*

6. Gender of Nouns — *Género de los nombres*

In English, nouns that refer to males are masculine, nouns that refer to females are feminine, and all other nouns are neuter.

boy *masculine*   lady *feminine*   pencil *neuter*

The gender of English nouns constitutes no difficulty at all.

A. In Spanish all nouns are masculine or feminine, and it is necessary to know the gender of each noun in order to speak and write Spanish correctly.

un continente *masculine*   una parte *feminine*

---

[1] The neuter *lo* is also used in the expression *todo lo que (all that)*. EXAMPLE: *Comimos todo lo que pudimos*. We ate all we could.

[2] For the use of articles with adjectives to form nouns, see § 5 A, § 13.

B. While there is no way of determining the gender of all Spanish nouns, the endings of the nouns indicate their gender in most cases. This is especially apparent because more than half of the Spanish nouns end in either *-o* or *-a*.

MASCULINE ENDINGS

1. Nouns ending in *-o* are masculine. [1]

el aspecto   el centro   el edificio   el mexicano   el gobierno

2. Some nouns ending in *-ma*, *-pa*, and *-ta* [2] are masculine.

el clima   el problema   el mapa   el especialista   el artista

FEMININE ENDINGS

3. Nouns ending in *-a* are feminine. [3]

la cultura   la mezcla   Bolivia   Colombia

4. Nouns ending in *-ión*, [4] *-dad*, [5] *-tad*, and *-umbre* are feminine.

–ión	–dad	–tad	–umbre
nación	ciudad	libertad	costumbre
civilización	universidad	dificultad	legumbre
región	realidad	facultad	lumbre

7. *Plural of Nouns* — *Plural de los nombres*

In English most nouns form their plurals by adding *-s* to the singular, as, for instance, *part* (singular)—*parts* (plural).

A. Spanish nouns ending in a vowel generally [6] form their plurals by adding *-s* to the singular.

SINGULAR	PLURAL
continente	continentes
parte	partes

---

[1] But *mano* (*hand*) is feminine.
[2] Often nouns in *-ta* refer to persons and are masculine or feminine, depending on the person to whom they refer, as *el* or *la artista*.
[3] But *día* (*day*) is masculine.
[4] But *camión* (*truck*) and *avión* (*airplane*) are masculine.
[5] The Spanish nouns in *-dad* and *-tad* correspond to English nouns in *-ty: ciudad — city; universidad — university; libertad — liberty; dificultad — difficulty.*
[6] A few nouns ending in a stressed vowel add *-es*. EXAMPLE: rubí, rubíes.

B. Nouns ending in a consonant or in –*y* form their plurals by adding –*es* to
   the singular. [1]

SINGULAR	PLURAL
país	países
ciudad	ciudades
rey	reyes

C. Nouns ending in –*z* change the –*z* to –*c*– before adding –*es*. [2]

SINGULAR	PLURAL
vez	veces
voz	voces

The Adjective – El adjetivo

An adjective is a word that modifies the meaning of a noun or pronoun.
EXAMPLES: the *big* house; the *good* man; The book is *interesting*. It is also
expensive.

8. *Agreement of Adjectives* — *Concordancia de los adjetivos*

In English the adjective does not change in form to indicate the gender
or number of the noun. EXAMPLE: the *big* house; the *big* houses

A. In Spanish the adjective agrees with its noun in gender and number.

el edificio *público*	the *public* building
los edificios *públicos*	the *public* buildings
la calle *pública*	the *public* street
las calles *públicas*	the *public* streets

B. When an adjective or a past participle modifies a masculine and feminine
   noun or two or more masculine nouns, it requires the masculine plural form.

Se pierde uno en medio de centenares   One gets lost in the midst of hun-
   de *arcos* y *columnas* **maravillosos**.   dreds of **marvellous** *arches* and
                                                    columns.

---

[1] Words such as *nación* and *millón* have a written accent in the singular but none in the
plural (*naciones*, *millones*) because of the operation of the normal rule for stress.
(PRONUNCIACIÓN § 7 B)

[2] The –*z* is changed to –*c*– because in Spanish –*z*– is not ordinarily followed by –*e*–.

9. Forms of Adjectives — *Formas de los adjetivos*

A. Adjectives whose masculine singular form ends in *-o* have a feminine form in *-a*. The plural is formed by adding *-s* to each form.

	MASCULINE	FEMININE	
SINGULAR	bello	bella	*beautiful*
PLURAL	bellos	bellas	
SINGULAR	público	pública	*public*
PLURAL	públicos	públicas	

B. Adjectives whose masculine singular form does not end in *-o* usually have the same form for both genders. The plural is formed just as the plural of nouns.[1]

	MASCULINE	FEMININE	
SINGULAR	diferente	diferente	*different*
PLURAL	diferentes	diferentes	
SINGULAR	natural	natural	*natural*
PLURAL	naturales	naturales	

C. But adjectives of nationality whose masculine singular form ends in a consonant add *-a* to form the feminine. The plural is formed just as the plural of nouns.[2]

	MASCULINE	FEMININE	
SINGULAR	español	española	*Spanish*
PLURAL	españoles	españolas	
SINGULAR	inglés	inglesa	*English*
PLURAL	ingleses	inglesas	

10. Apocopation of Adjectives — *Apócope de los adjetivos*

Apocopation is the dropping of certain letters from the end of a word.

A. The following adjectives[3] drop their final *-o* before a masculine singular noun:

---

[1] For the plural of nouns, see § 7. Note that the plural of the adjective *feliz* (*happy*) is *felices*.

[2] This same rule applies to adjectives ending in *-án*, *-ón*, *-ín* and *-or* (not derived from a Latin comparative). EXAMPLE: *conservador, conservadora*

[3] The adjectives *bueno* and *malo* are not apocopated unless they immediately precede the noun. In case of the others, an adjective may come between them and the noun.

ENTIRE FORM	APOCOPATED FORM	ENTIRE FORM	APOCOPATED FORM	ENTIRE FORM	APOCOPATED FORM
uno	un	bueno	buen	primero	primer
alguno	algún	malo	mal	tercero	tercer
ninguno	ningún			postrero	postrer

Tiene que hablar *algún* dialecto indio.	He has to speak *some* Indian dialect.
A veces no hay *ningún* médico.	Sometimes there is *no* doctor.

The adjective is never apocopated when it *follows* a masculine singular noun.

No soy *buen* poeta.	I am not a *good* poet.
No soy un poeta muy *bueno*.	I am not a very *good* poet.

The adjective is never apocopated in the plural.

En *algunos* países nadie habla español.	In *some* countries no one speaks Spanish.

B. The adjective **grande** normally becomes **gran** before a singular noun of *either* gender.

La instrucción en México es un *gran* problema.	Education in Mexico is a *great* problem.
Aunque una *gran* parte de México está en la zona tórrida, el país tiene muchas montañas.	Although a *great* part of Mexico is in the torrid zone, the country has many mountains.

C. The numeral **ciento** becomes **cien** before a noun of either gender and before a number larger than itself.

Existen casi *cien* dialectos diferentes.	There exist almost a *hundred* different dialects.
En muchas ciudades hay más de *cien mil* habitantes.	In many cities there are more than *a hundred thousand* inhabitants.

But the full form **ciento** is used both in multiples of a hundred and when a number smaller than itself follows.

Monterrey tiene más de *trescientos* mil habitantes.	Monterrey has more than *three hundred* thousand inhabitants.
Puebla es una antigua ciudad situada a unos *ciento treinta* kilómetros al sudeste de la capital.	Puebla is an ancient city situated some *one hundred thirty* kilometers to the southeast of the capital.

D. The masculine singular **santo** becomes **san** before masculine singular names of saints except those beginning with *Do-* and *To-*.

San Esteban   San Agustín   San Luis   San Juan   San Francisco

but

Santo Tomás   Santo Domingo

E. The indefinite adjective **cualquiera** ordinarily becomes **cualquier** before a singular noun.

cualquier hombre   cualquier pueblo
cualquier arte   cualquier calle

11. Position of Adjectives — *Colocación de los adjetivos*

In English adjectives are placed *before* the nouns they modify.

EXAMPLE: the *big* house; the *green* grass; the *Mexican* customs

A. In Spanish some adjectives habitually precede the noun they modify; many usually follow. A number of adjectives may either precede or follow their noun, often with a slight change of meaning. Sometimes the position of the adjective depends on the relative length of the noun and adjective and upon the rhythm of the sentence.

   muchos edificios *públicos*   *many public* buildings

B. Most descriptive adjectives follow their nouns, and especially adjectives of color and nationality. They differentiate the noun they modify from the same noun without the adjective.

una ciudad *bella*   a *beautiful* city
el gobierno *mexicano*   the *Mexican* government
el pico *blanco*   the *white* peak

C. Adjectives which indicate a quality usually attributed to the noun and which therefore tend not to differentiate it from the same noun without the adjective often precede their nouns. Such adjectives are often epithets.

la *magnífica* ciudad   the *magnificent* city
sus *horribles* sacrificios their *horrible* sacrifices
la *peligrosa* marcha   the *dangerous* march
una *feroz* batalla   a *ferocious* battle

D. Demonstrative and interrogative adjectives precede their nouns.

Algunos de *estos* barrios son elegan-   Some of *these* districts are elegant.
tes.
¿*Cuántos* habitantes tiene la capital?   How *many* inhabitants does the capital have?

E. Possessive and indefinite adjectives[1] ordinarily precede their nouns, but when emphasis is desired, such adjectives may follow their nouns.

En *nuestro* patio *mis* hermanas cuidan   In *our* patio *my* sisters take care of
sus pájaros.   *their* birds.
Conozco a tres muchachos mexica-   I know three Mexican boys who
nos que son ahora como hermanos   are now like *my* (*very own*)
míos.   brothers.
Todavía existen regiones donde no   There still are regions where there
hay *ninguna* escuela.   is *no* school.

F. Numerals, both cardinal and ordinal, usually precede their nouns, but cardinals used instead of ordinals above *ten*[2] follow their nouns.

las *dos* culturas   la *primera* lección   la lección *once*

G. Certain adjectives have *one* meaning when they precede and *another* when they follow the noun they modify. The most common of these are:

ADJECTIVE	MEANING WHEN PRECEDING	MEANING WHEN FOLLOWING
cierto	certain	definite, reliable
diferente	various	different
grande	great	large
mismo	same, very	–self, very
nuevo	different	new (not old)
pobre	unfortunate	poverty-stricken
propio	own	characteristic of, suitable to
puro	sheer	pure
simple	mere	simple-minded
varios	several	miscellaneous

---

[1] The possessive adjectives that follow have different forms from those that precede. See § 14.
[2] For the uses of cardinals and ordinals, see § 18.

12. *Comparison of Adjectives* — *Comparación de adjetivos*

There are three degrees of comparison: the *positive*, the *comparative*, and the *superlative*. The English adjective is compared by adding *-er* (comparative) and *-est* (superlative) to the positive form or by placing *more* or *less* (comparative) and *most* or *least* (superlative) before the positive form.

POSITIVE	COMPARATIVE	SUPERLATIVE
high	higher less high	highest least high
beautiful	more beautiful less beautiful	most beautiful least beautiful

A. In Spanish adjectives are compared by placing **más** (*more*) or **menos** (*less*) before the positive form.

POSITIVE	COMPARATIVE	SUPERLATIVE
alto	más alto menos alto	el — más alto el — menos alto

The superlative form of the adjective is the same as the comparative, but its noun is modified by the definite article.

POSITIVE	México es *montañoso*.	Mexico is *mountainous*.
COMPARATIVE	México es *más montañoso* que los Estados Unidos.	Mexico is *more mountainous* than the United States.
SUPERLATIVE	México es *el* país *más montañoso* de Norte América.	Mexico is the *most mountainous* country in North America.

Also note the superlative as a predicate adjective, that is, a superlative without a noun used after a form of the verb *ser*.

SUPERLATIVE	De todos los países del continente, México es *el más montañoso*.	Of all the countries of the continent, Mexico is *the most mountainous*.

B. In Spanish the superlative form of the adjective generally follows the noun.

El pico *más alto* de México es el Orizaba. The *highest* peak in Mexico is Orizaba.

C. The following four adjectives are compared irregularly:

bueno	mejor	grande [1]	mayor
malo	peor	pequeño [2]	menor

D. The suffix *-ísimo* is often attached to the stem of an adjective to give it a superlative force. This superlative force may be expressed in English by having the adverbs *very, highly,* or *extremely* modify the adjective.

España es un país de grandes contrastes: edificios *modernísimos* al lado de monumentos muy antiguos; regiones *fertilísimas* al lado de terrenos improductivos.

Spain is a country of great contrasts: *extremely modern* buildings along side of very old monuments; *very fertile* regions along side of unproductive lands.

E. In English the superlative is usually followed by *in*. In Spanish *de* is regularly used after the superlative.

El pico más alto *de* México es el Orizaba.

The highest peak *in* Mexico is Orizaba.

F. The English word *than* is usually expressed in Spanish by *que*.

El Popocatepetl es menos alto *que* el Orizaba.

Popocatepetl is less high *than* Orizaba.

But the following exceptions occur:

1. Before numerals, *than* is expressed by *de*.

Monterrey tiene *más de* trescientos mil habitantes.

Monterrey has *more than* three hundred thousand inhabitants.

2. But in negative sentences, the usual [3] form is *no más que,* translated *only.*

Otros niños *no* van a la escuela *más que* tres o cuatro años.

Other children go to school *only* three or four years.

G. In English we say: Detroit is *as large as* Cleveland. This construction with **as . . . as** is called the comparative of equality. In Spanish the comparative of equality is expressed by **tan . . . como.**

---

[1] The adjective *grande* is also compared regularly. The comparative *mayor* means both *greater* and *older.* When *mayor* and *menor* refer to age, they always follow the noun they modify.

[2] The adjective *pequeño* is also compared regularly. The comparative *menor* means *less* and *younger,* whereas *más pequeño* means *smaller.*

[3] The expression *no más de* is occasionally used before numerals to convey a slightly different meaning. EXAMPLE: *No* tiene *más de* dos pesos. He has *no more than* two (i.e., two at the most) pesos.

La meseta central no es *tan alta como* las montañas.	The central plateau is not *as high as* the mountains.
Las selvas tropicales son *tan impenetrables como* las regiones montañosas.	The tropical forests are *as impenetrable as* the mountainous regions.

H. When the comparative is followed by a clause with an inflected verb, if the comparison is with a particular noun, *than* is expressed by *del que, de la que, de los que,* and *de las que.* [1]

En estos sesenta años se ha alzado la ciudad actual, mucho más grande *de la que* ya existía.	In these sixty years was built the present city, much larger *than the one that* already existed.

I. When the comparative is followed by a clause with an inflected verb, if the comparison is with the entire idea of the preceding clause, *than* is expressed by *de lo que.* [1]

Se nos hace el tiempo más largo *de lo que* es.	It makes the time seem to us longer *than* it is.

13. *Adjectives Used as Nouns* [2] — *Adjetivos usados como nombres*

In Spanish adjectives are often used as nouns and may take the appropriate form of the article.

Tienen criadas todos *los ricos.*	All *the rich people* have servants.
En México hay muchos *pobres.*	In Mexico there are many *poor people.*

14. *Possessive Adjectives* — *Adjetivos posesivos* [3]

The English possessive adjectives are *my, his, her, its, our, your,* and *their.* They do not change in form. EXAMPLE: *my* book; *my* books.

A. The Spanish possessive adjectives are **mi, su,** and **nuestro.** The adjective **su** may mean *his, her, its, your,* or *their.* Spanish possessive adjectives have a singular and plural form, and **nuestro** has all four forms.

---

[1] There is a colloquial tendency to use *que* only in some of these constructions.
[2] For the use of the neuter article *lo* with adjectives to form nouns, see § 5 A.
[3] For the use of the definite article in Spanish where English would use a possessive adjective, see § 4 F

In Spanish, the possessive adjectives agree with the noun they modify, that is, with the object possessed. The forms of the possessive adjectives are:

	with singular nouns		*with plural nouns*	
MASCULINE	FEMININE	MASCULINE	FEMININE	
mi	mi	mis	mis	*my*
su	su	sus	sus	*his, her, its, your, their*
nuestro	nuestra	nuestros	nuestras	*our*

B. The familiar forms of the Spanish possessive adjectives are:

	with singular nouns		*with plural nouns*	
MASCULINE	FEMININE	MASCULINE	FEMININE	
tu	tu	tus	tus	*your* (singular)
vuestro	vuestra	vuestros	vuestras	*your* (plural)

C. Since **su** and **sus** mean *his, her, its, your,* and *their*, their meaning may be clarified by using

article + noun + *de* + prepositional form of pronoun [1]

Los padres de él visitan a *los padres*   *His parents* visit *her parents*.
de ella.

D. There is a set of stressed possessive adjectives which have the same forms as the possessive pronouns. [2] The common forms of these stressed possessive adjectives are:

	with singular nouns		*with plural nouns*	
MASCULINE	FEMININE	MASCULINE	FEMININE	
mío	mía	míos	mías	*my*
suyo	suya	suyos	suyas	*his, her, its, your, their*
nuestro	nuestra	nuestros	nuestras	*our*

The familiar second person forms are:

	with singular nouns		*with plural nouns*	
MASCULINE	FEMININE	MASCULINE	FEMININE	
tuyo	tuya	tuyos	tuyas	*your* (singular)
vuestro	vuestra	vuestros	vuestras	*your* (plural)

[1] For the prepositional forms of the pronouns, see § 29.
[2] For the possessive pronouns, see § 32 A, B.

E. These adjectives follow their nouns and are used to express the equivalent of the English *of mine, of his,* etc.

Conozco a tres muchachos mexicanos que son ahora como hermanos *míos*.

I know three Mexican boys who are now like brothers *of mine*.

15. Demonstrative Adjectives — *Adjetivos demostrativos*

Demonstrative adjectives point out objects more definitely than the definite article *the*. Compare: *The* book is old. *This* book is old. In English the demonstrative adjectives are *this, that, these,* and *those*. In English *this* and *these* refer to objects that are near the speaker, while *that* and *those* refer to objects that are farther away from the speaker.

In Spanish, there are three demonstrative adjectives which express three concepts of distance.

A. The demonstrative adjectives corresponding to the English words *this* and *these* and referring to objects **near the person speaking** or closely associated with the speaker:

	MASCULINE	FEMININE	
SINGULAR	este	esta	*this*
PLURAL	estos	estas	*these*

En *este* parque hay una colina.   There is a hill in *this* park.

B. The demonstrative adjectives corresponding to the English words *that* and *those* and referring to objects **near the person spoken to** or closely associated with the person addressed:

	MASCULINE	FEMININE	
SINGULAR	ese	esa	*that*
PLURAL	esos	esas	*those*

Pero *esa* vida es muy mecánica.   But *that* life is very mechanical.

C. The demonstrative adjectives corresponding to the English words *that* and *those* and referring to objects **away from both the speaker and the person spoken to** or to indicate remoteness with no reference to real space·

	MASCULINE	FEMININE	
SINGULAR	aquel	aquella	*that*
PLURAL	aquellos	aquellas	*those*

Aquellos misteriosos toltecas eran arquitectos magníficos.	*Those* mysterious Toltecs were magnificent architects.

D. These demonstrative adjectives have no written accent and are thus differentiated from the demonstrative pronouns[1] which bear a written accent.

16. Interrogative Adjectives — *Adjetivos interrogativos*

In English, *which* and *what* are used as interrogative adjectives to modify a noun and to ask a question. EXAMPLE: *Which* books do you want? *What* work have you done?

A. In Spanish the most common interrogative adjective is *qué*. It generally indicates that there is a choice of an unlimited number of objects.[2]

¿*Qué* ciudad es el centro del gobierno mexicano ?	*What* city is the center of the Mexican government?

B. The adjective *qué* is also used non-interrogatively in exclamations with nouns to mean *What a . . . !* and with adjectives and adverbs to mean *How . . . !*

¡*Qué* contraste entre ustedes y nosotros !	*What a* contrast between you and us!
¡ Ay, *qué* cansado estoy !	*How* tired I am!

C. The adjective *qué* is also used idiomatically with *más* and *tan* which modify the adjective following the noun.

¡ *Qué* viaje *tan* magnífico ! ⎫ or ⎬ ¡ *Qué* magnífico viaje ! ⎭	*What a* magnificent trip!
¡ *Qué* pueblo *más* pintoresco !	*What a* picturesque town!

---

[1] The demonstrative pronouns are discussed in § 33.
[2] Very infrequently the adjective *cuál* is used interrogatively when a choice is to be made from a limited group.

D. The interrogative adjectives *cuánto, cuánta, cuántos, cuántas* are used to express *how much* or *how many*.

¿ *Cuántos* habitantes tiene la capital ?	How many inhabitants does the capital have?

17. Cardinal Numerals — *Numerales cardinales*

A. The cardinal numerals are:

1	uno[1]	28	vientiocho
2	dos	29	veintinueve
3	tres	30	treinta
4	cuatro	31	treinta y uno
5	cinco	32	treinta y dos
6	seis	33	treinta y tres
7	siete	40	cuarenta
8	ocho	41	cuarenta y uno
9	nueve	42	cuarenta y dos
10	diez	50	cincuenta
11	once	60	sesenta
12	doce	70	setenta
13	trece	80	ochenta
14	catorce	90	noventa
15	quince	100	cien, ciento[2,3]
16	dieciséis	101	ciento uno
17	diecisiete	102	ciento dos
18	dieciocho	110	ciento diez
19	diecinueve	111	ciento once
20	veinte	112	ciento doce
21	veintiuno	120	ciento veinte
22	veintidós	145	ciento cuarenta y cinco
23	veintitrés	200	doscientos, −as[3]
24	veinticuatro	201	doscientos uno
25	veinticinco	250	doscientos cincuenta
26	veintiséis	300	trescientos, −as
27	veintisiete	400	cuatrocientos, −as

[1] The numerals *uno* and *veintiuno* become *un* and *veintiún* before a masculine noun, and the feminine form *veintiuna* sometimes becomes *veintiún* before a feminine noun: un país, una nación, veintiún países, veintiuna (veintiún) naciones.

[2] For the use of *cien* for *ciento*, see § 10 C.

[3] The adjective *ciento* is invariable, as for instance, *ciento cincuenta libros, ciento cincuenta mujeres.* But multiples of *ciento* agree in gender and number with the noun they modify, as, for instance, *doscientos libros, trescientas treinta mujeres.*

500	quinientos, –as	2001	dos mil uno
600	seiscientos, –as	3000	tres mil
700	setecientos, –as	100,000	cien mil
800	ochocientos, –as	1,000,000	un millón
900	novecientos, –as	2,000,000	dos millones
1000	mil	1,000,000,000,000	un billón
2000	dos mil		

B. Between 16 and 19 and 21 and 29, in addition to the connected forms (*dieciséis, veintiuno,* etc.) there exist alternate separated forms (*diez y seis, veinte y uno,* etc.). These separated forms are normally not used but are found in legal documents and other formal writing. Above 29, tens are connected to units by ` y.` No connecting word is used to link hundreds or thousands to tens or units. (*ciento ocho, ciento treinta, doscientos sesenta, mil nueve, dos mil treinta y tres,* etc.)

C. The numerals *cien*[1] and *mil* are not preceded by a form of *uno* to express the English word *one.*

> cien casas one hundred houses
> mil habitantes one thousand inhabitants

But the plural forms *unos* and *unas* may precede *cien* and *mil* with the meaning of *some*.

> *unas* cien casas *some* hundred houses
> *unos* mil habitantes *some* thousand inhabitants

D. The words *millón* and *docena* are nouns in Spanish. They are preceded by the indefinite article or by a numeral and are followed by the preposition *de* when introducing a following noun.

> un millón de habitantes a million inhabitants
> dos millones de personas two million persons
> una docena de huevos a dozen eggs

E. In reading dates beyond 1000, *mil* and not a multiple of *ciento* must be used.

> 1492 mil cuatrocientos noventa y dos
> 1939 mil novecientos treinta y nueve

In expressing dates before Christ, the abbreviation *a. de Jc.* is used. There is no current abbreviation for A. D.

> 490 a. de Jc. cuatrocientos noventa antes de Jesucristo

---

[1] For the use of *cien* for *ciento*, see § 10 C.

18. *Ordinal Numerals — Numerales ordinales*

A. The ordinal[1] numerals are:

1st	primero[2]	12th	duodécimo
2d	segundo	13th	décimo tercero
3d	tercero[2]	14th	décimo cuarto
4th	cuarto	15th	décimo quinto
5th	quinto	16th	décimo sexto
6th	sexto	17th	décimo séptimo
7th	séptimo	18th	décimo octavo
8th	octavo	19th	décimo noveno
9th	noveno, nono	20th	vigésimo
10th	décimo	21st	vigésimo primero
11th	undécimo	22d	vigésimo segundo

B. Ordinals above *ten* are rarely used. They are replaced by cardinals, and when the cardinal is used for an ordinal, it is placed *after* the noun it modifies.

octava lección — eighth lesson
lección doce — twelfth lesson

C. Likewise to indicate kings and emperors Spanish uses ordinal numbers through *ten* and cardinal numbers for all others.

Napoleón III — Napoleón Tercero
Alfonso XIII — Alfonso Trece

D. Spanish dates are usually written without capitals and without commas. To indicate the day of the month Spanish uses an ordinal for the *first* day of the month and cardinals for *all others*.

1º de febrero de 1970 — February 1, 1970
20 de agosto de 1982 — August 20, 1982

E. To indicate centuries, Spanish uses ordinals and cardinals through *ten* and cardinals *beyond ten*.

el siglo séptimo   el siglo ocho   el siglo veinte
el décimo siglo de la era cristiana

---

[1] When abbreviating ordinals, the Spanish write a small º to the right of the cardinal, as 1º (1st), 2º (2d), etc.
[2] For the apocopation of *primero* and *tercero*, see § 10 A.

The Adverb – El adverbio

An adverb is a word that modifies the meaning of a verb, an adjective, or another adverb.

He runs *fast*. (The adverb *fast* indicates how he runs.)
It is a *very* interesting book. (The adverb *very* intensifies *interesting*).
He reads *somewhat* slowly. (The adverb *somewhat* modifies *slowly*.)

19. *Formation of Adverbs* — *Formación de adverbios*

In English most adverbs are formed by adding *-ly* to the corresponding adjective. EXAMPLE: slow (*adj.*), slowly (*adv.*)

A. In Spanish adverbs are often formed by adding *-mente* to the feminine form of the adjective. [1]

ADJECTIVE	ADVERB	ADJECTIVE	ADVERB
exacto	exactamente	suave	suavemente
rápido	rápidamente	natural	naturalmente
completo	completamente	cortés	cortésmente

B. When two or more adverbs ending in *-mente* follow each other, only the last one in the series retains the termination *-mente*, the others taking the form that they would have had if *-mente* were to be added.

Las casas estaban *lujosa* y *suntuosa-*   The houses were furnished *luxuri-*
mente amuebladas.   *ously* and *sumptuously*.

C. In Spanish adjectives are sometimes used as adverbs.

Además viven *felices*.   Moreover they live *happily*.
Cojan ustedes un taxi e irán mucho   Take a taxi and you will travel
más *cómodos*.   much more *comfortably*.

D. Many Spanish adverbs have no corresponding adjective and do not end in *-mente*. Among these are *muy* (very), *pronto* (soon), *ahora* (now), etc.

---

[1] Adjectives which bear a written accent keep that accent when they become adverbs. EXAMPLES: rápido, rápidamente; cortés, cortésmente.

E. A number of adverbs may be converted into compound prepositions by the addition of the preposition *de*, as for instance, *cerca* (adverb) + *de* = *cerca de* (preposition). For a list of adverbs which may be converted into compound prepositions, see § 41 A.

20. Comparison of Adverbs — *Comparación de adverbios*

A. Spanish adverbs, like adjectives,[1] are compared by placing *más, menos,* or *tan* before the positive form.

Roberto entiende *más fácilmente* que   Robert understands *more easily* than
    sus amigos.   his friends.

B. The following adverbs are compared irregularly:

      bien   mejor   mal   peor

21. Ways of Using donde *and* ¿ dónde ? — *Modos de usar* donde *y* ¿ dónde ?

A. The preposition *de* is used with the relative *donde* and the interrogative *¿ dónde ?* to express the English *from where* or *whence*, and in elegant Spanish style the prepositions *a* and *en* are used with these same words to express place to which and place in which. Colloquially, the Spanish tend not to use them.

¿ *De dónde* saca Roberto el dinero ?   *From where* does Robert take the
                                  money ?
¿ *(A) dónde* va Roberto ?   *Where* does Robert go ?
Ésta es la casa *(en)* donde vive.   This is the house *where* he lives.

B. The preposition *por* is used with *dónde* to ask *which way* one should go to get to a place. It may be expressed in English by *how, which way, by what route.*

¿ *Por dónde* se va a la calle de Lope ?   How does one get to Lope Street?
¿ *Por dónde* se sale del cine ?   How does one get out of the movies?
¿ *Por dónde* se entra en este edificio ?   How does one get into this building?

22. The Negative — *La forma negativa*

An English sentence is made negative by means of the word *not.* EXAMPLE: Mexico is *not* a continent.

---

[1] For the comparison of adjectives, see § 12 A.

A. A Spanish sentence is made negative by placing *no* before the verb.

México *no* es un país de Sud Amé-   Mexico is *not* a country of South
rica.   America.

B. Ordinarily, *no* precedes all other words which come before the verb except
the subject and its modifiers.

Roberto encuentra dos cartas, pero   Robert receives two letters, but he
no las lee.   does *not* read them.
Los amigos de Roberto *no* le oyen.   Robert's friends do *not* hear him.

C. In addition to *no*, the following negative words[1] are commonly used in
Spanish:

NEGATIVE	MEANING	NEGATIVE	MEANING
nada	nothing	ninguno	no
nadie	no one	nunca	never[3]
ni[2] . . . ni	neither . . . nor	tampoco	neither, not . . . either

D. When the above negative words follow their verb, they require a *no* before
the verb to complete their meaning.

Hay niños que *no* van *nunca* a la   There are children who *never* go to
escuela.   school.
Existen regiones donde *no* hay *nin-*   Regions exist where there is *no*
guna escuela.   school.
Los campesinos *no* saben *nada* de   The peasants do *not* know *anything*
higiene.   about hygiene.

But if these negative words precede their verb, they do not require a *no* to
complete their meaning.

En algunas regiones *nadie* habla   In some regions *no one* speaks
español.   Spanish.
Naturalmente los maestros *tampoco*   Naturally the teachers do *not* earn
ganan mucho.   much *either*.

---

[1] For the meaning of the negative combination *no . . . más que*, see § 12 F 2.
[2] Sometimes only one . . . *ni* . . . is used. For instance: Las familias pobres *no* tienen
dinero *ni* tiempo suficientes para la instrucción de sus hijos; or, Las familias pobres *no*
tienen *ni* dinero *ni* tiempo suficientes para la instrucción de sus hijos.
[3] The negative word *jamás* which means *never* in the sense of *absolutely never* is rarely used
in comparison to *nunca*.

E. In the compound tenses the *no* precedes the auxiliary verb and the negative word comes somewhere after the past participle, or the negative word may be used without *no* if it precedes the auxiliary verb.

Se negó a casarse con ella, diciendo que él *no había prometido nada.*	He refused to marry her, saying that he *had promised nothing.*
Nunca me **habían parecido** tan majestuosos y tan bellos los volcanes de Popocatepetl e Ixtaccihuatl.	*Never had* the volcanoes of Popocatepetl and Ixtaccihuatl *appeared* so majestic and so beautiful to me.

The Pronoun – El pronombre

A pronoun is a word used to take the place of a noun. It is used when repeating the noun would seem awkward. EXAMPLE: First John went to Madrid and then *he* (meaning *John*) went to Toledo.

23. *Subject Personal Pronouns* — *Los pronombres personales usados como sujetos*

A. The subject personal pronouns most needed by the foreigner in a Spanish-speaking country are:

yo	I	nosotros	we
él	he	⎰ellos [2]	
ella	she	⎱ellas	they
usted [1]	you	ustedes [3]	you

In Spanish *all* subject pronouns except *usted* and *ustedes* are omitted except for emphasis or for contrast of subjects. The pronouns *usted* and *ustedes* may be omitted when there is no doubt as to who the subject is, but it is more courteous to use them.

— ¿ Habla *usted* inglés ?	"Do *you* speak English?"
— Hablo muy poco, pero entiendo mucho.	"*I* speak very little, but *I* understand a great deal."

EMPHASIS

Según la tradición española, el marido es el amo de la casa; en casa manda *él.*	According to Spanish tradition, the husband is the master of the house; at home *he* commands.

[1] The pronoun *usted*, meaning *your grace* originally, is abbreviated Ud., Vd., and V.
[2] In Spanish there are two words for *they*. The pronoun *ellos* refers to masculine plural or masculine and feminine plural nouns; *ellas* refers to purely feminine plural nouns.
[3] The pronoun *ustedes* is abbreviated Uds., Vds., and VV.

CONTRAST

Carlos canta en inglés, pero naturalmente *yo* todavía no escribo versos en esta lengua.	*Charles* sings in English, but naturally *I* don't yet write poetry in that language.

B. The pronoun *you* is ordinarily expressed by **usted** when speaking to one person. The pronoun **usted** has the same verb endings as a singular noun.

— ¿ Es *usted* norteamericano ?	"Are *you* a (North) American?"
— *Usted* habla español muy bien.	"*You* speak Spanish very well."

C. The pronoun *you* is ordinarily expressed by **ustedes** when speaking to more than one person. The pronoun **ustedes** has the same verb endings as a plural noun.

— *Ustedes* son muy prácticos y forman un pueblo de especialistas.	"*You* are very practical and make up a nation of specialists."

D. When speaking to an intimate friend, a relative, a child, a pet, and sometimes to a servant, the Spanish generally use the pronoun **tú** to express *you*. Students, soldiers doing military service, and others in the same general social class often speak to each other in the **tú** form. This **tú** form has a special set of verb endings [1]; the **tú** is often omitted and the verb ending alone indicates the subject of the sentence.

Tú me *enseñaste* las primeras palabras que aprendí.	*You taught* me the first words that I learned.

E. The plural of *tú* is **vosotros,** and in Spain **vosotros** is used when speaking to several persons who would be addressed with *tú* individually. However, the use of **vosotros** differs in various parts of the Spanish-speaking world. In Mexico, **vosotros** is not used at all, and **ustedes** serves as the plural of *tú*. In certain Latin American countries, *vos* is used as a singular intimate second person pronoun. The **vosotros** form has a special set of verb endings [1]; the **vosotros** is often omitted and the verb ending alone indicates the subject of the sentence.

¿ Cuándo *os vais* a ir *vosotros* ?	When are you going to leave?

F. Contrary to English usage, in sentences such as *It is I* (colloq. *It's me*), the person and number of *ser* agree with the personal pronoun, which is used as the subject.

---

[1] In addition to the special verb forms, which may be found throughout the paradigms in the GRAMÁTICA and especially in § 110, *tú* and *vosotros* have special object pronoun forms (§§ 24 D and 25 D), possessive adjective forms (§ 14 B, D), and possessive pronoun forms (§ 32 B).

Soy yo.	It is I.
Es él.	It is he.
Es usted.	It is you.
Somos nosotros.	It is we.
Son ellos.	It is they.
Son ustedes.	It is you.

24. Direct Object Personal Pronouns

Los pronombres personales usados como complementos directos

In sentences like: He reads *them;* He pays *it;* She calls *you;* They hear *him,* the italicized pronouns are direct objects because they receive the direct action of the verbs *reads, pays, calls,* and *hear.* They are pronoun objects which take the place of some noun already understood.

A. In Spanish the third person direct object personal pronouns are:

PERSONS		THINGS		PERSONS AND THINGS	
le	him, you	lo[1]	it (*masculine*)	los	them, you (*masculine*)
la	her, you	la	it (*feminine*)	las	them, you (*feminine*)

B. These pronouns take the place of noun objects. [2]

Roberto lee | la carta. | Robert reads | the letter. |

Roberto *la* lee.   Robert reads *it.*

Los amigos oyen | a Roberto. | The friends hear | Robert. |

Los amigos *le* oyen.   The friends hear *him.*

¿ Saluda Roberto | a sus amigos ? | Does Robert greet | his friends? |

¿ *Los* saluda Roberto ?   Does Robert greet *them?*

C. The first person direct object pronouns are:

| | me | me | | nos | us |

Como todos *me* entendieron, me   As everyone understood *me,* I was
  quedé muy satisfecho.   very satisfied.

---

[1] The pronoun *lo* is often used to refer to masculine persons, especially in Latin America.
[2] Notice that the pronoun objects in these examples come *before the verb.* For a discussion of the position of pronoun objects, see § 30 A.

D. The familiar second person direct object pronouns are:

te   you (*singular*)   os   you (*plural*)

Felipe *te* ve todos los días.   Philip sees *you* every day.
He pasado mucho tiempo *contigo*.   I spent a great deal of time with *you* .

25. Indirect Object Personal Pronouns

Los pronombres personales usados como complementos indirectos

In the sentences: I show *Charles* a book; We write *him* a letter; They give *us* a ride, the italicized words receive the indirect action of the verb. They are the indirect objects. They answer the question **to** or **for** *whom*. In each case, we might have said: I show a book **to** *Charles;* We write a letter **to** *him;* They give a ride **to** *us*, etc. The preposition **to**, understood or expressed, is the sign of the indirect object in English.

A. In Spanish the third person indirect object personal pronouns are:

le[1]   to him, to her, to you, to it
les   to them, to you

B. These pronouns indicate an indirect object referring to a person or thing already mentioned[2].

Carlos habla | *a Roberto.* | Charles speaks | *to Robert.* |

Carlos *le* habla.   Charles speaks *to him.*

¿ Da Felipe catorce boletos   Does Philip give fourteen tickets
| *a sus amigos* ? | | *to his friends?* |

¿ *Les* da boletos Felipe ?   Does Philip give *them* tickets?

C. The first person indirect object pronouns are exactly like the direct object pronouns:

me   to me   nos   to us

D. The familiar second person indirect object pronouns are exactly like the direct object pronouns.

te   to you (*singular*)   os   to you (*plural*)

---

[1] For the substitution of *se* for *le* and *les*, see § 31 B.
[2] Notice that the pronoun objects in these examples come *before the verb*. For a discussion of the position of pronoun objects, see § 30 A.

E. Since the following sentence may have several meanings:

Carlos *le* habla.
$\left\{\begin{array}{l}\text{Charles speaks } to\ him.\\ \text{Charles speaks } to\ her.\\ \text{Charles speaks } to\ you.\end{array}\right.$

Spanish often clarifies such a sentence by the addition of *a* + the appropriate prepositional form. [1]

Carlos *le* habla *a él.*	Charles speaks *to him.*
Carlos *le* habla *a ella.*	Charles speaks *to her.*
Carlos *le* habla *a usted.*	Charles speaks *to you.*

This repetitive construction is also used for emphasis, especially where no clarification is necessary.

A mí me gustan las corridas.   *I* like bullfights.

It is regularly used where the noun indirect object precedes the verb.

A muchos mexicanos no *les* gustan las corridas.   The bullfights are not pleasing *to many Mexicans.*

Probably by extension of these same ideas, it is very common to find the indirect object pronoun construction even when the noun itself follows the verb.

Roberto *le* da el dinero *a Felipe.*	Robert gives the money *to Philip.*
El boletero *les* da *a los jóvenes* los boletos.	The ticket seller gives *the youths* the tickets.
Una criada entra con un plato de fruta para los jóvenes y *se* lo da *a Felipe.*	A servant enters with a plate of fruit for the youths and gives it *to Philip.*

F. Indirect object nouns and pronouns are used together with the definite article + parts of the body or articles of clothing where English would use a possessive construction. [2]

La madre le lava la cara *a su niño.*	The mother washes *her child's* face.
La madre *le* lava la cara.	The mother washes *his* face.
Spinola *le*[3] pone la mano sobre el hombro del jefe del ejército vencido.	Spinola places his hand on the shoulder of the leader of the conquered army.

---

[1] For the prepositional forms of the pronouns, see § 29.
[2] See § 4 F.
[3] The *le* here, untranslatable, indicates that the act was to the advantage of the conquered chief.

G. The indirect object nouns and pronouns are often used idiomatically in
   Spanish to indicate that the action represented by the verb results in some
   advantage or disadvantage, gain or loss, to the person directly concerned
   in the action. The indirect object may then be roughly equivalent to the
   English expression *from + object, to + object,* or *for + object,* or may not be
   translated in English.

Toda la gente se va de vacaciones y
los que nos quedamos unos días
más tenemos tantas ganas de irnos
que se *nos* hace el tiempo más
largo de lo que es.
Ya *le* hemos quitado bastante
tiempo *a nuestra visita al Prado.*[1]

Everyone is going off on a vacation
and those of us who are staying a
few more days want so much to
leave that time seems *for us*
longer than it really is.
We have taken enough time *from
our visit to the Prado.*

26. *Reflexive Pronouns — Pronombres reflexivos*[2]

Reflexive pronouns are those which are used as direct or indirect objects
of the verb but refer to the subject. In English they are distinguished by the
suffix *-self.* EXAMPLES: They wash *themselves.* She talks to *herself.*

A. Spanish reflexive pronouns are likewise used as direct or indirect objects
   of the verb. They *always* correspond to the subject of the sentence, and
   to fail to make them correspond is like saying in English: *He washes myself.*

DIRECT OBJECT   Nosotros *nos* divertimos.   We amuse *ourselves.*[3]

INDIRECT OBJECT Nosotros *nos* hablamos.   We talk *to ourselves.*

B. The same set of reflexive pronouns is used for the direct as for the indirect
   objects. The common reflexive pronouns are:

me	myself	nos	ourselves
se	himself, herself yourself, oneself	se	themselves yourselves

C. The familiar second person reflexive pronouns are:

te	yourself	os	yourselves

[1] Here is an example of a noun indirect object reinforced by a pronoun indirect object
denoting disadvantage or loss to that object.
[2] For the use of reflexive pronouns with verbs, see § 105.
[3] This is a literal translation. One usually says: *We have a good time.*

27. Uses of the Reflexive Forms — *Modos de usar las formas reflexivas*

A. Any verb which takes an object may become reflexive by the presence of a reflexive object.

NON-REFLEXIVE	Felipe presenta a Carlos.	Philip introduces Charles.
REFLEXIVE	Felipe *se* presenta al norteamericano.	Philip introduces *himself* to the (North) American.
NON-REFLEXIVE	Yo lavo la mesa.	I wash the table.
REFLEXIVE	Yo *me* lavo.	I wash *myself*.

Note that the reflexive pronoun corresponds in person to the subject. Just as in English we say *I wash myself* and not *I wash himself*, in Spanish they say *Yo me lavo*, and not *Yo se lavo*.

B. Some verbs are inherently reflexive, that is, they exist only in a reflexive form. Among these are:

arrepentirse	repent
atreverse	dare
quejarse	complain

C. Some verbs, transitive or intransitive, are used with the reflexive forms to give a more intensive meaning to the verb, often difficult to translate into English. Among these verbs are:

morir	morirse	die
quedar	quedarse	remain
pasear	pasearse	take a walk

D. Some verbs have a distinctly different meaning when used with a reflexive pronoun than when used without it. Among these are:

NON-REFLEXIVE FORM	MEANING	REFLEXIVE FORM	MEANING
caer	fall	caerse	fall (down)
comer	eat	comerse	eat up
decidir	decide	decidirse	make up one's mind
dormir	sleep	dormirse	go to sleep
estar	be	estarse	stay
ir	go	irse	go away
llevar	carry	llevarse	carry off
parecer	appear	parecerse	resemble
poner	put	ponerse[1]	put on

[1] The verb *ponerse* has several other meanings, one of which is *become*, which is taken up in § 104 C; *ponerse* + *a* + INFINITIVE means *begin to*.

E. The reflexive pronoun is used with the definite article to express possession with actions involving parts of the body or articles of clothing belonging to the subject of the sentence. English uses the possessive adjective in such cases.[1]

Pedro *se* quitó el sombrero.	Pedro took off *his* hat.
Me lavo la cara.	I wash my face.

F. When the reflexive pronoun is used in the sense of *each other*, it is known as a **reciprocal pronoun,** but its form in Spanish is exactly the same as if it were a reflexive pronoun.

Los chicos *se* ven en la facultad.	The boys see *each other* in the university.

However, since ambiguity might arise in a sentence like

Los chicos *se* hablan.   The boys talk *to themselves*.   REFLEXIVE MEANING
The boys talk *to each other*.   RECIPROCAL MEANING

to make the meaning clearly reciprocal, the Spanish occasionally use forms of *uno a otro*. The reciprocal meaning of the above example might be clarified in one of the following ways:

Los chicos *se* hablan *uno a otro*.	(if there are only two boys)
Los chicos *se* hablan *unos a otros*.	(if there are more than two boys)

28. *The Pronoun* se — *El pronombre* se

The third person[2] reflexive pronoun *se* is used in a certain number of special constructions in which the reflexive force of *se* is obscured and replaced by other concepts.

A. The pronoun *se* is used with transitive verbs as a substitute for the passive voice. The subject of the sentence is a thing and the verb agrees in number with the subject.

Esta avenida *se llama* el Paseo de la Reforma.	This avenue *is called* the Paseo de la Reforma.
En el paseo *se encuentran* árboles y flores.	On the boulevard *are found* trees and flowers.

B. If, however, the subject of the English sentence is (the equivalent of) a person or persons, *se* often seems to function as the subject of the Spanish

---

[1] See § 25 F.

[2] In the constructions explained in this section, only the *se* form is used. The first and second person reflexive pronouns cannot be used here.

sentence. This *se* may be rendered in English by *one, you, they, people* or by the passive voice. In such cases, the subject of the English sentence becomes the object of the Spanish sentence and is preceded by the personal *a*. The verb is always in the third person singular.

En el bosque *se escondió* a los soldados.	The soldiers *were hidden* in the woods.
En el cuadro *se ve* al jefe del ejército vencido.	In the picture *is seen* (*one sees, you see, people see*) the chief of the vanquished army.

C. The impersonal *se* is often used when there is no specific person or thing as the subject of the Spanish sentence. In such cases, *se* can be thought of as *one, you, they, people*, or rendered by the English gerund.

Por esa puerta *se va* al patio.	Through that door *one goes* (*you go, people go*) to the patio.
Al salir de Cuernavaca *se pasa* por un valle muy fértil.	On leaving Cuernavaca *one passes* through a very fertile valley.
Se baila mucho en México.	*Dancing* is very common in Mexico.

29. *Prepositional Pronoun Forms* — *Pronombres después de preposiciones*

A. The common pronouns used after prepositions[1] are:

mí	me	nosotros	us
él	him, it	ellos	them (*masculine*)
ella	her, it	ellas	them (*feminine*)
usted	you (*singular*)	ustedes	you (*plural*)

Except for *mí*, these pronouns are exactly the same as the subject pronouns outlined in § 23 A.

¡ Qué contraste entre *ustedes* y *nosotros* !	What a contrast between *you* and *us!*

B. The familiar second person prepositional pronouns are:

ti	you (*singular*)	vosotros	you (*plural*)

C. The reflexive pronoun *se* has a special prepositional form *sí*.

---

[1] The subject pronouns are used after *menos, excepto*, and *salvo*, all of which mean *except*. EXAMPLE: Todos se fueron *menos yo*. All left *except me*.

Cuando la gente de Cataluña habla entre *sí*, suele usar el catalán.

When the people of Catalonia speak among *themselves*, they are accustomed to use Catalan.

D. There is a third person neuter prepositional form, *ello*, which refers to something indefinite without gender or number or to a previously mentioned idea.

Los indios de la costa tuvieron miedo de los caballos y de las armas de los blancos; por *ello*, no resistieron mucho.

The Indians of the coast were afraid of the horses and arms of the whites; for *that* (reason), they did not offer much resistance.

E. With the preposition *con* the pronouns *mí*, *ti*, and *sí* combine to form *conmigo*, *contigo*, and *consigo*.

He pasado mucho tiempo *contigo*.   I spent a great deal of time with *you*.

30. Position of Object Pronouns

Colocación de pronombres usados como complementos

A. Object pronouns immediately precede their verb.[1]

Roberto *las* lee.   Robert reads *them*.
¿ *Le* oyen sus amigos ?   Do his friends hear *him?*

B. But object pronouns follow the verb and are joined to it when the verb is an affirmative imperative, an infinitive, or a present participle.

Permítanme decir**les** mi opinión.   Permit **me** to tell **you** my opinion.
Míren**las**.   Look at **them**.
Déjen**me** seguir.   Let **me** continue.
Madero, declarándo**se** candidato, se atrevió a protestar contra la reelección de Porfirio Díaz.

Madero, declaring **himself** a candidate, dared to protest against the reelection of Porfirio Díaz.

C. When the pronoun is joined to the verb form, that form retains its spoken stress and this stress is indicated by a written accent whenever the addition of the pronoun(s) would cause the basic rules for stress[2] to be violated.

---

[1] In literary style the object pronouns often follow indicative verbs at the beginning of sentences or clauses.

[2] The rules for stress are explained in PRONUNCIACIÓN § 7.

| Mire la playa. | Stress of *mire* is on the first syllable because it ends in a vowel. |
| Mírela | Stress of *mírela* still on the first syllable. There is a written accent because the stress no longer comes on the next to the last syllable. |

D. Pronouns precede negative imperatives.

AFFIRMATIVE IMPERATIVE	MEANING	NEGATIVE IMPERATIVE	MEANING
Lléve*nos* usted.	Take *us*.	No *nos* lleve usted.	Don't take *us*.
Escríban*le* ustedes.	Write *to him*.	No *le* escriban ustedes.	Don't write *to him*.
Dé*melo* usted.	Give *it to me*.	No *me lo* dé usted.	Don't give *it to me*.

E. When an auxiliary verb is used with an infinitive or present participle which has object pronouns, *the object pronouns may be joined to the infinitive or present participle or they may precede the auxiliary verb*.

JOINED TO INFINITIVE OR PARTICIPLE	PRECEDING AUXILIARY	MEANING
Voy a enseñar*le* el camino.	*Le* voy a enseñar el camino.	I am going to show you the road.
Estoy esperándo*los*.	*Los* estoy esperando.	I am waiting for them.

31. *Order of Object Pronouns — Orden de pronombres usados como complementos*

A. When there are two object pronouns, the indirect object precedes the direct object.

| Felipe *me lo* dice. | Philip says *it to me*. |
| ¿ *Nos lo* explica el profesor ? | Does the teacher explain *it to us?* |

B. When both indirect and direct objects are third person the first of the pronoun objects becomes *se* whether it is singular or plural.

| La criada ~~le~~ *se* lo da. | (Change *le* to *se*.) | The servant gives *it to him*. |
| Si ustedes quieren, ~~les~~ *se* lo presto. | (Change *les* to *se*.) | If you (*pl.*) wish, I (will) lend *it to you* (*pl.*). |

32. Possessive Pronouns — Pronombres posesivos

A possessive pronoun is one which indicates possession. Possessive pronouns should be distinguished from possessive adjectives.

This is *your* pen.	Possessive adjective because *your* modifies *pen*.
It is *yours*.	Possessive pronoun because *yours* takes the place of *pen*.

A. The common possessive pronouns[1] are:

referring to singular nouns		referring to plural nouns		
MASCULINE	FEMININE	MASCULINE	FEMININE	
(el) mío	(la) mía	(los) míos	(las) mías	*mine*
(el) suyo	(la) suya	(los) suyos	(las) suyas	*his, hers, its, yours, theirs*
(el) nuestro	(la) nuestra	(los) nuestros	(las) nuestras	*ours*

B. The familiar second person forms of the possessive pronoun are:

referring to singular nouns		referring to plural nouns		
MASCULINE	FEMININE	MASCULINE	FEMININE	
(el) tuyo	(la) tuya	(los) tuyos	(las) tuyas	*yours (sing.)*
(el) vuestro	(la) vuestra	(los) vuestros	(las) vuestras	*yours (plur.)*

C. Possessive pronouns agree with their antecedents in gender and number and with the possessor in person. They do not depend on the gender of the possessor as is the case in English.

Mi casa es más grande que *la suya*.   My house is larger than *his*.

Here, the possessive pronoun, *la suya*, is feminine to agree with *casa* in spite of the fact that it refers to a masculine person.

D. The possessive pronoun is normally preceded by the definite article.

¿Qué te parece la Universidad de México comparada con *la tuya*?   What do you think of the University of Mexico compared with *yours*?

---

[1] The possessive pronouns are identical in form with the stressed forms of the possessive adjectives, which are explained in § 14 D.

But the article may be omitted after *ser* when it answers the question **whose.**

¿ De quién es este sombrero ?   Whose hat is this?
Este sombrero es *mío.*   This hat is *mine.*

The article is regularly used after *ser* and before the possessive pronoun to answer the question **which.**

¿ Cuál de esas casas es *la suya* ?   Which of those houses is *yours?*
Ésa a la derecha es *la mía.*   The one on the right is *mine.*

E. Since *suyo* means *his, hers, its, yours,* and *theirs,* its meaning may be clarified by using

article + *de* + prepositional form of pronoun [1]

$$\left.\begin{array}{l} \text{el} \\ \text{la} \\ \text{los} \\ \text{las} \end{array}\right\} \quad \text{de} \quad \left\{\begin{array}{l} \text{él} \\ \text{ella} \\ \text{usted} \\ \text{ellos} \\ \text{ellas} \\ \text{ustedes} \end{array}\right.$$

Es natural que Madrid no sea una   It is natural that Madrid should not
ciudad tan nueva como *las de*   be such a new city as *yours.*
ustedes.

33. *Demonstrative Pronouns — Pronombres demostrativos*

In the sentence: "Here are two kinds of apples." "Give me *these*, not *those*," *these* and *those* refer to *apples* and point out which ones. They are called *demonstrative pronouns.* In English, we often say *this one* or *that one* as well as *this* and *that.*

A. In Spanish the demonstrative pronouns correspond in form to the demonstrative adjectives, [2] but **they always bear a written accent** to distinguish them from the demonstrative adjectives. The demonstrative pronouns are:

SINGULAR		PLURAL		
MASCULINE	FEMININE	MASCULINE	FEMININE	
éste	ésta	éstos	éstas	*this, these*
ése	ésa	ésos	ésas	*that, those*
aquél	aquélla	aquéllos	aquéllas	*that, those*

[1] Compare with the way of clarifying the possessive adjective *su*, explained in § 14 C.
[2] For the demonstrative adjectives, see § 15.

As in case of the demonstrative adjectives, forms of *ése* (*that*) refer to objects near the person spoken to, and forms of *aquél* (*that*) refer to objects distant from both the speaker and the person spoken to.

Éstos son los frescos de Diego Rivera.	*These* are the frescos of Diego Rivera.
Aquélla es la catedral más grande de las Américas.	*That* is the largest cathedral of the Americas.

B. Forms of *éste* are often used in the sense of **the latter** and forms of *aquél* in the sense of **the former**. When both pronouns are used in the same sentence, the form of *éste* precedes the form of *aquél*.

Los ricos llevaban una vida de tal esplendor que no se fijaban en la miseria de los pobres; eran *éstos* víctimas de *aquéllos*.	The rich led a life of such splendor that they did not notice the poverty of the poor; the *latter* were victims of the *former*.

The English *the latter* is also often expressed by a form of *este último*.

C. The demonstrative pronouns *esto, eso* and *aquello* refer to an idea, situation, or previous statement, none of which has gender. These neuter pronouns are also used when the gender of an object has not yet been established or when the object itself has not been identified. These pronouns have no written accent because there is no corresponding adjective form with which they might be confused.

Se dice que la lengua de la mujer es más larga que la del hombre, pero *eso* no es verdad.	It is said that a woman's tongue is longer than a man's, but *that* isn't true.
Esto es demasiado para una sola lección.	*This* is too much for a single lesson.
Esto es una llave.	*This* is a key.

In the last example, *llave* has not yet been mentioned, and therefore the neuter form may be used. But one would say: *Ésta* es *mi* llave.

D. The forms of the definite article, *el, la, los, las*, are sometimes used as demonstrative pronouns.[1] In this case, they are always followed by *de* or *que*. In English they are expressed sometimes by a demonstrative pronoun, sometimes by *the one*(*s*), sometimes by *he, she,* or *they*.

---

[1] The prepositions *a* and *de* contract with the definite article used as a demonstrative pronoun just as they do when it is used as an article. EXAMPLE: El número de muchachos es muy superior *al* de chicas. (The number of boys is very much superior *to that* of girls.)

El **que** no puede ver es ciego.	*He* **who** cannot see is blind.
Se dice que la lengua de la mujer es más larga que *la* **del** hombre, pero eso no es verdad.	It is said that the tongue of a woman is longer than *that* **of** a man, but that isn't true.
Las pirámides más importantes son *las* de San Juan de Teotihuacán.	The most important pyramids are *those* of San Juan de Teotihuacán.

34. *Interrogative Pronouns* — *Pronombres interrogativos*

A. The common interrogative pronouns are:

1. ¿ quién ? (*singular*) ¿ quiénes ? (*plural*) *who, whom* used to ask which person.

¿ *Quién* fue elegido presidente de México en 1876 ?	*Who* was elected president of Mexico in 1876?
¿ *Quiénes* fueron los rurales ?	*Who* were the *rurales*?
¿ A *quiénes* imitaban los mexicanos ricos de aquella época ?	*Whom* did the rich Mexicans of that time imitate?

2. ¿ cuál ? (*singular*)   cuáles ? (*plural*) *which, which one(s), what, who* used to ask which persons or things.

¿ *Cuáles* fueron los ideales incorporados en la Constitución de 1917 ?	*What* were the ideals incorporated into the Constitution of 1917?

3. ¿ qué ? (*singular and plural*)   *what* used to ask which thing.

¿ *Qué* tenían que hacer los pobres ?	*What* did the poor have to do?

4. ¿ de quién + *a form of* ser   *whose*

¿ *De quién* es este cuarto ?	*Whose* is this room?

5. ¿ cuánto ? ¿ cuánta ? ¿ cuántos ? ¿ cuántas ? *how much? how many?*

¿ *Cuánto* costó el coche ?	*How much* did the car cost?
¿ *Cuántos* salieron del país ?	*How many* left the country?

B. The English **What is ...?** and **What are ...?** are expressed in two ways in Spanish:

1. When the answer expected is equivalent to a definition, ¿ *Qué es* ...? and ¿ *Qué son* ...? are used.

¿ *Qué es* Taxco ?	*What is* Taxco?
¿ *Qué son* las matemáticas ?	*What is* mathematics?

2. When the answer expected is one of a number of possible choices, *¿ Cuál es . . . ?* and *¿ Cuáles son . . . ?* are used.

¿ Cuál es el país más montañoso de Norte América ?	*What* (which of all the countries in North America) *is* the most mountainous country in North America?
¿ Cuáles son los picos más altos de México ?	*What* (which of all the peaks in Mexico) are the highest peaks in Mexico?

35. The Relative Pronoun que — *El pronombre relativo* que[1]

A relative pronoun connects a subordinate clause to a main clause. (The main clauses are in bold face and the relative pronoun is in italics.)

This is the house *which* we bought.
He is the man to *whom* we give the book.
Tell me *what* you are doing.

A. The most common relative pronoun is *que*. It may be either the subject or object of a verb and may refer either to persons or things. When used after a preposition, it refers only to things.

Los mexicanos *que* viven en la meseta tienen mucha energía.	The Mexicans *who* live on the plateau have a great deal of energy.
Hay una avenida muy ancha *que* va del parque de Chapultepec al centro de la capital.	There is a very wide avenue *which* goes from Chapultepec Park to the center of the capital.
El Palacio de Bellas Artes es un enorme edificio donde está el gran teatro en *que* se dan los mejores conciertos de México.	The Palacio de Bellas Artes is an enormous building where there is the large theater in *which* are given the best concerts in Mexico.

B. The word *que* has several common uses besides its ordinary function as a relative.

1. It is often found used in certain emphatic expressions and is not translatable.

---

[1] For the use of the definite article with *que*, see § 33 D. For the use of forms of *el que* instead of *el cual*, see § 37 C. For the neuter *lo que*, see § 5 F.

— ¿ Y no hay otra forma de tratar a una chica ? — Sí *que* las hay.

"And isn't there any other way of getting acquainted with a girl?" "Yes, there is."

2. It is similarly used preceding *sí* and *no* after verbs.

Si le contesta *que* sí, de amigos pasan a ser novios.

If she answers (him) "yes," from friends they become sweethearts.

3. When used at the beginning of a sentence, *que* often indicates or implies a previous clause not expressed but understood.

— ¿ Qué le parece, Roberto ? — *Que* voy a seguir sus consejos.

"What do you think of it, Robert?" "(I think) *that* I am going to follow your advice."

4. This *que* may be used as a conjunction usually meaning *for*, *since*, or *because*.

— Démelo, Roberto, por favor, *que* voy a enseñarle el camino.

"Please give it to me, Robert, *for* I am going to show you the road."

36. The Relative Pronoun quien — *El pronombre relativo* quien

A. The relative pronoun *quien* is used after prepositions to refer to persons.

Muchas tribus buscaban la oportunidad de rebelarse contra estos fanáticos aztecas *a quienes* tenían que pagar tributos.

Many tribes sought the opportunity to rebel against these fanatical Aztecs *to whom* they had to pay tribute.

Escribió poemas y dramas que reflejan la psicología de los gitanos *con quienes* había vivido en Granada.

He wrote poems and plays which reflect the psychology of the gypsies *with whom* he had lived in Granada.

B. The relative pronoun *quien* is often used instead of *que* in parenthetical clauses.

Uno de los poetas españoles más célebres fue José de Espronceda, *quien* expresó su dolor y melancolía romántica.

One of the most famous Spanish poets was José de Espronceda, *who* expressed his sorrow and romantic melancholy.

C. The relative pronoun *quien* is used at the beginning of a sentence in the sense of *whoever*, or *he who*, *one who*, etc., especially in proverbial sayings.

Quien maltrata a una mujer no es bien mirado por los otros españoles.

He who mistreats a woman is not well regarded by other Spaniards.

37. The Relative Pronoun cual — *El pronombre relativo* cual [1]

A. The relative pronouns *el cual, la cual, los cuales, las cuales* indicate more clearly than *que* the gender and number of the antecedent and often replace *que* in literary Spanish.

Todavía más al sur se encuentra la Sierra Nevada, *la cual* atraviesa casi todo el sur de la península.

Still more to the south is the Sierra Nevada, *which* crosses almost the entire southern part of the peninsula.

B. A form of *el cual* replaces *que*

1. after compound prepositions of three syllables or more when referring to things.

Parece una gran fortaleza dentro de *la cual* se destacan contra el cielo las torres de su Alcázar.

It appears as a great fortress within *which* the towers of its Alcazar stand out against the sky.

2. when a relative clause is separated from the antecedent by an intervening noun. [2]

Al norte está separada del resto de Europa por los altos Pirineos, una prolongación de *los cuales* se extiende a lo largo de la costa norte.

On the north it is separated from the rest of Europe by the high Pyrenees, a prolongation of *which* extends along the northern coast.

C. In literary Spanish *el que, la que, los que,* and *las que* are often used in the same places as *el cual,* etc., would be used.

Encima de una colina desde *la que* se puede ver el panorama de la Sierra Nevada construyeron la Alhambra.

On a hill from *which* can be seen the panorama of the Sierra Nevada they constructed the Alhambra.

En la universidad hay una organización a *la que* pertenecen todos los estudiantes españoles.

In the university there is an organization to *which* all the Spanish students belong.

---

[1] For the neuter *lo cual,* see § 5 E.

[2] In other words, if the relative pronoun could refer to two antecedents and it does refer to the first of the two, a form of *el cual* must be used as the relative pronoun.

38. *The Relative Adjective* cuyo — *El adjetivo relativo* cuyo

The relative pronominal adjective *cuyo* shows possession at the same time that it connects a subordinate to a main clause. It agrees with the noun it modifies in gender and number.

Los labradores, *cuyos* métodos de trabajo nos parecieron muy primitivos, estaban recogiendo la cosecha.	The farmers, *whose* methods of work appeared very antiquated to us, were gathering the harvest.

The relative *cuyos* agrees with *métodos*, which it modifies, rather than with *labradores*, to which it refers.

Cervantes es un escritor *cuyas* obras se leen mucho.	Cervantes is a writer *whose* works are widely read.

The relative *cuyas* agrees with *obras*, which it modifies, rather than with *escritor*, to which it refers.

39. *Indefinites* — *El indefinido*

A. The common indefinites are:

1. alguien   Used only as a pronoun meaning *someone*, it refers to a person not previously mentioned.

Cuando *alguien* que se interesa por el progreso les dice que deberían cambiar de métodos, ellos se ríen de él.	When *someone* who is interested in progress tells them that they should change methods, they laugh at him.

2. alguno[1]   Used both as a pronoun and an adjective. As a pronoun it is equivalent to *alguien* when referring to a person but it always refers to someone of a group already mentioned or understood.

PRONOUN

Algunos de estos barrios son elegantes.	Some of these districts are elegant.
Hay muchas chicas en la escuela, y *algunas* estudian español.	There are many girls in the school, and *some* study Spanish.

---

[1] For the apocopation of *alguno*, see § 10 A.

ADJECTIVE

Hay muchas estatuas y *algunos* monumentos de la historia de México.	There are many statues and *some* monuments of the history of Mexico.

3. algo   Used as a pronoun meaning *something* and as an adverb meaning *somewhat*.

PRONOUN

Los niños indios aprenden *algo* de México y del resto del mundo.	The Indian children learn *something* of Mexico and of the rest of the world.

ADVERB

Algo más al sur hay muy bellas playas.	*Somewhat* more to the south there are very beautiful beaches.
Los labriegos son *algo* avaros.	The farmers are *somewhat* stingy.

B. There are three ways of expressing the indefinite English *one, they,* or *you:*

1. by the pronoun *uno.*

Uno tiene una cita a las cuatro y media y la persona llega a las cinco y cuarto y a veces no viene.	*One* has an appointment at half past four and the person arrives at a quarter after five and sometimes doesn't come.

2. by the third person plural of the verb.

Cada domingo *matan* seis toros.	Each Sunday *they kill* six bulls.

3. by the reflexive pronoun *se*, which is discussed in detail in § 28 C.

The Preposition[1] – La preposición

A preposition is a word used to introduce a phrase. EXAMPLES: The boy is *in* the house. The pencil is *on* the table. Robert is *with* his friend.

---

[1] For the use of the infinitive after prepositions, see § 80 D.

40. The Simple Prepositions — Las preposiciones sencillas

The following simple prepositions are very common in Spanish.

a	to; at; in	excepto	except, but
ante	before; in the presence of	hacia	toward
		hasta	as far as, to, until, up to
bajo	under, below	para	for; to, in order to
con	with	por	for; by; to; through; on account of
contra	against		
de	of; from; by; about (concerning)	salvo	except
		según	according to
desde	from; since	sin	without
durante	during	sobre	on, upon; about (concerning)
en	in; into; on, upon; at		
entre	between	tras	after

41. The Compound Prepositions — Las preposiciones compuestas

In Spanish, certain adverbs, adjectives, and nouns are used with prepositions to form compound prepositions.

cerca (adverb) + de	cerca de
contrario (adjective) + a	contrario a
a + causa (noun) + de	a causa de

A. A number of adverbs may be converted into compound prepositions by the addition of the preposition de. The most common of these are:

ADVERB	MEANING	PREPOSITION	MEANING
además	besides	además de	besides
alrededor	around	alrededor de	around
antes	formerly	antes de	before
cerca	near	cerca de	near
debajo	underneath	debajo de	under
delante	in front	delante de	in front of
dentro	inside	dentro de	inside of
después	afterwards	después de	after
detrás	behind	detrás de	behind
encima	above	encima de	above
fuera	outside	fuera de	outside of

ADVERB	PREPOSITION
Además, tiene que saber algo de medicina.	En la meseta, *además de* la capital, hay muchas ciudades importantes.

B. The common compound prepositions with *de* are:

a causa de	because of	debajo de	under
a fin de	in order to	delante de	before, in front of
a fuerza de	by dint of	dentro de	within, inside of
a pesar de	in spite of	después de	after (*in time*)
acerca de	about, concerning	detrás de	behind (*in place*), after
además de	besides	en lugar de	instead of
al lado de	alongside of, beside	en vez de	instead of
alrededor de	around	encima de	above, on top of
antes de	before (*in time*)	fuera de	outside of
cerca de	near		

C. The most common compound prepositions with *a* are:

conforme a	according to	junto a	next to, close to
contrario a	contrary to	respecto a	in regard to
en cuanto a	as to, as for	tocante a	in regard to
frente a	opposite, facing		

42. Possession — *Posesión*

English expresses possession by ——'s in the singular and ——s' in the plural or by the use of the preposition *of*. EXAMPLES: *Robert's* room, the *students'* teacher; the capital *of the country.*

Spanish expresses possession by placing the preposition *de* before a proper name or by *de* with the article or some other modifying word before a common noun. The preposition *de* with the article is also used with a title of respect.[1] The ——'s and ——s' do not exist in Spanish.

la casa *de la señora García*	Mrs. *García's* house
las guitarras *de los estudiantes*	the *students'* guitars
la puerta *del edificio*	the door *of the building*
la visita *de Roberto*	*Robert's* visit

---

[1] For the use of the article with titles of respect, see § 4 C.

43. The Preposition de Used with Nouns

La preposición de usada con nombres

The preposition *de* is used with unmodified nouns[1] to form adjectival phrases. The Spanish adjectival phrase is usually expressed in English by an adjective, which is often a noun used as an adjective.

corrida *de toros*	*bull*fight
libro *de consulta*	*reference* book
luna *de miel*	*honey*moon
lámina *de anatomía*	*anatomical* chart
compañía *de petróleo*	*oil* company
aceite *de oliva*	*olive* oil
hoz *de mano*	*hand* scythe
puerta *de entrada*	*entrance* door

44. The Personal a — *El a personal*

A. In Spanish the preposition *a* is used before direct objects[2] referring to persons.[3] It is called the **personal** *a*.

También entiendo *a los turistas* que hablan inglés.	I also understand *the tourists* who speak English.
¿ Por qué admiran los mexicanos *a los norteamericanos* ?	Why do the Mexicans admire *the* (North) *Americans?*

This **personal** *a* is useful in certain sentences because it indicates which is the direct object and thus distinguishes it from the subject.[4] Consider the following examples:

¿ Admira Carlos *a María* ?	Does Charles admire *Mary?*
¿ Admira *a Carlos* María ?	Does Mary admire *Charles?*

---

[1] The preposition *de* may also be used with an infinitive to form an adjectival phrase as in *máquina de escribir*, which means *typewriter*.

[2] This **personal** *a* is not to be confused with the *a* which is the sign of the indirect object and which may be translated as *to*. EXAMPLE: Juan habla *a* María. John speaks *to* Mary (indirect object *a*).

[3] The preposition *a* sometimes precedes geographical names which are used as the direct object, but this is not a tendency in present-day Spanish. EXAMPLE: Para atacar *a* Inglaterra, Felipe II organizó una gran flota. The **personal** *a* also often precedes personified things. EXAMPLE: Vimos *a* su perro acercarse a Carlos.

[4] The necessity of distinguishing the subject from the object by *a* arises from the flexibility of Spanish word order. There is a discussion of this word order in §§ 54, 55.

But the verb *tener,* meaning *have,* ordinarily does not take the **personal** *a.*

Tengo *un hermano* que prepara el   I have *a brother* who gets breakfast.
desayuno.

B. When the personal direct object refers to an indefinite rather than to a definite person, the **personal** *a* is often omitted.

En las laderas de algunas montañas   On the sides of some mountains we
vimos *muchos indios* que cultivaban   saw many *Indians* who were cul-
campos de maíz.   tivating cornfields.

Busco *una criada* que hable inglés.   I am looking for *a servant* who
                                         speaks English.

45. *Uses of* **por** *and* **para** — *Usos de las preposiciones* por *y* para

A. The preposition *por* is translated by *through, by, for, along,* and sometimes by other English prepositions. It has many uses, among which the most important are:

1. to express the English preposition *through.*

La luz entró *por* la ventana de mi   The light entered *through* the
cuarto.   window of my room.

Volví al centro y di una vuelta   I went back downtown and took a
por las calles.   walk *through* the streets.

2. to express the English preposition *by* after the passive voice.[1]

Este portal es cerrado *por* un   This door is closed *by* a porter
portero hacia las diez de la   about ten at night.
noche.

Fue interpretado *por* los jefes   It was interpreted *by* the religious
religiosos como señal de buena   chiefs as a sign of good luck.
suerte.

3. to express the English preposition *by* to indicate means.[2]

El mejor modo de viajar en   The best way to travel in Spain is
España es *por* avión.   *by* airplane.

---

[1] With verbs expressing mental action and certain others, *de* often expresses agent. See § 87 C 2.

[2] However, *en* is used in expressions such as *en automóvil.*

4. to express *the reason for*.

Andalucía es célebre *por* sus corridas de toros.	Andalusia is famous *for* its bullfights.
Juárez se distinguió *por* su absoluta honradez.	Juárez distinguished himself *by* his absolute honesty.
Y en las selvas viven algunos indios aislados del resto del país *por* falta de comunicaciones.	And in the tropical forests some Indians live isolated from the rest of the country *by reason of* lack of communications.
Por eso Roberto decidió tomar el cuarto.	*For* that reason Robert decided to take the room.

5. to express *for* meaning *in exchange for*.

Cambié algunos dólares *por* pesos mexicanos.	I exchanged some dollars *for* Mexican pesos.
Por poco dinero el viajero puede conseguir habitación para dormir.	*For* little money the traveler can get a room to sleep in.

6. sometimes to express duration of time. [1]

Iré a España *por* un mes.	I'll go to Spain *for* a month.

7. to express *for* meaning *in favor of*, *for the sake of*, or *in behalf of*. [2]

¿ Qué hizo Cárdenas *por* la educación ?	What did Cárdenas do *for* education?

8. to express the English *per* in expressions of rate or measure.

Muchos trenes salen solamente tres veces *por* semana.	Many trains leave only three times *per* week.
Salen en automóvil a setenta, ochenta o noventa kilómetros *por* hora.	They go out in a car at seventy, eighty or ninety kilometers *per* hour.
Suelen ser suspendidos un sesenta y cinco *por ciento* de los estudiantes.	Sixty-five *per cent* of the students usually fail.

9. meaning *to* after expressions of strong feeling or desire.

Tenía curiosidad *por* saber lo que decían.	I was curious *to* know what they were saying.

---

[1] The preposition *durante* often expresses duration of time. For the use of *hace, desde hace, desde que,* and *desde* to express *for* in time phrases, see § 59 B.
[2] This is almost like the use of *para* explained in § 45 B 2, and since the latter is more common, students should be cautious about using *por* with this meaning.

10. to indicate vague position.

Por todos lados se puede ver un paisaje magnífico.	On all sides a magnificent landscape can be seen.
Por todas partes oíamos hablar español.	Everywhere we heard Spanish spoken.
Atravesaron la carretera algunas vacas por delante de nuestro coche.	Some cows crossed the highway in front of our car.
Por aquí pasan centenares de vehículos al día.	Hundreds of vehicles per day pass by here.

11. with estar meaning to be in favor of.

Estamos por salir.	We are in favor of leaving.

12. in certain idiomatic expressions such as por la mañana, por fin, por ejemplo, por lo general, etc.

Por la noche salgo con mis amigos.	At night I go out with my friends.
Por lo general en estas estaciones hace buen tiempo.	In general in these seasons it is good weather.

13. after certain nouns and verbs.

La comida comienza por los entremeses.	The meal begins with relishes.

B. The preposition para is usually translated by for or (in order) to. It is used in the following cases:

1. to introduce an infinitive to express purpose.[1]

Los amigos le oyen y bajan para subir las maletas.	The friends hear him and go down to take up the suitcases.
Los estudiantes pasan a la sala para esperar a la señora García.	The students go into the living room to wait for Mrs. García.
Se acostumbra a tomar una taza de café para ayudar a hacer la digestión.	It is the custom to take a cup of coffee to help digest the food.

2. to express suitability, destination or use with nouns.

Durante esta discusión una criada entra con un plato de fruta para los jóvenes.	During this discussion a servant enters with a plate of fruit for the boys.

---

[1] With verbs of motion, a often replaces para. EXAMPLE: Vamos a salir pronto a comer. We are soon going out to eat.

No tenían caballos ni ruedas ni hierro *para* sus construcciones.	They had neither horses nor wheels nor iron *for* their constructions.
Acapulco es un lugar divino *para* los perezosos.	Acapulco is a divine place *for* the lazy.

3. to express destination with place names.

Salimos a las ocho de la mañana *para* Monterrey.	We left at eight o'clock in the morning *for* Monterrey.

4. to indicate a definite point of time.

Le aconsejé que pidiese las vacaciones *para* el mes de julio.	I advised him to ask for his vacation *for* the month of July.
Le invita a don Juan *para* el día siguiente.	He invites don Juan *for* the following day.

5. with *estar* meaning *to be about to*.

Estamos para salir.	*We are about to* leave.

6. to express the English *for* meaning *considering (that)*.

Durante la comida se bebe vino, que, *para* lo bueno que es, en España se compra por poco dinero.	During the meal they drink wine, which, *considering* its good quality, can be bought for little money in Spain.

46. *Verbs Governing Nouns With or Without a Preposition*

Verbos empleados con o sin preposición

In Spanish verbs often require a preposition before a noun or in some cases no preposition at all where in English there might be an entirely different preposition.

Jugamos *al* ajedrez.	We play chess.
Se ríe *de* su hermano.	He laughs *at* his brother.

The following constructions occur frequently in Spanish.

acercarse *a* la escuela	approach the school
alejarse *de* la ciudad	go away from the city
apoderarse *de* la capital	seize the capital
aprovecharse *de* la oportunidad	take advantage of the opportunity
asomarse *a* la ventana	peer out of the window

asustarse *de* la luz	be afraid of the light
buscar un hotel	look for a hotel
cambiar *de* vestidos	change clothes
casarse *con* una señorita	marry a young lady
componerse *de* provincias	be composed of provinces
confiar *en* los amigos	trust friends
consistir *en* varios capítulos	consist of various chapters
contar *con* su ayuda	count on his help
cubrir *de* nieve	cover with snow
cuidar *de* los animales [1]	take care of the animals
depender *de* una persona	depend on a person
despedirse *de* la familia	take leave of the family
dirigirse *a* la escuela	go toward the school
enterarse *de* la existencia	inform oneself of the existence
entrar *en* la casa [2]	enter the house
escaparse *de* la cárcel	escape from the prison
esperar una carta	wait for a letter
fijarse *en* los detalles	notice the details
gozar *de* buena salud	enjoy good health
interesarse *por* la cultura [3]	be interested in culture
jugar *al* básquetbol	play basketball
llegar *a* un país	arrive in a country
mirar un retrato	look at a picture
parecerse *a* su padre	resemble his father
partir [4] *de* Málaga	leave Malaga
pensar *en* los problemas [5]	think of (about) the problems
pertenecer *a* los niños	belong to the children
quejarse *de* su suerte	complain about his lot
reírse *de* la muchacha	laugh at the girl
romper *con* una costumbre	break with a custom
salir *de* una casa	leave a house
servir *de* criado	serve as a servant
sonreír *a* una cosa	smile at a thing
soñar *con* una fortuna	dream of a fortune

[1] Likewise one can say: *cuidar los animales*
[2] The verb *entrar* is also followed by *a*. EXAMPLE: Felipe entró *al* comedor. (Philip entered the dining room.)
[3] The verb *interesarse* is followed by *en* especially when there is a financial interest. EXAMPLE: El señor se interesa *en* aquella fábrica. (The gentleman is interested in that factory.)
[4] But *dejar* (+ PLACE) or *salir de* (+ PLACE) are ordinarily used to express the verb *leave*. The verb *partir* is rarely used.
[5] But in questions in which one is asked what he thinks of something, *de* follows *pensar*. EXAMPLE: ¿Qué piensa usted *de* esta muchacha? (What do you think of this girl?)

47. *Verbs Followed by Dependent Infinitives With or Without a Preposition*
    Verbos seguidos de infinitivos con o sin preposición

In English some verbs are followed directly by a dependent infinitive, and others require a preposition to connect the verb to a dependent infinitive. In English we say:

I can read.	No preposition between *can* and *read*.
I want *to* read.	The preposition *to* connects *want* and *read*.
I insist *on* reading.	The preposition *on* connects *insist* and *reading*.

There is no rule that governs which construction is to be used. It must be learned with each verb.

In Spanish verbs are also connected to dependent infinitives in various ways. In Spanish they say:

Quiero leer.	No preposition between *quiero* and *leer*.
Voy *a* leer.	The preposition *a* connects *voy* and *leer*.
Trato *de* leer.	The preposition *de* connects *trato* and *leer*.
Insisto *en* leer.	The preposition *en* connects *insisto* and *leer*.

There are a few helpful principles which govern which prepositions are used in Spanish but no infallible rules. The preposition must be learned with each verb.

A. The most common verbs requiring *no* preposition before an infinitive are:

aconsejar	advise to	hacer [5]	have
acordar	agree to	impedir	prevent from
conseguir	succeed in	lograr	succeed in
deber [1]	ought to	mandar	order to
decidir [2]	decide to	merecer	deserve to
dejar [3]	let	necesitar	need to
desear	desire to	oir [6]	hear
esperar	hope to	olvidar [7]	forget to
gustar [4]	be pleasing	parecer	seem to

---

[1] For the meanings of *deber*, see § 99.

[2] Notice that *decidir* + infinitive means *decide; decidirse a* + infinitive means *make up one's mind*.

[3] Notice that *dejar* + infinitive means *let* or *allow to; dejar de* + infinitive means *stop doing something*.

[4] Occasionally the expression *gustar de* is used, meaning *be fond of*.

[5] For *hacer* + infinitive to make the causative construction, see § 102 D.

[6] The verb *oír* is used with the infinitives *decir* and *hablar* in sentences such as *Oí decir que* . . . and *Oí hablar español*.

[7] Note the following constructions with *olvidar*, all of which mean *I forgot to telephone:* *Olvidé telefonear. Me olvidé de telefonear. Se me olvidó telefonear.*

pensar[1]	intend to	recordar	remember to
poder	be able to, can	rehusar	refuse to
preferir	prefer to	resolver	resolve to
procurar	try to	saber	know how to
prohibir	forbid to	soler	be accustomed to
prometer	promise to	temer	fear to
querer	wish to	ver	see

B. Verbs of motion, verbs meaning *to begin*, and many others are followed by *a* before an infinitive. The most common of these are:

acertar a	happen to, succeed	entrar a[3]	enter to
acostumbrarse a	become accustomed to	enviar a	send to
acudir a	hasten to	invitar a	invite to
aguardar a	wait to	ir a	go to, be going to
alcanzar a	chance to, succeed in	llegar a	chance to, come to,
aprender a	learn to		succeed in
apresurarse a	hurry to	negarse a	refuse to
atreverse a	dare to	obligar a	oblige to
ayudar a	help to	oponerse a	be opposed to
bajar a	go down to	persuadir a	persuade to
comenzar a	begin to	ponerse a	begin to
correr a	run to	prepararse a	prepare oneself to
convidar a	invite to	principiar a	begin to
decidirse a[2]	decide to	resolverse a	resolve to
dedicarse a	devote oneself to	salir a	go out to
echarse a	begin to	venir a	come to
empezar a	begin to	volver a	—— again[4]
enseñar a	teach to		

C. The most common verbs which take *de* are:

acabar de[5]	finish	cesar de	stop
acordarse de	remember	cuidar de	take care to
alegrarse de	be glad to	deber de[6]	must, be probably

---

[1] Note that *Pienso salir* means *I intend to leave* and *Pienso en salir* means *I am considering leaving*.

[2] Notice that *decidir* + **infinitive** means *decide; decidirse a* + **infinitive** means *make up one's mind*.

[3] Distinguish between *entrar en* + **noun** and *entrar a* + **infinitive**.

[4] A form of *volver a* followed immediately by the infinitive means *to do something again*. *Volví a hacerlo* = *I did it again*.

[5] Note that *acabar de* expresses both the idea of finishing and the idiom *to have just*.

[6] For the meanings of *deber*, see § 99.

dejar de [1]	stop	olvidarse de [3]	forget
encargarse de	take it upon oneself to	tratar de	try to
haber de [2]	be going to	tratarse de	be a question of

D. The most common verbs which take *en* with a dependent infinitive are:

consentir en	consent to	pensar en	consider
consistir en	consist of	ocuparse en	busy oneself by
convenir en	agree to	quedar en	agree on
empeñarse en	insist on	tardar en	delay in, take long in
insistir en	insist on		

Conjunctions – Conjunciones

A conjunction is a word which connects words, phrases, and clauses. Some of the commonest English conjunctions are *and*, *but*, *or*, and *if*.

48. *The Conjunctions* y *and* o — *Las conjunciones* y *y* o

A. The conjunction *y* becomes *e* before words beginning with the sound of *i* (spelled *i-* or *hi-*).

Carlota se puso furiosa *e* hizo un viaje a París.	Carlota became furious *and* made a trip to Paris.
Luego visitamos unas típicas casas *e* iglesias antiguas.	Then we visited some typical houses *and* ancient churches.

B. The conjunction *o* becomes *u* before words beginning with the sound of *o* (spelled *o-* or *ho-*).

La gente viaja con pollos *u* otros animales.	The people travel with chickens *or* other animals.

49. *The Conjunction* but — *La conjunción* but [4]

A. The usual word for *but* is **pero**.

---

[1] Notice that *dejar* + **infinitive** means *let* or *allow to; dejar de* + **infinitive** means *stop doing something*.

[2] For the meanings of *haber*, see § 101.

[3] Note the following constructions with *olvidar*, all of which mean *I forgot to telephone:* *Olvidé telefonear. Me olvidé de telefonear. Se me olvidó telefonear.*

[4] In the sentence *All came but John,* the word *but* is a preposition and may be expressed by *menos, excepto* or *salvo.* EXAMPLE: *Todos vinieron menos Juan.*

Bolivia y Venezuela son países de Sud América, *pero* México no es un país de Sud América.	Bolivia and Venezuela are countries of South America, *but* Mexico is not a country of South America.

B. The word **mas** also means *but;* however, it is found only in literary style.

Mas al ver a su antigua amada, se negó a casarse con ella.	*But* on seeing his former loved-one, he refused to marry her.

C. The word **sino** also means *but* and is used only after a negative statement which is contrasted with an affirmative statement containing no finite verb.

El cuadro más conocido del Greco **no** está en el Prado *sino* en la iglesia de Santo Tomé	The best known painting of El Greco is **not** in El Prado *but* in the church of Santo Tomé.
En aquella época la nación **no** tenía sólo una capital *sino* varias.	At that time the nation did **not** have only one capital *but* several.

D. The expression **sino que** is likewise used only after a negative statement but is followed by a clause containing a finite verb.

Este descubrimiento tuvo resultados sumamente importantes porque **no** sólo aumentó el territorio de España *sino que* también le dio mucha riqueza.	This discovery had highly important results, because **not** only did it increase the territory of Spain *but* also gave it a great deal of riches.

50. *Tho Uses of* si — *Modos de usar la conjunción* si

A. The conjunction **si** ordinarily means *if.*

Si la meseta central no es tan alta como las montañas, es mucho más elevada que la costa.	If the central plateau is not as high as the mountains, it is much higher than the coast.

When si [1] means *if,* it is never followed by the future or conditional as it often is in English nor by the present subjunctive.

Si Felipe *estudiara,* aprendería fácilmente.	If Philip *would study.* he would learn easily.

---

[1] For tenses to use with *si* in a conditional sentence, see § 96.

B. The conjunction si may also mean *whether*.

A ver *si* podemos llevarlas esta tarde al cine.	Let's see *whether* we can take them to the movies this afternoon.
Sería difícil decir dónde hay más belleza, *si* en su mar o en su campo.	It would be difficult to say where there is more beauty, *whether* in its sea or in its fields.

C. One sometimes finds si used in exclamations to mean *why* or *but*.

— ¡ *Si* es la verdadera razón !	"*Why*, it's the real reason!"

D. The conjunction si may precede the future or conditional of probability [1] to heighten the idea of supposition or conjecture.

— ¿ *Si* le habrá visto en el paseo ?	"*I wonder if* he could have seen him on the boulevard?"

Miscellany – Miscelánea

51. *Time — La hora*

A. The days [2] of the week are:

lunes [3]	Monday	viernes	Friday
martes	Tuesday	sábado	Saturday
miércoles	Wednesday	domingo	Sunday
jueves	Thursday		

B. The months [2] of the year are:

enero	January	julio	July
febrero	February	agosto	August
marzo	March	septiembre	September
abril	April	octubre	October
mayo	May	noviembre	November
junio	June	diciembre	December

---

[1] For the future and conditional of probability, see §§ 66 B, 68 B.

[2] In Spanish the days of the week and the months of the year are not usually capitalized, but there is a tendency at present to capitalize them.

[3] In Spain Monday is considered the first and Sunday the last day of the week. On Spanish calendars Monday will be found as the first day of the week.

C. The seasons of the year are:

la primavera	spring
el verano	summer
el otoño	autumn
el invierno	winter

D. The Spanish tell time as follows:

¿ Qué hora es ?	What time is it?
Son las ocho.	It is eight o'clock.
Son las ocho y media.	It is half past eight.
Son las ocho y cuarto.	It is quarter after eight.
Son las ocho menos cuarto.	It is quarter to eight.
Son las ocho y cinco.	It is five minutes after eight.
Son las ocho menos cinco.	It is five minutes to eight.
Son las ocho de la mañana.	It is eight o'clock in the morning (8 A.M.).
Son las ocho de la noche.	It is eight o'clock in the evening (8 P.M.).
Es la una.	It is one o'clock.
Es la una y media.	It is half past one.
A las cuatro . . .	At four o'clock . . .

E. In timetables and some formal announcements, the Spanish use the twenty-four hour method of telling time, but in current conversation the twelve-hour method is employed. The Spanish do not use A.M. and P.M. They say *las nueve de la mañana, las dos de la tarde, las once de la noche.*

52. *Augmentatives and Diminutives — Aumentativos y diminutivos*

The Spanish language contains a great number of suffixes which are added to words in order to express large size (augmentatives) and smallness (diminutives). These suffixes are used in colloquial speech with a wide variety of figurative meanings. The most common augmentative endings denoting large size, depreciation, etc., are *-ón* and *-azo.*

| el hombre | el hombrón | *the big bad man* or *the big man* |
| el toro | el torazo | *the big mean bull* or *the mean bull* |

The most common diminutive endings expressing smallness, affection, and a great number of special meanings are *-ito, -cito, -ecito, -illo, -ecillo,* and *-cillo.*

la casa	la casita	*the little house*
el pobre	el pobrecito	*the poor little thing*
el libro	el librito	*the little book*
la mano	la manecilla	*the little hand*

Diminutives are added to adjectives and adverbs as well as nouns.

María tiene la mano *pequeñita*.   Mary's hand is *very small*.
Ahorita[1] viene.   He is coming *right now*.

53. *The Use of* ya — *Modo de usar* ya

The meaning of the adverb **ya** varies according to the tense with which it is used.

A. With past tenses it means *already*.

Encontramos una larga cola de gente   We found a long line of people who
que *ya* estaba esperando.   were *already* waiting.

B. With the present tense it often means *now* but may add an emphatic tone to the statement difficult to translate into English.

Ya sabes que antiguamente había un   You (*indeed*) know that in olden
gran lago en el valle de México.   days there was a large lake in the
                                            valley of Mexico.

Pero *ya* basta de ciudades.   But enough of cities *now*.
Ya entramos en el Paseo del Prado.   *Now* we are entering the Paseo del
                                            Prado.

C. With the future it often means *later* or *soon*.

Ya vendré.   I'll come *later*.
Ya sabré como debo hacerlo.   *Then* I'll know how I should do it.

D. The combination **ya no** means *no longer*.

Pero *ya no* puedo escribirle más por   But I can *not* write *any more* for
hoy.   today.

E. The combination **ya que** means *since*.

Ya que he viajado algo por España,   *Since* I have traveled somewhat
puedo decirle muchas cosas sobre   through Spain, I can tell you
los trenes españoles.   many things concerning the
                                            Spanish trains.

---

[1] The diminutive *ahorita* is very current in Mexico but not in Spain.

54. *Word Order of the Declarative Sentence*
    Orden gramatical de la oración

Ordinary Spanish word order is much more flexible than English word
order. The following English sentence might be said in four different ways
in Spanish:

Robert meets two students in front of the house.	Roberto encuentra a dos estudiantes delante de la casa.
	Roberto encuentra delante de la casa a dos estudiantes.
	Encuentra Roberto a dos estudiantes delante de la casa.
	Delante de la casa encuentra Roberto a dos estudiantes.

This word order tends to make the Spanish language very colorful, but it
also renders it more difficult for an English-speaking person to read.
The following hints concerning affirmative word order may be helpful.

A. The subject often follows the verb, especially when it is longer than the
    predicate.

Cerca de la ciudad colonial de   Near the colonial city of Taxco
    Taxco **se fabrican y se venden**   *many articles of silver* **are manu-**
    muchos artículos de plata.   **factured and sold.**
Existen *casi cien dialectos indios.*   *Almost a hundred Indian dialects* **exist**

B. In dependent clauses the subject generally follows its verb.

Pero también hay muchos barrios   But there are also many districts
    donde **viven** *los obreros* en casas   where *the workingmen* **live** in
    de adobe.   adobe houses.
El mexicano emplea algunas pala-   The Mexican employs some words
    bras que no **usan** *los españoles.*   that *the Spanish* **do** not **use.**

C. The two parts of a compound tense are not separated.

Los mexicanos **siempre** *han tenido*   The Mexicans *have* **always** *had*
    gran habilidad artística.   great artistic ability.

D. Frequently the adjective *otro* does not immediately precede its noun but
    places other adjectives such as numerals, *mucho*, and *poco* between itself and
    the noun.

Delante de la puerta hay **otros** *dos* estudiantes.

In front of the door are *two* **other** students.

E. Contrary to English usage, cardinal numerals precede ordinals.

Estudiamos las **diez** *primeras* lecciones.

We are studying the *first* **ten** lessons.

55. Interrogative Word Order — *La frase interrogativa*

A. The ordinary way of making a declarative sentence interrogative is to place the verb before the subject.[1]

STATEMENT	QUESTION
La capital tiene muchos habitantes.	¿ **Tiene** *la capital* muchos habitantes ?
Usted vive cerca de la universidad.	¿ **Vive** *usted* cerca de la universidad ?

B. In questions the word order is often

$$\text{VERB} + \begin{cases} \text{ADVERB} \\ \text{NOUN OBJECT} \\ \text{PREDICATE ADJECTIVE} \end{cases} + \text{SUBJECT}$$

STATEMENT	QUESTION
Felipe canta bien.	¿ Canta bien Felipe ?
Las casas mexicanas tienen patios.	¿ Tienen patios las casas mexicanas ?
Las calles mexicanas son muy estrechas.	¿ Son muy estrechas las calles mexicanas ?

C. But a subject which is shorter than the noun object and its modifiers normally follows the verb immediately. Much in interrogative word order depends on the rhythm of the sentence.

STATEMENT	QUESTION
La gente pobre vive en las afueras de las ciudades mexicanas.	¿ Vive la gente pobre en las afueras de las ciudades mexicanas ?
Su padre tiene su silla en el patio.	¿ Tiene su padre su silla en el patio ?

---

[1] For the punctuation of an interrogative sentence, see PRONUNCIACIÓN § 4 B 1.

D. The placing of the expressions ¿ *verdad* ? or ¿ *no es verdad* ? or simply ¿ *no* ? after a declarative sentence turns it into a question. [1]

La puntualidad es muy importante ¿ *verdad* ?   Punctuality is very important, *isn't it?*

The Verb – El verbo

A verb is a word which shows action or state of being. Every complete sentence must have a verb. EXAMPLES: The boy *runs*. We *ate* dinner. He *is* tired. They *will seem* interested.

I. Organization of the Spanish Verb
Organización del verbo español

56. *The Spanish Verb* — *El verbo español*

A. The Spanish verb[2] is divided into three main groups of regular verbs known as conjugations:

1. *–ar* verbs
2. *–er* verbs
3. *–ir* verbs

B. The tenses of the verbs are formed on stems. Regular verbs have only one stem, which might be called the *infinitive stem*. Irregular verbs have an infinitive stem and sometimes several other stems. These stems are discussed in § 109 A, B.

C. The *infinitive stem* of a verb is found by taking the infinitive ending *–ar*, *–er*, or *–ir* from the infinitive.

INFINITIVE	INFINITIVE STEM
hablar	habl–
comer	com–
vivir	viv–

---

[1] The Spanish ¿ *verdad*? is equivalent to the French *n'est-ce pas*? and the German *nicht wahr*?

[2] For the conjugation of the verbs, see § 110.

57. *Tenses of the Spanish Verb — Tiempos del verbo español*

A. The Spanish verb is divided into simple and compound tenses, as follows:

SIMPLE TENSES	COMPOUND TENSES
present	perfect
imperfect	pluperfect
preterite	preterite perfect
future	future perfect
conditional	conditional perfect

B. These tenses are commonly translated as follows:

Simple Tenses

TENSE	SPANISH 3D PERSON SINGULAR FORM	ENGLISH TRANSLATION
present	habla	he speaks, he is speaking, he does speak
imperfect	hablaba	he spoke, he was speaking
preterite	habló	he spoke, he did speak
future	hablará	he will speak
conditional	hablaría	he would speak

Compound Tenses

perfect	ha hablado	he has spoken
pluperfect	había hablado	he had spoken
preterite perfect	hubo hablado	he had spoken
future perfect	habrá hablado	he will have spoken
conditional perfect	habría hablado	he would have spoken

II. Formation and Use of Tenses and Other Parts of the Verb

Formación y empleo de los tiempos y otras partes del verbo

58. *Formation of the Present Tense — Formación del presente* [1]

A. The *-ar* verbs form their present tense by adding to the infinitive stem [2]
(——) the following endings:

---

[1] The present of reflexive verbs will be found in § 105 B, the present of radical-changing verbs in § 106 A, the present of orthographical-changing verbs in § 107, and the conjugation of models of all types of verbs in § 110.

[2] The formation of the infinitive stem is explained in § 56 C.

yo —o	nosotros —amos
tú —as	vosotros —áis
él[1] —a	ellos[2] —an

B. The -er verbs form their present tense by adding to the infinitive stem[2] (——) the following endings:

yo —o	nosotros —emos
tú —es	vosotros —éis
él[1] —e	ellos[2] —en

C. The -ir verbs form their present tense by adding to the infinitive stem[3] (——) the following endings:

yo —o	nosotros —imos
tú —es	vosotros —ís
él[1] —e	ellos[2] —en

D. The following common verbs are irregular in the present and must be learned if one is to speak Spanish correctly. Many of these verbs are irregular only in the *yo* form, but a few of them, such as *ir* and *ser*, are irregular throughout.

caer	dar	decir	estar	haber	hacer	ir
caigo	doy	digo	estoy	he	hago	voy
caes[4]	*das*	*dices*	*estás*	*has*	*haces*	*vas*
cae	da	dice	está	ha	hace	va
caemos	damos	decimos	estamos	hemos	hacemos	vamos
caéis[4]	*dais*	*decís*	*estáis*	*habéis*	*hacéis*	*vais*
caen	dan	dicen	están	han	hacen	van

oir	poder	poner	querer	saber	salir
oigo	puedo	pongo	quiero	sé	salgo
oyes	*puedes*	*pones*	*quieres*	*sabes*	*sales*
oye	puede	pone	quiere	sabe	sale
oímos	podemos	ponemos	queremos	sabemos	salimos
oís	*podéis*	*ponéis*	*queréis*	*sabéis*	*salís*
oyen	pueden	ponen	quieren	saben	salen

[1] In all tables and paradigms, the *él* form represents equally the *ella* and *usted* forms, which are always identical.
[2] In all tables and paradigms, the *ellos* form represents equally the *ellas* and *ustedes* forms, which are always identical.
[3] The formation of the infinitive stem is explained in § 56 D.
[4] The *tú* and *vosotros* forms are given in italics to permit students who are not learning them to disregard them in studying these paradigms.

ser	tener	traer	valer	venir	ver
soy	tengo	traigo	valgo	vengo	veo
eres	*tienes*	*traes*	*vales*	*vienes*	*ves*
es	tiene	trae	vale	viene	ve
somos	tenemos	traemos	valemos	venimos	vemos
sois	*tenéis*	*traéis*	*valéis*	*venís*	*veis*
son	tienen	traen	valen	vienen	ven

59. Uses of the Present Tense — *Modo de usar el presente*

A. In Spanish as in English the present is used to express an action which is taking place in the present or which takes place in general.

El indio que *vive* en la ciudad *habla* español.

The Indian who *lives* in the city *speaks* Spanish.

Escribo poesías, pero no *soy* buen poeta.

I *write* poetry, but I *am* not a good poet.

But in English there are three ways of expressing a present action, which may all be expressed in Spanish by the simple present.

TYPES OF PRESENT TENSE

	in English	*in Spanish*
SIMPLE	he eats	
PROGRESSIVE [1]	he is eating	come
EMPHATIC	he does eat	

B. 1. Consider the tenses of the following sentences.

Llueve desde ayer.

It *has been raining* since yesterday.

Marta *canta* desde hace dos horas

Martha *has been singing* for two hours.

Hace diez minutos que Roberto *habla*.

Robert *has been talking* for ten minutes.

In each sentence, the action began in the past and is continuing in the present. In each case, Spanish uses the *present tense*, English the *present perfect*. Thus, we may say:

---

[1] Spanish has also a progressive form similar to the English progressive form, which is explained in § 83 A, B.

The present tense is used with a certain number of expressions of time, such as **desde, desde hace, desde que,** and **hace... que** (which are equivalent to *for* or *since* in English) to express an action which has begun in the past and is continuing in the present. English ordinarily uses the present perfect to express such actions.

2. Consider the nature and position of the time expressions in the following sentences.

Usted trabaja **desde** 1960.	You have been working **since** 1960.
Estamos aquí **desde** esta mañana.	We have been here **since this** morning.
¿ **Desde** cuándo estudia usted francés ?	**Since when** have you been studying French?
Desde el principio del siglo XX millares de campesinos llegan a Barcelona.	**Since the beginning of the twentieth century** thousands of farmers have been arriving in Barcelona.

Note that when **desde** is followed by a definite point of time, such as a definite year, a definite part of the day, etc., it conserves its literal meaning *since*.

* * *

3. Estamos aquí **desde hace una hora.**   We have been here **for an hour.**

   Aprendo francés **desde hace dos meses.**   I have been learning French **for two months.**

The expression **desde hace** [1] (rendered in English by *for*) usually comes after the verb and is followed by a statement of space of time involved.

* * *

Hace una hora que estamos aquí.   We have been here **for an hour.**

Hace dos meses que aprendo francés.   I have been learning French **for two months.**

The expression **Hace... que** [2] (rendered in English by *for*) usually comes at the beginning of the sentence. The space of time is stated between **hace** and **que**.

---

[1] Literally, *desde hace* means *since it makes*, so that literally, the first sentence above would be translated: *We are here since it makes an hour,* therefore, *We have been here* since an hour ago. (See § 102 B.)

[2] Literally, *Hace... que* means *it makes that,* so that literally, the first sentence above would be translated: *It makes an hour that we are here.*

60. *Formation of the Imperfect Tense* — *Formación del imperfecto* [1]

A. The *-ar* verbs form their imperfect tense by adding to the infinitive stem
(———) the following endings:

yo ——aba		nosotros ——ábamos
tú ——abas		vosotros ——ábais
él ——aba		ellos ——aban

B. The *-er* and *-ir* verbs form their imperfect tense by adding to the infinitive
stem (———) the following endings:

yo ——ía		nosotros ——íamos
tú ——ías		vosotros ——íais
él ——ía		ellos ——ían

C. Only three verbs are irregular in the imperfect. They are:

ir	**ser**	**ver**
iba	era	veía
ibas	*eras*	*veías*
iba	era	veía
íbamos	éramos	veíamos
ibais	*erais*	*veíais*
iban	eran	veían

61. *Uses of the Imperfect Tense* — *Modo de usar el imperfecto*

A. The imperfect tense is called so because basically it indicates an incom-
plete action or state of being. The imperfect is used for background,
accessory or incidental actions which set the scene for the principal actions.
Note in the following example how the italicized verbs, which are in the
imperfect, form a background for what happened but do not actually
indicate the principal actions.

A la mañana siguiente me desperté temprano. La luz *entraba* por la
ventana de mi cuarto y los pájaros *cantaban* fuera; de vez en cuando un
automóvil *pasaba* por la carretera. Me levanté en seguida y cuando bajé,
vi que el profesor y su esposa ya *estaban* en el comedor. *Comían* huevos con
jamón, porque en el hotel donde *estábamos paraban* muchos norteamericanos
y el dueño *sabía* que a los turistas les gustan mucho los huevos con jamón.

---

[1] The Spanish often call this tense the *pretérito imperfecto*.

B. Three common ways in which the imperfect forms a background for the principal actions are:

1. to express a condition, often a description or a state of mind during a period of time in the past.

Vimos muchos indios que *culti-vaban* campos de maíz y todos ellos *estaban* vestidos con sarapes que *llevaban* encima de sus típicos trajes blancos.	We saw many Indians who *were cultivating* fields of corn and they all *were* dressed in serapes which they *wore* over their typical white suits.

2. to express a continued[1] past action which is interrupted by some other action. This is ordinarily expressed in English by *was* or *were* and the present participle.

El profesor y su esposa *comían* cuando Roberto entró en el comedor.	The teacher and his wife *were eating* when Robert entered the dining room.

3. to express a customary, habitual, or repeated action in past time. This is ordinarily expressed in English by *used to* or *would* with the infinitive.

Antes de la construcción de la carretera nacional en 1935 los indios de estas regiones *vivían* en estado casi salvaje.	Before the construction of the Pan-American highway in 1935, the Indians of these regions *lived* (or *used to live*) in an almost savage state.
Estos indios *salían* por la mañana a pasar el día en el campo y *volvían* a los pueblos por la noche.	Those Indians *left* (or *used to leave* or *would leave*) in the morning to spend the day in the field and *returned* (or *used to return* or *would return*) to their villages in the evening.

C. The imperfect is used with **hacía ... que, desde hacía,** and **desde que** (which are equivalent to *for* or *since* in English) to express an action which began in the remote past and continued up to a given time in the past when something else took place. English uses the pluperfect progressive to express this concept.

---

[1] Learners often believe erroneously that all continued past actions should be in the imperfect. This is false. The criterion for the imperfect is not whether the action was continued (for all actions, however short, are continued over some period of time), but whether the action did or did not have a definite beginning and end in the particular situation at hand. If the beginning or end existed, then the imperfect would not be used.

Expulsaron a los moros que *habita-ban* en España desde hacía casi ochocientos años.	They expelled the Moors who *had been living* in Spain for almost eight hundred years.
Desde hacía algunos años los barcos españoles y portugueses *hacían* viajes de exploración.	For some years the Spanish and Portuguese boats *had been making* voyages of exploration.
Hacía ya algunos años que el protestantismo *se extendía* por Europa.	For some years now protestantism *had been spreading* over Europe.

62. Formation of the Preterite — *Formación del pretérito* [1]

A. The *-ar* verbs form their preterite tense by adding to the infinitive stem (——) the following endings:

yo	——é	nosotros	——amos
tú	——aste	vosotros	——asteis
él	——ó	ellos	——aron

B. The *-er* and *-ir* verbs form their preterite tense by adding to the infinitive stem (——) the following endings:

yo	——í	nosotros	——imos
tú	——iste	vosotros	——isteis
él	——ió	ellos	——ieron

C. But there are a number of common irregular verbs in the preterite, and these verbs add their endings to a special stem, different from the infinitive stem, which is called the *preterite stem*.

  1. Three of these verbs are completely irregular and must be learned without rule. They are:

dar	ir	ser
di [2]	fui [2]	fui [2]
diste	*fuiste*	*fuiste*
dio [2]	fue [2]	fue [2]
dimos	fuimos	fuimos
disteis	*fuisteis*	*fuisteis*
dieron	fueron	fueron

---

[1] The Spanish often call this tense the *pretérito indefinido*. The preterite of radical-changing verbs will be found in § 106 B, the preterite of orthographical-changing verbs in § 107, and the conjugation of models of all types of verbs in § 110.

[2] Formerly, these forms were written with an accent: *dí, dió, fuí, fué.*

2. The other irregular verbs form their preterites by adding to their special preterite stems (——) the following endings:

yo ——e   nosotros ——imos
tú ——iste   vosotros ——isteis
él ——o   ellos ——ieron

These verbs with their special preterite stems are:

INFINITIVE	PRETERITE STEM	PRETERITE	
		yo	*ellos*
andar	anduv–	anduve	anduvieron
caber	cup–	cupe	cupieron
decir	dij–	dije	dijeron[2]
–ducir[1]	–duj–	–duje	–dujeron[2]
estar	estuv–	estuve	estuvieron
haber	hub–	hube	hubieron
hacer	hic–	hice[3]	hicieron
poder	pud–	pude	pudieron
poner	pus–	puse	pusieron
querer	quis–	quise	quisieron
saber	sup–	supe	supieron
satisfacer	satisfic–	satisfice[4]	satisficieron
tener	tuv–	tuve	tuvieron
traer	traj–	traje	trajeron[2]
venir	vin–	vine	vinieron

63. Uses of the Preterite — *Modos de usar el pretérito*

A. The preterite is the past tense which is used to recount the successive main actions in a narrative. Note in the following example how the italicized forms show a series of successive actions, each one of which contributes to forwarding the narrative.

Los oficiales me *hablaron* en español, los *entendí* perfectamente, y les *contesté* en el mismo idioma. No *abrieron* más que una de mis maletas, y a

---

[1] This stem represents all verbs in *–ducir*, such as *conducir*, *introducir*, and *traducir*. For a more complete discussion of these verbs, see § 107 F.
[2] When the preterite stem ends in *–j–*, the *–i–* of the *–ieron* ending is absorbed in the *–j–*.
[3] The third person singular preterite of *hacer* is *hizo*. This is to preserve a uniform sound throughout the tense.
[4] The third person singular preterite of *satisfacer* is *satisfizo*. This is to preserve a uniform sound throughout the tense.

los cinco minutos *salí* de la aduana, *cambié* algunos dólares por pesos mexicanos, y *me encaminé* hacia el centro de Nuevo Laredo.

B. The preterite is often used to state a fact which, in the speaker's mind, is a completed whole regardless of duration.

La civilización más avanzada del valle de México *fue* la de los toltecas.	The most advanced civilization of the valley of Mexico *was* that of the Toltecs.

64. Combined Uses of the Preterite and the Imperfect

Modo de usar combinados el pretérito y el imperfecto

In narration there are usually two types of actions: those which recount the main events of the story and those which give background to what happens but have little to do with the actual forwarding action of the story. The main events are in the preterite, the background actions are in the imperfect.

In the following example the italicized verbs, which are in the imperfect, create a background for the main action. The verbs in boldface, which are in the preterite, narrate what happened and are main actions. Keep in mind that it is the speaker who determines which actions or states are background, which are forwarding narration.

En la facultad de medicina los estudiantes *entraban* y *salían*, los profesores *explicaban* sus materias, y en los laboratorios se *estudiaban* las ciencias biológicas. Por fin **salió** Carlos y **saludó** a su amigo Roberto que le *esperaba* fuera.

— ¿ Quiere usted ver el interior de la facultad ?

— ¡ Cómo no !

Después de pasar por varios laboratorios interesantes, los amigos **entraron** en una clase — un aula donde *se enseñaba* anatomía. Detrás de la mesa del profesor *había* una lámina de anatomía y una pizarra, y delante de la mesa *estaban* los asientos de los estudiantes.

— Debe de ser muy interesante el estudio de la medicina — **dijo** Roberto.

B. The use of the imperfect and the preterite to express mental and physical states is of particular importance.

MENTAL STATES

Imperfect	*Preterite*
The imperfect describes a state of mind not specifically limited in time.	The preterite often indicates a change of state of mind.

Pedro *sabía* que usted llegaría mañana.	Pedro **supo** por Jorge que usted llegaría mañana.
Peter *knew* that you would arrive tomorrow.	Peter **found out** from George that you would arrive tomorrow.
Yo *pensaba* que usted lo haría.	De repente **pensé** que usted lo haría.
I *thought* that you would do it.	Suddenly **it occurred to me** that you would do it.
María *tenía miedo* de que usted saliera.	María **tuvo miedo** de que usted saliera.
Mary *was afraid* that you would go out.	Mary **became afraid** that you would go out.
Creía que lo harían.	*Creí* que lo harían.
I *thought* that they would do it.	I *once thought* that they would do it.

PHYSICAL STATES

Imperfect	*Preterite*
The imperfect describes a physical state which forms a background for something else which happened.	The preterite often describes the beginning of a physical state which may be expressed in English by *got* or *became*.
Yo *tenía mucho calor* cuando volvimos a casa.	**Tuve mucho calor** cuando volvimos a casa.
I *was very warm* when we returned home.	I **became very warm** when we returned home.
Hacía frío anoche cuando llegamos a casa.	**Hizo frío** anoche después de que volvimos a casa.
It *was cold* last night when we arrived home.	It **got cold** last night after we arrived home.

When the physical state is definitely limited in time, it is normally expressed by the preterite even though it takes place over a period of time.

Hizo calor toda la semana.	**It was warm** the whole week.
Tuve dolor de cabeza durante tres días.	**I had** a headache for three days.

65. *Formation of the Future — Formación del futuro*

In English the future is formed by the use of the auxiliary verbs *shall* and *will* and is conjugated: *I shall speak, you will speak, he will speak,* etc.[1]

---

[1] Current American usage conjugates the future: *I will speak, you will speak, he will speak,* etc., or *I'll speak, you'll speak, he'll speak,* etc.

A. In Spanish the future is formed by adding to the infinitive a set of endings[1] which are really the present of *haber* without the *h-:* (*h*)*e,* (*h*)*as,* (*h*)*a,* (*h*)*emos,* (*hab*)*éis,* (*h*)*an.* In the following table the —— represents the infinitive.

yo ——é		nosotros ——emos	
tú ——ás		vosotros ——éis	
él ——á		ellos ——án	

B. The endings of the future are always the same, but there are eleven common verbs which have slightly irregular stems. These verbs are:

1. those that drop the greater part of their stem:

decir	hacer
diré	haré
dirás	*harás*
dirá	hará
diremos	haremos
diréis	*haréis*
dirán	harán

2. those that drop the *-e-* of the infinitive ending:

haber	poder	querer	saber
habré	podré	querré	sabré
habrás	*podrás*	*querrás*	*sabrás*
habrá	podrá	querrá	sabrá
habremos	podremos	querremos	sabremos
habréis	*podréis*	*querréis*	*sabréis*
habrán	podrán	querrán	sabrán

3. those that insert *-d-* between the stem and the *-r* of the infinitive for reasons of pronunciation:

poner	salir	tener	valer	venir
pondré	saldré	tendré	valdré	vendré
pondrás	*saldrás*	*tendrás*	*valdrás*	*vendrás*
pondrá	saldrá	tendrá	valdrá	vendrá
pondremos	saldremos	tendremos	valdremos	vendremos
pondréis	*saldréis*	*tendréis*	*valdréis*	*vendréis*
pondrán	saldrán	tendrán	valdrán	vendrán

---

[1] The future like all other Spanish tenses except the present, the imperfect, and the preterite is in reality a compound tense. We can trace it back to before 1000 A.D. and it was sometimes written as two words (*hablar he,* etc.) as late as the sixteenth century.

66. *Uses of the Future* — *Modo de usar el futuro*

A. The Spanish future, like the English, expresses actions which will take place at some future time.

Desde ahora *hablaremos* de cosas más interesantes.

From now on *we'll speak* of more interesting things.

B. The Spanish future is often used to indicate what the speaker feels is probably true in the present.

Como oigo sonar el teléfono, supongo que ya me *estará esperando* abajo.

Este señor *tendrá* mucho dinero.

As I hear the telephone ringing, I suppose that he *must* already *be waiting for* me down below.

This man *must have* (*probably has*) a great deal of money.

C. In interrogative sentences, the Spanish future may indicate conjecture or supposition.

¿ Qué *harán* allá ?

What $\begin{array}{l}\textit{can they be}\\\textit{do you suppose they are}\end{array}$ *doing* there?

67. *Formation of the Conditional* — *Formación del condicional* [1]

In English the conditional is formed by the use of the auxiliary verbs *should* and *would* and is conjugated: *I should speak, you would speak, he would speak*, etc. [2]

A. In Spanish the conditional is formed by adding to the infinitive the endings [3] which are added to the infinitive stem to form the imperfect of *-er* and *-ir* verbs. In the following table, the —— represents the infinitive.

yo ——ía	nosotros ——íamos
tú ——ías	vosotros ——íais
él ——ía	ellos ——ían

---

[1] The Spanish often call the conditional *el modo potencial*.
[2] Current American usage conjugates the conditional: *I would speak, you would speak, he would speak*, etc., or *I'd speak, you'd speak, he'd speak*, etc.
[3] These endings are in reality shortened forms of the imperfect indicative of the verb *haber*.

B. The endings of the conditional are always the same, but the eleven common verbs which are irregular in the future[1] have the same irregularities in the conditional. The verbs, with the *yo* form of the conditional are:

INFINITIVE	CONDITIONAL	INFINITIVE	CONDITIONAL
	yo		*yo*
decir	diría	**poner**	pondría
hacer	haría	**salir**	saldría
haber	habría	**tener**	tendría
poder	podría	**valer**	valdría
querer	querría	**venir**	vendría
saber	sabría		

68. *Uses of the Conditional* — Modo de usar el condicional

A. The conditional is used to express a future action depending upon another action which is usually in the past.

Diego le prometió a Inés que a su regreso *se casaría* con ella.

Diego promised Inez that on his return he *would marry* her.

B. The conditional often conveys the idea of conjecture or probability in the past.

Alguien llamó a la puerta. ¿ *Sería* Roberto ?

Un pretendiente, pensando que ella *tendría* otro amante, la espió durante día y noche.

Someone knocked at the door. *Could it be* Robert?

A suitor, thinking that she *must have* (*probably had*) another lover, spied on her day and night.

C. The conditional is often used in the result clause of a contrary-to-fact condition when the verb in the if-clause is in the imperfect subjunctive.[2]

Si el suelo español fuese más rico, seguramente *habría* más comida.

Si hubiera más minerales y más energía eléctrica, el país *gozaría* de más ventajas y la gente *sería* menos pobre.

If the Spanish soil were richer, there *would* certainly *be* more food.

If there were more minerals and more electric power, the country *would enjoy* more advantages and the people *would be* less poor.

---

[1] For the verbs which are irregular in the future, see § 65 B.
[2] For the discussion of conditional sentences, see § 96.

69. The Compound Tenses — *Los tiempos compuestos*

A compound tense is one which is made up of an auxiliary and some part of the main verb. EXAMPLES: *we have seen, they had eaten, I shall find.*

In Spanish the principal compound tenses and their composition is as follows:

Perfect	Perfecto	present of *haber*	⎫	past
Pluperfect	Pluscuamperfecto	imperfect of *haber*	⎪	participle
Preterite Perfect	Pretérito Perfecto	preterite of *haber*	⎬ +	of
Future Perfect	Futuro Perfecto	future of *haber*	⎪	main
Conditional Perfect	Condicional Perfecto	conditional of *haber*	⎭	verb

70. Formation of the Perfect — *Formación del perfecto*

In English the perfect tense is composed of the **present tense** of the auxiliary verb *have* and the **past participle** of the main verb.

I have spoken	we have spoken
you have spoken	you have spoken
he has spoken	they have spoken

In Spanish the perfect tense is composed of the **present tense** of the auxiliary verb *haber* and the **past participle** of the main verb.

hablar	comer	vivir
he hablado	he comido	he vivido
has hablado	*has comido*	*has vivido*
ha hablado	ha comido	ha vivido
hemos hablado	hemos comido	hemos vivido
habéis hablado	*habéis comido*	*habéis vivido*
han hablado	han comido	han vivido

71. Uses of the Perfect — *Modo de usar el perfecto*

A. The Spanish perfect is used in general as the English perfect.

Estos artistas *han pintado* la historia de México en los muros de los edificios públicos.	These artists *have painted* the history of Mexico on the walls of the public buildings.

B. Especially in conversation the Spanish perfect is often used to express a simple past action.

En una tarde *he visto* muchas casas.	In one afternoon I *saw* many houses.

C. In general, the perfect is used when the action is within a given unit of time, usually linked to the present, such as *esta mañana, esta semana, este año*, and the preterite when the action is before that unit of time, such as *ayer, la semana pasada, el año pasado*, etc.

Esta mañana *he escrito* dos cartas.	This morning I *wrote* two letters.
Ayer *escribí* dos cartas.	Yesterday I *wrote* two letters.

72. Formation of the Pluperfect — *Formación del pluscuamperfecto*

In English the pluperfect tense is composed of the **past tense** of the auxiliary verb *have* and the **past participle** of the main verb.

I had spoken	we had spoken
you had spoken	you had spoken
he had spoken	they had spoken

In Spanish the pluperfect tense is composed of the **imperfect** of the auxiliary verb *haber* and the **past participle** of the main verb.

hablar	comer	vivir
había hablado	había comido	había vivido
habías hablado	*habías comido*	*habías vivido*
había hablado	había comido	había vivido
habíamos hablado	habíamos comido	habíamos vivido
habíais hablado	*habíais comido*	*habíais vivido*
habían hablado	habían comido	habían vivido

73. Use of the Pluperfect — *Modo de usar el pluscuamperfecto*

The pluperfect is used to indicate a past action which took place before another past action.

México *había ganado* su independencia pero la mayoría de sus habitantes todavía no tenían libertad.	Mexico *had won* her independence but the majority of her inhabitants did not yet have liberty.

74. Formation of the Preterite Perfect — *Formación del pretérito perfecto*

The preterite perfect is a compound tense consisting of the **preterite** of the auxiliary verb *haber* and the **past participle**. It does not exist in English, which generally uses the pluperfect to express the same type of action.

hablar	comer	vivir
hube hablado	hube comido	hube vivido
hubiste hablado	*hubiste comido*	*hubiste vivido*
hubo hablado	hubo comido	hubo vivido
hubimos hablado	hubimos comido	hubimos vivido
hubisteis hablado	*hubisteis comido*	*hubisteis vivido*
hubieron hablado	hubieron comido	hubieron vivido

75. *Use of the Preterite Perfect* — *Modo de usar el pretérito perfecto*

The preterite perfect is used in literary style with conjunctions of time such as *apenas, cuando, después (de) que, luego que*, etc., to indicate an action which took place immediately before another action when this second action is expressed by the preterite.

Muchos novelistas, después de que *hubieron observado* las costumbres del pueblo español, **escribieron** no solamente para distraer a sus lectores sino también para que éstos se enteraran de los problemas nacionales.	Many novelists, after they *had observed* the customs of the Spanish people, **wrote** not only to amuse their readers but also so that the latter might become aware of the national problems.

76. *Formation of the Future Perfect* — *Formación del futuro perfecto*

In English the future perfect tense is composed of the **future** of the auxiliary verb *have* and the **past participle** of the main verb. It is conjugated: *I shall have spoken, you will have spoken, etc.*

In Spanish the future perfect tense is composed of the **future** of the auxiliary verb *haber* and the **past participle** of the main verb.

hablar	comer	vivir
habré hablado	habré comido	habré vivido
habrás hablado	*habrás comido*	*habrás vivido*
habrá hablado	habrá comido	habrá vivido
habremos hablado	habremos comido	habremos vivido
habréis hablado	*habréis comido*	*habréis vivido*
habrán hablado	habrán comido	habrán vivido

77 *Uses of the Future Perfect* — *Modo de usar el futuro perfecto*

A. The Spanish future perfect, like the English, is used to indicate an action which will have taken place when another action occurs.

Habremos acabado nuestro trabajo cuando usted llegue.	*We shall have finished* our work when you arrive.

B. The future perfect frequently expresses what was probably true in the past up to and including the present.

Y tengo tanta sed que creo que hoy ya *habré bebido* más de tres litros de agua.	And I am so thirsty that I believe that today I *must have* already *drunk* (*probably have drunk*) more than three quarts of water.

78. Formation of the Conditional Perfect

Formación del condicional perfecto

In English the conditional perfect tense is composed of the **conditional** of the auxiliary verb *have* and the **past participle** of the main verb. It is conjugated: *I should have spoken, you would have spoken, etc.*

In Spanish the conditional perfect tense is composed of the **conditional** of the auxiliary verb *haber* and the **past participle** of the main verb.

hablar	comer	vivir
habría hablado	habría comido	habría vivido
habrías hablado	*habrías comido*	*habrías vivido*
habría hablado	habría comido	habría vivido
habríamos hablado	habríamos comido	habríamos vivido
habríais hablado	*habríais comido*	*habríais vivido*
habrían hablado	habrían comido	habrían vivido

79. Uses of the Conditional Perfect — *Modo de usar el condicional perfecto*

A. The conditional perfect indicates the probability of a past action which took place before another past action.

¿ Nos *habrían oído* ?	*Could* they *have heard* us?

B. The conditional perfect is often used in the result clause of a contrary-to-fact condition. [1]

Si España no se hubiese debilitado tanto a causa de estas luchas interiores, probablemente no *ha-*	If Spain had not weakened itself so much because of these internal struggles, probably *it would* not

---

[1] For the discussion of conditional sentences, see § 96.

bría perdido tan rápidamente las pocas colonias que todavía le quedaban al otro lado del mar.	*have lost* so rapidly the few colonies that still remained in its possession beyond the seas.

80. *The Infinitive* — *El infinitivo*

In English the infinitive is the general form of the verb normally preceded by *to*. EXAMPLES: *to work, to live, to have.* No specific person or time is indicated by the infinitive form. On the other hand, other forms of the verb have endings which indicate person and time. EXAMPLES: he *works,* you *will live,* we *had.*

A. In Spanish the infinitive ends in *-ar, -er,* or *-ir.*

trabajar	to work
tener	to have
vivir	to live

B. In Spanish the infinitive is often used after an adjective or a verb to complete the meaning of the sentence.

Es *más fácil* **trabajar** en un clima agradable.	It is *easier* **to work** in an agreeable climate.
¿ *Quiere* usted **ver** el cuarto y **hablar** con la señora García ?	Do you *want* **to see** the room and **(to) speak** with Mrs. García?

C. In Spanish the infinitive is used as a verbal noun. In English we use either the infinitive or the gerund.

(*El*) *viajar* es muy divertido.	*To travel* } *Traveling* } is very amusing.
Los mexicanos ricos imitaban a los franceses en su manera de *vivir.*	The rich Mexicans imitated the French in their manner of *living.*

D. In English the **gerund** follows a preposition. In Spanish an **infinitive** follows a preposition.

En México es costumbre discutir el precio con el chofer *antes de* **subir** al coche.	In Mexico it is customary to discuss the price with the chauffeur *before* **getting into** the taxi.
Después de **lavarse** bajan otra vez.	*After* **washing themselves** they go down again.
Muchas gracias *por* **habernos enseñado** la ciudad.	Many thanks *for* **having shown** us the city.

E. In Spanish the contraction *al* + **infinitive** corresponds to the English
   on + **gerund**

> *Al* **llegar** a la plaza Roberto insiste   *On* **arriving** at the stadium Robert
>   en pagar.   insists on paying.

81. *Formation of the Present Participle — Formación del gerundio*

In English the verbal form ending in *-ing* is called a present participle if
it is used as an adjective and a gerund if it is used as a noun.

> PRESENT PARTICIPLE   Robert saw Philip *writing* a letter.
> GERUND   *Writing* a letter is not always easy.

A. In Spanish this present participle or gerund ends in *-ndo*. The present
   participle of *-ar* verbs adds *-ando* to the infinitive stem; the present participle of *-er* and *-ir* verbs adds *-iendo* to the infinitive stem.

INFINITIVE	PRESENT PARTICIPLE	
hablar	hablando	speaking
comer	comiendo	eating
vivir	viviendo	living

B. Four verbs have irregular present participles: [1]

INFINITIVE	PRESENT PARTICIPLE	
decir	diciendo	saying
ir	yendo	going
poder	pudiendo	being able
venir	viniendo	coming

82. *Uses of the Present Participle — Modo de usar el gerundio*

A. The present participle is a verbal adjective, that is, it modifies a noun or
   pronoun but functions largely as a verb. It does not agree with the word
   it modifies — its form never changes.

> Los hombres, *esperando* salir de viaje,   The men, *hoping* to take a trip,
>   compraron un coche.   bought a car.

---

[1] The *-ir* radical-changing verbs have irregular present participles in *-i-* and *-u-*: *pedir—
pidiendo; dormir—durmiendo* (§ 106 C); verbs in *-aer, -eer,* and *-uir* have present participles
in *-yendo: caer—cayendo; leer—leyendo; construir—construyendo* (§ 107 J, K). Reflexive verbs
add the reflexive object to the present participle: *acostarse—acostándose.*

Although the present participle *esperando* modifies a plural noun, it retains its singular form.

B. The present participle expresses the condition under which an act takes place. It often refers to the subject of the sentence.

Cárdenas mejoró las condiciones de los obreros, *permitiendo* a los sindicatos apoderarse de los ferrocarriles.	Cárdenas improved the condition of the workingmen, *permitting* the unions to seize the railroads.

C. In contrast to English, the Spanish present participle is *not* used as a pure adjective. The English present participle used as an adjective must be expressed by a *que* clause in Spanish.

La chica *que canta* es mi hermana.   The girl *singing* is my sister.

D. The present participle is used with the verb *estar* to form the progressive tenses. This is explained in § 83.

83. *Progressive Forms* — *Formas de* estar *con el gerundio*

In English a progressive form of a tense is one that shows clearly that an action is continuing. These progressive forms are made up of a combination of some form of the verb *be* and the **present participle** of the main verb.

I *am writing* a letter.   They *will be traveling* in Spain this summer.
He *was studying* this morning.   We *have been eating* fruit.

A. In Spanish the progressive forms are made up of a combination of some form of the verb *estar* and the **present participle**[1] of the main verb.

estoy hablando	I am speaking
estábamos comiendo	we were eating

B. The progressive form stresses the continuity of the action.

Encontramos una larga cola de gente que ya *estaba esperando* para sacar billetes.	We met a long line of people who *were* already *waiting* to get tickets.

C. The verbs *ir, venir, seguir,* and *andar* are sometimes used with the present participle to indicate continued action. Each of these verbs imparts different meanings.

---

[1] Verbs of motion such as *ir, venir, entrar,* and *salir* are not normally used in the progressive form. The simple tenses of those verbs are preferred.

1. *seguir* means to keep on or to continue.

Al día siguiente *seguimos* via-   On the following day we *continued*
jando hacia el sur.   traveling toward the south.

2. *ir* indicates that the progression is gradual or emphasizes the fact that
   it is beginning.

Según nos alejábamos del mar,   As we moved away from the sea,
íbamos **entrando** en la impo-   we *gradually began* **entering** the
nente llanura.   imposing plain.

3. *venir* indicates that an act begun in the past has progressed toward the
   present.

Desde el año pasado *viene* pi-   Since last year he *has kept on* **asking**
diendo dinero.   for money.

4. *andar* emphasizes that the act is performed in a busy manner or indicates
   aimlessness or carelessness of action.

Anda **buscando** flores.   He *goes around* **looking for** flowers.

84. *Formation of the Past Participle — Formación del participio pasado*

In English the past participle of regular verbs is formed by adding *-ed*
to the infinitive. EXAMPLE: jump, *jumped;* live, *lived.*

A. In Spanish the past participle of *-ar* verbs adds *-ado* to the infinitive stem,
   the past participle of *-er* and *-ir* verbs adds *-ido* to the infinitive stem.

INFINITIVE	PAST PARTICIPLE	
hablar	hablado	spoken
comer	comido	eaten
vivir	vivido	lived

B. The common verbs with irregular past participles are:

INFINITIVE	PAST PARTICIPLE		INFINITIVE	PAST PARTICIPLE	
abrir	abierto	opened	**morir**	muerto	died, dead
cubrir	cubierto	covered	**poner**	puesto	put
decir	dicho	said	**resolver**	resuelto	resolved
descubrir	descubierto	discovered	**satisfacer**	satisfecho	satisfied
escribir	escrito	written	**ver**	visto	seen
hacer	hecho	done	**volver**	vuelto	returned

85. *Uses of the Past Participle* — Modo de usar el participio pasado

A. The past participle[1] is often used as an adjective. In such cases it agrees in gender and number with the noun it modifies.

Las más imponentes son las de San Juan de Teotihuacán, pueblo *situado* a unos cincuenta kilómetros al norte de México.

La pirámide del Sol está *construida* de piedra volcánica.

The most imposing are those of San Juan de Teotihuacán, a town *situated* at some fifty kilometers to the north of Mexico City.

The pyramid of the Sun is *constructed* of volcanic stone.

B. Like other adjectives, some past participles may be used as nouns. EXAMPLES: aficionado, empleado, significado, resultado, llegada, entrada, salida.

C. The past participle is used to form the compound tenses. In this case participle never changes in form.

La muchacha ha *hablado*. Los niños han *venido*. Las flores habían *crecido*.

D. The past participle is used with the verb *ser* to form the passive voice. This is explained in § 86.

86. *Formation of the Passive Voice* — Formación de la voz pasiva

A sentence in the active voice is one in which the subject *is acting;* a sentence in the passive voice is one in which the subject *is acted upon.* In English the passive voice is composed of some form of the auxiliary verb *be* and the **past participle.**

ACTIVE	PASSIVE
The dog *bites* the man.	The man *is bitten* by the dog.
Robert *bought* the car.	The car *was bought* by Robert.

A. The Spanish passive voice is formed just as the English, that is, by some form of the auxiliary verb *ser* and the **past participle.**

---

[1] For the use of *estar* with the past participle, see § 98 C.

ACTIVE	PASSIVE
Los jefes *interpretaron* esto como señal de buena suerte.	Esto *fue interpretado* por los jefes como señal de buena suerte.
Los indios *cultivaban* los campos.	Los campos *eran cultivados* por los indios.
Cortés *fundó Veracruz*.	Veracruz *fue fundada*[1] por Cortés.

B. The tenses of the passive correspond to the tenses of the verb *ser* which are used.

INDICATIVE

PRESENT	son comprados	they are bought
IMPERFECT	eran comprados	they were bought
PRETERITE	fueron comprados	they were bought
FUTURE	serán comprados	they will be bought
CONDITIONAL	serían comprados	they would be bought
PERFECT	han sido comprados	they have been bought
PLUPERFECT	habían sido comprados	they had been bought
PRETERITE PERFECT	hubieron sido comprados	they had been bought
FUTURE PERFECT	habrán sido comprados	they will have been bought
CONDITIONAL		
PERFECT	habrían sido comprados	they would have been bought

SUBJUNCTIVE

PRESENT	sean comprados	(that) they be bought
IMPERFECT	{ fueran comprados { fuesen comprados	(that) they were bought
PERFECT	hayan sido comprados	(that) they have been bought
PLUPERFECT	{ hubieran sido comprados { hubiesen sido comprados	(that) they had been bought

C. The past participle of the verb in the passive voice agrees with the subject of the clause.

¿Cuándo fueron *construidos* estos templos?	When were these temples *constructed?*

87. Uses of the Passive Voice — *Modo de usar la voz pasiva*

A. English and Spanish both use the passive voice in sentences in which the subject is acted upon rather than acting.

---

[1] Most cities are considered feminine in Spanish.

| Las pirámides *fueron construidas* por los toltecas. | The pyramids *were constructed* by the Toltecs. |

B. Spanish uses the passive voice rather infrequently and most often in the preterite. There are many cases where it would be awkward to use the passive voice in Spanish. Two ways of avoiding the passive voice are:

1. by the use of the *se* construction. [1]

| El águila y la serpiente *se conservan* en la bandera nacional de la república. | The eagle and the serpent *are conserved* in the national flag of the republic. |
| *Se dice* que la civilización· más avanzada del valle de México fue la de los toltecas. | *It is said* that the most advanced civilization of the valley of Mexico was that of the Toltecs. |

2. by the third person plural of the verb.

| Cada domingo *matan* seis toros. | Each Sunday ⎰ *they kill* six bulls. ⎱ six bulls *are killed*. |

C. After forms of the passive voice, the English preposition *by* is expressed

1. by **por** usually if the action is real.

| ¿ *Por* quiénes fueron construidos ? | By whom were they constructed? |
| Esto fue interpretado *por* los jefes religiosos como señal de buena suerte. | This was interpreted *by* the religious chiefs as a sign of good luck. |

2. by **de** when the action is only apparent and indicates rather a condition or state; also by *de* with certain verbs such as *acompañar, preceder, rodear,* and *seguir.*

| Juárez era admirado *de* todos. | Juárez was admired *by* all. |
| A unos setenta kilómetros al sur de Madrid se encuentra la ciudad de Toledo rodeada *de* antiguas murallas. | At some seventy kilometers to the south of Madrid is the city of Toledo surrounded *by* ancient walls. |

---

[1] For a discussion of this *se* CONSTRUCTION, see § 28 A. Note that whenever the English passive states a general condition without mentioning by whom it is done, Spanish tends to use the *se* CONSTRUCTION, whereas a specific act done by a certain person is expressed by the passive. EXAMPLES: *Se venden* casas todos los días. (Houses *are sold* every day.) Las casas *fueron vendidas* por mi padre. (The houses *were sold* by my father.)

88. *Formation of the Present Subjunctive*

Formación del presente de subjuntivo [1]

A. The present subjunctive of most verbs is formed by adding the following endings to the stem obtained by dropping the *-o* from the first person singular present indicative. In the following conjugations this stem is represented by ——.

-ar verbs	-er and -ir verbs
yo ——e	yo ——a
tú ——es	tú ——as
él ——e	él ——a
nosotros ——emos	nosotros ——amos
vosotros ——éis	vosotros ——áis
ellos ——en	ellos ——an

B. Note the subjunctive of the following verbs:

INFINITIVE	1ST PERSON SINGULAR PRESENT INDICATIVE	PRESENT SUBJUNCTIVE	INFINITIVE	1ST PERSON SINGULAR PRESENT INDICATIVE	PRESENT SUBJUNCTIVE
caer	*caigo*	caiga, etc.	salir	*salgo*	salga, etc.
decir	*digo*	diga, etc.	tener	*tengo*	tenga, etc.
hacer	*hago*	haga, etc.	traer	*traigo*	traiga, etc.
oir	*oigo*	oiga, etc.	valer	*valgo*	valga, etc.
poder	*puedo*	pueda, etc. [2]	venir	*vengo*	venga, etc.
poner	*pongo*	ponga, etc.	ver	*veo*	vea, etc.

C. The following verbs do not follow the above rule. Notice their present subjunctives.

	dar	estar	haber	ir	saber	ser
yo	dé	esté	haya	vaya	sepa	sea
tú	*des*	*estés*	*hayas*	*vayas*	*sepas*	*seas*
él	dé	esté	haya	vaya	sepa	sea
nosotros	demos	estemos	hayamos	vayamos	sepamos	seamos
vosotros	*deis*	*estéis*	*hayáis*	*vayáis*	*sepáis*	*seáis*
ellos	den	estén	hayan	vayan	sepan	sean

---

[1] The present subjunctive of radical-changing verbs will be found in § 106 D, the present subjunctive of orthographical-changing verbs in § 107, and the conjugation of models of all types of verbs in § 110.

[2] The first and second person plural present subjunctive of *poder* are *podamos* and *podáis*.

89. Formation of the Imperfect Subjunctive
Formación del imperfecto de subjuntivo

A. All verbs form their imperfect subjunctives by adding a set of endings to the stem which is obtained by dropping *-ron* from the third person plural preterite.

INFINITIVE	3D PERSON PLURAL PRETERITE	STEM OF IMPERFECT SUBJUNCTIVE
hablar	hablaron	habla–
comer	comieron	comie–
dormir	durmieron	durmie–
decir	dijeron	dije–
saber	supieron	supie–
ser	fueron	fue–

B. The following two sets of endings are added to the stem obtained by taking the *-ron* from the third person plural preterite. This stem is represented by ——.

THE *-ra* ENDINGS	THE *-se* ENDINGS
yo ——ra	yo ——se
tú ——ras	tú ——ses
él ——ra	él ——se
nosotros —́—ramos	nosotros —́—semos
vosotros ——rais	vosotros ——seis
ellos ——ran	ellos ——sen

C. As to the choice between the *-ra* and the *-se* endings of the imperfect subjunctive,

1. the *-ra* endings may always be used; the *-se* endings may not be used in the conclusion of a contrary-to-fact condition[1] but may be used in all other cases where an imperfect subjunctive is required;

2. the *-ra* endings are used both in Spain and in Latin America; the *-se* endings are used in Spain but rarely in Latin America.

---

[1] For the use of the imperfect subjunctive in the conclusion of conditional sentences, see page 399, note 2.

90. *Formation of the Perfect Subjunctive*

Formación del perfecto de subjuntivo

The perfect subjunctive is a combination of the present subjunctive of the auxiliary verb *haber* and the **past participle** of the main verb.

yo haya hablado	nosotros hayamos hablado	
tú hayas hablado	*vosotros hayáis*	*hablado*
él haya hablado	ellos hayan	hablado

91. *Formation of the Pluperfect Subjunctive*

Formación del pluscuamperfecto de subjuntivo

The pluperfect subjunctive is a combination of the imperfect subjunctive of the auxiliary verb *haber* and the **past participle** of the main verb.

THE *–ra* ENDINGS		THE *–se* ENDINGS	
yo hubiera	hablado	yo hubiese	hablado
tú hubieras	*hablado*	*tú hubieses*	*hablado*
él hubiera	hablado	él hubiese	hablado
nosotros hubiéramos	hablado	nosotros hubiésemos	hablado
vosotros hubierais	*hablado*	*vosotros hubieseis*	*hablado*
ellos hubieran	hablado	ellos hubiesen	hablado

92. *Uses of the Subjunctive* — *Modo de usar el subjuntivo*

The two principal modes of Spanish as of English are the indicative and the subjunctive. The indicative states a fact objectively; it expresses reality. EXAMPLE: He *goes* to school.

The subjunctive is a subjective mode concerned with the speaker's feeling toward the fact rather than with the fact itself. EXAMPLE: They insist that he *go* to school. Although the subjunctive has almost disappeared from English, it is still used:

USE	EXAMPLES
1. in contrary-to-fact conditions	If he *were* here, we could discuss the problem.
2. in wishes	I wish she *were* here. Long *live* the king!
3. after certain verbs and expressions which indicate the attitude of a speaker toward an action.	I suggest that he *do* his work. We insist that he *study*. It is necessary that he *be* here. It is possible that he *may leave*.

The subjunctive is used far more in Spanish than in English. For that reason a Spanish subjunctive is often expressed in English not by a subjunctive but rather by a form of the indicative, the conditional, or even the infinitive.

SPANISH SUBJUNCTIVE	ENGLISH EQUIVALENT
Me alegro de que *esté* aquí.	I am glad that he *is* here.
Es preciso que lo *haga*.	It is necessary that he *should do* it.
Quiero que *venga*	I want him *to come*.

Care must be taken on the one hand in rendering the Spanish subjunctive in English and on the other in recognizing which English constructions require a subjunctive in Spanish.

Basically the Spanish subjunctive expresses

1. the attitude or feeling of the speaker toward a state or action
2. a condition contrary-to-fact

It is used specifically:

A. in commands [1]

Miren las calles estrechas.	*Look at* the narrow streets.
Subamos por esta calle.	*Let us go up* by this street.
Que me *salgan* muchos clientes como ustedes.	May many customers like you *come* to me.

B. after certain impersonal expressions *where not the fact but an opinion concerning the fact* is stated. [2] The commonest of these impersonal expressions are:

es posible que	it is possible that
es probable que	it is probable that
es necesario que	it is necessary that
es preciso que	it is necessary that
es importante que	it is important that
basta con que	it is sufficient that
es imposible que	it is impossible that
es natural que	it is natural that
vale más que	it is better that
puede ser que	it may be that
importa que	it is important that
es raro que	it is seldom that

---

[1] All imperatives except the affirmative *tú* and *vosotros* imperatives are subjunctives in form. For a discussion of the imperative, see § 95.

[2] But after impersonal expressions in which certainty is emphasized the indicative is used. Examples of such expressions are *es cierto que, es claro que, es verdad que, es seguro que*, etc.

Es *probable* que por aquí **pasen** centenares de vehículos al día.	*It is probable* that hundreds of vehicles per day pass by here.
Basta con que **nos acordemos** de esta fuente.	*It is sufficient* that we remember this fountain.
Es *natural* que no **sea** tan nueva como la de ustedes.	*It is natural* that it is not as new as yours.

C. after verbs and expressions of feeling and emotion such as *tener miedo* (be afraid), *temer* (fear), *alegrarse* (be glad), *sentir* (regret), *esperar* (hope), *ser lástima* (be too bad), etc., which indicate the attitude or feeling of the speaker toward a state or action.

Temo que **tengan miedo** de mí.	*I fear* that they are afraid of me.
Espero que **te diviertas** mucho allí.	*I hope* that you are having a good time there.
Es *una lástima* que usted no **haya podido** tratar a una chica.	*It is too bad* that you haven't been able to meet a girl.

D. after verbs and expressions of doubt, denial, uncertainty, and disbelief.

Dudo que me **hagan** caso.	*I doubt* that they pay any attention to me.

The verb *creer* is followed by the indicative when it is affirmative and by the subjunctive when it is negative.

Creo que **es** más fácil entender que hablar.	*I believe* that it is easier to understand than to talk.
No creo que usted **haya estado** en España el tiempo suficiente para adquirirla.	*I do not believe* that you have been in Spain long enough to acquire it.

E. in relative clauses where there is doubt or denial of the existence or attainability of the antecedent.

Quiero relacionarme con *una chica* que **salga** conmigo.	I want to get acquainted with *a girl* who will go out with me.
Usted ha de buscar *una persona* que lo **presente** a ella.	You must look for *a person* who will present you to her.
No hay cosa que más **moleste** que ir a pasar una temporada a cualquier sitio.	*There is nothing* that is more annoying than to go to pass some time in some place or other.

F. after verbs of *commanding, requesting, wishing, permitting, forbidding, preventing, advising, persuading, suggesting, inviting, insisting, compelling,* and the like, all of which express the attitude or feeling of the speaker toward the action in question.

Yo le *aconsejé* que **pidiese** las vacaciones para el mes de julio.	I *advised* him to ask for his vacation for the month of July.
Él *prefiere* que se las **den** en agosto.	He *prefers* to have them give it to him in August. [1]
Mi hermano y su esposa *querían* que **fuésemos** todos a Francia.	My brother and his wife *wanted* us all to go to France. [2]
El gobierno no *permite* que **se saque** dinero.	The government doesn't *permit* money to be taken out.
Mi marido *había sugerido* que **hiciéramos** un viaje a Santander.	My husband *had suggested* that we take a trip to Santander.

G. **always** after the following conjunctions:

a menos que	unless	con tal que	provided **that**
a fin (de)[3] que	in order that	para que	in order that
antes (de)[3] que	before	sin que	without
como si	as if		

Voy a hablar a mi marido *para que* **vayamos** uno de estos días.	I am going to talk to my husband *in order that* we may go one of these days.
Tienen que tapar las calles con toldos *a fin de que* el sol no **penetre.**	They have to cover the streets with canvas *in order that* the sun does not penetrate.
Este verano tendré una buena ocasión de conocer mejor Andalucía *a menos que* luego **cambie** de ideas.	This summer I will have a good opportunity to know Andalusia better *unless* he changes his mind then.

H. after the following conjunctions when the action has not yet taken place at the time of the action of the main verb:

cuando	when	hasta que	until
después (de) que	after	luego que	as soon as
en cuanto	as soon as	tan pronto como	as soon as

ACTION NOT YET TAKEN PLACE — SUBJUNCTIVE

Lo decidiremos *cuando* mi marido **regrese** de su viaje de negocios.	We will decide it *when* my husband returns from his business trip.

---

[1] The literal translation would be: *He prefers that they give them to him in August.*
[2] The literal translation would be: *My brother and his wife wanted that we all go to France.*
[3] In these expressions the *de* is sometimes used and sometimes not used.

ACTION ALREADY TAKEN PLACE — INDICATIVE

Lo decidimos *cuando* mi marido **regresó** de su viaje de negocios.

We decided it *when* my husband returned from his business trip.

ACTION NOT YET TAKEN PLACE — SUBJUNCTIVE

Saldremos *en cuanto* **sepamos** el lugar exacto.

We will leave *as soon as* we know the exact place.

ACTION ALREADY TAKEN PLACE — INDICATIVE

Salimos *en cuanto* **supimos** el lugar exacto.

We left *as soon as* we knew[1] the exact place.

I. The indicative is used with *aunque* (although), *de manera que* (so that as a result), and *de modo que* (so that as a result) when it is a question of a fact. The subjunctive is used with *aunque* when the truth of the statement of the clause is not conceded and after *de manera que* (so that, in order that) and *de modo que* (so that, in order that) when they indicate purpose.

SIMPLE FACT — INDICATIVE

Aunque **hablo** mucho, Carlos no cambia.

Although I **speak** a great deal, Carlos does not change.

Pedro *condujo* muy rápidamente, *de modo que* **llegaron** a tiempo.

Pedro drove very rapidly, *so that (as a result)* they **arrived** in time.

CONCESSION — SUBJUNCTIVE

Aunque **hable** mucho, Carlos no cambiará.

Although I **may speak** a great deal, Carlos will not change.

UNFULFILLED PURPOSE — SUBJUNCTIVE

Pedro condujo muy rápidamente *de modo que* **llegaran** a tiempo.

Pedro drove very rapidly *so that (in order that)* they **would arrive** in time.

J. after expressions such as *acaso, tal vez,* and *quizá(s),* all of which mean **perhaps,** when there is sufficient doubt in the mind of the speaker.

Quizá **vayamos** a Valencia.

Perhaps we'll go to Valencia.

K. in clauses introduced by *cualquiera,* with *querer* and *deber* in softened statements, in wishes with *ojalá,* in expressions such as *por más . . . que, por muy . . . que,* and *por mucho . . . que (no matter how much),* in stating alternatives, etc.

---

[1] or *learned,* since *saber* usually has the meaning of *learned* in the preterite.

Quisiera[1] ir a España.	**I should like** to go to Spain.
¡ *Ojalá* **se cumplan** tus palabras !	*May* your words be fulfilled.
Por mucho que las **mirase** nunca me cansaría.	*No matter how much* I looked at them, I'd never get tired.

L. in contrary-to-fact conditions.[2]

Si los españoles no **tuviesen** que luchar tanto por la vida, serían más felices.	If the Spanish **did** not **have to** struggle so much for a living, they would be happier.
Si Francia e Inglaterra **se hubiesen atrevido** a enviar ayuda a los republicanos, acaso éstos. **hubieran ganado**.	If France and England **had dared** to send aid to the republicans, perhaps the latter **would have won**.

93. *Sequence of Tenses* — *Concordancia de los tiempos*

In English the sequence of tenses may be illustrated by sentences such as

He *says* that he **will come.**	The main verb *says* is naturally followed by the verb **will come** in the subordinate clause.
He *said* that he **would come.**	The main verb *said* is naturally followed by the verb **would come** in the subordinate clause.

In Spanish a set of principles govern the tenses used in the subordinate clauses. The tense of the subjunctive used in the subordinate clause depends upon the tense used in the main clause.

A. The present subjunctive is used in a subordinate clause after the present indicative, future, and imperative in the main clause to relate an action which takes place at the same time as or after the action of the main verb.

Me alegro   (*I am glad*)
Me alegraré (*I shall be glad*) } de que Roberto **venga** (*that Robert is coming*).
Alégrese   (*Be glad*)

B. The perfect subjunctive[3] is used in subordinate clauses after the present

---

[1] The form *quisiera* is expressed in English by *I should like* as opposed to *quiero* which is much stronger and means *I want.*

[2] Contrary-to-fact conditions are taken up in detail in § 96 B.

[3] In most constructions the imperfect subjunctive could also be used under the conditions outlined in this section, and the example would then read: *Me alegro de que Roberto viniera,* etc.

indicative, future, and imperative in the main clause to relate an action which has gone on before the action of the main verb.

Me alegro *(I am glad)*
Me alegraré *(I shall be glad)* } de que Roberto **haya venido** *(that Robert has*
Alégrese *(Be glad)* *come).*

C. The imperfect subjunctive is used after any past tense[1] or the conditional to relate an action which took place at the same time or after the action of the main verb.

Me alegraba *(I was glad)*
Me alegré *(I was glad)*
Me he alegrado *(I was glad)* de que Roberto **viniera**
Me había alegrado *(I had been glad)* *(that Robert was coming).*
Me alegraría *(I would be glad)*
Me habría alegrado *(I should have been glad)*

D. The pluperfect is used after any past tense[1] or the conditional to relate an action which had taken place before the action of the main verb.

Me alegraba *(I was glad)*
Me alegré *(I was glad)*
Me he alegrado *(I was glad)* de que Roberto **hubiera**
Me había alegrado *(I had been glad)* **venido** *(that Robert had*
Me alegraría *(I should be glad)* *come).*
Me habría alegrado *(I should have been glad)*

E. Thus, under the conditions described above, the sequence of tenses in Spanish sentences with subordinate clauses requiring subjunctives may be outlined as follows:

MAIN CLAUSE		SUBORDINATE CLAUSE *(in subjunctive)*
present future imperative	que	present[2] perfect[3, 4]
all past tenses conditional	que	imperfect[2] pluperfect[3]

[1] When the perfect tense is equivalent to the preterite, it is followed by the sequence outlined in C and D; otherwise it is followed by the sequence outlined in A and B.
[2] This tense of the subjunctive is used when the action of the subordinate clause takes place at the same time as or after the action of the main clause.
[3] This tense of the subjunctive is used when the action of the subordinate clause takes place before the action of the main clause.
[4] The imperfect subjunctive may also be used here.

94. The Infinitive Instead of the Subjunctive
El infinitivo en lugar del subjuntivo

A. Usually the subjunctive is found in a subordinate clause whose subject is different from that of the main clause. Where the subject of the subordinate clause would be the same as the subject of the main clause in English, an infinitive construction usually replaces the subjunctive clause in Spanish. Study the following examples.

I am glad that *you* are in Spain.	Me alegro de que **usted esté** en España.
I am glad that *I* am in Spain.	Me alegro de **estar** en España.
I will write you before *he* comes.	Le escribiré antes de que **venga.**
I will write you before *I* come.	Le escribiré antes de **venir.**
We bought the book in order that *he* might learn the words.	Compramos el libro para que **aprendiera** las palabras.
We bought the book in order that *we* might learn the words.	Compramos el libro para **aprender** las palabras.

B. Many conjunctions which are followed by the subjunctive have corresponding prepositions which are followed by the infinitive.

CONJUNCTION FOLLOWED BY SUBJUNCTIVE	PREPOSITION FOLLOWED BY INFINITIVE
antes (de)[1] que	antes de
a fin (de)[1] que	a fin de
después (de)[1] que	después de
hasta que	hasta
para que	para
sin que	sin

Calisto y Melibea se encuentran *sin que* **se den** cuenta de estas relaciones los padres de la joven.	Calisto y Melibea se encuentran *sin* **darse** cuenta de la presencia de sus padres.
Calisto and Melibea meet *without* the girl's parents knowing of these meetings.	Calisto and Melibea meet *without* knowing of the presence of her parents.
Los niños de estas familias trabajan *para que* sus padres **tengan** dinero.	Los niños de estas familias trabajan *para* **ganar** dinero.
The children of these families work *so that* their parents may have money.	The children of these families work *to* earn money.

---

[1] In these expressions the *de* is sometimes used and sometimes not used.

Discutí el precio con el chofer *antes de que* mis amigos **subieran** al coche.

I discussed the price with the chauffeur *before* my friends got into the taxi.

Discutí el precio con el chofer *antes de* **subir** al coche.

I discussed the price with the chauffeur *before* getting into the taxi.

C. Either the subjunctive construction or the infinitive may be used with the verbs *aconsejar, dejar, hacer,*[1] *impedir, mandar, permitir,* and *prohibir.*

SUBJUNCTIVE CLAUSE

El profesor manda *que escribamos los ejercicios.*

Le aconseja a mi amigo *que escuche la música.*

Mi padre impidió *que yo fuera al cine.*

Dejo a mis amigos *que usen mi automóvil.*

INFINITIVE CONSTRUCTION

El profesor *nos* manda *escribir los ejercicios.*

Le aconseja a mi amigo *escuchar la música.*

Mi padre *me impidió ir al cine.*

Dejo a mis amigos *usar mi automóvil.*

D. Where a subjunctive clause has a pronoun subject after an impersonal expression, the infinitive construction may also be used.

SUBJUNCTIVE CLAUSE

Es imposible que *yo* **vaya** allí el mes próximo.

Es preciso que *usted* **aprenda** a bailar.

INFINITIVE CONSTRUCTION

Me es imposible **ir** allí el mes próximo.

Le es preciso *a usted* **aprender** a bailar.

The impersonal constructions *Es imposible ir allí el mes próximo,* and *Es preciso aprender a bailar,* are also very common.

95. *The Imperative* — *El imperativo*[2]

In English the imperatives or command-forms are distinguished by the absence of a subject. EXAMPLES: *Get* the book. *Write* a letter. *Let's go* to Madrid.

---

[1] These constructions are used with *hacer* when it is used in the causative construction. See § 102 D.

[2] The *usted*-imperatives of radical-changing verbs are formed according to the rule given in B, as are the imperatives of the orthographical-changing verbs. For the imperatives of reflexive verbs, see § 105 D.

A. One commonly used imperative in Spanish is the *usted*-imperative, that is, the imperative which is used when addressing a person with *usted*. In polite speech the pronouns *usted* and *ustedes* are used with these imperatives, but in familiar conversation they are often omitted.

B. The *usted*-imperatives are formed by adding the following endings to the stem obtained by dropping the *-o* from the first person singular present indicative. In the following table this stem is represented by ——

-ar verbs	*-er* verbs	*-ir* verbs
——e Ud.	——a Ud.	——a Ud.
——en Uds.	——an Uds.	——an Uds.
hable Ud.	coma Ud.	viva Ud.
hablen Uds.	coman Uds.	vivan Uds.

C. Notice the imperative of the following verbs:

INFINI- TIVE	1ST PERSON SINGULAR PRESENT INDIC.	IMPERATIVE	INFINI- TIVE	1ST PERSON SINGULAR PRESENT INDIC.	IMPERATIVE
caer	*caigo*	caiga Ud.	salir	*salgo*	salga Ud.
decir	*digo*	diga Ud.	tener	*tengo*	tenga Ud.
hacer	*hago*	haga Ud.	traer	*traigo*	traiga Ud.
oír	*oigo*	oiga Ud.	valer	*valgo*	valga Ud.
poder	*puedo*	pueda Ud.	venir	*vengo*	venga Ud.
poner	*pongo*	ponga Ud.	ver	*veo*	vea Ud.

D. The *usted*-imperatives of the following verbs cannot be formed from the present stem:

INFINITIVE	IMPERATIVE	
dar	dé Ud.	den Uds.
estar	esté Ud.	estén Uds.
ir	vaya Ud.	vayan Uds.
saber	sepa Ud.	sepan Uds.
ser	sea Ud.	sean Uds.

E. In English there is a first person plural imperative which may be called the *let's*-imperative. EXAMPLES: Let's speak. Let's eat. Let's live. In Spanish the corresponding imperative may be expressed in two ways:

1. by the first person plural of the present subjunctive. This form usually corresponds as to stem to the *usted*-imperatives.[1]

INFINI-TIVE	*usted*-IMPERATIVE	*let's*-IMPERATIVE	INFINI-TIVE	*usted*-IMPERATIVE	*let's*-IMPERATIVE
hablar	hable	hablemos	dar	dé	demos
comer	coma	comamos	decir	diga	digamos
vivir	viva	vivamos	ir	vaya	vamos[2]
caer	caiga	caigamos	ser	sea	seamos

Entremos por estas calles de la derecha.   *Let's enter* these streets at the right.

2. by the use of *vamos a* + **infinitive**.

Pero *vamos a dejar* la Gran Vía en este ángulo.   But *let's leave* the *Gran Vía* at this turn.

F. There are also *tú*- and *vosotros*-**imperatives**. Each uses one set of forms in the affirmative and an entirely different set in the negative. The pronouns are usually not used with these forms. In the affirmative, the following endings are added to the infinitive stem (———) to form the imperatives:

	-ar verbs	*-er* verbs	*-ir* verbs
(tú)	———a	———e	———e
(vosotros)	———ad	———ed	———id
(tú)	habla	come	vive
(vosotros)	hablad	comed	vivid

The following verbs have irregular affirmative *tú*-**imperatives**.

INFINI-TIVE	*tú*-IMPERATIVE	INFINI-TIVE	*tú*-IMPERATIVE	INFINI-TIVE	*tú*-IMPERATIVE
decir	di	poner	pon	tener	ten
hacer	haz	salir	sal	valer	val
ir	ve	ser	sé	venir	ven

All *vosotros*-**imperatives** are regular.

G. In the negative the *tú*- and *vosotros*-imperatives are simply present subjunc-

---

[1] But the first person plural subjunctive of radical-changing verbs does not have the present stem. For the subjunctive of radical-changing verbs, see § 106 D.

[2] The *let's*-imperative of *ir* is *vamos*, not the first person plural subjunctive *vayamos*. This is the only exception in Spanish to the general rule of translating the *let's*-imperative with the present subjunctive.

tives and have the same stem and endings as the present subjunctive.[1]
The ——— represents the stem on which the subjunctive is formed.

	-*ar* verbs	-*er* verbs	-*ir* verbs
(tú)	no ——es	no ——as	no ——as
(vosotros)	no ——éis	no ——áis	no ——áis
(tú)	no hables	no comas	no vivas
(vosotros)	no habléis	no comáis	no viváis

96. *Conditions* — *Condiciones*

A condition is characterized by the conjunction *if*. It consists of two
parts: the **condition** and the **conclusion**. EXAMPLES: If it rains, they will
not come. If he were there, he would meet Mr. Smith.

A. There are many types of conditions. Often Spanish uses the same combination of tenses in the two parts of a conditional sentence as English.

Si la meseta no *es* tan alta como las montañas, *es* mucho más elevada que la costa.	If the plateau *is* not as high as the mountains, it *is* much higher than the coast.
Si la amistad *es* muy grande, *consentirá* en ir con usted.	If the degree of friendship *is* very great, she *will consent* to go with you.

B. Contrary-to-fact conditions, that is, those which deal with a situation
which is not true or which was not true, use the subjunctive in the *si*-**clause**
and the conditional[2] in the conclusion, as follows:

si-CLAUSE IMPERFECT SUBJUNCTIVE	CONCLUSION CONDITIONAL[2]
Si el suelo español *fuese*[3] más fértil, seguramente *habría* más comida.	If the Spanish soil *were* more fertile, *there would* certainly *be* more food.
Si *hubiese* más fábricas en España, los españoles *tendrían* un nivel de vida más alto.	If there *were* more factories in Spain, the Spanish *would have* a higher standard of living.

---

[1] For the present subjunctive forms of verbs, see § 88.
[2] The -*ra* form of the imperfect subjunctive may be used in the conclusion of this type of
condition instead of the conditional. The above examples could read: Si el suelo
español fuese más fértil, seguramente *hubiera* más comida. Si hubiese más fábricas en
España, los españoles *tuvieran* un nivel de vida más alto.
[3] or *fuera*

si-CLAUSE	CONCLUSION
PLUPERFECT SUBJUNCTIVE	CONDITIONAL PERFECT [1]
Si el general Franco no *hubiese*[2] *tenido* tropas moras, no *habría triunfado* tan pronto.	If General Franco *had* not *had* Moorish troops, he *would* not *have triumphed* so soon.
Si las otras naciones no *hubiesen*[3] *intervenido*, el gobierno *habría podido* suprimir la revolución.	If the other nations *had* not *intervened*, the government *would have been able* to put down the revolution.

C. The construction ... *como si* ... is regularly followed by the imperfect or pluperfect subjunctive.

| La señora García habla **como si** *tuviera* mucho que hacer. | Mrs. García speaks **as if** she *had* a great deal to do. |

D. The conjunction *si*, meaning **if**, never takes the future, conditional, or present subjunctive.

| Si usted *compra* el libro, su hermano lo leerá. | If you *will buy*[4] the book, your brother will read it. |

III. Uses of Certain Verbs — *Modo de usar ciertos verbos*

97. *Uses of the Verb* **ser** — *Modo de usar el verbo* ser

Spanish has two verbs which mean **to be,** *ser* and *estar*. They cannot, however, be used interchangeably. Each one has certain functions.

The verb *ser* is used:

A. with predicate nouns[5] to tell *what* something or someone *is*.

| Bolivia y Venezuela *son* países de Sud América. | Bolivia and Venezuela *are* countries of South America. |
| Felipe *es* un estudiante mexicano. | Philip *is* a Mexican student. |

[1] The *-ra* form of the pluperfect subjunctive may be used in the conclusion of this type of condition instead of the conditional perfect. The above examples could read: Si el general Franco no hubiese tenido tropas moras, no *hubiera triunfado* tan pronto. Si las otras naciones no hubiesen intervenido, el gobierno *hubiera podido* suprimir la revolución.
[2] or *hubiera tenido.*   [3] or *hubieran intervenido*
[4] In English this is really not a future, for it means *If you are willing to buy;* we can also say simply *If you buy the book, your brother will read it.*
[5] A predicate noun is a noun used after the verb *to be* or its Spanish equivalent.

B. to indicate origin, ownership, and material.

Yo *soy* de Guadalajara y José *es* de Oaxaca.
I *am* from Guadalajara and Joseph *is* from Oaxaca.

Las universidades *son* del Estado.
The universities *are* government-owned.

Las casas *son* de adobe.
The houses *are* of adobe.

C. with the past participle to form the true[1] passive voice.[2]

El alumno *es* **examinado** sobre todo lo que ha aprendido.
The pupil *is* **examined** on all that he has learned.

Los indios *fueron* **maltratados** y tuvieron que trabajar como esclavos.
The Indians *were* **mistreated** and had to work like slaves.

D. meaning *to happen, to take place.*

Este examen *es* en junio.
This examination *takes place* in June.

E. with adjectives to express an inherent quality of the subject.[3] It answers the question *What kind of?*

Estos barrios *son* elegantes.
These districts *are* elegant.

El clima *es* agradable.
The climate *is* agreeable.

El tiempo *es* seco.
The weather *is* dry.

El terreno *es* bajo.
The land *is* low.

La cena *es* ligera.
The dinner *is* light.

98. Uses of the Verb estar — *Modo de usar el verbo* estar

The verb *estar* indicates by nature a temporary or transitory state or condition. It is used:

A. to express position or location, whether it is permanent or temporary.

Tampico también *está* en el este de México.
Tampico also *is* in the east of Mexico.

B. with the present participle to make up the progressive forms[4] of the tenses.

Le *estoy* **escribiendo** desde mi hotel.
I *am* **writing** you from my hotel.

---

[1] For the apparent or pseudo-passive voice, see § 98 C.
[2] For a discussion of the formation of the passive voice, see § 86.
[3] Compare with § 98 D.   [4] For the progressive forms, see § 83.

C. with the past participle to indicate a state or condition which has come about as a result of some previous action.[1]

La pirámide del Sol *está* **construida** de piedra volcánica.	The pyramid of the Sun *is* **constructed** of volcanic stone.
Ellos *estaban* **vestidos** con sarapes.	They *were* **dressed** in serapes.
La taquilla todavía *estaba* **cerrada**.	The ticket window *was* still **closed**.

D. with adjectives to indicate a state or condition subject to change.[2] It answers the question *In what condition?*

¡ Qué cansado *estoy* !	How tired I *am!*
Felipe *está* muy alegre esta noche.	Philip *is* very happy tonight.

E. A number of adjectives therefore change their meaning when used with *ser* or *estar*.

ADJECTIVE	MEANING WITH *ser*	MEANING WITH *estar*
aburrido	boring	bored
alto	tall, high	in a high position
bajo	short, low	in a low position
bueno	good (character)	in good health, well
callado	taciturn	silent
cansado	tiresome	tired
cierto	true	sure
enfermo	invalid, patient	sick
limpio	cleanly	clean
listo	clever	ready
loco	silly	crazy
malo	bad (character)	sick
nuevo	newly-made	unused
triste	dull, deplorable	sad

99. *Meanings of the Verb* **deber** — *Diversos significados del verbo* deber

The verb *deber* offers many difficulties in interpreting the exact value of the various tenses.

---

[1] The combination of *estar* + **past participle** is known as the apparent or pseudo-passive as compared with the real passive which is made up of a form of *ser* + **past participle** and which is discussed in §§ 86, 87. The two may be contrasted by considering this real passive: *La puerta* **fue abierta**, (*The door was opened*) which indicates the action, and this apparent passive: *La puerta* **estaba abierta**, (*The door was open*) which indicates the resultant state.

[2] Contrast with § 97 E.

A. Used with a noun or pronoun object the verb *deber* means **owe**.

¿ Cuánto *debe* usted ?   How much do you *owe?*
Debo mil pesetas.   I *owe* a thousand pesetas.

B. Followed by a dependent infinitive the present of *deber* may express either necessity or obligation.

Debemos terminar la fiesta.   We $\left\{\begin{array}{l} must \\ ought\ to \end{array}\right.$ bring an end to the holiday.

C. The forms *debía, debería,* or *debiera* express obligation in a less forceful and less direct fashion than the present of *deber*.[1]

Cuando alguien les dice que *deberían*   When someone tells them that they
cambiar de métodos, ellos se ríen   *should* change methods, they
de él.   laugh at him.

D. The form **must have**[2] may be expressed in two ways:

1. present of *deber* + **perfect infinitive**

Usted *debe* **haber trabajado**   You *must* **have worked** a great deal.
mucho.

2. perfect of *deber* + **present infinitive**

He debido **soñar** contigo.   I *must have* **dreamed** of you.

E. A form of *deber de* + **infinitive** often expresses probability.[3]

Debe de **ser** muy interesante el   The study of medicine *must* **be**
estudio de la medicina.   (*probably is*) very interesting.

But *deber de* + **infinitive** sometimes expresses simple obligation or necessity as in § 99 B.

100. *Constructions with* **gustar** (*like*), **faltar** (*lack*), **quedar** (*remain*) —

Modo de usar gustar, faltar, quedar

These three verbs are similar in that in Spanish a thing is the subject of the sentence and a person is the indirect object, whereas in English a person

---

[1] This idea of obligation is expressed in English by *should* or *ought to*.
[2] The future perfect (§ 77 B) is also used to express *must have* + *past participle*.
[3] The future (§ 66 B) is also used to express probability.

is the subject and a thing is the direct object.   Therefore, in expressing these
sentences in Spanish, it is necessary to reword the English sentence, or better
still to learn the Spanish pattern without thinking of the English.

A. Note the following sentences with *gustar:*

ORDINARY ENGLISH SENTENCE	REWORDING OF ENGLISH SENTENCE	SPANISH
I like books.	Books are pleasing to me.	A mí me gustan los libros.
He likes books.	Books are pleasing to him.	A él le gustan los libros.
She likes books.	Books are pleasing to her.	A ella le gustan los libros.
You (sing.) like books.	Books are pleasing to you.	A usted le gustan los libros.
Robert likes books.	Books are pleasing to Robert.	A Roberto le gustan los libros.
We like books.	Books are pleasing to us.	A nosotros nos gustan los libros.
They like books.	Books are pleasing to them.	A ellos les gustan los libros.
You (pl.) like books.	Books are pleasing to you.	A ustedes les gustan los libros.
The boys like books.	Books are pleasing to the boys.	A los muchachos les gustan los libros.

Thus, to express the English sentence *I like books* in Spanish, we make the
object of the English sentence, which is *books*, the subject of the Spanish sentence.   The subject of the English sentence, *I*, becomes the indirect object of
the Spanish sentence.   By rewording the English sentence *Books are pleasing
to me*, it can be put directly into Spanish: *A mí me gustan los libros*, or simply
Me gustan los libros, which is less emphatic.   Equally correct is *Me gustan a
mí los libros*.   But note that the subject of the Spanish sentence comes at the
end and that *gustar* agrees with it in number.

B. The verbs *faltar* (**lack**) and *quedar* (**remain**) follow the same pattern.

ORDINARY ENGLISH SENTENCE	REWORDING OF ENGLISH SENTENCE	SPANISH
I lack[1] energy.	Energy is lacking to me.	A mí me falta energía.
He has silver left.	Silver remains to him.	A él le queda plata.

101. *Uses of the Verb* haber — *Modo de usar el verbo* haber

The verb *haber* is usually an auxiliary verb used to form the perfect, pluperfect, future perfect, conditional perfect, and preterite perfect in conjunction with the past participle of the main verb.   For the formation of these
tenses, see §§ 70, 72, 74, 76, 78.

---

[1] This sentence also means *I need energy.*

A. The special form *hay* means both **there is** and **there are.**

En este parque *hay* una colina.	In this park *there is* a hill.
Pero *hay* también muchos barrios pobres.	But *there are* also many poor districts.

B. The word *hay* has a corresponding form in other tenses, and this form is used with both singular and plural nouns. The forms in the other tenses are:

TENSE	SPANISH FORM	ENGLISH
IMPERFECT	había	there was, there were
PRETERITE	hubo	there was, there were[1]
FUTURE	habrá	there will be
CONDITIONAL	habría	there would be
PERFECT	ha habido	there has been, there have been
PLUPERFECT	había habido	there had been

C. The forms of *hay* outlined above are used with *que* to express necessity impersonally and in a general sense.

Para conocer a chicas en bailes, *hay que* tener mucha habilidad.	To get acquainted with girls at dances *it is necessary* to have a great deal of skill.

D. The forms of *haber* + *de* + infinitive express the idea of what is going to happen, what is probably true, or of mild necessity.

Si alguna vez *he de* casarme con una española, ya sabré cómo debo hacerlo.	If some time I *am to* marry a Spanish girl, I'll already know how I should do it.

102. *Uses of the Verb* hacer — *Modo de usar el verbo* hacer

The verb *hacer* is used in a great number of idiomatic expressions.

A. It is used in the following expressions of weather:

¿ Qué tiempo hace ?	What kind of weather is it?
Hace buen tiempo.	It is good weather.
Hace mal tiempo.	It is bad weather.
Hace calor.[2]	It is hot.

---

[1] The preterite form *hubo* sometimes means *there took place.*

[2] Note the expressions *Hace* **mucho** *calor* and *Hace* **mucho** *frío*, meaning *It is very hot* and *It is very cold.*

Hace frío.[1]	It is cold.
Hace fresco.	It is cool.
Hace sol.[2]	It is sunny.
Hace viento.[2]	It is windy.

These expressions can be used in any tense of *hacer*.

B. The form *hace* is used with time expressions and a past tense of the main verb to express the English **ago.**

Hace algunos años la gente viajaba en tranvías.	*Some years ago* people used to travel in street cars.

C. The forms *hace . . . que* and *desde hace* are used with the present,[3] and *hacía . . . que* and *desde hacía* with the imperfect[4] in sentences expressing extent of time.

D. In every language there is some way of expressing the idea of *having something done*. Grammatically, this is called the **causative construction.** In Spanish this construction is expressed with *hacer* + **infinitive** or *mandar* + **infinitive**

La *hicieron* montar en coche con ellas.	They *had* her get into the coach with them.

103. *Uses of the Verb* tener — *Modo de usar el verbo* tener

A. Forms of the verb *tener* + *que* + **infinitive** express the idea of *to have to* + **infinitive.**

El maestro *tiene que hablar* algún dialecto indio.	The teacher *has to speak* some Indian dialect.
También *tuvieron que poner* agua en el radiador.	They also *had to put* water in the radiator.

B. The verb *tener* is used in many idiomatic expressions of which the subject is a person or a thing.

El emperador *tuvo miedo.*	The emperor *was afraid.*
Este examen *tiene lugar* en la universidad.	This examination *takes place* in the university.

---

[1] Note the expressions *Hace **mucho** calor* and *Hace **mucho** frío*, meaning *It is very hot* and *It is very cold*.
[2] The verb *haber* may also be used with *sol* and *viento*. One can say: *Hay sol* and *Hay viento*.
[3] For this construction, see § 59 B.
[4] For this construction, see § 61 C.

The following expressions are used with *tener*. They are given in the infinitive form, but they are normally used in any person and any tense.

tener —— años [1]	to be —— years old	tener hambre [3]	to be hungry
tener calor [2]	to be hot	tener lugar	to take place
tener la culpa	to be to blame	tener miedo [2]	to be afraid
tener cuidado	to take care	tener prisa [3]	to be in a hurry
tener deseos (de)	to desire (to)	tener razón [4]	to be right
tener éxito	to be successful	tener sed [3]	to be thirsty
tener frío [2]	to be cold	tener sueño [2]	to be sleepy
tener ganas (de)	to feel like	tener vergüenza [3]	to be ashamed

104. *Ways of Expressing the English Verb* become *in Spanish*

Modo de expresar el verbo inglés become *en español*

The English verb *become* is used in a variety of senses. Among the most common Spanish equivalents are:

A. *hacerse:* to become as a result of one's efforts. It is generally used with a predicate noun. [5]

   Juárez *se hizo* abogado.   Juárez *became* a lawyer.

B. *llegar a ser:* to become, indicating the final step in a series or culmination of a process. It is used with a predicate noun. [5]

   Juárez *llegó a ser* presidente.   Juárez *became* president.

C. *ponerse:* to become temporarily. It is used with a predicate adjective. [5]

   Carlota *se puso* furiosa.   Carlota *became* furious.

D. *volverse:* to become as a result of a fundamental and deep-seated change.

   Carlota *se volvió* loca.   Carlota *became* mad.

---

[1] ¿ Cuántos años tiene usted ? = *How old are you?* Tengo veinte años = *I am twenty years old.*

[2] The English *very* is expressed by *mucho*. *Tengo* **mucho** *calor. Tiene* **mucho** *sueño.*

[3] The English *very* is expressed by *mucha*. ¿ *Tiene usted* **mucha** *hambre ? Tenga* **mucha** *sed.*

[4] The expression *to be wrong* may be expressed in Spanish either by *no tener razón* or by *estar equivocado*, which means *to be mistaken.*

[5] A predicate noun is a noun used in the predicate of the sentence as the complement of a copulative or linking-verb. EXAMPLE: Robert becomes a *doctor*. A predicate adjective is an adjective used in the same way. EXAMPLE: Robert becomes *tired*.

IV. Special Types of Verbs — *Categorías especiales de verbos*

105. *Reflexive Verbs — Verbos reflexivos*

A. A reflexive verb is one which has a reflexive object, that is, an object which refers to the subject.

ORDINARY VERB

El estudiante *presenta* a su amigo. The student *introduces* his friend.

REFLEXIVE VERB

El estudiante *se presenta* al extran- The student *introduces himself* to the
jero. foreigner.

B. Verbs become reflexive when used with reflexive objects. They are conjugated exactly like ordinary verbs except that they are accompanied by the reflexive objects which, in Spanish, normally precede the verb.[1]

yo me presento	I introduce myself
él ⎫ ella ⎬ se presenta usted ⎭	he introduces himself she introduces herself you introduce yourself
nosotros nos presentamos	we introduce ourselves
ellos ⎫ ellas ⎬ se presentan ustedes ⎭	they introduce themselves they introduce themselves you introduce yourselves

C. Verbs such as *presentar* (introduce) and *presentarse* (introduce oneself) offer no difficulty as to meaning, but other reflexive verbs may be divided into the following types:

1. those which take on a plainly reflexive sense when used with the reflexive pronoun but whose English equivalent is not generally reflexive:

SPANISH FORM	ENGLISH EQUIVALENT	IDIOMATIC ENGLISH EQUIVALENT
me acuesto	I put myself to bed.	I go to bed.
me divierto	I amuse myself.	I have a good time.
me levanto	I get myself up.	I get up.
me siento	I seat myself.	I sit down.

2. those whose meaning becomes more intense or changes entirely in the reflexive form. These verbs are listed in § 27 C, D.

---

[1] But the reflexive object ordinarily follows and is joined to infinitives, present participles, and affirmative imperatives, as explained in § 30 B, C.

3. those which do not exist without the reflexive object and are therefore
inherently reflexive. A few of these are listed in § 27 B.

D. Reflexive verbs are conjugated like ordinary verbs except that they are
accompanied by the reflexive objects. A model reflexive verb is conjugated
in § 110, no. 4. But reflexive verbs require special attention in the imperative:

1. In the affirmative commands the reflexive pronoun follows the verb and
is joined to it.

   a. The *usted*-imperatives are

      levántese usted   levántense ustedes

   The stress remains where it would if there were no reflexive pronoun
   and it must therefore be indicated by a written accent when it vio-
   lates the basic rules stated in PRONUNCIACIÓN § 7 A, B.

   b. the *let's*-imperative is

                levantémonos

   which is a combination of *levantemos* + *nos*. The final –*s* of the
   verbal ending –*mos* is dropped before the addition of the reflexive
   pronoun *nos*.

   c. the *tú*-imperative is

                levántate

   d. the *vosotros*-imperative is

                levantaos

   which is a combination of *levantad* + *os*. The final –*d* of the verbal
   ending –*ad*, –*ed*, or –*id* is dropped before the addition of the reflexive
   pronoun *os*. [1]

2. In the negative commands the reflexive pronoun precedes the verb and
the forms offer no special irregularities.

   a. the *usted*-imperatives are

      no se levante usted   no se levanten ustedes

   b. the *let's*-imperative is

              no nos levantemos

   c. the *tú*-imperative is

              no te levantes

   which is really the present subjunctive form.

[1] But the *vosotros*-imperative of *irse* is *idos*.

d. the *vosotros-* imperative is

no os levantéis

which is really the present subjunctive form.

106. *Radical-Changing Verbs* — *Verbos que cambian la vocal radical*[1]

In Spanish certain verbs change the vowel[2] of their infinitive stem[3] under certain conditions. Such verbs are called *radical-changing*[4] verbs. These stem-vowel changes take place in

(1) the present indicative, the present subjunctive, and certain imperatives of all radical-changing verbs;
(2) the preterite, imperfect subjunctive, and present participle of *-ir* radical-changing verbs.

Radical-changing verbs are indicated in the vocabularies by placing the vowel-change in parentheses after the infinitive. EXAMPLES: *cerrar (ie); contar (ue); pedir (i).* When there are two changes both changes are indicated in the final vocabulary. EXAMPLES: *dormir (ue, u); pedir (i, i).* This means that the stem-vowel of *dormir* changes to *ue* in certain forms of the present and to *u* in certain forms of the preterite, and in the present participle and the imperfect subjunctive.

A. In the present indicative, radical-changing verbs with a stem-vowel which is *-o-* change the *-o-* to *-ue-;* some radical-changing verbs with a stem-vowel which is *-e-* change the *-e-* to *-ie-;* others change the *-e-* to *-i-*. These changes occur only in those forms which when pronounced are stressed on the stem-vowel. Thus changes take place in the *yo, tú, él,* and *ellos* forms of the present of all radical-changing verbs, but there is no change in the *nosotros* or *vosotros* forms.

	cerrar	volver	pedir
yo	cierro	vuelvo	pido
tú	cierras	vuelves	pides
él	cierra	vuelve	pide
nosotros	cerramos	volvemos	pedimos
vosotros	cerráis	volvéis	pedís
ellos	cierran	vuelven	piden

[1] The Spanish call these verbs simply *verbos irregulares.*
[2] This is always the last vowel in the infinitive stem. In the radical-changing verb *despertar (ie),* the stem is *despert-* and it is the second *-e-* which changes.
[3] The infinitive stem is the stem which remains when *-ar, -er,* or *-ir* is taken from the infinitive.
[4] The radical of a verb is its stem.

B. In the preterite there is no change in the stem-vowel of –ar and –er radical-changing verbs. In the *él* and *ellos* forms of the preterite of –ir radical-changing verbs, the –o– of the stem becomes –u– and –e– of the stem becomes –i–.

	cerrar	volver	pedir	dormir
yo	cerré	volví	pedí	dormí
tú	*cerraste*	*volviste*	*pediste*	*dormiste*
él	cerró	volvió	pidió	durmió
nosotros	cerramos	volvimos	pedimos	dormimos
vosotros	*cerrasteis*	*volvisteis*	*pedisteis*	*dormisteis*
ellos	cerraron	volvieron	pidieron	durmieron

C. There is no change in the stem-vowel of the present participle of –ar and –er radical-changing verbs. In the present participles of –ir radical-changing verbs, the –o– of the stem becomes –u– and the –e– of the stem becomes –i–.

INFINITIVE	cerrar	volver	pedir	dormir
PRESENT PARTICIPLE	cerrando	volviendo	pidiendo	durmiendo

The same change takes place in the irregular verbs *decir* and *poder:*

INFINITIVE	decir	poder
PRESENT PARTICIPLE	diciendo	pudiendo

D. In the present subjunctive the –ar and –er radical-changing verbs make exactly the same vowel changes and in the same forms as they do in the present indicative. The –ir radical-changing verbs also make these changes and in addition in the *nosotros* and *vosotros* forms, they change –o– to –u– and –e– to –i–.

	cerrar	volver	pedir	dormir
yo	cierre	vuelva	pida	duerma
tú	*cierres*	*vuelvas*	*pidas*	*duermas*
él	cierre	vuelva	pida	duerma
nosotros	cerremos	volvamos	pidamos	durmamos
vosotros	*cerréis*	*volváis*	*pidáis*	*durmáis*
ellos	cierren	vuelvan	pidan	duerman

E. The radical changes in the imperative are illustrated in the following examples:

	cerrar	volver	pedir	dormir
(usted)	cierre no cierre	vuelva no vuelva	pida no pida	duerma no duerma
(ustedes)	cierren no cierren	vuelvan no vuelvan	pidan no pidan	duerman no duerman
(tú)	cierra no cierres	vuelve no vuelvas	pide no pidas	duerme no duermas
(vosotros)	cerrad no cerréis	volved no volváis	pedid no pidáis	dormid no durmáis

F. Radical-changing verbs may be divided into three classes:

CLASS I — All radical-changing verbs in *-ar* and *-er;*

CLASS II — Radical-changing verbs in *-ir* which change *-e-* in the stem to *-ie-* and *-o-* in the stem to *-ue-* in the present indicative.

CLASS III — Radical-changing verbs in *-ir* which change *-e-* in the stem to *-i-*.

G. The following table summarizes the changes of the stem-vowel in the radical-changing verbs:

CLASS	I	II	III
INFINITIVE ENDING	*-ar* and *-er*	*-ir*	*-ir*
yo, tú, él, ellos forms of present indicative and present subjunctive; *tú, usted* and *ustedes* imperatives	*e* changes to *ie* *o* changes to *ue*	*e* changes to *ie* *o* changes to *ue*	*e* changes to *i*
nosotros and *vosotros* forms of present subjunctive; *nosotros* and negative *vosotros* imperatives	no change	*e* changes to *i* *o* changes to *u*	*e* changes to *i*
present participle	no change	*e* changes to *i* *o* changes to *u*	*e* changes to *i*
él and *ellos* forms of preterite	no change	*e* changes to *i* *o* changes to *u*	*e* changes to *i*

107. *Verbs with Spelling-Changes*[1] — *Verbos con cambios ortográficos*

For reasons of pronunciation some Spanish verbs have spelling changes in certain forms. Languages were not written until long after they were spoken, and also certain consonants which were pronounced uniformly in Latin developed to one sound when followed by certain vowels and to another sound when followed by other vowels. A single consonant sound may sometimes be written in several ways depending on the vowel sound that follows it. For example, the consonant sound *k* is written k in k*ilómetro*, qu in qu*erer*, and c in c*olonia*. To maintain a uniform sound before different vowels, then, the following changes occur in writing:

A. Verbs in –zar
   z (pronounced *th* or *s*)[2] changes to c before e.
   Verbs in –zar change –z– to –c– in the first person singular of the preterite, in the present subjunctive, and in the *usted*- and *let's*-imperatives.[3]

   cruzar *cross*

   PRES. IND.   cruzo, *cruzas*, cruza, cruzamos, *cruzáis*, cruzan
   PRETERITE   crucé, *cruzaste*, cruzó, cruzamos, *cruzasteis*, cruzaron
   PRES. SUBJ. cruce, *cruces*, cruce, crucemos, *crucéis*, crucen
   IMPERATIVE   cruce usted, crucemos, crucen ustedes

   Other verbs in –zar are *alcanzar, avanzar, comenzar, empezar, rezar*, etc.

B. Verbs in –gar
   g (pronounced hard *g*)[4] changes to gu before e.
   Verbs in –gar change –g– to –gu– in the first person singular of the preterite, in the present subjunctive, and in the *usted* and *let's* imperatives.[5]

   llegar *arrive*

   PRES. IND.   llego, *llegas*, llega, llegamos, *llegáis*, llegan
   PRETERITE   llegué, *llegaste*, llegó, llegamos, *llegasteis*, llegaron

---

[1] Also called ORTHOGRAPHICAL CHANGING VERBS.
[2] See the discussion of the pronunciation of c and z on pages 445 and 446.
[3] These three imperatives are really present subjunctives which are repeated in these tables for the convenience of the learner. Changes in the *tú*-imperative are the same as those of the *tú* form of the present indicative. The *vosotros*-imperative undergoes no spelling-changes.
[4] See the discussion of the pronunciation of g on pages 446 and 447.
[5] These three imperatives are really present subjunctives which are repeated in these tables for the convenience of the learner. Changes in the *tú*-imperative are the same as those of the *tú* form of the present indicative. The *vosotros* imperative undergoes no spelling-changes.

PRES. SUBJ.   llegue, *llegues*, llegue, lleguemos, *lleguéis*, lleguen
IMPERATIVE   llegue usted, lleguemos, lleguen ustedes

Other verbs in –gar are *pagar* and *jugar*.[1]

C. Verbs in –car

c (pronounced k)[2] changes to qu before e.

Verbs in –car change –c– to –qu– in the first person singular of the preterite, in the present subjunctive, and in the *usted*- and *let's*-imperatives.[3]

colocar   *put, place*

PRES. IND.   coloco, *colocas*, coloca, colocamos, *colocáis*, colocan
PRETERITE   coloqué, *colocaste*, colocó, colocamos, *colocasteis*, colocaron
PRES. SUBJ.   coloque, *coloques*, coloque, coloquemos, *coloquéis*, coloquen
IMPERATIVE   coloque usted, coloquemos, coloquen ustedes

Other verbs in –car are *acercarse, dedicar, explicar, indicar, sacar*, etc.

D. Verbs in –ger and –gir

g (pronounced j)[4] changes to j before a and o.

Verbs in –ger and –gir change –g– to –j– in the first person singular of the present indicative and throughout the present subjunctive and the imperative.[3]

dirigir   *direct*

PRES. IND.   dirijo, *diriges*, dirige, dirigimos, *dirigís*, dirigen
PRETERITE   dirigí, *dirigiste*, dirigió, dirigimos, *dirigisteis*, dirigieron
PRES. SUBJ.   dirija, *dirijas*, dirija, dirijamos, *dirijáis*, dirijan
IMPERATIVE   dirija usted, dirijamos, dirijan ustedes

Other verbs in –ger and –gir are *coger, escoger*, and *exigir*.

E. Verbs in VOWEL + –cer[5]

c (pronounced *th* or *s*) changes to zc before a and o.

Verbs in VOWEL + –cer change –c– to –zc– in the first person singular of the present indicative and throughout the present subjunctive and the imperative.[3]

---

[1] The verb *jugar* is also radical-changing. The –*u*– changes to –*ue*–.
[2] See the discussion of the pronunciation of c on pages 445 and 446.
[3] These three imperatives are really present subjunctives which are repeated in these tables for the convenience of the learner. Changes in the *tú*-imperative are the same as those of the *tú* form of the present indicative. The *vosotros*-imperative undergoes no spelling-changes.
[4] See the discussion of the pronunciation of g on pages 446 and 447.
[5] Verbs in CONSONANT + –cer are few and unimportant. The c changes to z before a and o. This change is made in the first person singular of the present indicative and throughout the present subjunctive and imperative. EXAMPLE: *vencer = conquer*.

conocer *be acquainted with*

PRES. IND.	conozco, *conoces*, conoce, conocemos, *conocéis*, conocen
PRETERITE	conocí, *conociste*, conoció, conocimos, *conocisteis*, conocieron
PRES. SUBJ.	conozca, *conozcas*, conozca, conozcamos, *conozcáis*, conozcan
IMPERATIVE	conozca usted, conozcamos, conozcan ustedes

Other verbs in VOWEL + -cer are *merecer, ofrecer,* and *reconocer.*

F. Verbs in **–ducir**
c (pronounced *th* or *s*) changes to **zc** before a and o.
Verbs in **–ducir** change **–c–** to **–zc–** in the first person singular of the present indicative and throughout the present subjunctive and imperative.[1] The preterite of verbs in **–ducir** have a preterite stem in **–duj–**.

traducir *translate*

PRES. IND.	traduzco, *traduces*, traduce, traducimos, *traducís*, traducen
PRETERITE	traduje, *tradujiste*, tradujo, tradujimos, *tradujisteis*, tradujeron
PRES. SUBJ.	traduzca, *traduzcas*, traduzca, traduzcamos, *traduzcáis,* traduzcan
IMPERATIVE	traduzca usted, traduzcamos, traduzcan ustedes

Other verbs in **–ducir** are *conducir, introducir, producir,* and *reducir.*

G. Verbs in **–guar**
gu (pronounced *gw*) changes to **gü** before e.
Verbs in **–guar** change **–gu–** to **–gü–** in the first person singular of the preterite and throughout the present subjunctive and the imperative.[1]

averiguar *find out*

PRES. IND.	averiguo, *averiguas*, averigua, averiguamos, *averiguáis,* averiguan
PRETERITE	averigüé, *averiguaste*, averiguó, averiguamos, *averiguasteis,* averiguaron
PRES. SUBJ.	averigüe, *averigües*, averigüe, averigüemos, *averigüéis,* averigüen
IMPERATIVE	averigüe usted, averigüemos, averigüen ustedes

H. Verbs in **–guir**
gu (pronounced hard *g*) changes to **g** before a and o.
Verbs in **–guir** change **–gu–** to **–g–** in the first person singular of the present indicative and throughout the present subjunctive and the imperative.[1]

---

[1] These three imperatives are really present subjunctives which are repeated in these tables for the convenience of the learner. Changes in the *tú*-imperative are the same as those of the *tú* form of the present indicative. The *vosotros*-imperative undergoes no spelling-changes.

distinguir *distinguish*

PRES. IND.   distingo, *distingues*, distingue, distinguimos, *distinguís*,
distinguen
PRETERITE   distinguí, *distinguiste*, distinguió, distinguimos, *distinguisteis*,
distinguieron
PRES. SUBJ.   distinga, *distingas*, distinga, distingamos, *distingáis*,
distingan
IMPERATIVE   distinga usted, distingamos, distingan ustedes

Another verb in –**guir** is *seguir*.

I.   Verbs in –**iar** and –**uar**
In many verbs the –i– and –u– are not accented in the present indicative
and subjunctive. EXAMPLE: *cambiar: cambio, cambias, cambia*, etc. However, in many verbs in –**iar** and –**uar**, the –i– and –u– bear the stress and
a written accent in the singular and third person plural of the present
indicative and subjunctive and in the imperative.

variar   *vary*

PRES. IND.   varío, *varías*, varía, variamos, *variáis*, varían
PRETERITE   varié, *variaste*, varió, variamos, *variasteis*, variaron
PRES. SUBJ.   varíe, *varíes*, varíe, variemos, *variéis*, varíen
IMPERATIVE   varíe usted, variemos, varíen ustedes

Other verbs in –**iar** which are accented are *confiar, criar, enviar, fiar, guiar*, etc.

continuar   *continue*

PRES. IND.   continúo, *continúas*, continúa, continuamos, *continuáis*,
continúan
PRETERITE   continué, *continuaste*, continuó, continuamos, *continuasteis*,
continuaron
PRES. SUBJ.   continúe, *continúes*, continúe, continuemos, *continuéis*,
continúen
IMPERATIVE   continúe usted, continuemos, continúen ustedes

Other verbs in –**uar** which are accented are *acentuar, atenuar, efectuar,
situar*, etc.

J.   Verbs in –**aer** and –**eer**
In verbs in –**aer** and –**eer**, when unaccented –i– falls between two vowels,
it changes to –y–. This change occurs in the present participle, the third
person singular and plural of the preterite, and throughout the imperfect
subjunctive.

caer *fall*

PRES. PART.	cayendo
PRETERITE	caí, *caíste*, cayó, caímos, *caísteis*, cayeron
IMPERF. SUBJ.	{ cayera, *cayeras*, cayera, cayéramos, *cayerais*, cayeran { cayese, *cayeses*, cayese, cayésemos, *cayeseis*, cayesen

leer *read*

PRES. PART.	leyendo
PRETERITE	leí, *leíste*, leyó, leímos, *leísteis*, leyeron
IMPERF. SUBJ.	{ leyera, *leyeras*, leyera, leyéramos, *leyerais*, leyeran { leyese, *leyeses*, leyese, leyésemos, *leyeseis*, leyesen

K. Verbs in –uir

Verbs ending in –uir (except those in –guir and –quir) and the verb *oír*[1] insert y before any vowel in the ending except i. Also, when the unaccented –i– falls between two vowels, it changes to –y–. These changes take place in the present indicative and the subjunctive throughout the singular and in the third person plural, in the present participle, in the third person singular and plural of the preterite, and throughout the imperfect subjunctive.

construir *construct*

PRES. IND.	construyo, *construyes*, construye, construimos, *construís*, construyen
PRES. PART.	construyendo
PRES. SUBJ.	construya, *construyas*, construya, construyamos, *construyáis*, construyan
PRETERITE	construí, *construiste*, construyó, construimos, *construisteis*, construyeron
IMPERF. SUBJ.	{ construyera, *construyeras*, construyera, construyéramos, { *construyerais*, construyeran { construyese, *construyeses*, construyese, construyésemos, { *construyeseis*, construyesen

108. *Irregular Verbs — Verbos irregulares*

A. An irregular verb is one which deviates in some way from the general pattern given for the formation of the various tenses of the –ar, –er, and –ir verbs.

---

[1] For the conjugation of *oír*, see § 110, no. 22.

B. Tenses of verbs are formed on certain basic stems which should be learned for each verb. All these stems together are called the *principal parts of the verb* and are explained in § 109.

V. The Conjugation of the Verb — *Conjugación del verbo*

109. *Principal Parts of Verbs* — *Enunciado del verbo*

A. In order to be able to conjugate a Spanish verb in all its tenses, one must be acquainted with all possible stems. The stems of the regular verbs may all be derived from the infinitive; the stems of irregular verbs are sometimes derived from the infinitive, but often they are different from the infinitive. The different stems to which endings are added are called the *principal parts*. Each of the principal parts furnishes the stem for certain tenses.

B. The following principal parts are used to indicate the stem for the listed tenses:

1. *infinitive*   The *future* and *conditional* are formed by adding the proper endings directly to the infinitive.

2. *infinitive stem*[1]   The *present indicative*, and *imperfect indicative*, and the *present participle* are formed by adding the proper endings to the infinitive stem.[2]

3. *first person singular present indicative*[3]   The *present subjunctive* and the *usted, let's,* and **negative** *tú* and *vosotros* **imperatives** are formed by adding the proper endings to this stem.

4. *preterite*   The *preterite* is formed by adding the proper endings to the preterite stem. The *imperfect subjunctive* is formed by adding the proper endings to the stem obtained by dropping −*ron* from the third person plural of the preterite.

---

[1] The infinitive stem is the part of the verb which is left when the −*ar*, −*er*, or −*ir* is taken from the infinitive.

[2] The singular and the third person plural of the present of radical-changing verbs as well as the present participle of −*ir* radical-changing verbs deviate from the infinitive stem. See § 106 A, C for these forms.

[3] This stem is found by taking the final −*o* from the first person singular present indicative.

5. *past participle*   The *perfect, pluperfect, preterite perfect, future perfect,*
and *conditional perfect indicative,* and the *perfect*
and *pluperfect subjunctive* are formed by using
the proper tense of the auxiliary verb *haber*
with the past participle.

C. The conjugation of the irregular verb *poner* by principal parts will illustrate
how this outline can be used to organize one's knowledge of a verb.

INFINITIVE	INFINITIVE STEM	FIRST PERSON SINGULAR PRESENT	PRETERITE	PAST PARTICIPLE
poner	*pon–*	*pongo*	*pusieron*	*puesto*

future	present indicative	present subjunctive	preterite	perfect
pondré	pongo	ponga	puse	he puesto, etc.
pondrás	pones	pongas	pusiste	
pondrá	pone	ponga	puso	**pluperfect**
pondremos	ponemos	pongamos	pusimos	había puesto, etc.
pondréis	ponéis	pongáis	pusisteis	
pondrán	ponen	pongan	pusieron	**preterite perfect**
				hube puesto, etc.

condi- tional	imperfect indicative	formal imperative	imperfect subjunctive	future perfect
pondría	ponía	ponga Ud.	pusiera	habré puesto, etc.
pondrías	ponías	pongamos	pusieras	
pondría	ponía	pongan Uds.	pusiera	**conditional**
pondríamos	poníamos		pusiéramos	**perfect**
pondríais	poníais	**familiar**	pusierais	habría puesto, etc.
pondrían	ponían	**negative imperatives**	pusieran	
		no pongas	*or*	**perfect subjunctive**
	present participle	no pongáis		haya puesto, etc.
	poniendo		pusiese	
			pusieses	**pluperfect subjunctive**
	familiar affirmative imperatives		pusiese	hubiera puesto, etc.
			pusiésemos	
	pon		pusieseis	*or*
	poned		pusiesen	hubiese puesto, etc.

110.   Conjugation of the Verb

INFINITIVES AND PARTICIPLES	INDICATIVE			
	PRESENT	IMPERFECT	PRETERITE	FUTURE
1. -ar verbs hablar (*to speak*) hablando hablado	hablo *hablas* habla hablamos *habláis* hablan	hablaba *hablabas* hablaba hablábamos *hablabais* hablaban	hablé *hablaste* habló hablamos *hablasteis* hablaron	hablaré *hablarás* hablará hablaremos *hablaréis* hablarán
	PERFECT	PLUPERFECT	PRETERITE PERFECT	FUTURE PERFECT
	he hablado *has hablado* ha hablado hemos hablado *habéis hablado* han hablado	había hablado *habías hablado* había hablado habíamos hablado *habíais hablado* habían hablado	hube hablado *hubiste hablado* hubo hablado hubimos hablado *hubisteis hablado* hubieron hablado	habré hablado *habrás hablado* habrá hablado habremos hablado *habréis hablado* habrán hablado
	PRESENT	IMPERFECT	PRETERITE	FUTURE
2. -er verbs comer (*to eat*) comiendo comido	como *comes* come comemos *coméis* comen	comía *comías* comía comíamos *comíais* comían	comí *comiste* comió comimos *comisteis* comieron	comeré *comerás* comerá comeremos *comeréis* comerán
	PERFECT	PLUPERFECT	PRETERITE PERFECT	FUTURE PERFECT
	he comido *has comido* ha comido hemos comido *habéis comido* han comido	había comido *habías comido* había comido habíamos comido *habíais comido* habían comido	hube comido *hubiste comido* hubo comido hubimos comido *hubisteis comido* hubieron comido	habré comido *habrás comido* habrá comido habremos comido *habréis comido* habrán comido
	PRESENT	IMPERFECT	PRETERITE	FUTURE
3. -ir verbs vivir (*to live*) viviendo vivido	vivo *vives* vive vivimos *vivís* viven	vivía *vivías* vivía vivíamos *vivíais* vivían	viví *viviste* vivió vivimos *vivisteis* vivieron	viviré *vivirás* vivirá viviremos *viviréis* vivirán
	PERFECT	PLUPERFECT	PRETERITE PERFECT	FUTURE PERFECT
	he vivido *has vivido* ha vivido hemos vivido *habéis vivido* han vivido	había vivido *habías vivido* había vivido habíamos vivido *habíais vivido* habían vivido	hube vivido *hubiste vivido* hubo vivido hubimos vivido *hubisteis vivido* hubieron vivido	habré vivido *habrás vivido* habrá vivido habremos vivido *habréis vivido* habrán vivido

Conjugación del verbo

CONDITIONAL	SUBJUNCTIVE		IMPERATIVE
PRESENT CONDITIONAL	PRESENT	IMPERFECT	
hablaría	hable	hablara [1]	*habla* (*tú*)
hablarías	*hables*	*hablaras*	*no hables* (*tú*)
hablaría	hable	hablara	hable Ud.
hablaríamos	hablemos	habláramos	hablemos (nosotros)
hablaríais	*habléis*	*hablarais*	*hablad* (*vosotros*)
hablarían	hablen	hablaran	*no habléis* (*vosotros*)
CONDITIONAL PERFECT	PERFECT	PLUPERFECT	hablen Uds.
habría hablado	haya hablado	hubiera [1] hablado	
habrías hablado	*hayas hablado*	*hubieras hablado*	
habría hablado	haya hablado	hubiera hablado	
habríamos hablado	hayamos hablado	hubiéramos hablado	
habríais hablado	*hayáis hablado*	*hubierais hablado*	
habrían hablado	hayan hablado	hubieran hablado	
PRESENT CONDITIONAL	PRESENT	IMPERFECT	
comería	coma	comiera [1]	*come* (*tú*)
comerías	*comas*	*comieras*	*no comas* (*tú*)
comería	coma	comiera	coma Ud.
comeríamos	comamos	comiéramos	comamos (nosotros)
comeríais	*comáis*	*comierais*	*comed* (*vosotros*)
comerían	coman	comieran	*no comáis* (*vosotros*)
CONDITIONAL PERFECT	PERFECT	PLUPERFECT	coman Uds.
habría comido	haya comido	hubiera [1] comido	
habrías comido	*hayas comido*	*hubieras comido*	
habría comido	haya comido	hubiera comido	
habríamos comido	hayamos comido	hubiéramos comido	
habríais comido	*hayáis comido*	*hubierais comido*	
habrían comido	hayan comido	hubieran comido	
PRESENT CONDITIONAL	PRESENT	IMPERFECT	
viviría	viva	viviera [1]	*vive* (*tú*)
vivirías	*vivas*	*vivieras*	*no vivas* (*tú*)
viviría	viva	viviera	viva Ud.
viviríamos	vivamos	viviéramos	vivamos (nosotros)
viviríais	*viváis*	*vivierais*	*vivid* (*vosotros*)
vivirían	vivan	vivieran	*no viváis* (*vosotros*)
CONDITIONAL PERFECT	PERFECT	PLUPERFECT	vivan Uds.
habría vivido	haya vivido	hubiera [1] vivido	
habrías vivido	*hayas vivido*	*hubieras vivido*	
habría vivido	haya vivido	hubiera vivido	
habríamos vivido	hayamos vivido	hubiéramos vivido	
habríais vivido	*hayáis vivido*	*hubierais vivido*	
habrían vivido	hayan vivido	hubieran vivido	

[1] For the alternate imperfect and pluperfect subjunctives in -*se*, see pages 387-88.

110.   Conjugation of the Verb

INFINITIVES AND PARTICIPLES	INDICATIVE				
	PRESENT	IMPERFECT	PRETERITE	PERFECT	FUTURE
4. reflexive verb *lavarse* (*to wash oneself*) lavándose lavado	me lavo *te lavas* se lava nos lavamos *os laváis* se lavan	me lavaba *te lavabas* se lavaba nos lavábamos *os lavabais* se lavaban	me lavé *te lavaste* se lavó nos lavamos *os lavasteis* se lavaron	me he lavado *te has lavado* se ha lavado nos hemos lavado *os habéis lavado* se han lavado	me lavaré *te lavarás* se lavará nos lavaremos *os lavaréis* se lavarán
5. radical-changing verb[1] cerrar (*to close*) cerrando cerrado	cierro *cierras* cierra cerramos *cerráis* cierran	cerraba *cerrabas* cerraba cerrábamos *cerrabais* cerraban	cerré *cerraste* cerró cerramos *cerrasteis* cerraron	he cerrado *has cerrado* ha cerrado hemos cerrado *habéis cerrado* han cerrado	cerraré *cerrarás* cerrará cerraremos *cerraréis* cerrarán
6. radical-changing verb[2] contar (*to tell, to count*) contando contado	cuento *cuentas* cuenta contamos *contáis* cuentan	contaba *contabas* contaba contábamos *contabais* contaban	conté *contaste* contó contamos *contasteis* contaron	he contado *has contado* ha contado hemos contado *habéis contado* han contado	contaré *contarás* contará contaremos *contaréis* contarán
7. radical-changing verb[3] dormir (*to sleep*) durmiendo dormido	duermo *duermes* duerme dormimos *dormís* duermen	dormía *dormías* dormía dormíamos *dormíais* dormían	dormí *dormiste* durmió dormimos *dormisteis* durmieron	he dormido *has dormido* ha dormido hemos dormido *habéis dormido* han dormido	dormiré *dormirás* dormirá dormiremos *dormiréis* dormirán

[1] This is a model for –ar and –er radical-changing verbs whose stem-vowel is –e–.
[2] This is a model for –ar and –er radical-changing verbs whose stem-vowel is –o–.
[3] This is a model for –ir radical-changing verbs in which –e– changes to –ie– and –o– changes to –ue– in the present.

Conjugación del verbo

CONDITIONAL	SUBJUNCTIVE			IMPERATIVE
	PRESENT	IMPERFECT		
me lavaría	me lave	me lavara	me lavase	*lávate* (*tú*)
te lavarías	*te laves*	*te lavaras*	*te lavases*	*no te laves* (*tú*)
se lavaría	se lave	se lavara	se lavase	lávese Ud.
nos lavaríamos	nos lavemos	nos laváramos	nos lavásemos	lavémonos (nosotros)
os lavaríais	*os lavéis*	*os lavarais*	*os lavaseis*	*lavaos* (*vosotros*)
se lavarían	se laven	se lavaran	se lavasen	*no os lavéis* (*vosotros*)
				lávense Uds.
cerraría	cierre	cerrara	cerrase	*cierra* (*tú*)
cerrarías	*cierres*	*cerraras*	*cerrases*	*no cierres* (*tú*)
cerraría	cierre	cerrara	cerrase	cierre Ud.
cerraríamos	cerremos	cerráramos	cerrásemos	cerremos (nosotros)
cerraríais	*cerréis*	*cerrarais*	*cerraseis*	*cerrad* (*vosotros*)
cerrarían	cierren	cerraran	cerrasen	*no cerréis* (*vosotros*)
				cierren Uds.
contaría	cuente	contara	contase	*cuenta* (*tú*)
contarías	*cuentes*	*contaras*	*contases*	*no cuentes* (*tú*)
contaría	cuente	contara	contase	cuente Ud.
contaríamos	contemos	contáramos	contásemos	contemos (nosotros)
contaríais	*contéis*	*contarais*	*contaseis*	*contad* (*vosotros*)
contarían	cuenten	contaran	contasen	*no contéis* (*vosotros*)
				cuenten Uds.
dormiría	duerma	durmiera	durmiese	*duerme* (*tú*)
dormirías	*duermas*	*durmieras*	*durmieses*	*no duermas* (*tú*)
dormiría	duerma	durmiera	durmiese	duerma Ud.
dormiríamos	durmamos	durmiéramos	durmiésemos	durmamos (nosotros)
dormiríais	*durmáis*	*durmierais*	*durmieseis*	*dormid* (*vosotros*)
dormirían	duerman	durmieran	durmiesen	*no durmáis* (*vosotros*)
				duerman Uds.

110. *Conjugation of the Verb*

INFINITIVES AND PARTICIPLES	INDICATIVE				
	PRESENT	IMPERFECT	PRETERITE	PERFECT	FUTURE
8. radical-changing verb[1] pedir (*to ask for*) pidiendo pedido	pido *pides* pide pedimos *pedís* piden	pedía *pedías* pedía pedíamos *pedíais* pedían	pedí *pediste* pidió pedimos *pedisteis* pidieron	he pedido *has pedido* ha pedido hemos pedido *habéis pedido* han pedido	pediré *pedirás* pedirá pediremos *pediréis* pedirán
9. andar[2] (*to go, to walk*) andando andado	ando *andas* anda andamos *andáis* andan	andaba *andabas* andaba andábamos *andabais* andaban	anduve *anduviste* anduvo anduvimos *anduvisteis* anduvieron	he andado *has andado* ha andado hemos andado *habéis andado* han andado	andaré *andarás* andará andaremos *andaréis* andarán
10. caber (*to fit*) cabiendo cabido	quepo *cabes* cabe cabemos *cabéis* caben	cabía *cabías* cabía cabíamos *cabíais* cabían	cupe *cupiste* cupo cupimos *cupisteis* cupieron	he cabido *has cabido* ha cabido hemos cabido *habéis cabido* han cabido	cabré *cabrás* cabrá cabremos *cabréis* cabrán
11. caer (*to fall*) cayendo caído	caigo *caes* cae caemos *caéis* caen	caía *caías* caía caíamos *caíais* caían	caí *caíste* cayó caímos *caísteis* cayeron	he caído *has caído* ha caído hemos caído *habéis caído* han caído	caeré *caerás* caerá caeremos *caeréis* caerán
12. conducir (*to lead*) conduciendo conducido	conduzco *conduces* conduce conducimos *conducís* conducen	conducía *conducías* conducía conducíamos *conducíais* conducían	conduje *condujiste* condujo condujimos *condujisteis* condujeron	he conducido *has conducido* ha conducido hemos conducido *habéis conducido* han conducido	conduciré *conducirás* conducirá conduciremos *conduciréis* conducirán

[1] This is a model for –*ir* radical-changing verbs in which –*e*– changes to –*i*– in the present.
[2] From this point on, all verbs are irregular and in alphabetical order.

Conjugación del verbo

| CONDITIONAL | SUBJUNCTIVE | | IMPERATIVE |
	PRESENT	IMPERFECT	
pediría	pida	pidiera	pidiese	*pide (tú)*
pedirías	*pidas*	*pidieras*	*pidieses*	*no pidas (tú)*
pediría	pida	pidiera	pidiese	pida Ud.
pediríamos	pidamos	pidiéramos	pidiésemos	pidamos (nosotros)
pediríais	*pidáis*	*pidierais*	*pidieseis*	*pedid (vosotros)*
pedirían	pidan	pidieran	pidiesen	*no pidáis (vosotros)*
				pidan Uds.

andaría	ande	anduviera	anduviese	*anda (tú)*
andarías	*andes*	*anduvieras*	*anduvieses*	*no andes (tú)*
andaría	ande	anduviera	anduviese	ande Ud.
andaríamos	andemos	anduviéramos	anduviésemos	andemos (nosotros)
andaríais	*andéis*	*anduvierais*	*anduvieseis*	*andad (vosotros)*
andarían	anden	anduvieran	anduviesen	*no andéis (vosotros)*
				anden Uds.

cabría	quepa	cupiera	cupiese	*cabe (tú)*
cabrías	*quepas*	*cupieras*	*cupieses*	*no quepas (tú)*
cabría	quepa	cupiera	cupiese	quepa Ud.
cabríamos	quepamos	cupiéramos	cupiésemos	quepamos (nosotros)
cabríais	*quepáis*	*cupierais*	*cupieseis*	*cabed (vosotros)*
cabrían	quepan	cupieran	cupiesen	*no quepáis (vosotros)*
				quepan Uds.

caería	caiga	cayera	cayese	*cae (tú)*
caerías	*caigas*	*cayeras*	*cayeses*	*no caigas (tú)*
caería	caiga	cayera	cayese	caiga Ud.
caeríamos	caigamos	cayéramos	cayésemos	caigamos (nosotros)
caeríais	*caigáis*	*cayerais*	*cayeseis*	*caed (vosotros)*
caerían	caigan	cayeran	cayesen	*no caigáis (vosotros)*
				caigan Uds.

conduciría	conduzca	condujera	condujese	*conduce (tú)*
conducirías	*conduzcas*	*condujeras*	*condujeses*	*no conduzcas (tú)*
conduciría	conduzca	condujera	condujese	conduzca Ud.
conduciríamos	conduzcamos	condujéramos	condujésemos	conduzcamos (nosotros)
conduciríais	*conduzcáis*	*condujerais*	*condujeseis*	*conducid (vosotros)*
conducirían	conduzcan	condujeran	condujesen	*no conduzcáis (vosotros)*
				conduzcan Uds.

110.   *Conjugation of the Verb*

INFINITIVES AND PARTICIPLES	INDICATIVE				
	PRESENT	IMPERFECT	PRETERITE	PERFECT	FUTURE
13. conocer (*to be acquainted with*) conociendo conocido	conozco *conoces* conoce conocemos *conocéis* conocen	conocía *conocías* conocía conocíamos *conocíais* conocían	conocí *conociste* conoció conocimos *conocisteis* conocieron	he conocido *has conocido* ha conocido hemos conocido *habéis conocido* han conocido	conoceré *conocerás* conocerá conoceremos *conoceréis* conocerán
14. construir (*to construct*) construyendo construido	construyo *construyes* construye construimos *construís* construyen	construía *construías* construía construíamos *construíais* construían	construí *construiste* construyó construimos *construisteis* construyeron	he construido *has construido* ha construido hemos construido *habéis construido* han construido	construiré *construirás* construirá construiremos *construiréis* construirán
15. dar (*to give*) dando dado	doy *das* da damos *dais* dan	daba *dabas* daba dábamos *dabais* daban	di [1] *diste* dio [1] dimos *disteis* dieron	he dado *has dado* ha dado hemos dado *habéis dado* han dado	daré *darás* dará daremos *daréis* darán
16. decir (*to say*) diciendo dicho	digo *dices* dice decimos *decís* dicen	decía *decías* decía decíamos *decíais* decían	dije *dijiste* dijo dijimos *dijisteis* dijeron	he dicho *has dicho* ha dicho hemos dicho *habéis dicho* han dicho	diré *dirás* dirá diremos *diréis* dirán
17. estar (*to be*) estando estado	estoy *estás* está estamos *estáis* están	estaba *estabas* estaba estábamos *estabais* estaban	estuve *estuviste* estuvo estuvimos *estuvisteis* estuvieron	he estado *has estado* ha estado hemos estado *habéis estado* han estado	estaré *estarás* estará estaremos *estaréis* estarán

[1] Formerly the forms *di* and *dio* were written *dí* and *dió*.

Conjugación del verbo

| CONDITIONAL | SUBJUNCTIVE | | IMPERATIVE |
	PRESENT	IMPERFECT	
conocería	conozca	conociera conociese	*conoce* (*tú*)
conocerías	*conozcas*	*conocieras conocieses*	no *conozcas* (*tú*)
conocería	conozca	conociera conociese	conozca Ud.
conoceríamos	conozcamos	conociéramos conociésemos	conozcamos (nosotros)
conoceríais	*conozcáis*	*conocierais conocieseis*	*conoced* (*vosotros*)
conocerían	conozcan	conocieran conociesen	no *conozcáis* (*vosotros*)
			conozcan Uds.
construiría	construya	construyera construyese	*construye* (*tú*)
construirías	*construyas*	*construyeras construyeses*	no *construyas* (*tú*)
construiría	construya	construyera construyese	construya Ud.
construiríamos	construyamos	construyéramos construyésemos	construyamos (nosotros)
construiríais	*construyáis*	*construyerais construyeseis*	*construid* (*vosotros*)
construirían	construyan	construyeran construyesen	no *construyáis* (*vosotros*)
			construyan Uds.
daría	dé	diera diese	*da* (*tú*)
darías	*des*	*dieras dieses*	no *des* (*tú*)
daría	dé	diera diese	dé Ud.
daríamos	demos	diéramos diésemos	demos (nosotros)
daríais	*deis*	*dierais dieseis*	*dad* (*vosotros*)
darían	den	dieran diesen	no *deis* (*vosotros*)
			den Uds.
diría	diga	dijera dijese	*di* (*tú*)
dirías	*digas*	*dijeras dijeses*	no *digas* (*tú*)
diría	diga	dijera dijese	diga Ud.
diríamos	digamos	dijéramos dijésemos	digamos (nosotros)
diríais	*digáis*	*dijerais dijeseis*	*decid* (*vosotros*)
dirían	digan	dijeran dijesen	no *digáis* (*vosotros*)
			digan Uds.
estaría	esté	estuviera estuviese	*está* (*tú*)
estarías	*estés*	*estuvieras estuvieses*	no *estés* (*tú*)
estaría	esté	estuviera estuviese	esté Ud.
estaríamos	estemos	estuviéramos estuviésemos	estemos (nosotros)
estaríais	*estéis*	*estuvierais estuvieseis*	*estad* (*vosotros*)
estarían	estén	estuvieran estuviesen	no *estéis* (*vosotros*)
			estén Uds.

110. Conjugation of the Verb

INFINITIVES AND PARTICIPLES	INDICATIVE				
	PRESENT	IMPERFECT	PRETERITE	PERFECT	FUTURE
18. haber (to have)[1] habiendo habido	he has ha hemos habéis han	había habías había habíamos habíais habían	hube hubiste hubo hubimos hubisteis hubieron	he habido has habido ha habido hemos habido habéis habido han habido	habré habrás habrá habremos habréis habrán
19. hacer (to make, to do) haciendo hecho	hago haces hace hacemos hacéis hacen	hacía hacías hacía hacíamos hacíais hacían	hice hiciste hizo hicimos hicisteis hicieron	he hecho has hecho ha hecho hemos hecho habéis hecho han hecho	haré harás hará haremos haréis harán
20. ir (to go) yendo ido	voy vas va vamos vais van	iba ibas iba íbamos ibais iban	fui[2] fuiste fue[2] fuimos fuisteis fueron	he ido has ido ha ido hemos ido habéis ido han ido	iré irás irá iremos iréis irán
21. leer (to read) leyendo leído	leo lees lee leemos leéis leen	leía leías leía leíamos leíais leían	leí leíste leyó leímos leísteis leyeron	he leído has leído ha leído hemos leído habéis leído han leído	leeré leerás lerrá leeremos leeréis leerán
22. oir[3] (to hear) oyendo oído	oigo oyes oye oímos oís oyen	oía oías oía oíamos oíais oían	oí oíste oyó oímos oísteis oyeron	he oído has oído ha oído hemos oído habéis oído han oído	oiré oirás oirá oiremos oiréis oirán

[1] The verb haber is used mainly as an auxiliary verb.
[2] Formerly the forms fui and fue were written fuí and fué.
[3] Formerly oir was written oír.

Conjugación del verbo

CONDITIONAL	SUBJUNCTIVE		IMPERATIVE
	PRESENT	IMPERFECT	
habría	haya	hubiera hubiese	*he (tú)*
habrías	*hayas*	*hubieras hubieses*	*no hayas (tú)*
habría	haya	hubiera hubiese	haya Ud.
habríamos	hayamos	hubiéramos hubiésemos	hayamos (nosotros)
habríais	*hayáis*	*hubierais hubieseis*	*habed (vosotros)*
habrían	hayan	hubieran hubiesen	*no hayáis (vosotros)*
			hayan Uds.
haría	haga	hiciera hiciese	*haz (tú)*
harías	*hagas*	*hicieras hicieses*	*no hagas (tú)*
haría	haga	hiciera hiciese	haga Ud.
haríamos	hagamos	hiciéramos hiciésemos	hagamos (nosotros)
haríais	*hagáis*	*hicierais hicieseis*	*haced (vosotros)*
harían	hagan	hicieran hiciesen	*no hagáis (vosotros)*
			hagan Uds.
iría	vaya	fuera fuese	*ve (tú)*
irías	*vayas*	*fueras fueses*	*no vayas (tú)*
iría	vaya	fuera fuese	vaya Ud.
iríamos	vayamos	fuéramos fuésemos	vamos (nosotros)
iríais	*vayáis*	*fuerais fueseis*	*id (vosotros)*
irían	vayan	fueran fuesen	*no vayáis (vosotros)*
			vayan Uds.
leería	lea	leyera leyese	*lee (tú)*
leerías	*leas*	*leyeras leyeses*	*no leas (tú)*
leería	lea	leyera leyese	lea Ud.
leeríamos	leamos	leyéramos leyésemos	leamos (nosotros)
leeríais	*leáis*	*leyerais leyeseis*	*leed (vosotros)*
leerían	lean	leyeran leyesen	*no leáis (vosotros)*
			lean Uds.
oiría	oiga	oyera oyese	*oye (tú)*
oirías	*oigas*	*oyeras oyeses*	*no oigas (tú)*
oiría	oiga	oyera oyese	oiga Ud.
oiríamos	oigamos	oyéramos oyésemos	oigamos (nosotros)
oiríais	*oigáis*	*oyerais oyeseis*	*oíd (vosotros)*
oirían	oigan	oyeran oyesen	*no oigáis (vosotros)*
			oigan Uds.

110. Conjugation of the Verb

INFINITIVES AND PARTICIPLES	INDICATIVE				
	PRESENT	IMPERFECT	PRETERITE	PERFECT	FUTURE
23. poder (can, to be able) pudiendo podido	puedo puedes puede podemos podéis pueden	podía podías podía podíamos podíais podían	pude pudiste pudo pudimos pudisteis pudieron	he podido has podido ha podido hemos podido habéis podido han podido	podré podrás podrá podremos podréis podrán
24. poner (to put) poniendo puesto	pongo pones pone ponemos ponéis ponen	ponía ponías ponía poníamos poníais ponían	puse pusiste puso pusimos pusisteis pusieron	he puesco has puesto ha puesto hemos puesto habéis puesto han puesto	pondré pondrás pondrá pondremos pondréis pondrán
25. querer (to wish, to love) queriendo querido	quiero quieres quiere queremos queréis quieren	quería querías quería queríamos queríais querían	quise quisiste quiso quisimos quisisteis quisieron	he querido has querido ha querido hemos querido habéis querido han querido	querré querrás querrá querremos querréis querrán
26. saber (to know) sabiendo sabido	sé sabes sabe sabemos sabéis saben	sabía sabías sabía sabíamos sabíais sabían	supe supiste supo supimos supisteis supieron	he sabido has sabido ha sabido hemos sabido habéis sabido han sabido	sabré sabrás sabrá sabremos sabréis sabrán
27. salir (to leave) saliendo salido	salgo sales sale salimos salís salen	salía salías salía salíamos salíais salían	salí saliste salió salimos salisteis salieron	he salido has salido ha salido hemos salido habéis salido han salido	saldré saldrás saldrá saldremos saldréis saldrán

Conjugación del verbo

CONDITIONAL	SUBJUNCTIVE			IMPERATIVE
	PRESENT	IMPERFECT		
podría	pueda	pudiera	pudiese	
podrías	*puedas*	*pudieras*	*pudieses*	
podría	pueda	pudiera	pudiese	
podríamos	podamos	pudiéramos	pudiésemos	
podríais	*podáis*	*pudierais*	*pudieseis*	
podrían	puedan	pudieran	pudiesen	
pondría	ponga	pusiera	pusiese	*pon (tú)*
pondrías	*pongas*	*pusieras*	*pusieses*	*no pongas (tú)*
pondría	ponga	pusiera	pusiese	ponga Ud.
pondríamos	pongamos	pusiéramos	pusiésemos	pongamos (nosotros)
pondríais	*pongáis*	*pusierais*	*pusieseis*	*poned (vosotros)*
pondrían	pongan	pusieran	pusiesen	*no pongáis (vosotros)*
				pongan Uds.
querría	quiera	quisiera	quisiese	*quiere (tú)*
querrías	*quieras*	*quisieras*	*quisieses*	*no quieras (tú)*
querría	quiera	quisiera	quisiese	quiera Ud.
querríamos	queramos	quisiéramos	quisiésemos	queramos (nosotros)
querríais	*queráis*	*quisierais*	*quisieseis*	*quered (vosotros)*
querrían	quieran	quisieran	quisiesen	*no queráis (vosotros)*
				quieran Uds.
sabría	sepa	supiera	supiese	*sabe (tú)*
sabrías	*sepas*	*supieras*	*supieses*	*no sepas (tú)*
sabría	sepa	supiera	supiese	sepa Ud.
sabríamos	sepamos	supiéramos	supiésemos	sepamos (nosotros)
sabríais	*sepáis*	*supierais*	*supieseis*	*sabed (vosotros)*
sabrían	sepan	supieran	supiesen	*no sepáis (vosotros)*
				sepan Uds.
saldría	salga	saliera	saliese	*sal (tú)*
saldrías	*salgas*	*salieras*	*salieses*	*no salgas (tú)*
saldría	salga	saliera	saliese	salga Ud.
saldríamos	salgamos	saliéramos	saliésemos	salgamos (nosotros)
saldríais	*salgáis*	*salierais*	*salieseis*	*salid (vosotros)*
saldrían	salgan	salieran	saliesen	*no salgáis (vosotros)*
				salgan Uds.

110.   *Conjugation of the Verb*

INFINITIVES AND PARTICIPLES	INDICATIVE				
	PRESENT	IMPERFECT	PRETERITE	PERFECT	FUTURE
28. ser (*to be*) siendo sido	soy eres es somos sois son	era eras era éramos erais eran	fui[1] fuiste fue[1] fuimos fuisteis fueron	he sido has sido ha sido hemos sido habéis sido han sido	seré serás será seremos seréis serán
29. tener (*to have*) teniendo tenido	tengo tienes tiene tenemos tenéis tienen	tenía tenías tenía teníamos teníais tenían	tuve tuviste tuvo tuvimos tuvisteis tuvieron	he tenido has tenido ha tenido hemos tenido habéis tenido han tenido	tendré tendrás tendrá tendremos tendréis tendrán
30. traer (*to bring*) trayendo traído	traigo traes trae traemos traéis traen	traía traías traía traíamos traíais traían	traje trajiste trajo trajimos trajisteis trajeron	he traído has traído ha traído hemos traído habéis traído han traído	traeré traerás traerá traeremos traeréis traerán
31. valer (*to be worth*) valiendo valido	valgo vales vale valemos valéis valen	valía valías valía valíamos valíais valían	valí valiste valió valimos valisteis valieron	he valido has valido ha valido hemos valido habéis valido han valido	valdré valdrás valdrá valdremos valdréis valdrán
32. venir (*to come*) viniendo venido	vengo vienes viene venimos venís vienen	venía venías venía veníamos veníais venían	vine viniste vino vinimos vinisteis vinieron	he venido has venido ha venido hemos venido habéis venido han venido	vendré vendrás vendrá vendremos vendréis vendrán
33. ver (*to see*) viendo visto	veo ves ve vemos veis ven	veía veías veía veíamos veíais veían	vi[1] viste vio[1] vimos visteis vieron	he visto has visto ha visto hemos visto habéis visto han visto	veré verás verá veremos veréis verán

[1] The forms *fui, fue, vi,* and *vio* were formerly written *fuí, fué, ví,* and *vió.*

Conjugación del verbo

CONDITIONAL	SUBJUNCTIVE		IMPERATIVE
	PRESENT	IMPERFECT	
sería	sea	fuera	fuese	*sé (tú)*
serías	*seas*	*fueras*	*fueses*	*no seas (tú)*
sería	sea	fuera	fuese	sea Ud.
seríamos	seamos	fuéramos	fuésemos	seamos (nosotros)
seríais	*seáis*	*fuerais*	*fueseis*	*sed (vosotros)*
serían	sean	fueran	fuesen	*no seáis (vosotros)*
				sean Uds.
tendría	tenga	tuviera	tuviese	*ten (tú)*
tendrías	*tengas*	*tuvieras*	*tuvieses*	*no tengas (tú)*
tendría	tenga	tuviera	tuviese	tenga Ud.
tendríamos	tengamos	tuviéramos	tuviésemos	tengamos (nosotros)
tendríais	*tengáis*	*tuvierais*	*tuvieseis*	*tened (vosotros)*
tendrían	tengan	tuvieran	tuviesen	*no tengáis (vosotros)*
				tengan Uds.
traería	traiga	trajera	trajese	*trae (tú)*
traerías	*traigas*	*trajeras*	*trajeses*	*no traigas (tú)*
traería	traiga	trajera	trajese	traiga Ud.
traeríamos	traigamos	trajéramos	trajésemos	traigamos (nosotros)
traeríais	*traigáis*	*trajerais*	*trajeseis*	*traed (vosotros)*
traerían	traigan	trajeran	trajesen	*no traigáis (vosotros)*
				traigan Uds.
valdría	valga	valiera	valiese	*val (tú)*
valdrías	*valgas*	*valieras*	*valieses*	*no valgas (tú)*
valdría	valga	valiera	valiese	valga Ud.
valdríamos	valgamos	valiéramos	valiésemos	valgamos (nosotros)
valdríais	*valgáis*	*valierais*	*valieseis*	*valed (vosotros)*
valdrían	valgan	valieran	valiesen	*no valgáis (vosotros)*
				valgan Uds.
vendría	venga	viniera	viniese	*ven (tú)*
vendrías	*vengas*	*vinieras*	*vinieses*	*no vengas (tú)*
vendría	venga	viniera	viniese	venga Ud.
vendríamos	vengamos	viniéramos	viniésemos	vengamos (nosotros)
vendríais	*vengáis*	*vinierais*	*vinieseis*	*venid (vosotros)*
vendrían	vengan	vinieran	viniesen	*no vengáis (vosotros)*
				vengan Uds.
vería	vea	viera	viese	*ve (tú)*
verías	*veas*	*vieras*	*vieses*	*no veas (tú)*
vería	vea	viera	viese	vea Ud.
veríamos	veamos	viéramos	viésemos	veamos (nosotros)
veríais	*veáis*	*vierais*	*vieseis*	*ved (vosotros)*
verían	vean	vieran	viesen	*no veáis (vosotros)*
				vean Uds.

Pronunciación

Spelling and Punctuation — Ortografía y puntuación

1. The Alphabet — El alfabeto

A. There are thirty letters in the Spanish alphabet. They are

LETTER	NAME	LETTER	NAME
a	a	n	ene
b	be	ñ	eñe
c	ce	o	o
ch	che	p	pe
d	de	q	cu
e	e	r	ere
f	efe	rr	erre
g	ge	s	ese
h	hache	t	te
i	i	u	u
j	jota	v	ve *or* uve
k	ka	w	ve doble *or* doble u
l	ele	x	equis
ll	elle	y	i griega *or* ye
m	eme	z	zeta

B. Most of the letters of the Spanish alphabet are the same as those of the English alphabet. However, in Spanish, *k* and *w* are used only in words of foreign origin, and in addition to the other letters, Spanish has *ch*, *ll*, *ñ*, and *rr*, which are usually considered separate letters and are so alphabetized.[1]

C. The Spanish alphabet, like the English, is divided into vowels (*vocales*) and consonants (*consonantes*). The vowels are *a, e, i, o,* and *u.* The letter *y* is a vowel when final in a word, as in *soy, estoy,* and *Monterrey,* and in the conjunction *y* (*and*). All other letters are consonants.

D. The vowels are divided into two groups:

strong vowels	*a, e, o*
weak vowels	*i, u*

[1] Since *rr* never begins a word, it is not alphabetized as a separate letter.

2. The Accent Mark — El acento ortográfico

In addition to the letters of the alphabet, an accent mark (′) is used in Spanish.

A. Spanish words do not normally bear an accent, but whenever the stress[1] does not fall in the usual place, this accent indicates which syllable of a word is stressed.

América   México   país   nación   también

B. Interrogative words[2] always bear a written accent.

¿ qué ?   ¿ cuántos ?   ¿ cuál ?   ¿ quién ?
¿ dónde ?   ¿ cuándo ?   ¿ cuáles ?   ¿ cómo ?

C. The written accent is used to distinguish between two words spelled alike but different in meaning.

de	*of*		dé	*give*
el	*the*		él	*he*
mas	*but*		más	*more*
se	*himself*, etc.		sé	*I know*
si	*if*		sí	*yes; self*
solo	*alone* (adj.)		sólo	*only* (adv.)

3. Other Spelling Signs — Otros signos ortográficos

Two other signs are used to aid spelling and pronunciation of Spanish words.

A. The diaeresis (··) (*diéresis o crema*) is used over *u*[3] in combinations of *–güe–* and *–güi–* to show that the *u* is pronounced. EXAMPLES: antigüedad, vergüenza, lingüístico.

B. The hyphen (-) (*guión*) is used, as in English, to separate parts of a word at the end of a line.

---

[1] For the rules for stress, see § 7 of this section.
[2] Some of these same words bear the written accent when used in exclamations. EXAMPLES: ¡ Cómo no ! ¡ Qué viaje tan magnífico !
[3] For the use of *–u–* after *–g–*, see § 12 of this section under the discussion of *g* (+ *ue*, + *ui*).

4. Punctuation — Puntuación

A. Spanish punctuation marks (*signos de puntuación*) are:

(.)	punto	(..)	diéresis o crema
(,)	coma	(*)	asterisco
(;)	punto y coma	(-)	guión
(:)	dos puntos	(—)	raya
(¿)	principio de interrogación	( )	paréntesis
(?)	fin de interrogación	(« »)	comillas
(¡)	principio de admiración	(. . .)	puntos suspensivos
(!)	fin de admiración		

B. In many respects, Spanish punctuation is approximately the same as English. The most notable differences are:

1. An inverted question mark precedes questions.

   ¿ Qué es México ?   What is Mexico?
   Cuando Roberto llegó a la capi-   When Robert arrived in the capital ¿ qué hizo ?   tal, what did he do?

2. An inverted exclamation point precedes exclamations.

   ¡ Qué magnífico país !   What a magnificent country!

3. In Spanish, no comma is used between the last two words in a series, where in English it usually is.

   La criada trae naranjas, plátanos   The servant brings oranges, ba-
   y uvas.   nanas, and grapes.

4. Dashes are ordinarily used to indicate a change of speaker, although lowered quotation marks are also used occasionally.

   — ¿ No es usted norteameri-   "Aren't you an American?" asks
   cano ? — pregunta Felipe.   Phillip.
   — Sí, señor — contesta Ro-   "Yes, sir," answers Robert. "I
   berto —. Yo soy norteame-   am an American."
   ricano.

C. In Spanish, capital letters are not used as frequently as in English. Small letters are used in the following cases where English requires capitals:

1. for *yo* (*I*) in the interior of a sentence;
2. to begin the days [1] of the week and the months of the year;

---

[1] Many Spanish-speaking people now use capitals for days of the week and months of the year.

Fuimos a Barcelona el miércoles.   We went to Barcelona on Wednes-
                                   day.
Hace frío en enero.   It is cold in January.

3. to begin nouns or adjectives of nationality and names of languages;

la cultura mexicana   Mexican culture
la lengua inglesa   the English language
aprender francés   to learn French
los españoles y los mexicanos   the Spaniards and the Mexicans

4. usually to begin any but the first word of titles

El águila y la serpiente   *The Eagle and the Serpent*
Los de abajo   *The Underdogs*

5. Division of Words into Syllables — *Silabeo*

Not many of us are sure where to divide English words into syllables.
Spanish words may be divided more easily because six rules may be applied
to govern their division.

A. A single consonant between vowels always goes with the following vowel.

A-mé-ri-ca	bo-ni-tas	ciu-dad
Mé-xi-co	tie-ne	ca-pi-tal
ca-si	u-na	pe-ro
na-ción	pri-mi-ti-vo	a-ve-ni-da

B. Two consonants of which the second is l or r generally both belong in the
following syllable. The single consonantal sounds ch, ll, and rr also go
with the following syllable.

ki-ló-me-tros	re-pú-bli-ca	ca-lles
o-tro	Ve-ra-cruz	ba-rrios
a-gra-da-ble	im-pe-ne-tra-ble	mu-cho

C. In other combinations of two consonants, the first consonant goes with
the preceding and the second consonant with the following syllable.

con-ti-nen-te	par-te	gran-de
nor-te	tam-bién	ha-bi-tan-tes
par-que	na-tu-ral-men-te	cul-tu-ra

D. Combinations of three consonants are generally divided after the first consonant.

siem-pre	mez-cla	es-cri-bir
en-tre	en-cuen-tran	in-fluen-cia
san-gre	in-dus-trial	cen-tral

E. Two adjacent strong vowels[1] form two separate syllables.

pa-se-o	mu-se-o	ma-es-tro
o-es-te	le-e	hé-ro-e

F. Adjacent strong and weak vowels[1] or two weak vowels normally combine to form a single syllable. This combination of two vowels is called a *diphthong*.

Co-lom-bia	na-cio-nes	ciu-dad
go-bier-no	es-ta-tua	cau-sa

6. *Importance of Knowing How to Divide a Word into Syllables*

   Importancia del silabeo

It is important for you to know how to divide a Spanish word into syllables for the following reasons:

A. Spaniards generally pronounce consonants with the following rather than the preceding syllable. Whereas in English we say "A-mer-i-ca," the Spaniard says "A-mé-ri-ca," and whereas we say "ge-og-ra-phy," the Spaniard says "ge-o-gra-fí-a."
B. It is necessary to follow these rules for syllabication in separating words at the end of a line.
C. The spoken stress on a Spanish word is governed by rules which involve syllables. Unless you know how to divide a word into syllables, you cannot be sure where to stress new words which you have never heard.

Stress – Acentuación

In English, every polysyllabic word has one syllable which is stressed more than others. EXAMPLES: tre-men'-dous, sum'-ma-rize. There is no way of telling where the accent of an English word falls except by looking the word up in the dictionary. In Spanish, there are convenient rules for determining the stressed syllable.

---

[1] For the explanation of strong and weak vowels, see § 1 D of this section.

7. Principles Governing Word Stress — *Reglas de acentuación*

A. Words ending in a consonant, except -n or -s, are stressed on the last syllable.

capital	nacional	español	separar
existir	ciudad	trabajar	metal

B. Words ending in a vowel or -n or -s are stressed on the next to the last syllable.

norte	naciones	edificios	cultura
continente	gobierno	primitivo	una
habitantes	parte	hablan	joven

C. Words whose stress is not in conformity with these rules bear a written accent on the stressed vowel.

América	nación	árbol	México
públicos	también	millón	república

D. In a combination of a strong and weak vowel[1] or of two weak vowels, the strong vowel or the second of two weak vowels is normally stressed in an accented syllable.

gobierno	doscientos	estudiar	puerto
tiempo	viejo	bien	construido

E. In combinations of a strong and weak vowel, when the weak vowel is stressed, there is always a written accent which divides the two vowels into separate syllables.[2] Otherwise, the combination becomes a diphthong of one syllable with the stress on the strong vowel.

país	mayoría	río	continúa
aún	frío	baúl	envíe

Pronunciation – Pronunciación

8. Regional Differences in Spanish Pronunciation
Diferencias regionales de pronunciación española

Spanish is spoken in many different parts of the world, including Spain, Spanish Morocco, Mexico, Central and South America, parts of the United

---

[1] For the explanation of strong and weak vowels, see § 1 D of this section.

[2] In 1952 the Spanish Academy decreed that no written accent should be placed on the -ir infinitive ending, even when this is the stressed syllable. EXAMPLES: *oir, reir, sonreir*.

States, and numerous islands. Each of these regions has its own peculiar way of pronouncing Spanish, just as in diverse sections of the United States the pronunciation of English differs from that of England, Canada, and Australia.

The Spanish spoken in that part of Spain known as *Castile* and by educated Spaniards in most parts of the country is called *Castilian*. This pronunciation of Castile, the political and cultural center of the Hispanic world for many centuries, is to Spanish approximately what standard usage in Southern England is to our language.

The main differences in pronunciation among the Spanish-speaking regions of the world involve a few basic sounds and numerous variations in intonation.

The main differences in sound are:

A. the pronunciation of c *followed by* e *or* i and of z in all positions.

1. In some parts of Spain and in most other parts of the Spanish-speaking world, c *followed by* e *or* i and z in all words are pronounced like s in the English word *send*.

2. In Castilian, c *followed by* e *or* i and z in all words are pronounced somewhat like th in the English word *thin*.

B. the pronunciation of ll

1. In some parts of Spain and in many other parts of the Spanish-speaking world, ll is pronounced like the English y in *young*.

2. In still other parts of the Spanish-speaking world, ll (and also the consonant y) are pronounced at times like s in *pleasure* and at times like j in *judge*.

3. In Castilian, ll is pronounced approximately like lli in the English word *million*.

Intonation [1] is the rising and falling of the voice when reading or speaking. The intonation of English spoken in England differs from that of English spoken in the United States, and, within the borders of the United States, the intonation heard in Michigan is quite different from that heard in Mississippi. Likewise, the intonation of Spanish spoken in Spain differs from that spoken in Mexico, and the intonation heard in Guadalajara, Mexico differs from that of Mexico City. In other words, each Spanish-speaking region has its peculiar intonation.

---

[1] The various types of intonation are too numerous to discuss, and they can, in any case, only be learned through imitation. Imitate your teacher's intonation.

9. *Linking — Sinalefa*

The ability to pronounce individual syllables or words well does not in itself constitute a good pronunciation. Words generally occur in breath-groups which make up sentences, and in order to speak or read aloud correctly, it is necessary to practice pronouncing entire phrases and sentences, keeping in mind the *meaning* of what one is pronouncing. Words pronounced in logical breath-groups tend to be joined more closely together and may cause a regrouping of syllables. One does not say *Norte | América | es | un | continente*, but *Norte América es un continente*.

The following rules generally govern the linking of words within a breath-group:

A. The final vowel in one word tends to form one syllable with the initial vowel of the following word. EXAMPLES: Norte América, millones de habitantes, algunos de estos barrios, una avenida muy ancha, sobre esta colina se encuentra un castillo, no es la única ciudad importante

B. The final consonant of one word is often linked with the initial vowel of the following word. EXAMPLES: es un continente, ciudad importante, calor insoportable, son elegantes

The Pronunciation of the Spanish
La pronunciación del español

10. *The Vowels — Las vocales*

Pronounce the English word *fate*. Note that you say "f-a-ee-t." The *a* is made up of the sound *a* plus the glide-sound *ee*. Spanish vowels do not have the glide-sound. Their pronunciation is constant, the jaws, lips, and tongue being held in the same position throughout the time required for making the sound. The Spanish-speaking person would pronounce *fate* "f-ā-t," which would cause it to sound foreign, for it would be too abrupt. You must pronounce your Spanish vowels without the glide-sound to make them sound truly Spanish.

In Spanish, as in English, a vowel in a stressed syllable is much clearer than it is in an unstressed syllable. However, even in an unstressed syllable, the Spanish vowel is never slurred. In the English word *Alaska*, the second *a* is given the most force and the first and last *a* become *uh* in English. In Spanish, *Alaska* would be sounded so that each *a* was pronounced approximately as the English *a* in *father*, but the first and last *a* would be said rapidly whereas the second *a* would be said more slowly and more distinctly.

a

a is pronounced as the English **a** in *father*.

varios	la	paseo	Reforma
grande	ciudad	América	una
parte	calles	también	nación

e

e has two basic sounds in Spanish.
When it ends a syllable or is followed in the syllable by **d, m, n** or **s**, it is comparable to the English **e**[1] in *they*.

México	América	es	que
pero	continente	Norte	parte

In all other cases, it is comparable to the English **e** in *bet*.

el	puerto	del	selva
aspectos	cerca	gobierno	hotel

i

i and *y* as vowel (*y* generally when it stands alone or at the end of a word) are pronounced as English **i** in *police*.

Chile	América	primitivo	Paraguay
divide	continente	y	Uruguay
interesante	México	hay	estoy

o

o has two basic sounds in Spanish.
When it ends a syllable, it is comparable to the English **o** in *spoke*.

sobre	no	bonitas	México
como	colonia	pero	paseo

In all other cases, it is comparable to the English **o** in *for*.

Norte	son	Reforma	árbol
continente	nación	importante	bosque

---

[1] This Spanish *e* is actually between the English **e** in *they* and the English **e** in *met*.

u

u is pronounced as English **u** in *rule*.

un	muchos	una	europea
Sud	públicos	única	Chapultepec
ciudad	cultura	algunos	unidos

11. Diphthongs — *Diptongos*

A diphthong[1] is a combination of two vowels in the same syllable. Whether the diphthong is in an accented or unaccented syllable, the stress falls on the strong vowel or the second of two weak vowels.

también	gobierno	nadie	Colombia
nación	aunque	aislados	varios
tiene	seis	europea	edificios
hay	siete	serie	continuo

12. The Consonants — *Las consonantes*

b, v

b and *v* are pronounced exactly alike in Spanish and have two basic sounds. At the beginning of a breath-group or following *m* or *n*, they are comparable to English **b** in *boat*.

bonitos	barrios	va	venden
bellas	Colombia	veces	ver
también	ve	varios	enviar

In other cases, *b* and *v* are somewhat like English **b** without the firm closing of the lips.

| gobierno | adobe | divide | civilización |
| Orizaba | habitantes | elevada | primitiva |

c (+ e *and* + i),   z

c before e *and* i and z in all positions are pronounced alike. In Mexico and most parts of Spanish America, they are pronounced as English **c** in *city*. In most of Spain, these letters are lisped and sound like English **th** in *thin*.

nación	ciudad	zona	Venezuela
centro	veces	civilizaciones	Orizaba
principal	edificios	mestizos	Veracruz

---
[1] For an explanation of the diphthong, see § 5 F in this section.

c (+ a, + o, + u),   c (+ *consonant*),   k,   qu

k, qu, *and* c *before* a, o, *and* u *or a consonant* have the sound of the English k.

América	capital	que	bosque
continente	frecuente	quiere	aquí
cultura	encuentra	parque	kilómetro

ch

ch is pronounced as the ch in the English *church*.

| mucho | Chile | Chapultepec | charlar |

d

When at the beginning of a breath-group or following *l* or *n*, the Spanish *d* is similar to English d in *do* but with the tip of the tongue more forward and touching the upper front teeth.

de	diferentes	después	donde
dos	denso	dinero	indio
dar	día	indicar	aldea

In other positions, it is comparable to English th in *they*. Between vowels and in final position in a word, it is often scarcely audible in rapid conversation.

ciudad	adobe	sud	hablado
elevada	médicos	usted	comido
Estados Unidos	agradable	facultad	vivido

f

f is pronounced as f in the English word *fool*.

| edificios | Reforma | famoso | Felipe |
| diferentes | fácil | fábrica | filosofía |

g (+ e *and* i), j

g *before* e *and* i and j in all positions have no English equivalent. They are pronounced like the ch in the German word *ach*.[1]

región	energía	José	trabajar
general	ingeniero	extranjero	bajo
vegetación	higiene	Guadalajara	justicia

---

[1] Students who have difficulty making the sound of the Spanish j can obtain an approximation but not an equivalent of the sound by pronouncing the sound of the English h very forcefully.

g (+ a, + o, + u, + ue, + ui),   g (+ *consonant*)

g *before* **a, o,** *and* **u** *or a consonant* has a sound similar to that of the **g** in the
English word *garden* when at the beginning of a breath-group or following **n**.
The letter **g** followed by a consonant has a similar sound. The **g** between
vowels is much weaker (the back of the tongue does not shut off the passage
of air).

grande	algo	segundo	pregunta
gobierno	lengua	agua	elegante
algunas	González	luego	antigua

In order to indicate the hard sound of the **g** when followed by **e** or **i**, a silent
u is inserted between the **g** and the **e** or **i**.

guerra	llegué	guitarra	águila

h is always silent as English **h** in *hour*.

habitantes	hablan	higiene	historia
hay	hasta	ahora	hotel

l

l constitutes a special difficulty since it does not correspond to the English l.
It approaches initial l in *least*. Imitate your instructor's *l* and avoid making
the l of the English word *fell*.

Colombia	la	españoles	película
Chile	capital	del	los

ll

ll is pronounced like **y** in the English word *young* in Mexico, many parts of
South America, and in some parts of Spain.
ll is pronounced at times like **s** in *pleasure* and at times like **j** in *judge* in
Argentina, Uruguay, and neighboring countries.[1]
ll is pronounced approximately like **lli** in the English word *million* in most
parts of Spain.

millones	llaman	llegan	lleva
bella	lluvia	ella	llanura
calles	castillo	llueve	llenar

[1] The letter *y* (consonant) is pronounced as the *ll* in these countries.

m

m is pronounced as **m** in the English word *meet*.

| muy | América | también | llaman |
| mucho | México | mexicano | mezcla |

n

n is pronounced approximately like **n** in the English word *never*. [1]

| norte | también | nación | son |
| un | continente | tiene | naturalmente |

ñ

ñ is pronounced approximately like **ni** in the English word *onion*.

| españoles | señor | niños | mañana |
| montañas | señorita | años | dueño |

p

p is pronounced approximately as in the English word *speak*.

| parte | pero | capital | primitiva |
| país | pues | públicos | aspectos |

r

r (except at the beginning of a word or after *n*, *l*, or *s*) differs from English **r** in that the tongue quickly touches the roof of the mouth near the front teeth somewhat like **d** in the English word *meadow*.

diferentes	América	pobres	parques
norte	parte	grande	centro
pero	cultura	varios	primitiva

rr

rr always and *r* at the beginning of a word or after *n*, *l*, or *s* are strongly trilled.

Reforma	sierra	terreno	alrededor
región	Monterrey	guitarra	honrado
residencia	barrios	desarrollar	Enrique

---

[1] Before *b*, *p*, and *v*, however, *n* is pronounced as **m**. EXAMPLES: enviar, envidia.

s

s is pronounced somewhat[1] like s in the English word s*ea*.[2]

país	aspectos	presidente	desde
casi	Sud América	residencia	mismo
Paseo	presente	señor	desgraciadamente

t

t is pronounced as t in the English word *too* but with the tongue touching the back of the upper front teeth.

| norte | parte | habitantes | primitiva |
| continente | también | centro | tiene |

x

x has two basic sounds in Spanish.[3]
Before a vowel or *h*, it sounds somewhat like the English combination **gs**.[4]

| exactamente | existen | examen | éxito |

Before a consonant, it is comparable to the s in the English word *best*.

| extranjero | explica | extraña | excelente |
| exclamar | expresión | exportación | extender |

---

[1] There are several types of *s* in the various parts of the Spanish-speaking world, but the English *hissed* s is a fair approximation except for the specialist.

[2] *s* before *b, d, g, l, m, n,* and *v* is pronounced like the weak English *z*-sound in *boys*. EXAMPLES: desde, mismo.

[3] In certain Mexican words, especially in proper names, *x* is pronounced like the Spanish *j*. EXAMPLES: México, Oaxaca, Texas. An initial *x* in Mexican words is pronounced like *s*. EXAMPLE: Xochimilco.

[4] Be careful not to pronounce the *x* as **gz**.

Pequeños obstáculos en español provenientes del inglés

English Barriers to Spanish

Almost every English-speaking person who is still in the process of learning the language makes certain errors in Spanish because of the influence of English vocabulary and English constructions. To eliminate such errors, one must first become aware that they exist, then set about to learn how Spanish expresses such words and constructions.

The following 113 English sentences contain words and constructions which present problems when expressed in Spanish. The English list is alphabetized by the italicized keyword which entails the difficulty. The Spanish list gives the correct way of expressing the English sentences in Spanish.

To study these sentences, it is suggested that the student cover the Spanish list, then try to write the Spanish equivalent of a limited number of the English sentences, check his sentence against the Spanish list in the book, then learn the correct form of sentences in which he has made errors.

1. Charles has *about* eight books.
2. Charles writes a letter *about* (*concerning*) his class.
3. Charles will meet Mary *at about* five o'clock.
4. Charles gives *advice* to Mary.
5. Charles runs *after* the car.
6. Charles leaves *after* the meal.
7. Charles will leave *after* he speaks.
8. Charles leaves *after* Mary has spoken.
9. Charles studies his lesson *again*.

10. Charles *agrees* with Mary.
11. Charles and Mary *agree* on the importance of Spanish.
12. Charles has *another* book.
13. Charles *approaches* Mary.
14. Charles *arrives in* Spain.
15. Mary is not *as* tall *as* Charles.

1. Carlos tiene *cerca de* ocho libros.
2. Carlos escribe una carta *acerca de* su clase.
3. Carlos encontrará a María *a eso de* las cinco.
4. Carlos da *consejos* a María.
5. Carlos corre *tras* el coche.
6. Carlos sale *después de* la comida.
7. Carlos saldrá *después de* hablar.
8. Carlos sale *después* (*de*) *que* María ha hablado.
9. Carlos estudia su lección *otra vez*. Carlos estudia su lección *de nuevo*. Carlos *vuelve a* estudiar su lección.
10. Carlos *está de acuerdo* con María.
11. Carlos y María *están de acuerdo* sobre la importancia del español.
12. Carlos tiene *otro* libro.
13. Carlos *se acerca a* María.
14. Carlos *llega a* España.
15. María no es *tan* alta *como* Carlos.

16. Charles interprets it *as a* sign of good luck.

16. Carlos lo interpreta *como* señal de buena suerte.

17. *As* Charles walks toward the square, he meets Mary.

17. *Mientras (cuando)* Carlos camina hacia la plaza, encuentra a María.

18. Charles *asks Mary for a book.*

18. Carlos *pide un libro a María.*

19. Charles *asks her for a book.*

19. Carlos *le pide un libro.*

20. Charles *asks Mary a question.*

20. Carlos *hace una pregunta a María.*

21. Charles admires Mary *because* of her intelligence.

21. Carlos admira a María *a causa* de su inteligencia.

22. Charles admires Mary *because* she is intelligent.

22. Carlos admira a María *porque* es inteligente.

23. Charles leaves *before* he has finished his work.

23. Carlos sale *antes de* terminar su trabajo.

24. Charles leaves *before* Mary arrives.

24. Carlos sale *antes (de) que* María llegue.

25. Charles reads, *but* Mary works.

25. Carlos lee, *pero* María trabaja.

26. Charles does not study history *but* literature.

26. Carlos no estudia historia *sino* literatura.

27. Charles does not read *but* works.

27. Carlos no lee *sino que* trabaja.

28. All come *but (except)* Charles.

28. Todos vienen *menos* Carlos.

29. Charles reads *but (only)* two books.

29. Carlos *no* lee *más que* dos libros.

30. Don Juan is the most important *character* in the play.

30. Don Juan es el *personaje* más importante de la comedia.

31. Charles has a violent *character.*

31. Carlos tiene el *carácter* violento.

32. Charles goes *down* the river.

32. Carlos va río *abajo.*

33. Charles *enters* the room.

33. Carlos *entra en* el cuarto.

34. Charles has *everything* he needs.

34. Carlos tiene *todo lo que* necesita.

35. Charles *feels* good.

35. Carlos *se siente* bien.
Carlos *está* bien.

36. Charles listens *first.*

36. Carlos escucha *primero.*

37. *At first* Charles doesn't understand.

37. *Al principio* Carlos no entiende.

38. Charles has been singing *for* an hour.

38. Carlos canta *desde hace* una hora.
Hace una hora *que* Carlos canta.

39. Charles sang *for* an hour.

39. Carlos cantó *durante* una hora.

40. Charles sings, *for (because)* he is happy.

40. Carlos canta, *porque* está alegre.

41. Charles takes the book away *from* Mary.

41. Carlos *le* quita *a* María el libro.

42. Charles *has* a book.

42. Carlos *tiene* un libro.

43. Charles *has* read a book.

43. Carlos *ha* leído un libro.

44. Charles *hears of* the war.

44. Carlos *oye hablar de* la guerra.

45. Charles is (*at*) *home*.
46. Charles goes *home*.
47. Charles leaves *home*.
48. Charles gets up at six *in the* morning.
49. Charles studies *in the* morning and goes to school *in the* afternoon.
50. Charles *intends* to go to Spain.
51. Charles *is interested in* painting.
52. Charles *introduces* me to Mary.
53. Charles *knocks* at the door.
54. Charles *knows* that Mary is at home.
55. Charles *knows* Mary.
56. Charles *knows how* to dance.
57. *Charles lacks* friends.
58. The *last* day Charles left for Spain.
59. *Last night* Charles worked.
60. *Last* week Charles traveled.
61. Charles *laughs at* Mary.
62. Charles *leaves* the school.
63. Charles *leaves* the pencil on the desk.
64. Charles *looks at* the flowers.
65. Charles *looks for* a book.
66. Charles *loves* Mary.
67. Charles *is in love with* Mary.
68. Charles *falls in love with* Mary.
69. Charles *marries*.
    Charles *gets married*.
70. Charles *marries* Mary.
71. Charles *is married*.

72. Charles *is married to* Mary.
73. What *does* "despacio" *mean*?
74. Charles *must* (*has to*) work.
75. Charles *must* (probably) study a great deal.
76. Charles *must* (ought to) study more.
77. *What is* Charles' *name*?

45. Carlos está *en casa*.
46. Carlos va *a casa*.
47. Carlos sale *de casa*.
48. Carlos se levanta a las seis *de la* mañana.
49. Carlos estudia *por la* mañana y va a la escuela *por la* tarde.
50. Carlos *piensa* ir a España.
51. Carlos *se interesa por* la pintura.
52. Carlos me *presenta* a María.
53. Carlos *llama* a la puerta.
54. Carlos *sabe* que María está en casa.
55. Carlos *conoce* a María.
56. Carlos *sabe* bailar.
57. *A Carlos le faltan* amigos.
58. El *último* día Carlos salió para España.
59. *Anoche* Carlos trabajó.
60. La semana *pasada* Carlos viajó.
61. Carlos *se ríe de* María.
62. Carlos *sale de* la escuela.
63. Carlos *deja* el lápiz en el escritorio.
64. Carlos *mira* las flores.
65. Carlos *busca* un libro.
66. Carlos *quiere* a María.
67. Carlos *está enamorado de* María.
68. Carlos *se enamora de* María.
69. Carlos *se casa*.

70. Carlos *se casa con* María.
71. Carlos *está casado*.
    Carlos *es casado*.
72. Carlos *está casado con* María.
73. ¿ Qué *quiere decir* « despacio » ?
74. Carlos *tiene que* trabajar.
75. Carlos *debe de* estudiar mucho.
    Carlos *estudiará* mucho.
76. Carlos *debe* estudiar más.
77. ¿ *Cómo se llama* Carlos ?

78. I know a boy *named* Charles.

78. Conozco a un chico *llamado* Carlos.

79. *The next* morning Charles left.

79. *A la* mañana *siguiente* Carlos salió.

80. *Next* week Charles will leave.

80. Carlos saldrá la semana *que viene.*
Carlos saldrá la semana *próxima.*

81. Charles *passes* the house.

81. Carlos *pasa por delante de* la casa.

82. Charles *plays* football and chess.

82. Carlos *juega al* fútbol y *al* ajedrez.

83. Charles *plays* the guitar.

83. Carlos *toca* la guitarra.

84. Charles *resembles* his mother.

84. Carlos *se parece a* su madre.

85. Charles *returns* to Madrid.

85. Carlos *vuelve* a Madrid.
Carlos *regresa* a Madrid.

86. Charles *returns* the money.

86. Carlos *devuelve* el dinero.

87. Charles is sleeping *since (because)* he is tired.

87. Carlos duerme *porque* está cansado.

88. Charles has been sleeping *since* yesterday.

88. Carlos duerme *desde* ayer.

89. Charles *is sitting (seated)* on a chair.

89. Carlos *está sentado* en una silla.

90. Charles *is sitting (seating himself)*.

90. Carlos *se sienta.*

91. Charles *spends* a great deal of money.

91. Carlos *gasta* mucho dinero.

92. Charles *spends* a month in Madrid.

92. Carlos *pasa* un mes en Madrid.

93. Charles *takes* a pencil from the table.

93. Carlos *toma* un lápiz de la mesa.

94. Charles *takes* Mary to the dance.

94. Carlos *lleva* a María al baile.

95. Charles *takes* a course.

95. Carlos *sigue* un curso.

96. Charles *takes* a walk.

96. Carlos *da* un paseo (una vuelta).
Carlos *(se) pasea.*

97. Charles *tells* a story.

97. Carlos *cuenta* una historia.

98. Charles *tells* of his trip.

98. Carlos *habla* de su viaje.

99. Charles *thinks of* Mary.

99. Carlos *piensa en* María.

100. What *does* Charles *think of* the book?

100. ¿ Qué le *parece* a Carlos el libro ?

101. Charles doesn't have enough *time.*

101. Carlos no tiene bastante *tiempo.*

102. Charles calls three *times.*

102. Carlos llama tres *veces.*

103. What *time* is it?

103. ¿ Qué *hora* es ?

104. Charles *has a good time.*

104. Carlos *se divierte.*

105. Charles goes *up* the street.

105. Carlos va calle *arriba.*

106. Charles takes his *vacation* in June.

107. Charles *waits for* the letter.

108. Charles *wants Mary to leave.*

109. Charles is *with* Mary.

110. The mountain is covered *with* snow.

111. Charles *wonders* what Mary is doing.

112. Charles *would write* if he had time.

113. Charles *would write* (*used to write*) every day.

106. Carlos toma sus *vacaciones* en junio.

107. Carlos *espera* la carta.

108. Carlos *quiere que María salga.*

109. Carlos está *con* María.

110. La montaña está cubierta *de* nieve.

111. Carlos *se pregunta* qué hace María.

112. Carlos *escribiría* si tuviera tiempo.

113. Carlos *escribía* todos los días.

Vocabulario Inglés~Español

ABBREVIATIONS:

adj.	adjective	*ind.*	indefinite	*prep.*	preposition
adv.	adverb	*inf.*	infinitive	*pret.*	preterite
art.	article	*m.*	masculine	*pers.*	person
cond.	conditional	*obj.*	object	*pron.*	pronoun
def.	definite	*p.*	page	*refl.*	reflexive
dem.	demonstrative	*pl.*	plural	*rel.*	relative
dir.	direct	*p.p.*	past participle	*sing.*	singular
f.	feminine			*subj.*	subject

§ indicates section in GRAMÁTICA. A reference to § 107 indicates that a verb has a spelling change; a reference to § 110 indicates that a verb is irregular.

A

a *un, una*
abandon *abandonar*
able, be *poder* (§ 110, no. 23)
about *de, acerca de*
  be about to *estar para* (§ 45 B 5)
Acapulco *Acapulco*
accept *aceptar*
accompany *acompañar*
according to *según*
adobe *adobe* (m.)
advance *avanzar(se)* (§ 107 A), *adelantarse*
advanced *avanzado*
advantage, take — of *aprovecharse* (*de* + noun)
advise *aconsejar* (*a* + person + inf.; + *que* + subjunctive)
affair *asunto*
afraid, be *tener miedo* (§ 110, no. 29)
after (prep.) *después de* (+ inf.; + noun)
  quarter after five *las cinco y cuarto*
after (conj.) *después (de) que*
afternoon *tarde* (f.)
afterward *después*
age *edad* (f.)

ago, an hour *hace una hora* (§ 102 B)
agreeable *agradable*
Alameda *Alameda*
Alhambra *Alhambra*
almost *casi*
already *ya*
also *también*
although *aunque*
always *siempre*
America *América*
  North America *Norte América*
  South America *Sud América*
an *un, una*
ancient *antiguo*
and *y, e* (§ 48 A)
Andalusia *Andalucía*
another *otro* (§ 54 D)
any *algún(o)* (§ 10 A); *cualquier(a)* (§ 10 E)
anything, not *nada*
appointment *cita*
April *abril*
approach *acercarse* (*a* + noun)
Arab *árabe*
are *son; están*
  there are *hay*
army *ejército*
around (prep.) *alrededor de*

arrange *arreglar*
arrival *llegada*
arrive *llegar* (§ 107 B)
article *artículo*
artist *artista* (m. and f.)
as *como*
  as . . . as *tan . . . como* (§ 12 G)
  as far as *hasta*
  as for *en cuanto a*
ask (something) *preguntar*
ask (someone for something) *pedir*
  (*i, i*) (*algo a alguien*)
asleep, fall *dormirse* (*ue, u*)
aspect *aspecto*
at *a, en, por, de*
  at home *en casa*
  at night *de noche, por la noche*
  at noon *al mediodía*
  at once *en seguida*
  at present *actualmente*
  at seven o'clock *a las siete*
  at ten o'clock at night *a las diez
    de la noche*
  at times *a veces*
Augustine *Agustín*
author *autor* (m.)
avenue *avenida*
awaken *despertar* (*ie*)
away, go *irse* (§ 110, no. 20)

B

bad *mal(o)* (§ 10 A)
balcony *balcón* (m.)
banana *plátano*
bank *banco*
Barcelona *Barcelona*
battle *batalla*
be *ser* (§§ 97, 110, no. 28); *estar*
  (§§ 98, 110, no. 17)
  be able *poder* (§§ 110, no. 23)
  be about to *estar para* (§ 45 B 5)
  be afraid *tener miedo*
  be bored *aburrirse*

be born *nacer* (§ 110, no. 13)
be cold (person) *tener frío;* (weather)
  hacer frío
be from *ser de*
be glad *alegrarse*
be good weather *hacer buen tiempo*
be hungry *tener hambre*
be in a hurry *tener prisa*
be late in *tardar* (*en* + inf.)
be silent *callarse*
be sleepy *tener sueño*
be slow in *tardar* (*en* + inf.)
be thirsty *tener sed*
be warm (person) *tener calor;*
  (weather) *hacer calor*
be windy *hacer viento*
beach *playa*
beautiful *bello, hermoso*
because *porque*
  because of *a causa de*
become *hacerse; ponerse; llegar a ser;
  volverse* (§ 104)
bed *cama*
  go to bed *acostarse* (*ue*)
before (prep.) *antes de* (+ inf.; +
  noun)
before (conj.) *antes* (*de*) *que* (+ subjunctive)
begin *comenzar* (*ie*) (*a* + inf.)
  (§ 107 A); *empezar* (*ie*) (*a* + inf.)
  (§ 107 A)
behind *detrás de*
believe *creer* (§§ 92 D, 110, no. 21)
belong *pertenecer* (§ 110, no. 13)
bell *campana*
besides (prep.) *además de*
better *mejor*
between *entre*
big *gran(de)* (§ 10 B)
bill *cuenta*
bird *pájaro*
blue *azul*
boarding house *pensión* (f.)
body *cuerpo*

Bogota   *Bogotá*
Bolivia   *Bolivia*
book   *libro*
bored, be   *aburrirse*
born, be   *nacer* (§ 110, no. 13)
both   *ambos, –as*
boy   *muchacho, chico*
breakfast   *desayuno*
bridge   *puente* (m.)
bring   *traer* (§ 110, no. 30)
brother   *hermano*
building   *edificio*
bull   *toro*
bullfight   *corrida de toros*
Burgos   *Burgos*
burn   *quemar*
bus   *autobús* (m.)
but   *pero; sino* (§ 49)
buy   *comprar*
by   *por; en*
    by car   *en automóvil*

C

café   *café* (m.)
call   *llamar*
can   *poder* (§ 110, no. 23)
candidate   *candidato*
capital   *capital* (f.)
car   *coche* (m.)
    by car   *en automóvil*
Caracas   *Caracas*
care, take — of   *cuidar* (+ thing; *a* + person; *de* + person or thing)
Carlota   *Carlota*
Catalan   *catalán* (m.)
center   *centro*
century   *siglo*
Cervantes   *Cervantes*
chair   *silla*
change   *cambiar*
Chapultepec   *Chapultepec*
Charles   *Carlos*
chauffeur   (in Spain) *chófer* (m.); (in Mexico) *chofer* (m.)

chief   *jefe* (m.)
child   *niño*
Chile   *Chile* (m.)
choose   *escoger* (§ 107 D)
Christian   *cristiano*
church   *iglesia*
    go to church   *ir a la iglesia*
city   *ciudad* (f.)
civilization   *civilización* (f.)
class   *clase* (f.)
    "cut" a class   *faltar a una clase*
clean   (adj.) *limpio;* (verb) *limpiar*
clearly   *claramente*
clerk   *empleado*
climate   *clima* (m.)
close   *cerrar* (ie)
coast   *costa*
coat   *abrigo*
cold, be   (person) *tener frío;* (weather) *hacer frío*
collect   *cobrar*
college   *facultad* (f.); *universidad* (f.)
Colombia   *Colombia*
come   *venir* (§ 110, no. 32)
    come in   *entrar* (*en* + noun)
    come out   *salir* (*de* + noun)
companion   *compañero*
complain   *quejarse* (*de* + noun)
completely   *completamente*
concerning   *acerca de*
conquer   *conquistar*
conservative   *conservador, –a*
construct   *construir* (§ 110, no. 14)
continent   *continente* (m.)
continue   *seguir* (*i, i*) (§ 107 H)
    continue forward   *seguir adelante*
conversation   *conversación* (f.)
Cortez   *Cortés*
cost   *costar* (ue)
could   (past tenses and cond.) *poder* (§ 110, no. 23)
country   *país* (m.)
cover   *cubrir* (p.p. *cubierto*)
    cover with   *cubrir de*

cow *vaca*
crazy *loco*
cross *atravesar* (*ie*)
cry *grito*
cultivation *cultivo*
culture *cultura*
custom *costumbre* (f.)
customs *aduana*
  go through customs *pasar la aduana*
"cut" a class *faltar a una clase*

D

dance *baile* (m.)
dangerous *peligroso*
dare *atreverse* (*a* + inf.)
daughter *hija*
day *día* (m.)
  a day *al día, por día*
  every day *todos los días*
  the whole day *todo el día*
deal, a great *mucho*
debt *deuda*
December *diciembre*
declare *declarar*
departure *salida*
desire *desear*
desk *mesa*
dessert *postre* (m.)
dialect *dialecto*
Díaz *Díaz*
dictator *dictador* (m.)
dictatorship *dictadura*
did you not? ¿ *verdad* ?
die *morir* (*ue, u*) (p.p. *muerto*)
Diego *Diego*
difference *diferencia*
different *diferente*
difficult *difícil*
difficulty *dificultad* (f.)
dining room *comedor* (m.)
dirty *sucio*
discuss *discutir*
dish *plato*

district *barrio*
divide *dividir*
do *hacer* (§ 110, no. 19)
doctor *médico*
Dolores *Dolores*
Dominic *Domingo*
door *puerta*
doubt (noun) *duda;* (verb) *dudar*
downstairs, go *bajar*
dream *soñar* (*con* + noun)
drink *beber*
driver (in Spain) *chófer* (m.); *taxista*
    (m.); (in Mexico) *chofer* (m.)
dry *seco*
during *durante; por*

E

each *cada*
  each other *expressed by reflexive pro-
    noun* (§ 27 F)
eagle *águila* (f.) (page 300, note 1)
early *temprano*
earn *ganar*
east *este* (m.)
easy *fácil*
eat *comer*
  eat supper *cenar*
education *instrucción* (f.)
egg *huevo*
eight *ocho*
either *tampoco*
eleven *once*
emperor *emperador* (m.)
empire *imperio*
employee *empleado*
enemy *enemigo*
energy *energía*
engineer *ingeniero*
English (*adj.*) *inglés, -a;* (noun) *inglés*
enjoy *gozar* (*de* + thing) (§ 107 A)
enough *bastante, suficiente*
enter *entrar* (*en* + noun; *a* + noun)
enterprise *empresa*

entire *entero, todo* (+ def. art.)
especially *especialmente, sobre todo*
estate *hacienda*
Europe *Europa*
every (sing.) *cada;* (pl.) *todos* (+ def. art.)
   every day *todos los días*
everywhere *por todas partes*
examination *examen* (m.)
exist *existir*
explain *explicar* (§ 107 C)
exportation *exportación* (f.)
extensive *extenso*

F

fact *hecho*
factory *fábrica*
fall (noun) *otoño*
fall (verb) *caerse* (§ 110, no. 11)
   fall asleep *dormirse* (*ue, u*)
family *familia*
famous *célebre, conocido, famoso*
far, as — as *hasta*
farm hand *labrador* (m.)
farmer *campesino*
father *padre* (m.)
favorite *favorito*
fear (noun) *miedo;* (verb) *temer, tener miedo* (*de* + inf.; *de* + noun)
February *febrero*
feel like *tener ganas* (*de* + inf.)
few *pocos, –as*
   in a few minutes *dentro de pocos minutos*
field *campo*
fifty *cincuenta*
fill *llenar*
film *película*
finally *finalmente, por fin*
find *encontrar* (*ue*)
finish *terminar*
first *primer(o)* (§ 10 A)
five *cinco*

flag *bandera*
floor *suelo*
flower *flor* (f.)
following *siguiente*
   the following morning *a la mañana siguiente*
foot *pie* (m.)
   on foot *a pie*
football *fútbol* (m.)
for *por* (§ 45 A); *para* (§ 45 B); *desde hace, hace . . . que* (§ 59 B)
foreigner *extranjero*
forget *olvidar* (+ inf.; + thing)
former *aquél, aquélla, aquéllos, aquéllas*
formerly *antes*
forward *adelante*
found *fundar*
France *Francia*
French *francés, –a*
friend *amigo*
from *de, desde*
front, in — of *delante de*
fruit *fruta*
full *lleno*

G

Galicia *Galicia*
Garcia *García*
garden *jardín* (m.)
   vegetable garden *huerta*
"gas" *gasolina*
gather *recoger* (§ 107 D)
general *general* (m.)
gentleman *señor* (m.)
German *alemán, –a*
get *conseguir* (*i, i*) (§ 107 H); (meaning "become") *ponerse* (§ 104)
   get into *subir a*
   get married *casarse* (*con* + person)
   get out *sacar*
   get up *levantarse*
gift *regalo*
girl *muchacha, chica*

give   *dar* (§ 110, no. 15)
glad, be   *alegrarse*
go   *ir* (*a* + inf.) (§ 110, no. 20)
   go away   *irse*
   go to bed   *acostarse* (*ue*)
   go downstairs   *bajar*
   go home   *ir a casa*
   go off   *irse*
   go out   *salir*
   go through   *pasar* (*por*)
González   *González*
good   *buen*(*o*) (§ 10 A)
   have a good time   *divertirse* (*ie, i*)
government   *gobierno*
grain   *grano*
Granada   *Granada*
grandfather   *abuelo*
grandson   *nieto*
great   *gran*(*de*) (§ 10 B)
   great deal   *mucho*
Greco, el   *el Greco*
greet   *saludar*
Guadalajara   *Guadalajara*
guest   *invitado*
guitar   *guitarra*

H

hail (a taxi)   *llamar*
half   *medio*
   half past one   *la una y media*
happen   *pasar, ocurrir, suceder*
harvest   *cosecha*
hat   *sombrero*
hate   *odiar*
have   *tener* (§§ 103, 110, no. 29)
   have a good time   *divertirse* (*ie, i*)
   have left   *quedarle* (*a* + person)
   have to   *tener que* (+ inf.)
he   *él*
hear   *oír* (§ 110, no. 22)
heat (noun)   *calor* (m.); (verb) *calentar* (*ie*)
help   *ayudar* (*a* + inf.)

her   (adj.) *su, sus;* (dir. obj. pron.) *la;* (ind. obj. pron.) *le;* (prep. obj. pron.) *ella*
here   *aquí*
Hidalgo   *Hidalgo*
hide   *esconder*
high   *alto, elevado*
highway   *carretera*
him   (dir. obj. pron.) *le;* (ind. obj. pron.) *le;* (prep. obj. pron.) *él*
himself   *se*
his   (adj.) *su, sus;* (pron.) *el suyo; el de él*
home   *casa*
   at home   *en casa*
   go home   *ir a casa*
   return home   *volver a casa*
hope   *esperar*
   I hope that (meaning "Would that . . .")   *¡ Ojalá . . . !* (§ 92 K)
horse   *caballo*
hotel   *hotel* (m.)
hour   *hora*
house   *casa*
   boarding house   *pensión* (f.)
how?   *¿ cómo ?*
   how many?   *¿ cuántos ?*
   how much?   *¿ cuánto ?*
   know how   *saber*
human   *humano*
hundred   *cien*(*to*) (§§ 10 C, 17 B, C)
   a hundred and fifty   *ciento cincuenta*
   five hundred   *quinientos, –as*
   nine hundred   *novecientos, –as*
   two hundred   *doscientos, –as*
hungry, be   *tener hambre*
hurry, be in a   *tener prisa*
husband   *marido*

I

I   *yo*
idea   *idea*
idealist   *idealista* (m. and f.)

if   *si*
imagine   *imaginarse*
important   *importante*
impossible   *imposible*
in   *en*
  in a few minutes   *dentro de pocos*
  minutos
  in front of   *delante de*
  in order that   *para que* (+ subjunctive)
  in order to   *para* (+ inf.)
independent   *independiente*
Indian   *indio*
industry   *industria*
Inez   *Inés*
inhabitant   *habitante* (m.)
inside   *dentro*
instability   *inestabilidad* (f.)
instead of   *en vez de*
interest   *interesar*
interesting   *interesante*
interpret   *interpretar*
into   *en*
  get into   *subir a*
introduce   *presentar*
is   *es; está*
it   (subj. pron.) *él, ella, ello;* (dir. obj. pron.) *lo, la*
  it is said   *se dice*
Italian   *italiano*
its   *su, sus*

J

jail   *cárcel* (f.)
January   *enero*
John   *Juan*
Joseph   *José*
judge   *juez* (m.)
July   *julio*
June   *junio*

K

key   *llave* (f.)
kill   *matar*

kilometer   *kilómetro*
king   *rey* (m.)
know   (something) *saber* (§ 110, no. 26) (meaning "be acquainted with") *conocer* (§ 110, no. 13)

L

lack   *faltarle* (*a* + person) (§ 100 B)
  I lack   *me falta(n), a mí me falta(n)*
landlady   *dueña*
language   *lengua, idioma* (m.)
large   *gran(de)* (§ 10 B)
last   (verb) *durar;* (adj.) *pasado*
  last night   *anoche*
  last Saturday   *el sábado pasado*
  last week   *la semana pasada*
latter   *éste, ésta, éstos, éstas* (§ 33 B); *este último*
laugh   *reírse* (*i, i*) (*de* + noun)
law   *ley* (f.)
lawyer   *abogado*
lazy   *perezoso*
learn   *aprender* (*a* + inf.)
leave   *salir* (*de* + noun); *dejar*
  leave for   *salir para*
left, to have   *quedarle* (*a* + person) (§ 100 B)
lend   *prestar*
lesson   *lección* (f.)
let us, let's   *vamos* (*a* + inf.); 1st pers. pl. present subjunctive (§ 95 E)
letter   *carta*
life   *vida*
like   *gustarle* (*a* + person) (§ 100 A)
  feel like   *tener ganas* (*de* + inf.)
likely, it is   *es fácil*
Lima   *Lima*
listen   *escuchar* (+ thing; *a* + person)
little   *pequeño; poco*
live   *vivir*
living room   *sala*
longer, no   *ya no*
look   *mirar* (+ thing; *a* + person)

look for *buscar* (+ thing; *a* + person)
lose *perder* (*ie*)
lots, a lot of *mucho*
love *querer* (*ie*) (§ 110, no. 25)
lover *amante* (m. and f.)
low *bajo*
luck *suerte* (f.)
lunch *almorzar* (*ue*)

M

ma'am *señora*
machine *máquina*
mad *loco*
Madero *Madero*
Madrid *Madrid*
make *hacer* (§ 110, no. 19)
man *hombre* (m.)
many *muchos, –as*
how many *¿ cuántos, –as ?*
Marie *María*
Mary *María*
married, get *casarse* (*con* + person)
marry *casarse* (*con* + person)
marvellous *maravilloso*
master *amo*
Maximilian *Maximiliano*
me (dir. obj. pron.) *me;* (ind. obj.
pron.) *me;* (prep. obj. pron.) *mí*
with me *conmigo*
meal *comida*
meat *carne* (f.)
medicine *medicina*
meet *encontrar* (*ue*)
menu *menú* (m.)
Mexican *mexicano*
Mexico *México*
Mexico City *México*
mine *el mío, la mía, los míos, las
mías*
minute *minuto*
in a few minutes *dentro de pocos
minutos*
Moctezuma *Moctezuma*
modern *moderno*

Monday *lunes*
on Monday *el lunes*
money *dinero*
Monterrey *Monterrey*
month *mes* (m.)
Moor *moro*
more *más*
morning *mañana*
the following morning *a la mañana
siguiente*
most *más; la mayoría de*
mother *madre* (f.)
mountain *montaña*
movie(s) *cine* (m.)
Mr. *señor* (m.); Mrs. *señora*
much *mucho*
how much? *¿ cuánto ?*
so much *tanto*
mural *fresco*
museum *museo*
music *música*
must *tener que;* (obligation) *deber*
(§ 99 B); (probability) *deber de*
(§ 99 E)
there must be *debe de haber*
my *mi, mis*
myself *me*

N

name *nombre* (m.)
nation *nación* (f.)
natural *natural*
navigable *navegable*
near *cerca de*
necessary *necesario, preciso*
neither . . . nor *ni . . . ni*
never *nunca*
new *nuevo*
news *noticias*
newspaper *periódico*
next week *la semana que viene*
night *noche* (f.)
at night *de noche; por la noche*

last night *anoche*
the whole night *toda la noche*
nine *nueve*
nine hundred *novecientos, –as*
no (adj.) *ningun(o)* (§ 10 A); (in answer to question) *no*
no longer *ya no*
no one *nadie*
noise *ruido*
noon *mediodía* (m.)
at noon *al mediodía*
nor *ni* (§ 22 C)
north *norte* (m.)
North America *Norte América*
not *no*
did you not? *¿ verdad ?*
note *notar*
nothing *nada*
notice *fijarse* (*en* + noun)
novel *novela*
now *ahora*

O

o'clock, at seven *a las siete*
of *de*
offer *ofrecer* (§ 110, no. 13)
office, post *correo*
often *muchas veces*
oil *aceite* (m.)
old *viejo, antiguo*
be twenty years old *tener veinte años*
olive *aceituna*
on *en, sobre*
on arriving *al llegar*
on foot *a pie*
on Monday *el lunes* (§ 4 E)
on the right *a la derecha*
on the streetcar *en tranvía*
on time *a tiempo*
put on *ponerse*
once, at *en seguida*
one *un(o)* (§ 10 A)
no one *nadie*
only (adj.) *único;* (adv.) *solamente;*
no . . . más que

open *abrir* (p.p. *abierto*)
opposition *oposición* (f.)
orange *naranja*
order *mandar*
in order that *para que* (+ subjunctive)
in order to *para* (+ inf.)
other *otro* (§ 54 D)
each other *se, nos* (§ 27 F)
ought *deber* (§ 99 B, C)
our *nuestro*
ours *el nuestro, la nuestra, los nuestros, las nuestras*
out, go *salir* (§ 110, no. 27)
out, take *sacar* (§ 107 C)
outside (prep.) *fuera de*
owner *dueño*

P

paint *pintar*
painter *pintor* (m.)
painting *pintura*
paper *papel* (m.)
parents *padres* (m. pl.)
Paricutín *Paricutín* (m.)
park *parque* (m.)
part *parte* (f.)
patio *patio*
pay *pagar* (§ 107 B)
peak *pico*
people *gente* (f.)
Pérez *Pérez*
perhaps *acaso, quizá(s), tal vez*
permit *permitir*
person *persona*
peso *peso*
Peter *Pedro*
petroleum *petróleo*
Philip *Felipe*
photograph *fotografía*
picture *cuadro*
picturesque *pintoresco*
place *lugar* (m.), *sitio*

plateau *meseta*
play *tocar* (§ 107 C)
pocket *bolsillo*
poetry *versos* (m. pl.)
policeman *policía* (m.); *guardia* (m.)
polite *cortés*
poor *pobre*
port *puerto*
portrait *retrato*
possible *posible*
post office (in Mexico) *correo;* (in Spain) *correos*
prepare *preparar*
present, at *actualmente*
president *presidente* (m.)
pretty *bonito, hermoso*
price *precio*
priest *cura* (m.)
prison *cárcel* (f.)
prisoner *prisionero*
probable *probable*
problem *problema* (m.)
produce *producir* (§ 110, no. 12)
professor *profesor* (m.)
promise *prometer*
pronounce *pronunciar*
protest *protestar*
Puebla *Puebla*
punctual *puntual*
pupil *alumno*
put *poner* (§ 110, no. 24), *colocar* (§ 107 C)
 put into *meter en*
 put on *ponerse*
pyramid *pirámide* (f.)
Pyrenees *Pirineos*

Q

quarter *cuarto*
 a quarter after five *las cinco y cuarto*
 a quarter of two *las dos menos cuarto*

R

railroad *ferrocarril* (m.)
rain *llover* (ue)
rapidly *rápidamente*
rare *raro*
rather *algo*
read *leer* (§ 110, no. 21)
receive *recibir*
recognize *reconocer* (§ 110, no. 13)
re-election *reelección* (f.)
region *región* (f.)
regret *sentir* (ie, i)
remain *quedar(se)*, *permanecer* (§ 110, no. 13)
remember *recordar* (ue), *acordarse* (ue) (*de* + inf.; *de* + noun)
repeat *repetir* (i, i)
require *exigir* (§ 107 D)
resemble *parecerse* (*a* + noun) (§ 110, no. 13)
restaurant *restaurante* (m.)
return *volver* (ue); (give back) *devolver* (ue)
revolution *revolución* (f.)
rich *rico*
right *derecho*
 on the right *a la derecha*
river *río*
Rivera *Rivera*
Robert *Roberto*
Roman *romano*
room *cuarto, habitación* (f.)
 living room *sala*
ruin *ruina*

S

saint *san(to)* (§ 10 D)
Salamanca *Salamanca*
same *mismo*
satisfied *satisfecho*
Saturday *sábado*

say *decir* (§ 110, no. 16)

scarcely *apenas*

scholarship *beca*

school *escuela*

season *estación* (f.)

see *ver* (§ 110, no. 33)

sell *vender*

send *enviar* (§ 107 I)

servant *criado, -a*

serve *servir* (*i, i*)

seven *siete*

seventy *setenta*

several *varios, -as*

she *ella*

shoe *zapato*

shop *tienda*

should *deber* (§ 99 B, C); often translated by the subjunctive (§ 92)

shout *gritar*

show *enseñar*

side *lado*

Sierra Nevada *Sierra Nevada*

sign *señal* (f.)

silent, be *callarse*

since *desde*

sing *cantar*

single (adj.) *solo*

sir *señor*

sister *hermana*

sit down *sentarse* (*ie*)

situated *situado*

six *seis*

skillful *hábil*

sky *cielo*

slave *esclavo*

sleep *dormir* (*ue, u*)

sleepy, be *tener sueño*

slide *proyección* (f.)

slow, be — in *tardar* (*en* + inf.)

small *pequeño*

snow *nevar* (*ie*)

so *tan*

  so much *tanto*

so that *para que* (+ subjunctive), *a fin* (*de*) *que* (+ subjunctive)

soldier *soldado*

some *algun(o)* (§ 10 A)

  some few *unos, -as*

something *algo*

sometimes *a veces*

son *hijo*

soon *pronto*

sound *ruido*

South America *Sud América*

Spain *España*

Spaniard *español, -a*

Spanish *español, -a*

speak *hablar*

speech *discurso*

spend (money) *gastar;* (time) *pasar*

sport *deporte* (m.)

square *plaza*

St. *san(to)* (§ 10 D)

stamp (in Spain) *sello;* (in Mexico) *timbre* (m.)

state *estado*

station *estación* (f.)

statue *estatua*

stay *quedarse*

Stephen *Esteban*

still *todavía*

stop *parar, detenerse* (§ 110, no. 29)

store *tienda*

story *historia; cuento*

street *calle* (f.)

streetcar *tranvía* (m.)

  on the streetcar *en tranvía*

strike *huelga*

strong *fuerte*

student *estudiante* (m. and f.)

study *estudiar*

subway *metro*

suit *traje* (m.)

summer *verano*

supper, eat *cenar*

suppose *suponer* (§ 110, no. 24)

T

table   *mesa*

take   *tomar*

take advantage of   *aprovecharse (de* + noun)

take care of   *cuidar* (+ thing; *a* + person; *de* + person or thing)

take out   *sacar* (§ 107 C)

take a trip   *hacer un viaje*

take a walk   *pasear(se), dar una vuelta*

talk   *hablar*

talk about   *hablar de*

Tampico   *Tampico*

tank   *tanque* (m.)

Taxco   *Taxco*

teach   *enseñar*

teacher   *profesor* (m.)*; maestro*

telephone   *teléfono*

tell   *decir* (§ 110, no. 16)

temple   *templo*

ten   *diez*

Teotihuacan   *Teotihuacán*

Texas   *Texas*

than   *que; de* (§ 12 F)

that   (adj.) *ese* (§ 15 B); *aquel* (§ 15 C); (pron.) *ése; aquél* (§ 33 A); *eso; aquello* (§ 33 C); *que*

that of   *el de* (§ 33 D)

that one   *ése; aquél*

so that   *para que* (+ subjunctive), *a fin (de) que* (+ subjunctive)

the   *el, la, los, las*

their   *su, sus*

theirs   *el suyo, la suya, los suyos, las suyas*

them   (dir. obj.) *los, las;* (ind. obj.) *les;* (prep. obj.) *ellos, ellas*

then   *luego*

there   *allí; allá*

there is, there are   *hay* (§ 101 B)

there must be   *debe(n) de haber*

these   (adj.) *estos, estas;* (pron.) *éstos, éstas*

they   *ellos, ellas;* (used in a general sense) *se* (§ 28 C)

thing   *cosa*

think   *pensar (ie)* (+ inf.; *en* + inf.; *en* + noun); (in the sense of "believe") *creer* (§ 110, no. 21)

third   *tercer(o)* (§ 10 A)

thirsty be   *tener sed*

thirteen   *trece*

thirty-six   *treinta y seis*

this   (adj.) *este;* (pron.) *éste* (§ 33 A); *esto* (§ 33 C)

those   (adj.) *esos* (§ 15 B); *aquellos* (§ 15 C); (pron.) *ésos; aquéllos* (§ 33 A)

those of   *los de* (§ 33 D)

those who, which   *los que* (§ 33 D)

through   *por*

go through customs   *pasar la aduana*

ticket   *billete* (m.)

time   *hora; tiempo; vez* (f.) (p. 451, nos. 101–104)

at times   *a veces*

at what time?   *¿ a qué hora ?*

have a good time   *divertirse (ie)*

on time   *a tiempo*

What time is it?   *¿ Qué hora es ?*

tip   *propina*

tired   *cansado*

to   *a; hasta;* (in order to) *para*

according to   *según*

today   *hoy*

Toledo   *Toledo*

tomorrow   *mañana*

tonight   *esta noche*

too   *demasiado, también*

too bad   *(una) lástima*

too much   *demasiado*

topcoat   *abrigo*

toward   *hacia*

town   *pueblo*

train   *tren* (m.)

travel   *viajar*

traveler   *viajero*

tree *árbol* (m.)
tribe *tribu* (f.)
trip *viaje* (m.)
    take a trip *hacer un viaje*
true *verdadero; verdad*
truth *verdad* (f.)
try *tratar* (*de* + inf.)
twenty *veinte*
two *dos*
    two hundred *doscientos, –as*
typically *típicamente*

U

uncle *tío*
understand *entender* (*ie*)
United States *Estados Unidos*
university *universidad* (f.)
unless *a menos que* (+ subjunctive)
until *hasta que*
up to *hacia*
us (dir. obj. pron.) *nos;* (ind. obj. pron. *nos;* (prep. obj. pron.) *nosotros*
use *usar, emplear, utilizar* (§ 107 A)
useless *inútil*
usual *ordinario*

V

vacation *vacaciones* (f. pl.)
vegetable garden *huerta*
Venezuela *Venezuela*
Vera Cruz *Veracruz*
very *muy*
village *pueblo, aldea*
visit *visitar*

W

wait (for) *esperar* (+ thing; *a* + person)
wake up *despertar* (*ie*)
walk *caminar*
    take a walk *pasear(se), dar una vuelta*

want *querer* (*ie*) (§ 110, no. 25)
war *guerra*
warm, be (person) *tener calor;* (weather) *hacer calor*
wash *lavar*
waste *gastar*
watch *reloj*
water *agua*
we *nosotros*
wear *llevar*
weather *tiempo*
    it is bad weather *hace mal tiempo*
    it is good weather *hace buen tiempo*
wedding *boda*
week *semana*
    last week *la semana pasada*
    next week *la semana que viene*
well *bien*
west *oeste* (m.)
what (interrogative adj.) *qué;* (interrogative pron.) *qué; cuál; lo que*
    What time is it? *¿ Qué hora es ?*
wheat *trigo*
when (interrogative) *¿ cuándo ?* (rel.) *cuando*
where (interrogative) *¿ dónde ?* (rel.) *donde*
which (rel. pron.) *que* (§ 35 A); *el cual* (§ 37 A, B); *lo cual* (§ 5 E); *lo que* (§ 5 F)
while *mientras, mientras que*
who (interrogative) *¿ quién ? ¿ quiénes ?* (rel. pron.) *que* (§ 35 A); *quien* (§ 36)
whole, the *todo el, toda la,* etc.
whom (interrogative) *¿ quién ? ¿ quiénes ?* (rel. pron.) *que* (§ 35 A); *quien* (§ 36)
whose *cuyo, cuya, cuyos, cuyas*
wide *ancho*
wife *esposa*
windy, it is *hace viento*
wine *vino*
winter *invierno*

wish *querer* (*ie*) (§ 110, no. 25), *desear*
with *con*
  with me *conmigo*
without (prep.) *sin;* (conj.) *sin que*
  (+ subjunctive)
witness *testigo*
woman *mujer* (f.)
wood *madera*
woods *bosque* (m.)
word *palabra*
work (noun) *trabajo;* (verb) *trabajar*
worker *obrero*
workingman *obrero*
worst *el peor*
wrap *envolver* (*ue*)
write *escribir* (p.p. *escrito*)

X

Xochimilco *Xochimilco*

Y

year *año*
  be twenty years old *tener veinte años*
yes *sí*
yet *todavía*
you (subj. pron.) *usted; ustedes;* (dir.
  obj. pron.) *le, la, los, las;* (ind.
  obj. pron.) *le, les;* (prep. obj.
  pron.) *usted, ustedes*
young *joven*
your *su, sus*
yours *el suyo, la suya, los suyos, las*
  suyas; el de usted

Z

Zocalo *Zócalo*
zone *zona*

Vocabulario Español-Inglés

ABBREVIATIONS:

abbr.	abbreviation	*f.*	feminine	*p.p.*	past participle
adj.	adjective	*ind.*	indicative	*prep.*	preposition
adv.	adverb	*indef.*	indefinite	*pret.*	preterite
art.	article	*inf.*	infinitive	*pers.*	person
cond.	conditional	*interrog.*	interrogative	*pron.*	pronoun
conj.	conjunction	*m.*	masculine	*refl.*	reflexive
def.	definite	*obj.*	object	*rel.*	relative
dem.	demonstrative	*p.*	page	*sing.*	singular
dir.	direct	*pl.*	plural	*subj.*	subject

The vocabulary which follows contains all Spanish words used in the reading lessons and in the instructions to the students. Parts of speech are given when necessary to distinguish meanings of a word which is used in several functions. The gender of all nouns is indicated except that of masculine nouns in *-o* and feminine nouns in *-a*. If a verb is irregular, the principal parts are given, or if slightly irregular, the irregular forms. Reference to § 110 indicates that a verb is irregular and follows the pattern of the verb referred to; reference to § 107 indicates that the verb undergoes a spelling-change explained in the subsection given; radical-changing verbs are indicated by placing the vowel-change in parentheses after the verb. When there is one vowel-change in the present and the same or another in the preterite, both changes are indicated, as *dormir (ue, u)*. The prepositional construction following a verb is indicated in parentheses wherever possible. Simple verbs that become reflexive with a reflexive meaning are given only in the simple form; when the meaning changes in the reflexive form, both simple and reflexive verbs are listed; when a verb is used simply and reflexively with the same English meaning, *-se* is indicated in parentheses, as *morir(se)*. Parentheses around words indicate that they are being used as an example and that any other appropriate word might be substituted, as, *tiene (veinte) años*, where any age could have been used. Idiomatic expressions containing verbs are given in the third person singular rather than in the infinitive. In cases where the Spanish adverb is formed by adding *-mente* to the adjective, normally only the adjectival form is given in this vocabulary. For instance, if the adverb *generalmente* is found in the lessons, only the adjective *general* will be found in this vocabulary.

Since in the Spanish alphabet *ch*, *ll*, and *ñ* are separate letters, they follow *c, l,* and *n* in alphabetical order; *rr* is not alphabetized as a separate letter.

A

a   to; at, in, into, on, by, with, etc.;
(after verbs of separation) from;
not to be translated when used to
indicate the direct object (§ 44 A)
a casa   (to) home
a causa de   because of
a condición de que   on the condition
that
a la (española)   in the (Spanish)
manner
a fin de que   in order that
a fines de   at the end of
a la (mañana) siguiente   (on) the
following (morning)
a la vez   at the same time
a las (ocho)   at (eight) o'clock
a los (cinco minutos)   (five minutes)
later
a mediados de   in the middle of
a menos que   unless
a menudo   often
a partir de (ese momento)   from
(that time) on
a pie   on foot
a principios de   at the beginning of
a propósito   by the way
a su vez   in turn
a través de   through
a veces   at times, sometimes
a ver   let's see
abajo   down, below; downstairs
abandonar   abandon, desert, leave
abdicar (§ 107 C)   abdicate
abierto (pp. of abrir)   opened; open
abogado   lawyer
abrasador, –a   scorching
abrigo   topcoat; overcoat
abril (m.)   April
abrir (p.p. abierto)   open
absoluto   absolute
abuelo   grandfather; (pl.) ancestors
abundante   abundant, copious

aburrido (p.p. of aburrir) (§ 98 E)
bored; boring
aburrimiento   boredom
aburrirse   be bored; become bored
acá (less precise than aquí) here, over here
acabar   end, finish
acaba de (llegar)   he has just (arrived)
academia   academy (a private school in
which commercial subjects, languages, etc. are taught)
Acapulco   tropical Mexican seaport on
the Pacific noted for its beaches
acaso   perhaps
accidente (m.)   accident
aceite (m.)   oil; olive oil
aceituna   olive
acento   accent
acentuación (f.)   accent, accentuation
acentuar (§ 107 I)   accentuate
aceptar   accept
acera   sidewalk
acerca de (prep.)   about, concerning
acercarse (a + noun) (§ 107 C)   approach
acompañar   accompany, go with
aconsejar (+ inf.; + que + subjunctive) (§ 94 C)   advise
acordarse (ue) (de + inf.; de + noun)
remember
acostado   lying
acostarse (ue)   go to bed
acostumbrarse (a + inf.; a + noun)
become accustomed to
activo   active
actual   (of time) present
actualmente   at present
acudir   come (in answer to a call); run
(to help)
acueducto   aqueduct
acuerdo, de   in agreement
acumular   accumulate
adaptación   adaptation
adelantado   advanced

adelantar *advance*

adelante *forward, ahead*

desde (este momento) en adelante *from (this time) on*

sigue adelante *he goes on, he continues ahead*

además (*adv.*) *besides, moreover*

además de (*prep.*) *besides*

adicional *additional*

adiós *good-bye*

adjetivo *adjective*

administración (*f.*) *administration*

admiración (*f.*) *admiration*

admirar *admire*

admitir *admit*

adobe (*m.*) *sun-dried brick*

adonde *where, to which*

adoptar *adopt*

adornar *adorn, decorate*

adorno *decoration*

adquirir (ie)[1] *acquire, gain*

aduana *customs*

adverbio *adverb*

afirmativo *affirmative*

afortunadamente *fortunately*

África *Africa*

afueras (*f. pl.*) *suburbs*

agencia *agency*

agencia de viajes *travel agency*

agonía *agony*

agosto *August*

agotar *use up*

agradable *agreeable*

agrícola (*adj. m. and f.*) *agricultural*

agrupado *grouped*

agua (*f. but* el) *water*

águila (*f. but* el) *eagle*

Agustín *Augustine*

¡ ah ! *ah! oh!* (*interjection expressing surprise*)

ahí *there* (*near the person addressed*)

ahora *now*

ahora mismo *right now*

aire (*m.*) *air*

aislado *isolated*

ajedrez (*m.*) *chess*

al (a + el) *to the*

al contrario *on the contrary*

al (día) *per* (*day*)

al extranjero *abroad*

al lado de *beside*

al (llegar) *on* (*arriving*)

Alameda *large park in the center of Mexico City*

alcalde (*m.*) *mayor*

alcance (*m.*) *reach*

al alcance de *within the reach of*

alcanzar (§ 107 A) *attain, reach*

más allá de lo que alcanza la vista *as far as the eye can reach*

Alcázar *fortress; in Sevilla a beautiful example of Moorish architecture; in Toledo a fortress ruined during the civil war of 1936–39 and since restored*

alcohol (*m.*) *alcohol*

aldea *village*

aldeano *villager*

alegrarse (de + *inf.*; (de) que + *subjunctive*) *be glad*

alegre *happy*

alejarse (de + *noun*) *go away, move away, draw away*

alemán, –a *German*

Alemania *Germany*

álgebra (*f. but* el) *algebra*

algo (*indef. pron.*) *something;* (*adv.*) *somewhat, rather*

algo de (oriental) *something* (*oriental*)

alguien *someone, somebody*

algun(o) (§ 10 A) (*adj.*) *some, any;* (*pron.*) *someone, anyone, some, any*

---

[1] In the present indicative and subjunctive and in the imperative, the verb *adquirir* has the same vowel changes as a radical-changing verb whose stem-vowel *-e-* changes to *-ie-*. See page 222.

Alhambra *famous Moorish palace and fortress in Granada*

aliado *ally*

alimento *food*

alma (*f. but* el) *soul*

almorzar (ue) *eat late morning lunch; in some parts of the Spanish-speaking world it means "eat breakfast," in others it refers to noon meal*

almuerzo *late morning lunch; breakfast; noon meal*

alrededor (*adv.*) *around, about*

alrededor de (*prep.*) *around*

alternativo *alternate*

altitud (*f.*) *altitude*

alto *high; tall;* (referring to voice) *loud*

en lo alto (*from*) *on high*

altura *height; altitude*

alumno, alumna *pupil*

alzar (§ 107 A) *raise, lift*

allá (*farther away than* allí) *there*

más allá *farther*

más allá de lo que alcanza la vista *as far as the eye can reach*

allí *there*

por allí *over there, around there*

amanecer (*m.*) *dawn*

amante (*m. and f.*) *lover*

amar *love;* (p.p. as noun) amado *loved one*

amarillo *yellow*

ambición (*f.*) *ambition*

ambicioso *ambitious*

ambiente (*m.*) *environment, surroundings*

ambos, –as *both*

amenazar (§ 107 A) *threaten*

América *America*

Norte América *North America*

Sud América *South America*

amigo *friend*

amistad (*f.*) *friendship*

amo *master; owner*

amor (*m.*) *love*

amoroso *loving, amorous*

amplio *ample*

amueblado *furnished*

anarquía *anarchy*

anatomía *anatomy*

ancho *wide, broad*

Andalucía *Andalusia, region of southern Spain*

andaluz, –za *Andalusian*

andar (*pret.* anduve) (§ 110, no. 9) *go* (*without definite destination*); *walk*

Andes (*m. pl.*) *chief mountain chain of South America*

ángulo *angle; corner*

animación (*f.*) *animation*

animal (*m.*) *animal*

anoche *last night*

ansiedad (*f.*) *anxiety*

ante (in position or order) *before; in the presence of*

antecesor (*m.*) *predecessor; ancestor*

anterior *preceding, former, anterior*

antes (*adv.*) (in time) *before, sooner*

antes de (*prep.*) *before*

antes (de) que (+ *subjunctive*) (*conj.*) *before*

anticipación (*f.*) *anticipation*

de anticipación *in advance*

antiguamente *in olden times; formerly*

antigüedad (*f.*) *antiquity*

antiguo (of things) *old, ancient*

antiquísimo (antiguo + –ísimo) *very old*

Antonio *Anthony*

anual *annual*

anunciar *announce*

año *year*

tiene (veinte) años *he is* (*twenty*) *years old*

aparecer (§ 110, no. 13) *appear*

apelación (*f.*) *appeal*

apenas *scarcely*

aplicación (*f.*) *application*
aplicado *industrious*
apoderarse (de + *noun*) *take possession of*
aportación (*f.*) *contribution*
apoyar *support*
apoyo *support*
apreciar *appreciate*
aprender (a + *inf.*) *learn*
  aprende de memoria *he memorizes*
apresar *capture, seize*
apropiado *appropriate*
aprovechar *profit by, take advantage of (an opportunity)*
aprovecharse (de + *noun*) *take advantage of*
aptitud (*f.*) *aptitude*
apuntar *note down*
aquel, aquella, aquellos, aquellas (*dem. adj.*) *that, those*
aquél, aquélla, aquéllos, aquéllas (*dem. pron.*) *that one; he; the former; that; those; they*
aquí *here*
  por aquí *this way*
árabe *Arab; Arabian*
Arabia *Arabia*
arado *plow*
Aragón *region in northeastern Spain*
árbol (*m.*) *tree*
arco *arch*
archiduque (*m.*) *archduke*
aritmética *arithmetic*
Arizona *Arizona*
arma (*f. but* el) *weapon, arm*
armada *fleet of armed ships*
Armada Invencible *the fleet of ships sent against England in 1588 by Philip II*
armonía *harmony*
armónico *harmonic*
arquitecto *architect*
arquitectura *architecture*
arquitectónico *architectural*

arreglar *arrange, settle, put in order, fix*
arrepentirse (ie, i) (de + *inf.*; de + *noun*) *repent*
arriba (*adv.*) *up, above; upstairs*
arrodillarse *kneel*
arrogante *arrogant*
arroz (*m.*) *rice*
arrozal (*m.*) *rice field*
arte (*m. and f. but* el) *art*
arteria *artery*
artesano *artisan*
artículo *article*
  artículo determinado *definite article*
  artículo indeterminado *indefinite article*
  artículo de costumbres *sketch or essay dealing with some aspect of contemporary society*
artista (*m. and f.*) *artist*
artístico *artistic*
asegurar *assure*
asesinar *assassinate; murder*
así *so, thus, in this way*
  así como *as well as*
Asia *Asia*
asiento *seat*
asignatura (*school*) *subject*
asistencia *attendance; presence*
  falta de asistencia *absence*
asistir *attend, be present at*
  asiste a (la clase) *he attends (class)*
asombrar *astonish*
aspecto *aspect*
astucia *astuteness*
astuto *astute*
asunto *matter, affair; subject*
asustar *frighten, scare*
atacar (§ 107 C) *attack*
atención (*f.*) *attention*
  llama la atención *he attracts attention*
  pone atención *he pays attention*
  presta atención *he pays attention*
Atlántico *Atlantic*

atraer *attract*
atrasado *backward*
atravesar (ie) *cross*
atreverse (a + *inf.*) *dare*
atrevido *daring, bold*
auditorio *auditorium*
aula (*f.* but el) *lecture room; classroom*
aumentar *increase*
aun, aún (*after word modified*) *even; still*
aunque *although*
ausencia *absence*
autobús (*m.*) *bus*
automóvil (*m.*) *automobile, car*
autor (*m.*) *author*
autoridad (*f.*) *authority*
avanzar (§ 107 A) *advance*
avaro *stingy, avaricious*
avenida *avenue*
aventura *adventure*
Ávila *small city west of Madrid noted for its medieval walls, its churches, and as birthplace of Santa Teresa*
avión (*m.*) *airplane*
¡ ay ! *oh! ouch!* (*expressing pain*)
ayer *yesterday*
ayuda *help*
ayudar *help, aid*
azteca (*adj. m. and f.*) *Aztec*
azul *blue*

B

bachiller (*m.*) *"bachelor", person who has successfully completed the three years work in the Spanish* Instituto *or private* colegio
título de bachiller *high school diploma*
bachillerato *secondary school studies in the Spanish* Instituto *or private* colegio
bailar *dance*
baile (*m.*) *dance*
bajar *go down; bring down*

bajarse *get off (of a vehicle)*
bajo (adj.) *low;* (prep.) *under*
piso bajo *ground floor*
Balboa (Vasco Núñez de) (1475–1517) *first Spaniard to view the Pacific Ocean* (1513)
balcón (*m.*) *balcony*
baloncesto *basketball*
banca (in Mexico) *bench*
banco *bench; bank*
Banco de España *Bank of Spain*
banda *band*
bandera *flag*
bañarse *take a bath*
baño *bath*
bar (*m.*) *snack bar; small establishment where sandwiches, soft drinks, ice cream, etc. are sold*
barato *cheap*
bárbaro *barbarian*
barca *small boat*
Barcelona *second city of Spain, located in the northeastern part of Spain on the Mediterranean in the region of Catalonia*
barco *a large boat*
barrio *district (of a city)*
basado *based*
base (*f.*) *base; basis*
básico *basic*
básquetbol (*m.*) *basketball*
bastante (adj. and pron.) *enough;* (adv.) *enough; rather; rather much*
bastar (con que + *subjunctive*) *be enough, be sufficient*
bastardilla *italics*
batalla *battle*
beber *drink*
beca *scholarship*
Bécquer (Gustavo Adolfo) (1836–1871) *Spanish poet and short story writer, especially known for his* Rimas
béisbol (*m.*) *baseball*

belleza *beauty*

bello *beautiful*

Benavente (Jacinto) (1866–1954) *famous Spanish dramatist*

benévolo *benevolent*

beso *kiss*

biblioteca *library*

bien (*adv.*) *well; clearly, perfectly; very* está bien *he is well off; he is comfortable; O.K.*

bienes (*m. pl.*) *property*

billete (*m.*) *ticket; (paper) bill* saca billete *he gets a ticket*

blanco *white*

boca *mouth*

bocadillo (in Spain) *sandwich consisting of a hard roll with a piece of meat*

boda *wedding*

Bogotá *Bogota, the capital of Colombia*

boletero (in Mexico) *ticket seller*

boleto (in Mexico) *ticket* boleto de sol *ticket for a place where the sun is shining* boleto de sombra *ticket for a place in the shade*

Bolivia *country of South America*

bolsillo *pocket*

bonito *pretty*

Borda, los jardines *gardens in Cuernavaca*

bosque (*m.*) *woods*

botánico *botanical*

Brasil, el *Brazil*

bravo *wild, ferocious, fierce, bad-tempered* la Costa Brava *name of a stretch of coast along the Mediterranean to the north of Barcelona*

brazo *arm*

Breda *city of Holland captured by Spinola in 1625*

breve (of time) *short; brief*

brujería *witchcraft*

buen(o) (§ 10 A) *good* hace buen tiempo *it is good weather*

buey (*m.*) *ox*

Burgos *city of northern Spain famous for its Gothic cathedral*

burla *joke*

Burlador de Sevilla, el *title of famous play by Tirso de Molina developing the Don Juan legend*

burro *donkey*

busca *search*

buscar (+ *noun*) (§ 107 C) *seek, look for; get*

C

caballería *chivalry*

caballero *gentleman*

caballo *horse*

cabeza *head*

cabo *end* al cabo de *at the end of*

cacto *a cactus plant*

cactos (*m. pl.*) *cactuses*

cada (*adj. m. and f.*) *each, every* cada uno (*pron.*) *each one, each* cada vez más *more and more*

cadáver (*m.*) *corpse*

cadena *chain*

caer (*pres. yo caigo*) (§ 110, no. 11) *fall* caerse *fall (down)*

café (*m.*) *coffee; popular establishment, often with terrace on sidewalk, where drinks are sold*

caída *fall*

calentar (ie) *heat*

calidad (*f.*) *quality*

California *state in western United States*

Calisto *male protagonist in* La Celestina

calor (*m.*) *heat* hace calor *it is hot* tiene calor *he is hot*

caluroso *hot*

callar(se) *be silent, keep still*

calle (f.)   street
  calle principal   main street
calleja   alley
cama   bed
cambiar (de + noun)   change
cámbie(n)se   change
cambio   change; exchange
  en cambio   on the other hand
caminar   walk; travel
camino   road
  se pone en camino   he sets out
camión (m.)   truck; (in Mexico) bus (especially city bus)
campana   bell; chimney in shape of a bell
campaña   campaign
campesino   farmer, peasant
campo   field; country (as contrasted with city)
campus (m.)   university campus
Canadá, el   Canada
canción (f.)   song
cancha   court (for playing games such as tennis)
candidato   candidate
canónico   canonical, ecclesiastical, of the church
cansado   tired
cansar   tire
cansarse   get tired
cantábrico   Cantabrian
  costa cantábrica   northern coast of Spain along the Bay of Biscay
cantar (verb) sing; (noun, m.) song
  El cantar de mío Cid   title of the best-known Spanish epic poem
cantidad (f.)   quantity
canto   song, singing
capacidad (f.)   capacity
capital (f.)   capital; large city
capitulación (f.)   capitulation, surrender
capturar   capture
cara   face
carácter (m.; pl. caracteres)   character
característica (noun)   characteristic

característico (adj.)   characteristic
caracterizar (§ 107 A)   characterize
carbón (m.)   coal
  máquina de carbón   coal engine, steam engine
cárcel (f.)   prison, jail
Cárdenas (Lázaro) (1895–1970)   reformist president of Mexico from 1934 to 1940
Carlos   Charles
Carlos I (1500–1558)   son of Felipe el Hermoso and Juana la Loca, he became king of Spain in 1516 and emperor of the Holy Roman Empire in 1519; retired to a monastery in 1556
Carlos IV (1748–1819)   king of Spain from 1788 to 1808
Carlota   wife of Maximilian; empress of Mexico
carne (f.)   meat
caro   dear, expensive
Carranza (Venustiano)   president of Mexico in 1914, assassinated in 1920
carrera   career; running, race
carretera   highway
carta   letter; (pl.) playing cards
cartel (m.)   poster
casa   house
  a casa   (to) home
  de casa   from home
  en casa   at home
casado   married; los casados   married couple
casarse (con + person)   marry, get married
casi   almost
caso   case
  hace caso   he pays attention
castellano   (adj.) Castilian, of Castile; Spanish; (noun) Spanish (language)
Castilla   Castile
catalán, –a   Catalan, referring to the

region of Catalonia; language of Catalonia; native of Catalonia

Cataluña Catalonia, region of northeastern Spain of which Barcelona is the capital

catedral (f.) cathedral

catedrático professor in Instituto or university who has tenure

catolicismo Catholicism

católico Catholic

catorce fourteen

causa cause

a causa de because of

celebrar celebrate; hold an event

célebre famous

Celestina, la title of famous work in Spanish literature of which Celestina is the main character

cementerio cemetery

cena supper

cenar eat supper

censurar censor

centenar (m.) hundred

central central

la central telefónica telephone office

centro center

Centro América Central America

cerca (adv.) near, near by

cerca de (prep.) near

cerdo pig, hog

cerrar (ie) close, shut

cerro hill

Cervantes (Miguel de) (1547–1616) famous Spanish author of Don Quijote

cesto (hand) basket

Cibeles (f.) famous square in Madrid so named because of fountain picturing Cybele, goddess of Earth

Cid, el the main character in the Spanish epic El cantar de mío Cid

ciego blind

cielo sky; heaven

cien(to) (§ 10 C) hundred

ciencia science

cierto (§ 4 I) certain

es cierto it is true

por cierto certainly

cifra number, figure

cinco five

cincuenta fifty

cine (m.) movie(s)

circulación (f.) traffic

circular circulate

circunferencia circumference

circunstancia circumstance

ciruela plum

cita appointment, "date"

citar make an appointment

se cita con he makes a "date" with

ciudad (f.) city

Ciudad Juárez city on Mexican border opposite El Paso, Texas

Ciudad Universitaria the whole of the University (Mexico and Madrid) with all its colleges, apartments, and dormitories

Ciudad Victoria Mexican city on Pan-American Highway

civil civil; civilian

guardia civil civilian policeman

la Guerra Civil Spanish Civil War (1936–1939)

civilización (f.) civilization

claro clear

¡ claro ! surely, certainly

clase (f.) class; kind, sort

falta a la clase he "cuts" class, he misses class

sala de clase classroom

clásico classic; classical

clasifíque(n)se classify

cláusula clause

cliente (m.) customer

clima (m.) climate

club (m.) club

cobrar collect; charge

cocina kitchen

coche (*m.*)   *car; train coach*
coger (§ 107 D)   *catch*
cola   *tail; line*
colección (*f.*)   *collection*
colegio   *private secondary school; boarding school*
colina   *hill*
colocar (§ 107 C)   *put, place*
Colombia   *Colombia*
Colón (Cristóbal) (1446–1506)   *Christopher Columbus*
colonia   *colony*
colonial   *colonial*
colonizador (*m.*)   *colonizer, colonist*
colonizar (§ 107 A)   *colonize*
color (*m.*)   *color*
colorido   *coloring*
columna   *column*
comedia   *play*
comedor (*m.*)   *dining room*
comenzar (ie) (a + *inf.*) (§ 107 A)   *begin*
comer   *eat*
   se come la mitad de los sonidos   *he omits (swallows) half of the sounds*
comercial   *commercial*
comercio   *commerce*
comida   *meal; dinner (in Spain the largest meal, which is usually served at about two o'clock in the afternoon)*
   hacer la comida   *have dinner*
comienzo   *beginning*
   da comienzo a   *he begins*
como   *as, like, such as; when; since; provided that*
   así como (+ *noun*)   *as well as*
   ¿ cómo ?   *how? why? what?*
   ¡ cómo no !   *of course! certainly!*
   ¿ cómo se llama . . . ?   *What is the name of . . . ?*
   tan . . . como   *as . . . as*
   tanto . . . como   *as much . . . as*
comodidad (*f.*)   *convenience, comfort*
cómodo   *comfortable, convenient*

compañero   *companion*
compañía   *company*
comparar   *compare*
comparativo   *comparative*
complemento   *object (of a sentence)*
completar   *complete*
completo   *complete*
complicado   *complicated*
componer (§ 110, no. 24)   *compose*
composición (*f.*)   *composition*
compra   *purchase*
   va de compras   *he goes shopping*
comprar   *buy*
comprender   *understand (a situation); contain; comprise; include*
comprobar (ue)   *prove*
compuesto (*pp. of* componer)   *compound; composed*
comunicación (*f.*)   *communication*
comunicar (§ 107 C)   *communicate; inform*
comunidad (*f.*)   *community*
con   *with*
conceder   *concede, grant*
concentración (*f.*)   *concentration*
concentrar   *concentrate*
concepto   *concept*
concierto   *concert*
concurrido   *much attended; crowded*
Concha   *dimunitive form of girl's name Concepción; name of beach at San Sebastián*
conde (*m.*)   *count*
condición (*f.*)   *condition*
   a condición de que (+ *subjunctive*)   *on the condition that*
condicional (*m.*)   *conditional*
conducir (§ 110, no. 12)   *lead, conduct*
conejo   *rabbit*
confesar (ie)   *confess*
confesar(se) (ie)   *go to confession*
conmemoración (*f.*)   *commemoration*
conmigo (con + mí)   *with me*

conocer (*pres.* yo conozco) (§ 110, no. 13) *be acquainted with, know; meet*

conocerse de algo *meet somewhere*

conocido *well-known; famous*

conocimiento (*often pl.*) *knowledge; acquaintance*

conquista *conquest*

conquistador (*m.*) *conqueror*

conquistar *conquer*

conseguir (i, i) (+ *inf.*) (§ 107 H) *get, secure, obtain*

consejo (*often pl.*) *advice; piece of advice*

consentimiento *consent*

consentir (ie, i) (en + *inf.;* en + *noun*) *consent*

conservación (*f.*) *conservation*

conservador, –a *conservative*

conservar *preserve, keep*

considerar *consider*

consiguiente, por *therefore*

consistir (en + *inf.;* en + *noun*) *consist*

consonante (*f.*) *consonant*

conspiración (*f.*) *conspiracy*

conspirar *conspire*

constar (de + *noun*) *consist of;* (que) *be clear, be evident*

constitución (*f.*) *constitution*

constitucional *constitutional*

construcción (*f.*) *construction*

construir (§ 110, no. 14) *construct*

consulta *doctor's office*

contar (ue) *tell, relate; count*

cuenta con *he counts on*

contemporáneo *contemporary*

contener (§ 110, no. 29) *contain; hold back*

contento *content, happy*

contestación (*f.*) *answer*

contestar *answer*

contéste(n)se *answer*

contigo (con + ti) *with you*

continente (*m.*) *continent*

continuación (*f.*) *continuation*

continuar (§ 107 I) *continue*

contra *against*

contrario *contrary*

al contrario *on the contrary*

sentido contrario *opposite meaning*

contrastar *contrast*

contraste (*m.*) *contrast*

contribuir (§ 110, no. 14) *contribute*

control (*m.*) *control*

convencer (page 414, note 5) *convince*

convenga(n) *is suitable (are suitable)*

convenido *agreed upon*

conveniente *suitable*

convenir (§ 110, no. 32) *be suitable, be proper*

convento *convent*

conversación (*f.*) *conversation*

convertir(se) (ie, i) (en + *noun*) *convert*

conviene(n) *is suitable (are suitable)*

cooperativo (*noun*) *cooperative*

copiar *copy*

copioso *abundant*

corazón (*m.*) *heart*

cordero *mutton; lamb*

Córdoba *Spanish city in Andalusia*

correcto *correct*

correo *post office; local train; in Spain usually in plural when it means "post office"*

oficina de correos *post office*

correr *run*

corresponde(n) *corresponds (correspond)*

correspondiente *corresponding*

corrida *bullfight*

corrida de toros *bullfight*

corriente *ordinary*

corte (*f.*) *court*

cortés *courteous*

Cortés (Hernán) (1485–1547) *conqueror of Mexico in 1519–1521*

Coruña, La   *seaport located in the north-west corner of Spain in Galicia*
cosa   *thing*
   decir cosas raras   *talk foolishness*
   otra cosa   *something else*
cosecha   *harvest*
costa   *coast; cost*
   a costa de   *at the expense of*
Costa Brava   *wild-appearing coast to the north of Barcelona*
costa cantábrica   *coast in northern Spain along the Bay of Biscay*
costar (ue)   *cost*
costumbre (*f.*)   *custom*
creación (*f.*)   *creation*
crear   *create*
crecer (§ 110, no. 13)   *grow, increase*
creer (§ 110, no. 21)   *believe*
criado, criada   *servant*
criar   *raise*
criollo   *Creole, person of Spanish blood born in the New World*
cristiano   *Christian*
Cristo de la Vega   *Christ of the Lowlands*
criticar (§ 107 C)   *criticize*
crucificar (§ 107 C)   *crucify*
cruel   *cruel*
cruz (*f.*)   *cross*
cruzar (§ 107 A)   *cross*
   se cruza con   *he meets*
cuadra   *stable*
cuadro   *painting*
cual, el (*rel. pron.*)   *who, which*
¿ cuál ?   (*interr. pron.*)   *which? which one? what?*
cualidad (*f.*)   *quality*
cualquier(a) (adj.) (§ 10 E)   *any, any one at all;* (pron.) *anyone*
cuando   *when*
   de vez en cuando   *from time to time*
¿ cuándo ?   *when?*
cuanto   *as much as, as many as*

en cuanto   *as soon as*
en cuanto a   *as for*
¿ cuánto ?   *how much? how many?*
¡ cuánto !   *how much!*
cuarenta   *forty*
cuarto   *room*
cuarto   *fourth*
cuatro   *four*
Cuba   *Cuba*
cubierto (*p.p.* of cubrir)   *covered*
cubrir (*p.p.* cubierto) (de + *noun*)   *cover*
cuello   *neck*
cuenta   *bill*
   se da cuenta (de + *noun*)   *he realizes*
cuento (*short*) *story, tale*
Cuentos de la Alhambra   *title of Washington Irving's work,* The Alhambra
Cuernavaca   *city south of Mexico City*
cuerpo   *body*
cuidado   *care*
   tiene cuidado   *he takes care*
cuidar (+ *noun;* de + *noun*)   *care for, take care of*
culpa   *blame*
   tiene la culpa   *he is to blame*
cultivar   *cultivate*
cultivo   *cultivation*
cultura   *culture*
cumplir   *fulfill, keep (a promise)*
cura (*m.*)   *priest*
curiosidad (*f.*)   *curiosity*
curso   *course*
curva   *curve*
cuyo   *whose, of whom*

Ch

Chapultepec   *name of wooded park in Mexico City*
chica (*noun*) (in Spain) *girl*
Chicago   *Chicago*

chico (*noun*) (in Spain) *boy*

Chile (*m.*) *Chile*

chocolate (*m.*) *chocolate*

chófer (*in Spain*), chofer (*in Mexico*) (*m.*) *chauffeur, driver*

D

D.F. (*abbr. for* Distrito Federal) *Federal District, an area around Mexico City which corresponds to the District of Columbia in the United States*

dar (doy, di, dado) (§ 110, no. 15) *give*

da a luz *it (she) gives birth to*

da comienzo a *he begins*

se da cuenta de *he realizes*

da principio a *he begins*

da una vuelta *he takes a walk*

da vuelta a *he encircles*

de *of; from; about; with, etc.* (after a comparative) *than;* (after a superlative) *in*

de acuerdo *in agreement*

de casa *from home*

de (día) *by (day)*

de este modo *in this manner*

de manera que *so that*

de nuevo *again*

de otro modo *in another way; otherwise*

de pronto *suddenly*

de repente *suddenly*

de todas formas *in any case*

de todos modos *in any case*

de veras *really*

de vez en cuando *from time to time*

debajo (*adv.*) *underneath, beneath*

debajo de (*prep.*) *under*

deber (+ *inf.; de* + *inf.*) (§ 99) *ought to, should, must;* (followed by noun) *owe*

debe de (estudiar) *he must (probably) (study)*

debido a (*prep.*) *due to*

debido a que *due to the fact that*

debilidad (*f.*) *weakness*

debilitar *weaken*

decadencia *decadence*

decano *dean*

decidir (+ *inf.*) *decide*

decidirse (a + *inf.*) *decide; make up one's mind*

decir (digo, dije, dicho) (§ 110, no. 16) *say; tell*

es decir *that is to say*

declaración (*f.*) *declaration*

declarar *declare*

decorar *decorate, adorn*

dedicar (§ 107 C) *dedicate*

dedo *finger*

defecto *defect*

defensa *defense*

defensor (*m.*) *defender*

definitivamente *definitely, finally*

dejar *leave; let*

deja de (hablar) *he stops (talking)*

deja mucho que desear *it leaves much to be desired*

del (de + el) *of the*

delante (*adv.*) *in front*

delante de (*prep.*) *in front of*

deliberado *deliberate*

delicioso *delightful*

demás (*the*) *rest, other*

demasiado *too; too much*

demasiado que (hacer) *too much to (do)*

democracia *democracy*

demostrar (ue) *show, demonstrate*

demostrativo *demonstrative*

dentro (*adv.*) *within*

dentro de (*prep.*) *inside of*

dependiente *dependent*

depender (de + *noun*) *depend*

deporte (*m.*, *usually plural*)   *sport*
deportivo   *sportive; concerning sports*
derecho (*adj.*)   *right, straight*
  a la derecha   *to the right*
derecho (*noun*)   *right, privilege; law*
derivar   *derive*
derrotar   *defeat, rout*
desagradable   *disagreeable*
desagradar   *displease*
desaparecer (§ 110, no. 13)   *disappear*
  desaparece de raíz   *disappear completely*
desarrollar   *develop*
desarrollo   *development*
desastroso   *disastrous*
desayuno   *breakfast*
descansar   *rest*
descender   *descend, go down*
desclavar   *unnail*
desconocido   (adj.) *unknown;* (noun) *stranger*
descontento   (adj.) *unhappy;* (noun) *malcontent*
describir (*p.p.* descrito)   *describe*
descubrimiento   *discovery*
descubrir (*p.p.* descubierto)   *discover*
desde (*prep.*)   (of place) *from;* (of time) *since*
  desde (este momento) en adelante   *from (this time) on*
  desde hace (§ 59 B)   *for, since*
  desde hacía (§ 61 C)   *for, since*
desde que (*conj.*)   *since*
desear (+ *inf.*)   *desire, wish*
  deja mucho que desear   *it leaves much to be desired*
desembocar   (§ 107 C) (a river) *empty*
deseo   *desire*
  tiene deseos de   *he has a desire to*
desgracia   *misfortune*
desgraciado   *unfortunate, wretched*
deshacer (§ 110, no. 19)   *destroy*
desierto   (adj.) *deserted;* (noun) *desert*
desnudo   *bare*

desocupado   *unoccupied*
desorden (*m.*)   *disorder*
desorganización (*f.*)   *disorganization*
despacio   *slow, slowly*
despacho   *office*
despedirse (i, i) (de + *noun*)   *say goodbye to, take leave of*
despertarse (ie)   *wake up*
despreocupado   *carefree, happy-go-lucky*
desprovisto (de + *noun*)   *without, lacking*
después (*adv.*)   *after, afterwards*
después de (*prep.*)   *after*
después (de) que (*conj.*)   *after*
destacado   *outstanding*
destacarse (§ 107 C)   *stand out*
desterrar (ie)   *exile*
destructor, –a   *destructive*
destruir (§ 110, no. 14)   *destroy*
detalle (*m.*)   *detail*
detener (§ 110, no. 29)   *stop*
  se detiene   *he stops*
determinado, artículo   *definite article*
detrás (*adv.*)   *behind*
detrás de (*prep.*)   *behind*
deuda   *debt*
devolver (ue)   *return (to a person), give back*
di (*pret. of* dar)   *I gave*
día (*m.*)   *day*
  al día   *per day*
  de día   *by day*
  hoy día   *today*
  quince días   *two weeks*
diabólico   *diabolic*
dialecto   *dialect*
diario   *daily*
Díaz (Porfirio) (1825–1915)   *president and dictator of Mexico from 1876 to 1911*
dibujo   *drawing*
dice (*pres. of* decir)   *he says*
diciembre (*m.*)   *December*
dictador (*m.*)   *dictator*

dictadura *dictatorship*

dicho (*p.p. of* decir) *the said, the aforesaid*

didáctico *didactic, relative to teaching*

Diego *James*

diente (*m.*) *tooth*

diera, diese (*imperfect subjunctive of* dar) *gave*

diez *ten*

diferencia *difference*

diferente *different*

difícil *difficult*

dificultad (*f.*) *difficulty*

dígale *tell him*

digo (*pres. of* decir) *I say*

digestión (*f.*) *digestion*

dignarse *deign*

dije (*pret. of* decir) *I said*

dinero *money*

dios (*m.*) *god*

dirección *direction; address*

dirigirse (a + *noun*) (§ 107 D) *direct oneself toward, make one's way toward; turn to; address, speak to*

disciplina *discipline; branch of learning*

discípulo *pupil*

discurso *speech*

discusión (*f.*) *discussion*

disección (*f.*) *dissection*

sala de disección *laboratory where dissection is done*

diseño *design*

disfrutar (de + *noun*) *enjoy*

dispuesto (*p.p. of* disponer) *disposed; ready*

distancia *distance*

distinguir (§ 107 H) *distinguish*

distinto *different, distinct*

distraer (§ 110, no. 30) *amuse, entertain*

diversión (*f.*) *diversion, amusement*

diverso *varied, diverse; various; different*

divertido *amusing*

divertirse (ie, i) *have a good time, amuse oneself*

dividir *divide*

divino *divine*

divorcio *divorce*

doce *twelve*

doctor (*m.*) *doctor*

documento *document*

dólar (*m.*) *dollar*

dolor (*m.*) *grief, sorrow, sadness; pain*

Dolores *Mexican village where Hidalgo started the revolution against Spain*

dominación (*f.*) *domination*

dominar *dominate*

domingo *Sunday*

dominio *dominion; mastery*

dominó (*m.*) *dominoes*

don *Don (a title used before the Christian names of men)*

Don Juan Tenorio *main character in Tirso de Molina's* El burlador de Sevilla, *the prototype of the handsome and charming lover*

Don Quijote *main character in Cervantes' work of the same name*

donde *where, in which*

¿ dónde ? (§ 21) *where?*

¿ a dónde ? *where (to)?*

¿ de dónde ? *whence? from where?*

¿ por dónde ? *whereabouts? which way?*

dormir (ue, u) *sleep*

duerme la siesta *he takes a "siesta"*

dormirse (ue, u) *go to sleep*

dormitorio *dormitory*

dos *two*

los dos *both*

dotar *equip*

dote (*f.*) *dowry*

doy (*pres. of* dar) *I give*

drama (*m.*) *drama*

dramático *dramatic*

dramaturgo *dramatist*

duda *doubt*

sale de dudas *he satisfies his curiosity*

dudar *doubt*

dueño *master; owner*

Duero   *river in northwestern Spain*
dulce   (adj.)   *sweet;*   (noun)   *sweets, candy*
duodécimo   *twelfth*
durante   *during*
durar   *last*
duro   *hard; hard-boiled (egg)*

E

e   (*used before words beginning with* i- *and* hi-)   *and*
Ebro   *river in northeastern Spain*
económico   *economic; economical*
echar   *throw*
   echa de menos (su máquina)   *he misses (his machine)*
edad (f.)   *age*
Edad Media   *Middle Ages*
edificio   *building*
educación (f.)   *training; bringing up; education*
educar (§ 107 C)   *train; bring up; educate*
efecto, en   *in fact*
Egipto   *Egypt*
ejecución (f.)   *execution*
ejemplo   *example*
   por ejemplo   *for example*
ejercicio   *exercise*
ejército   *army*
el, la, los, las (def. art.)   *the;* (dem. pron.) *the one; he; that*
   el de   *that of*
   el que   *he who, the one who, that*
él   (subj. pron.)   *he; it;* (prep. obj. pron.) *him; it*
elección (f.)   *election*
elegante   *elegant*
elegir (§ 107 D)   *elect*
elevado   *high*
ella   (subj. pron.)   *she; it;* (prep. obj. pron.) *her; it*

ellas   *they; them*
ello (*neuter prepositional pron.*)   *it*
   por ello   *therefore, for that reason*
ellos   *they; them*
embargo, sin   *however*
emigración (f.)   *emigration*
emocionante   *exciting*
emperador (m.)   *emperor*
empezar (ie) (a + inf.) (§ 107 A) *begin*
empinado   *steep*
empleado   *employee*
empleando   *using*
emplear   *use, employ*
emplée(n)se   *use*
empleo   *use*
emplumado   *feathered*
empresa   *undertaking, enterprise*
en   *in; into; on, upon, etc.*
   en cambio   *on the other hand*
   en casa   *at home*
   en cuanto   *as soon as*
   en cuanto a   *as for*
   en efecto   *in fact*
   en general   *in general*
   en punto   *exactly*
   en seguida   *immediately*
   en vez de   *instead of*
enamorado (de + noun)   *in love (with)*
encaminarse   *walk*
encerrar (ie)   *enclose, shut*
encima (adv.)   *above*
encima de (prep.)   *above, on, on top of*
encontrar (ue)   *meet; find*
   se encuentra   *he is; he finds himself; it is located*
enemigo   *enemy*
enemistad (f.)   *enmity*
energía   *energy*
enero   *January*
enfermo   *sick*
enfrente (adv.)   *in front; opposite*
enfrente de (prep.)   *in front of; opposite*

enojar *anger*

enorme *enormous*

ensayista (*m. and f.*) *essayist*

enseñanza *instruction; education*

enseñar (a + *inf.*) *show; teach*

entender (ie) *understand* (*a language*)

enterarse (de + *noun*) *find out*

entero *entire, whole*

entierro *burial, funeral*

entonces *then*

entrar (en + *noun;* a + *noun*) *enter*

entre *between; among*

entre sí *among themselves*

entregar (§ 107 B) *hand over; hand in; deliver; give up*

entremés (*m.*) *relish, hors d'œuvre*

entretanto *meanwhile*

entretener (§ 110, no. 29) *entertain, amuse* (p.p.) entretenido *amusing; entertaining*

entusiasmar(se) *become enthusiastic*

enunciado *principal parts* (*of a verb*)

enviar (§ 107 I) *send*

envidia *envy*

envolver (ue) *surround; wrap*

épico *epic*

episodio *episode*

época *epoch, period*

equivalente *equivalent*

equivaler (§ 110, no. 31) *be equivalent to*

ermita *hermitage*

es (*he, she, it*) *is*

es decir *that is to say*

esbeltez (*f.*) *elegance; fine beauty*

esbelto *elegant and fine*

escalar *climb over, scale*

escaparse *escape*

escena *scene*

esclavo *slave*

escoger (§ 107 D) *choose*

escója(n)se *choose*

escolar (*adj.*) *school*

graduado escolar *title equivalent to American eighth-grade diploma*

escríba(n)se *write*

escribir (*p.p.* escrito) *write*

escrito (*p.p. of* escribir) *written*

escritor (*m.*) *writer*

escuchar (+ *noun*) *listen*

escudero *squire*

escuela *school*

escultura *sculpture, sculpturing*

ese, esa, esos, esas (*dem. adj.*) *that* (*near person spoken to*), *those*

ése, ésa, ésos, ésas (*dem. pron.*) *that one; he; that; those*

esencial *essential*

eso (*neuter dem. pron.*) *that*

por eso *therefore, for that reason*

espacio *space*

espacioso *spacious*

espantoso *frightful*

España *Spain*

español, –a *Spanish; Spaniard; Spanish language*

españolismo *chauvinism; love for and complacency with things Spanish*

especial *special*

especialista (*m. and f.*) *specialist*

espectáculo *spectacle, show*

esperanza *hope*

esperar (+ *inf.;* + *noun*) *hope; wait for*

espeso *thick*

espíritu *spirit*

espiritual *spiritual*

esplendor (*m.*) *splendor*

esplendoroso *splendorous*

esposa *wife*

esposo *husband*

Espronceda (José de) (1810–1842) *Spanish writer of the Romantic period*

está(n) *is* (*are*)

establecer (§ 110, no. 13) *establish*

establecerse *settle*

establecimiento *establishment*

estación (*f.*) *season; station*

  estación de gasolina *"gas" station*

  Estación del Norte *North Station, Madrid station for trains going to French border*

estadio *stadium*

  Estadio Olímpico *Olympic Stadium, the stadium at the University of Mexico*

estado *state;* Estado, el *the Government*

Estados Unidos, los *the United States*

estanco *tobacco shop*

estanque (*m.*) *pond*

estar (estoy, estuve, estado) (§§ 98, 110, no. 17) *be*

  está bien *he is comfortable, he is well-off; O.K.*

  está para (salir) *he is about to (leave)*

  no está *he is not there*

estatua *statue*

este, esta, estos, estas (*dem. adj.*) *this, these*

éste, ésta, éstos, éstas (*dem. pron.*) *this one, this; the latter; he, these*

este (*m.*) *east*

Esteban *Stephen*

estilo *style*

estimular *stimulate*

esto (*neuter dem. pron.*) *this*

estoy (*pres. of* estar) *I am*

estómago *stomach*

estrecho *narrow*

estropear *spoil*

estudiante (*m. and f.*) *student*

estudiar *study*

estudio *study*

  libro de estudio *textbook*

estuve (*pret. of* estar) *I was*

etapa *period, stage*

etc. (*abbr. of* etcétera) *and so forth*

Europa *Europe*

europeo *European*

evangelio *Gospel, first four books of New Testament*

evaporar(se) *evaporate*

exacto *exact*

examen (*m.*) *examination*

exceptuar (§ 107 I) *except*

excesivo *excessive*

exclamar *exclaim*

exclusivo *exclusive*

excursión (*f.*) *excursion*

exigir (§ 107 D) *require, demand*

exilado *exile*

existir *exist*

éxito *success*

  tiene éxito *he is successful*

exótico *exotic*

expedición (*f.*) *expedition*

experiencia *experience*

explicación (*f.*) *explanation*

explicar (§ 107 C) *explain*

explíque(n)se *explain*

exploración (*f.*) *exploration*

exportación (*f.*) *exportation*

expresar *express*

expresión (*f.*) *expression*

expreso *express (train)*

expropiar *expropriate*

expulsar *expel*

extenderse (ie) *extend*

extensión (*f.*) *extent; range*

extenso *extensive*

exterior *exterior*

extranjero (adj.) *foreign;* (noun) *foreigner*

  al extranjero *abroad*

extrañar *wonder at, be surprised at*

extremado *extreme*

exuberante *abundant*

F

fábrica *factory*

fabricar (§ 107 C) *manufacture*

fácil *easy*

facilitar *facilitate, make easy*

facultad (*f.*) *college or school of a university including buildings and teaching staff*

facultad de Filosofía y Letras *College of Philosophy and Letters*

fachada *façade, front of a building*

faena *task, chore*

falange (*f.*) *conservative nationalistic political party under leadership of Franco*

falta *fault; lack, want*

algo hace falta a alguien *someone lacks something, someone needs something*

falta de asistencia *absence*

faltar *lack, be lacking; be absent*

falta a la clase *he "cuts" class*

falta una hora para la cena *it is an hour until suppertime*

fama *fame, reputation*

familia *family*

famoso *famous*

fanático *fanatic*

fantástico *fantastic*

farmacia *drugstore; pharmacy;* Farmacia (*College of*) *Pharmacy*

farol (*m.*) *lantern*

farsa *farce*

fase (*f.*) *phase*

favor, por *please*

favorito *favorite*

febrero *February*

fecha *date*

Felipe *Philip*

Felipe II (1527–1598) *king of Spain from 1556 to 1598*

Felipe IV (1605–1665) *king of Spain from 1621 to 1665*

feliz *happy*

feria *festival, carnival*

Fernando *Ferdinand*

Fernando (1452–1516) *king of Aragon*

and Spain from 1479 to 1516; husband of Isabel I

Fernando VII (1784–1833) *king of Spain 1808, 1813–1833*

feroz *ferocious*

ferrocarril (*m.*) *railroad*

fértil *fertile*

fiel *faithful*

fiesta *holiday; feast*

figura *figure; shape*

figurarse *imagine*

fijar *fix*

fijarse (en + *noun*) *notice*

filosofía *philosophy*

Filosofía y Letras *the name of the school which teaches the humanities in the universities of the Spanish-speaking countries*

filosófico *philosophical*

filósofo *philosopher*

fin (*m.*) *end*

a fin de que (+ *subjunctive*) *in order that*

a fines de *at the end of*

fin de semana *week end*

por fin *finally*

final (*m.*) *end*

a final de *at the end of*

finalmente *finally*

financiero *financial*

finca *country estate*

fino *fine*

físico *physical*

flamenco (*noun*) *name of a popular Andalusian song probably of Arabic origin*

flor (*f.*) *flower*

florecer (§ 110, no. 13) *flourish*

Florida *southern state of the United States*

flota *fleet*

forma *form; way, manner, method*

de todas formas *in any case*

formación (*f.*) *training; educacion*

formar *form*
fortaleza *fortress*
fortificar (§ 107 C) *fortify*
fortuna *fortune*
fotografía *photograph*
fotográfico *photographic*
  máquina fotográfica *camera*
fraile (*m.*) *monk*
francés, –a *French; Frenchman*
Francia *France*
Francisco *Francis, Frank*
Franco (Francisco) (1892-19—) *leading general during the Spanish Civil War and dictator of Spain from 1939 on*
frase (*f.*) *sentence*
frecuente *frequent*
fresco (adj.) *cool, fresh;* (noun) *mural painting*
  hace fresco *it is cool*
frijol (*m.*) *red bean*
frío *cold*
  hace frío *it is cold*
  tiene frío *he is cold*
frito *fried*
frontera *border, frontier*
frontón (*m.*) *handball*
fruta *fruit*
fuego *fire*
fuente (*f.*) *fountain*
fuera, fuese (*imperfect subjunctive of* ser *and* ir) *were; went, would go*
fuera (*adv.*) *outside*
fuera de (*prep.*) *outside, outside of*
fuerte *strong*
fuerza *force*
fui (*pret. of* ser *and* ir) *I was; I went*
función (*f.*) *performance*
funcional *functional*
fundar *found*
fusilamiento *execution by shooting*
  Los fusilamientos del 2 de mayo *painting by Goya depicting the shooting of Spaniards by Napoleon's troops*
fusilar *execute by shooting*
fútbol (*m.*) *football; soccer*
futuro *future*

G

galán (*m.*) *gallant lover*
Galdós (Benito Pérez) (1845-1920) *noted Spanish novelist*
Galicia *region of northwestern Spain*
gallego *Galician; inhabitant and language of Galicia*
gana (*usually pl.*) *desire*
  tiene ganas de *he desires to, he feels like*
ganar *gain; win; earn*
  gana terreno *he gains ground*
  se gana la vida *he earns his living*
garaje (*m.*) *garage*
garantizar (§ 107 A) *guarantee*
García *very common family name in Spanish-speaking countries*
gasolina *gasoline*
  estación de gasolina *"gas" station*
gastar *waste; spend (money)*
gastos (*m. pl.*) *expenses*
generación (*f.*) *generation*
  Generación del 98 *group of Spanish writers, who, awakened by the defeat in the Spanish-American War, tried to correct Spain's intrinsic defects*
general (adj.) *general;* (noun, *m.*) *general*
  en general *generally*
  por lo general *generally*
género *type, class, genre*
genio *genius*
gente (*f.*) *people*
geografía *geography*
gerundio *gerund; present participle*
gimnasio *gymnasium*

gimnástico *gymnastic*

Giralda *famous Moorish tower in Seville*

gitano *gypsy*

gloria *glory; a representation of light supposed to emanate from beings of peculiar sanctity*

gobernador (*m.*) *governor*

gobernar (ie) *govern*

gobierno *government*

Golfo de México *Gulf of Mexico*

golpe (*m.*) *blow*

González *common family name in Spanish-speaking countries*

gordo *fat; big*

gótico *Gothic*

Goya (Francisco de) (1746–1828) *outstanding realistic Spanish painter*

gozar (de + *inf.;* de + *noun*) (§ 107 A) *enjoy*

gracias *thank you*

gracioso *funny, comical*

grado *level*

graduado *graduate*

graduado escolar *title equivalent to American eighth-grade diploma*

gramática *grammar*

gran (*shortened form of* grande) (§ 10 B) *large; great*

Gran Vía *main commercial street of Madrid, also called* Avenida José Antonio

Granada *Spanish city in Andalusia, noted for the Alhambra*

gran(de) (§ 10 B) *large, big; great, grand*

grandeza *greatness; grandeur*

grano *grain*

gratuito *gratuitous, free*

grave *grave, serious*

Grecia *Greece*

Greco, el (Domingo Theotocopuli) (1548?–1614? or 1625?) *famous painter born in Crete who spent his life in Spain*

griego *Greek*

gritar *shout*

grito *shout, cry*

grupo *group*

Guadalajara *second largest city of Mexico, located in the west; Spanish city to the northeast of Madrid*

Guadalquivir *river in southern Spain*

guapo *good-looking, handsome*

guardar *keep; guard*

guardia (*m.*) *policeman; guard*

guerra *war*

Guerra Civil *Spanish Civil War (1936–1939)*

guiar (§ 107 I) *guide*

guión (*m.*) *blank (in exercises); hyphen, dash (in writing)*

guisante (*m.*) *pea*

guitarra *guitar*

gustar (§ 100 A) *please, be pleasing*

gusto *pleasure*

con mucho gusto *with great pleasure, willingly*

H

haber (he, hube, habido) (§§ 101, 110, no. 18) (as auxiliary verb in perfect tenses) *have*

ha de (salir) *he is (to leave)*

suele haber *there is customarily*

hábil *clever, able*

habilidad (*f.*) *ability, cleverness*

habitación (*f.*) *room*

habitante (*m. and f.*) *inhabitant*

habitar (+ *noun;* en + *noun*) *inhabit live in*

habla (*f. but* el) *speech*

de habla (española) *(Spanish)-speaking*

hablar   *speak*
oye hablar español   *he hears Spanish*
Habsburgo   *of the family of Hapsburgs*
hace (+ *time expression*) (§ 102 B)   *ago*
hace (*time expression*) que (§ 59 B)   *for*
hasta hace poco   *until very recently*
hacendado   *owner of a country estate*
hacer (hago, hice, hecho) (§§ 102, 110, no. 19)   *make, do; have (someone do something)*
hace calor   *it is hot*
hace caso   *he pays attention*
hacer la comida   *prepare dinner; have dinner*
hace una fiesta familiar   *he has a family celebration*
hace fresco   *it is cool*
hace frío   *it is cold*
hace sol   *the sun is shining*
hace buen tiempo   *it is good weather*
hace mal tiempo   *it is bad weather*
hace preguntas   *asks questions*
hace un viaje   *he takes a trip*
hace viento   *it is windy*
se hace (presidente)   *he becomes (president)*
hacia   *toward; (time) about*
hacía, desde (+ *time expression*) (§ 61 C)   *for*
hacienda   *country estate*
hága(n)se   *make*
hago (*pres. of* hacer)   *I do, I make*
hallar   *find*
hamaca   *hammock*
hambre (*f. but* el)   *hunger*
tiene hambre   *he is hungry*
hasta   *up to, as far as, to; until; even, including*
hasta (el jueves)   *until (Thursday)*
hasta hace poco   *until very recently*
hasta que (*conj.*)   *until*
hay (§ 101 A, B, C)   *there is, there are*
hay que   *it is necessary to, one must*

no hay de qué   (in reply to *gracias*)   *you're welcome, don't mention it*
haya(n)   *there is, are; has, have*
he (*pres. of* haber)   *I have*
hecho   (noun) *deed, act; fact;* (*pp. of* hacer)   *done, made*
helado   *ice cream*
heredar   *inherit*
herencia   *inheritance*
herir (ie, i)   *wound*
hermana   *sister*
hermano   *brother*
hermoso   *beautiful, fair; fine*
héroe (*m.*)   *hero*
hice (*pret. of* hacer)   *I did, I made*
hiciera, hiciese (*imperfect subjunctive of* hacer)   *did, made*
hidalgo   *Spanish nobleman*
Hidalgo (Miguel) (1753–1811)   *priest who became the father of Mexican independence*
hierro   *iron*
higiene (*f.*)   *hygiene*
hijo   *son*
Hilanderas, las   *"The Spinners," a famous painting by Velázquez*
hipocresía   *hypocrisy*
hispanoamericano   *Hispanic-American*
historia   *history; story*
histórico   *historic*
hizo (*pret. of* hacer)   *he did, he made*
Hollywood   *movie capital of the United States*
hombre (*m.*)   *man*
¡ hombre !   *man! fellow!*
hombro   *shoulder*
honor (*m.*)   *honor*
honradez (*f.*)   *honesty*
hora   *hour; time (of day)*
¿ a qué hora ?   *at what time?*
es hora de que   *it is time that*
horario   *schedule*

horchata   *sweet milky-appearing beverage made from the chufa plant*
horrible   *horrible*
hospitalario   *hospitable*
hotel (*m.*)   *hotel*
hoy   *today*
   hoy día   *today*
hubo (*pret. of* haber)   *there was, there were;* (as auxiliary) *he has*
huelga   *strike*
huella   *trace*
huerta   *vegetable garden*
Huerta (Victoriano) (1845–1916)   *reactionary Mexican general responsible for assassination of Madero; became president of Mexico in 1913*
hueso   *bone*
huevo   *egg*
humanidad   *humanity*
   las humanidades   *the humanities*
humano   *human*
humilde   *humble*
humillarse   *humble oneself*
humo   *smoke*
humorismo   *humor*

I

ibérico   *Iberian (referring to the peninsula which contains Spain and Portugal)*
ibero   *Iberian*
idea   *idea*
ideal (*m.*)   *ideal*
idealista (*adj. m. and f.*)   *idealistic*
idioma (*m.*)   *language*
iglesia   *church*
igual   *equal*
igualdad (*f.*)   *equality*
imagen (*f.*)   *image*
imaginar(se)   *imagine*
imitar   *imitate*
impedir (i, i)   *prevent, hinder, keep from*

impenetrable   *impenetrable*
imperativo   *imperative*
imperfecto   *imperfect*
imperio   *empire*
   imperio romano   *Roman Empire*
imponente   *imposing*
imponer (§ 110, no. 24)   *impose*
importador (*m.*)   *importer*
importancia   *importance*
importante   *important*
importar   *be important, matter*
   ¿ Qué importan los segundos ? *What do seconds matter?*
imposible   *impossible*
impresión (*f.*)   *impression*
impresionar   *impress*
impresionismo   *impressionism*
improductivo   *nonproductive*
impulso   *impulse, impetus*
incitar   *incite*
incluso   *even, also*
incomparable   *incomparable*
incorporar   *incorporate*
independencia   *independence*
independiente   *independent*
indeterminado, artículo   *indefinite article*
indicaciones (*f. pl.*)   *instructions*
indicado   *indicated*
indicar (§ 107 C)   *indicate*
indicativo   *indicative*
indio   *Indian*
indirecto   *indirect*
individual   *individual*
individualismo   *individualism*
individuo   *individual*
industria   *industry*
industrial   *industrial*
Inés   *Inez*
inestabilidad (*f.*)   *instability*
inestable   *unstable*
infeliz (*pl.* infelices)   *unhappy*
inferior   *inferior; lower*

infinitivo *infinitive*
influencia *influence*
informal *careless about keeping appointments*
informar *inform*
ingeniería *engineering*
ingeniero *engineer*
ingenioso *ingenious*
Inglaterra *England*
inglés, -a *English; Englishman; English language*
ingrediente (*m.*) *ingredient*
ingresar *enter*
ingreso *entrance*
inmediato *immediate*
inmenso *immense*
inmortal *immortal*
insistir (en + *inf.;* en + *noun*) *insist*
insoportable *unbearable*
inspector (*m.*) *inspector*
inspiración (*f.*) *inspiration*
inspirar *inspire*
instalar *install*
institución (*f.*) *institution*
Instituto *Spanish secondary school with classical curriculum of sciences and letters*
instrucción (*f.*) *instruction; education; schooling*
insurrección (*f.*) *insurrection*
integral (*adj.*) *integral*
integramente *integrally*
intelectual (*noun*) *intellectual*
intenso *intensive*
intentar (+ *inf.*) *try, attempt*
interés (*m.*) *interest*
interesante *interesting*
interesar *interest*
interesarse (por + *noun;* en + *noun*) *be interested in*
interior (adj.) *interior;* (noun, *m.*) *interior*
internacional *international*
interpretar *interpret*

interrogativo *interrogative*
interrumpir *interrupt*
íntimo *intimate*
intriga *intrigue; plot*
introducir (§ 110, no. 12) *introduce*
introdúzca(n)se *introduce*
inútil *useless*
invadir *invade*
invasión (*f.*) *invasion*
inventar *invent*
invierno *winter*
invitación (*f.*) *invitation*
invitado *guest*
invitar (a + *inf.*) *invite*
ir (voy, fui, ido) (a + *inf.*) (§ 110, no. 20) *go*
 va (viajando) *he is (traveling)*
 va de compras *he is going shopping*
irregular *irregular*
irse (§ 110, no. 20) *go away, go off*
 irse de paseo *go for a stroll*
 se va de vacaciones *he is going off on a vacation*
Irún *Spanish town on French border opposite Hendaye*
Irving (Washington) (1783–1859) *American writer, author of* The Alhambra
Isabel I (1451–1504) *queen of Spain, wife of Ferdinand, called* Isabel la Católica
isla *island*
istmo *isthmus*
Italia *Italy*
italiano *Italian*
izquierdo *left*
 a la izquierda *on the left, to the left*

J

Jc. (*abbr. for* Jesucristo) *Jesus Christ*
jamón (*m.*) *ham*
jardín (*m.*) *garden*

Jardín Botánico *botanical garden in the Retiro in Madrid*
Jardín Zoológico *zoo in the Retiro in Madrid*
jefe (*m.*) *chief*
José *Joseph*
joven (adj.) *young;* (noun, *m.* and *f.*) *youth, young man; young lady*
Juan *John*
Juárez (Benito) (1806–1872) *illustrious liberal leader and president of Mexico during the middle of the 19th century*
judía *green bean*
jueves (*m.*) *Thursday*
juez (*m.*) *judge*
jugar (ue)[1] (§ 107 B) (a + *def. art.* + *game*) *play*
  juega al (básquetbol) *he plays (basketball)*
juego *game*
julio *July*
junio *June*
junto a (*prep.*) *close to, beside, next to*
juntos, –as (*pl. adj.*) *together*
juramento *oath*
jurar *swear*
juventud (*f.*) *youth*
juzgar (§ 107 B) *judge*

K

kilómetro *kilometer* (*about five-eighths of a mile*)

L

la (def. art.) *the;* (dem. pron.) *the one; she; that;* (dir. obj. pron.) *her, it*
laboratorio *laboratory*
labrador (*m.*) *farmer, farm hand*
labrar *work in the fields, cultivate*

labriego *farm hand*
ladera *side (of a mountain)*
lado *side*
  al lado de *alongside of, beside; with*
  estar al lado *be nearby*
  por todos lados *everywhere*
lago *lake*
lamentar(se) *lament*
lámina *wall chart*
lanza *lance*
lanzar (§ 107 A) *throw; let loose, utter*
Laredo *Texas town on Mexican border*
largo *long*
  a lo largo de *along*
  pasa de largo *he passes by without stopping*
las *the; them; those*
lástima *pity*
  es (una) lástima *it's too bad*
latín (*m.*) *Latin*
latinoamericano *Latin American*
lavar *wash*
le (dir. obj. pron.) *him; you;* (ind. obj. pron.) *to him; to her; to you; to it*
lealtad (*f.*) *loyalty*
lección (*f.*) *lesson*
lector (*m.*) *reader*
lectura *reading*
leche (*f.*) *milk*
leer (§ 110, no. 21) *read*
lejos (*adv.*) *far, far off, far away*
lengua *tongue; language*
lento *slow*
Lepanto *Greek site of Spanish naval victory over Turks in 1571*
les (*ind. obj. pron.*) *to them; to you*
letra *letter (of the alphabet)*
letras *"letters," the humanities*
letrero *sign*
levantar *raise, lift*
levantarse *get up; rise up*

---

[1] The verb *jugar* changes –*u*– to –*ue*– as radical changing verbs of Class I (§ 106 G).

ley (*f.*) *law*
leyenda *legend*
liberal (*adj. and noun*) *liberal*
libertad (*f.*) *liberty; freedom*
librar *free, liberate*
libre *free*
librería *bookstore*
libro *book*
  libro de estudio *textbook*
ligero *light*
limitar *limit*
límite (*m.*) *limit*
Lincoln (Abrahán) (1809–1865) *president of the United States with whom Juárez is sometimes compared*
línea *line*
lírico *lyric*
lista *list*
listo (§ 98 E) *clever, ready*
  es listo *he is clever*
  está listo *he is ready*
literario *literary*
literatura *literature*
litro *liter (slightly more than a U.S. quart)*
lo (neuter art.) *the — thing;* (dir. obj. pron.) *it*
  lo de las hamacas *that "business" about the hammocks*
lo que *what*
loco *crazy, mad;* (noun) *madman*
locura *madness, folly, insanity*
lograr (+ *inf.*) *succeed (in)*
Lope de Vega (1562–1635) *prolific Spanish dramatist of the Golden Age*
Lorca (Federico García) (1899–1936) *popular modern Spanish poet shot during the Spanish Civil War*
los *the; them; those*
lucha *struggle*
luego *then, next; presently*
lugar (*m.*) *place*
  tiene lugar *it takes place*

Luis *Louis*
Luisa *Louise*
lujo *luxury*
  tren de lujo *"de luxe" train*
lujoso *luxurious*
lumbre (*f.*) *open fire*
luna *moon*
  luna de miel *honeymoon*
lunes (*m.*) *Monday*
luz (*f.*) *light*
  da a luz *it gives birth to*

LL

llamar *call*
  llama la atención *it attracts attention*
llamarse *be called; be named*
  ¿A qué se llama la dote? *What is meant by the dowry?*
  ¿Cómo se llaman (los españoles)? *What are (the Spanish) called?*
llamativo *striking*
llanura *plain*
llave (*f.*) *key*
llegada *arrival*
llegar (a + *inf.*; a + *noun*) (§ 107 B) *arrive*
  llega a (hacerlo) *he gets (to do it)*
  llega a (Italia) *he arrives in (Italy)*
  llega a ser (presidente) *he becomes (president)*
llenar *fill*
lleno *full*
llevar *carry; wear; take*
  lleva (algo) a cabo *he carries (something) out*
  lleva un control *exercises a control*
  lleva una vida *he lives a life*
llorar *cry, weep*
llover (ue) *rain*
lluvia *rain*

M

Madero (Francisco) (1873–1913) *idealistic leader of the revolt against Porfirio Díaz in 1910; president of Mexico*
madre (*f.*) *mother*
Madrid *capital of Spain*
madrugar (§ 107 B) *get up early*
maestro *teacher; master*
Magallanes (Fernando de) (1470–1521) *Magellan, head of first expedition to circle the world*
magnífico *magnificent*
maíz (*m.*) *corn*
majestuoso *majestic*
mal *badly, poor(ly); ill; bad*
Málaga *seaport and winter resort of southern Spain*
maleta *suitcase*
mal(o) (§ 10 A) *bad, wicked; wrong*
  con malos ojos *disapprovingly*
  lo malo *the bad feature, bad characteristic*
Malquerida, la *"The Misbeloved," a play by Benavente*
maltratar *mistreat*
Mancha, la *section of Spain around Ciudad Real, directly south of Toledo; country of Don Quijote*
mandar *order, give orders; send*
  manda venir *he sends for*
mando *command*
manera *way, manner*
  de la misma manera *in the same way*
  de manera que *so that*
  de tal manera que *to such an extent that*
manifestar (ie) *manifest, reveal; express*
mano (*f.*) *hand*
mantener (§ 110, no. 29) *maintain*
Manuel *boy's name*
manzana *apple*

mañana (noun) *morning;* (adv.) *tomorrow*
mapa (*m.*) *map*
máquina *machine*
  máquina de escribir *typewriter*
  máquina de lavar *washing machine*
  máquina fotográfica *camera*
mar (*m. and f.*) *sea*
maravillar *marvel; overwhelm*
maravilloso *marvelous*
marca *trade mark, brand*
marcado *marked*
marcar *mark*
marcha *march*
marchar *march; go*
marcharse *go off*
María *Mary, Marie*
marido *husband*
marisco *seafood*
marqués (*m.*) *marquis*
Marruecos *Morocco (the northern part of Morocco was a Spanish protectorate until 1956; today it is independent)*
martes (*m.*) *Tuesday*
Martínez *common Spanish family name*
marzo *March*
mas (§ 49 B) *but*
más *more*
  más de *more than*
  ¡ qué pueblo más pintoresco ! *what a picturesque town!*
  más vale (ir) *it is better (to go)*
  no más que *no more than, only*
masculino *masculine*
masivo *massive*
matar *kill*
matemáticas (*f. pl.*) *mathematics*
materia *subject; branch of learning*
material (adj.) *material;* (noun, *m.*) *material*
  en el orden material *in a material way*

matrimonio *matrimony, marriage; married couple*

Maximiliano (Fernando José) (1832–1867) *Austrian prince, emperor of Mexico from 1864 to 1867*

máximo *maximum*

maya (*adj. m. and f.*) *Mayan*

mayo *May*

mayor *greater; greatest; elder, older; oldest*

mayoría *majority*

me *me, to me; myself*

mecánico *mechanical*

mediados, a — de *in the middle of*

medicina *medicine*

médico *doctor*

medieval *medieval*

medio (*adj.*) *half; intermediate*
 a (las cuatro) y media *at half past (four)*
 Edad Media *Middle Ages*

medio (*noun*) *middle; means*
 medios (*pl.*) *means, resources; fortune*

mediodía *noon*

Mediterráneo *Mediterranean*

mejor *better*

mejorar *improve*

melancolía *melancholy*

melancólico *melancholy*

Melibea *sweetheart of Calisto in* La Celestina

melocotón (*m.*) *peach*

memoria *memory*
 aprender de memoria *memorize*

mención (*f.*) *mention*

Meninas, las *"The Handmaidens," a famous painting by Velázquez*

menor *least; slightest; less*

menos (*adv.*) *less; least*
 a menos que *unless*
 echa de menos (su máquina) *he misses (his machine)*

menos (*prep.*) *except*

mentira *lie*

parece mentira *it is hard to believe, it is incredible*

menú (*m.*) *menu*

menudo, a *often*

mercado *market*

merecer (§ 110, no. 13) *deserve*

merecido *deserving*

merendar (ie) *lunch (late in the afternoon or early in the evening)*

merienda *late afternoon or early evening lunch*

mes (*m.*) *month*

mesa *table*

mesero (in Mexico) *waiter*

meseta *plateau*

metal (*m.*) *metal*

meter *put in, put inside, insert*

método *method*

metro *meter (39.37 inches); subway*

mexicano *Mexican*

México *Mexico; Mexico City*

mezcla *mixture*

mezclar *mix*

mezquita *mosque*

mi, mis *my*

mí (*prep. obj. pron.*) *me*

miedo *fear*
 tiene miedo *he is afraid*

miel (*f.*) *honey*

mientras *while*
 mientras que *while*
 mientras tanto *meanwhile*

miércoles (*m.*) *Wednesday*

mil *thousand*

Mil y una noches *"The Arabian Nights"*

militar (*adj.*) *military;* (noun, *m.*) *soldier*

millar (*m.*) *thousand*

millón (*m.*) *million*
 un millón de (habitantes) *a million (inhabitants)*

mina *mine*

mineral (*m.*) *mineral*

Ministerio de Educación Nacional *Ministry of National Education*

minoría *minority*

minuto *minute*

mío, mía, míos, mías *mine; my*

mirada *glance*

mirar (+ *noun*) *look, look at; watch*

miseria *poverty; misery*

misión (*f.*) *mission*

misionero *missionary*

Misisipí *Mississippi*

mismo *self, very; same*

ahora mismo *right now*

de la misma manera *in the same way*

misterioso *mysterious*

misticismo *mysticism*

místico *mystic*

mitad (*f.*) *half*

Moctezuma (1466–1520) *Montezuma, Aztec emperor of Mexico captured by Cortez*

modernismo *modernness*

moderno *modern*

modifique(n) *modifies (modify)*

modo *mode; manner*

de modo que *so that*

de otro modo *in another way; otherwise*

de todos modos *in any case*

modo de vivir *way of life*

molestar *bother, annoy, molest*

momento *moment*

monarca (*m.*) *monarch*

monarquía *monarchy*

monárquico *monarchical*

monasterio *monastery*

montaña *mountain*

montañoso *mountainous*

monte (*m.*) *low mountain*

Monterrey *third largest Mexican city, located in the north along the Pan-American Highway*

monumental *monumental*

monumento *monument*

moral (*adj.*) *moral*

Morelia *city in Mexico*

Morena, Sierra *mountain range in southern Spain*

moreno *dark;* (*noun*) *brunette*

morir(se) (ue, u) (*p.p.* muerto) *die*

morisco *Moorish*

moro *Moor*

mosaico *mosaic*

motín (*m.*) *mutiny, insurrection*

motivar *motivate*

motivo *motive; motif, theme*

con motivo de *at the time of, on the occasion of, owing to*

motor (*m.*) *motor*

mover (ue) *move*

movimiento *movement*

moza *girl*

mozo *boy; waiter*

muchacha *girl*

muchacho *boy*

mucho *much, many, a lot; greatly*

muchas veces *often*

por mucho que *however much*

muerte (*f.*) *death*

muerto (*p.p. of* morir) *died; dead*

mujer (*f.*) *woman; wife*

mula *mule*

múltiple *multiple, numerous*

multitud (*f.*) *multitude*

mundial (*adj.*) *world; world-wide*

mundo *world*

Nuevo Mundo *New World*

todo el mundo *everyone*

municipal *municipal*

mural (*m.*) *mural*

muralla *wall*

Murillo (Bartolomé Esteban) (1618–1687) *famous Spanish painter*

muro *wall*

músculo *muscle*

museo *museum*

música *music*

musulmán *Moslem, Mohammedan, Mussulman*

muy *very*

N

nacer (§ 110, no. 13) *be born*

nación (*f.*) *nation*

nacional *national*

nacionalista (*adj. m. and f.*) *nationalist (referring to the conservatives in the Spanish Civil War)*

nada *nothing*

  nada más *nothing else*

  nada práctico *impractical*

  por nada *in no way*

  sin nada más *without anything else*

nadar *swim*

nadie *no one*

Napoleón I (1769–1821) *French emperor who invaded Spain in 1807*

Napoleón III (1808–1873) *French emperor from 1852 to 1870 who sent his troops into Mexico and placed Maximilian on the throne of Mexico*

naranja *orange*

naranjal (*m.*) *orange grove*

naranjo *orange tree*

nariz (*f.*) *nose*

narración (*f.*) *narration*

natural *natural*

naturaleza *nature*

naval *naval*

navegable *navigable*

necesario *necessary*

necesitado *needy*

necesitar *need*

negarse (ie) (a + *inf.*) (§ 107 B) *refuse*

negativo *negative*

negocio *business*

negro *black*

neoclásico *neoclassic; a movement in literature and architecture which aimed to imitate the ancients*

nervio *nerve*

nervioso *nervous*

Nevada, Sierra *mountain range in southern Spain*

nevar (ie) *snow*

ni *nor, not . . . or; and not; not even*

nieto *grandson*

ningun(o) (§ 10 A) *no, not any, no one, none*

niño *child, little boy;* (pl.) *children*

nivel (*m.*) *level*

  nivel de vida *standard of living*

no *no; not*

  ¡ cómo no ! *surely! certainly!*

  no más que *not more than, only*

  no obstante *nonetheless*

  ya no *no longer*

Nobel, Premio *Nobel Prize*

noble *noble*

noche (*f.*) *night*

  de noche *at night, by night*

nombre (*m.*) *name*

nordeste (*m.*) *northeast*

noroeste (*m.*) *northwest*

norte (*m.*) *north*

Norte América *North America*

norteamericano *North American*

nos *us; to us; ourselves*

nosotros (subj. pron.) *we;* (prep. obj. pron.) *us*

notar *note, remark, notice*

noticias (*f. pl.*) *news*

novecientos, –as *nine hundred*

novela *novel*

  novela picaresca *picaresque novel, novel of adventures of a rogue*

novelista (*m. and f.*) *novelist*

noventa *ninety*

noviembre (*m.*) *November*

novio *lover, sweetheart, "boy friend"; fiancé*

núcleo *nucleus*

nuestro *our, ours*
  el nuestro *ours*
Nueva España *New Spain, the name given by the Spaniards to Mexico*
Nueva York (*m.*) *New York*
nueve *nine*
nuevo *new; recent*
  de nuevo *again*
  Nuevo Laredo *Mexican city opposite Laredo, Texas*
  Nuevo México *New Mexico*
  Nuevo Mundo *the New World .*
número *number*
  en número de cinco *five in number*
numeroso *numerous*
nunca *never*

O

o *or; either . . . or*
  o sea *or*
Oaxaca *city in southern Mexico noted for its archeological zones and colorful costumes*
objetivo (*noun*) *objective*
objeto *object*
obligación (*f.*) *obligation*
obligar (§ 107 B) *oblige, force*
obligatorio *obligatory, compulsory*
obra *work*
Obregón (Álvaro) (1880–1928) *most skilled strategist of the Mexican Revolution; later president of Mexico (1920–1924, 1928)*
obrero *workingman, laborer*
observación (*f.*) *observation*
observar *observe*
obstante: no obstante *nonetheless*
obtener (§ 110, no. 29) *obtain*
ocasión *opportunity; occasion*
occidental *occidental*
Oceanía *continent comprising Australia and the surrounding islands*
océano *ocean*

octavo *eighth*
octubre (*m.*) *October*
ocupación (*f.*) *occupation*
ocupado *busy*
ocupar *occupy*
ocurrir *occur*
ochenta *eighty*
ocho *eight*
ochocientos *eight hundred*
oeste (*m.*) *west*
oficial (adj.) *official*
oficina *office*
  oficina de correos *post office*
oficio *trade*
ofrecer (§ 110, no. 13) *offer*
oir (oigo, oí, oído) (§ 110, no. 22) *hear*
  oye hablar español *he hears Spanish (spoken)*
¡ ojalá ! *I hope that, I wish that, would that*
ojo *eye*
  ve con malos ojos *he looks disapprovingly (at)*
olímpico *Olympic*
  Estadio Olímpico *the stadium at the University of Mexico*
oliva *olive*
olivo *olive tree*
olvidar (+ *inf.*) *forget*
olvidarse (de + *inf.*) *forget*
once *eleven*
ópera (*m.*) *opera*
opinión (*f.*) *opinion*
oportunidad (*f.*) *opportunity*
opuesto *opposite*
orden (*m.*) *order, series, arrangement*
  en el orden material *in a material way*
orden (*f.*) *order, command; military or religious organization*
ordinario *ordinary*
oreja *ear*
organizar (§ 107 A) *organize*

Orgaz, el conde de *the count whose burial figured in a famous painting by El Greco*
orientación (*f.*) *orientation*
oriental *oriental*
oriente (*m.*) *orient*
origen (*m.*) *origin*
original *original*
Orizaba *the highest peak in Mexico, situated in the state of Vera Cruz*
oro *gold*
   Siglo de Oro *Golden Age, period of great literary activity in Spain, between 1550 and 1650*
Orozco (José Clemente) (1883–1949) *world-renowned Mexican painter*
ortográfico *orthographic, spelling*
os (*dir., ind. and refl. obj. pron.*) *you (familiar pl.); yourselves*
ostra *oyster*
otoño *autumn*
otro *other*
   de otro modo *in another way; otherwise*
   otra cosa *something else*
   otra vez *again*
oye(n) *hears (hear)*

P

Pablo *Paul*
Pacífico *Pacific*
padre (*m.*) *father;* (pl.) *parents*
paella *a famous Spanish dish consisting of Spanish rice with meat and seafood*
pagar (§ 107 B) *pay*
pago *payment*
   en pago de *as payment for*
país (*m.*) *country; region*
   los Países Bajos *the Low Countries, Holland and Belgium*
paisaje (*m.*) *landscape, countryside*

paja *straw*
pájaro *bird*
palabra *word*
   libertad de palabra *freedom of speech*
palacio *palace*
Palacio de Bellas Artes *cultural center in downtown Mexico City*
Palacio Nacional *governmental building in the Zocalo of Mexico City containing the offices of the president and other government officials*
pálido *pale*
palma *palm*
palmada *clap*
pan (*m.*) *bread*
panorama (*m.*) *panorama*
papel (*m.*) *paper*
par (*m.*) *pair*
para (§ 45 B) *for; to; in order to*
   está para (salir) *he is about (to leave)*
   para que (+ *subjunctive*) *in order that*
Paraguay *country of South America*
parar(se) *stop*
parecer (§ 110, no. 13) *appear, seem; seem best*
   parece mentira *it is hard to believe, it is incredible*
   ¿Qué le parece? *What do you think about it?*
   ¿Qué te parece (el libro)? *How do you like (the book)?*
parecerse (a + *noun*) (§ 110, no. 13) *resemble*
parecido *similar, alike*
pared (*f.*) *wall*
pareja *pair*
paréntesis (*m.*) *parenthesis*
Paricutín (*m.*) *active volcano in Mexico*
París *Paris*
parque (*m.*) *park*
párrafo *paragraph*
parte (*f.*) *part*
   en todas partes *everywhere*

por parte de *on the part of*
por todas partes *everywhere*
participio pasado *past participle*
particularidad (*f.*) *peculiarity*
partido (*political*) *party*
partir *depart; divide; start*
  a partir de (ese momento) *from (that time) on*
pasado (*m.*) *past*
pasado (*adj.*) *past; last*
  (la semana) pasada *last (week)*
pasaporte (*m.*) *passport*
pasar *pass; pass by; come in; spend (time); happen, take place*
  pasa a (la sala) *he goes into (the living room)*
  pasa a manos de *it passes into the hands of*
  pasa a poder *it falls into the hands of*
  pasa a ser *it comes to be, it becomes*
  pasa de largo *he passes by without stopping*
  pasa el rato *he spends his time*
pasear(se) *take a walk, take a ride*
paseo *walk; ride; drive, boulevard*
  irse de paseo *go off on a stroll*
Paseo de la Reforma *the main boulevard of Mexico City*
Paseo del Prado *the name of one of the main boulevards of Madrid*
pasivo *passive*
paso *step*
  paso a paso *step by step*
pastel (*m.*) *pastry*
pasta *sweet rolls*
patata *potato*
patio (*inner*) *courtyard, patio*
patria *fatherland*
  madre patria *fatherland*
Pátzcuaro *picturesque Mexican village on Lake Pátzcuaro in the state of Michoacán, west of Mexico City*

paz (*f.*) *peace*
pecaminoso *sinful*
pedir (i, i) (+ *noun*) *ask, ask for; order (a meal)*
Pedro *Peter*
película *film*
peligro *danger*
peligroso *dangerous*
pelo *hair*
pena *pain, trouble*
  vale la pena *it is worthwhile*
penetrar *penetrate*
península *peninsula*
pensar (ie) (+ *inf.;* en + *inf.;* en + *noun*) *think*
  piensa (ir) *he intends (to go)*
  piensa en (ir) *he is thinking of (going)*
pensión (*f.*) *boarding house*
peón (*m.*) *common laborer, farm hand*
peor *worse; worst*
Pepe (*nickname for* José) *Joe*
pequeño *little, small*
pera *pear*
perder (ie) *lose*
perdonar *pardon*
Pérez *common Spanish family name*
perezoso *lazy*
perfecto *perfect*
perfume (*m.*) *perfume*
periódico *newspaper*
período[1] *period*
permanecer (§ 110, no. 13) *remain, stay*
permiso *permission*
permitir (+ *inf.*) *permit*
pero *but*
persona *person*
personaje (*m.*) *character (in a play)*
personal *personal*
personalidad (*f.*) *personality*
pertenecer (§ 110, no. 13) *belong*

---

[1] Often stressed on the next to the last syllable.

Perú, el *Peru*
pescado *fish (as food)*
peseta *Spanish monetary unit,* worth
about 1½¢ *in American money*
peso *Mexican monetary unit,* worth
about 9¢ *in American money*
petróleo *oil*
picaresco *picaresque, roguish*
novela picaresca *picaresque novel,
novel of adventures of a rogue*
pícaro *rogue, rascal*
pico *peak; beak*
pie (*m.*) *foot*
piedra *stone*
pierna *leg*
pieza *piece; room; play*
pijama (*m.*) *pajama*
pino *pine*
pintar *paint*
pintor (*m.*) *painter, artist*
pintoresco *picturesque*
pintura *painting*
pirámide (*f.*) *pyramid*
Pirineos *Pyrenees*
piscina *swimming pool*
piso *floor, story;* (in Spain) *apartment*
piso bajo *ground floor*
primer piso *second floor*
pista *track*
pizarra *blackboard*
Pizarro (Francisco) (1475–1541) *conqueror of Peru*
placer (*m.*) *pleasure*
plan (*m.*) *plan*
plantación (*f.*) *plantation*
plata *silver*
plátano *banana*
plato *dish; course; plate*
playa *beach*
plaza (in a city) *square;* (in a train)
place
plaza de toros *bullring*

pluma *feather; pen*
pluscuamperfecto *pluperfect*
población *population;* (*large*) *town*
pobre *poor*
pobreza *poverty*
poco (adj.) *little;* (pl.) *few;* (adv.) *little*
hasta hace poco *until very recently*
poco a poco *little by little*
poder (ue) (puedo, pude, podido)
(§ 110, no. 23) *be able, can,
could; be possible, may, might*
poder (*m.*) *power*
pasa a poder *it falls into the hands of*
poderoso *powerful*
poema (*m.*) (*long*) *poem*
poesía *poetry; poem*
poeta (*m.*) *poet*
política *politics; policy*
político (adj.) *political;* (noun) *politician*
pollo *chicken*
Ponce de León (Juan) (about 1460–
1521) *Spanish explorer who dis-
covered Florida in searching for the
Fountain of Youth*
poner (pongo, puse, puesto) (§ 110,
no. 24) *put, place, set*
pone attención *he pays attention*
ponerse (§ 110, no. 24) *put on; begin;
become*
se pone (el abrigo) *he puts on (his
topcoat)*
se pone el sol *the sun sets*
se pone en camino *he sets out*
pónga(n)se *put, place*
Popo, el *familiar term for* Popocatepetl
Popocatepetl[1] (*m.*) *second highest
mountain peak in Mexico*
popular *popular, of the people*
popularidad (*f.*) *popularity*
por *by, through, on account of, because*

---

[1] Pronounced *Popocatépetl* in Mexico.

*of; for, for the sake of, in behalf of;
along, down; as; in, at; out of*
por allí   *that way*
por aquí   *this way*
por consiguiente   *therefore*
por delante de   *in front of*
por donde   *whereabouts*
por ejemplo   *for example*
por ello   *for that reason*
por eso   *therefore*
por favor   *please*
por fin   *finally*
por hora   *per hour*
por la mañana   *in the morning*
por lo general   *generally*
por mucho que   *however much*
por nada   *in no way at all*
por parte de   *on the part of*
¿ por qué ?   *why?*
por semana   *per week*
por todas partes   *everywhere*
por todos lados   *on all sides*
porque   *because*
portada   *front*
portero   *porter, doorkeeper*
Portugal   *Portugal*
portugués   *Portuguese*
posado   *perched*
poseer   *possess*
posesión (f.)   *possession*
posesivo   *possessive*
posibilidad (f.)   *possibility*
posible   *possible*
posición (f.)   *position*
posterior   *posterior, after, later*
posteriormente   *afterward*
postre (m.)   *dessert*
práctica   *practice*
practicar   *practice*
práctico   *practical*
   nada práctico   *impractical*
Prado, el   *famous Madrid art museum;
boulevard which passes by the Prado*
precio   *price*

precioso   *marvelous; beautiful*
precisamente   *precisely, exactly*
preciso   *necessary; precise*
precursor (m.)   *precursor, predecessor*
predominante   *predominant*
predominar   *predominate*
preferir (ie, i)   *prefer*
pregunta   *question*
   hacer preguntas   *ask questions*
preguntar   *ask*
preguntarse   *wonder*
pregúnte(n)se   *ask*
prehistórico   *prehistoric*
premio   *prize*
Premio Nobel   *Nobel Prize*
prender   *seize, arrest*
prensa   *press*
preocuparse (de + *noun*)   *worry; pay
attention to*
preparar   *prepare*
preposición   *preposition*
presenciar   *witness*
presentación (f.)   *introduction*
presentar   *present; introduce*
presente (m.)   *present*
presidente (m.)   *president*
prestar   *lend*
   presta atención   *he pays attention*
pretender (+ *inf.*)   *intend to*
pretérito   *preterite (Spanish past tense)*
primario   *primary*
primavera   *spring*
primer(o) (§ 10 A)   *first*
   primer piso   *second floor*
primitivo   *primitive*
• principal   *principal; main*
   calle principal   *main street*
principio   *beginning; principle*
   a principios de   *at the beginning of*
   da principio a   *he begins*
prisa   *haste*
   tiene prisa   *he is in a hurry*
prisionero   *prisoner*
privado   *private*

privilegio *privilege*
probable *probable*
problema (*m.*) *problem*
procesión (*f.*) *procession*
proceso *process*
procurar (+ *inf.*) *try; secure*
producir (§ 110, no. 12) *produce*
producto *product*
productor (*m.*) *worker*
profanado *profaned, desecrated*
profesional *professional*
profesor (*m.*) *professor, teacher*
profundo *deep*
programa (*m.*) *program*
progreso *progress*
prolongación (*f.*) *prolongation*
prometer (+ *inf.*) *promise*
pronombre (*m.*) *pronoun*
pronto *soon*
  de pronto *all of a sudden*
  tan pronto como *as soon as*
pronunciación (*f.*) *pronunciation*
pronunciar *pronounce*
propiedad (*f.*) *property*
propina *tip, gratuity*
propio *own; proper; same*
proponer (§ 110, no. 24) *propose*
propósito, a *by the way*
prosperar *prosper*
protestantismo *protestantism*
protestar *protest*
provenzal *Provençal, the language of southern France during the Middle Ages*
provisional *provisional*
próximo *next*
proyectar *project, throw (on a screen)*
psicología *psychology*
publicación (*f.*) *publication*
publicar (§ 107 C) *publish*
público (*noun and adj.*) *public*
pude (*pret. of* poder) *I could*
pueblo (*small*) *town; people*
puente (*m.*) *bridge*

puerta *door; gate*
Puerta del Sol *large square which constitutes the commercial center of Madrid*
puerto *port, harbor*
pues (adv.) *then; well;* (conj.) *since; for*
  pues bien *well then, very well*
  pues entonces *then; well then*
punto *point*
  en punto *exactly*
  punto de vista *point of view*
puntuación (*f.*) *punctuation*
puntual *punctual*
puntualidad (*f.*) *punctuality*
puro *pure*
puse (*pret. of* poner) *I put*

Q

que *who, whom, which, that; when; for; than*
  sí que las hay *you bet there are*
¿ qué ? *what? which?*
  ¿ qué tal . . . ? *how . . . ?*
  ¿ qué le parece (el libro)? *how do . . . you like (the book)?*
¡ qué ! *what! what a! how!*
  ¡ qué (interesante) ! *how (interesting)!*
  ¡ qué (pueblo) más (pintoresco) ! *what a (picturesque town) !*
  ¡ qué (viaje) tan (magnífico) ! *what a (magnificent trip)!*
quedar *remain, be left; finally be*
quedarse *stay*
• se queda con (el dinero) *he keeps (the money)*
quejarse (de + *noun*) *complain*
quemar *burn*
querer (ie) (quiero, quise, querido) (§ 110, no. 25) (+ *inf.*) *wish, want; love (a person)*
Querétaro *Mexican city on central plateau*

queso *cheese*

Quetzalcóatl *powerful Toltec and Aztec god; ruins of an Aztec temple situated in San Juan de Teotihuacán near the pyramid of the Sun*

quien *who, whom; he who, she who, whoever*

¿ quién ? (*pl.* quiénes) *who? whom?*

quiere(n) *wishes* (*wish*)

Quijote, Don *leading character in Cervantes' famous novel of the same name*

química *chemistry*

quince *fifteen*

  quince días *two weeks*

quinientos, –as *five hundred*

quise (*pret. of* querer) *I wished, I wanted to; I loved;* no quise *I refused*

quitar *take away; take off, remove*

quizá(s) *perhaps*

R

radiador (*m.*) *radiator*

radical (*m.*) *root* (*of a word*)

radicalmente *radically*

raíz (*f.*) *root*

  desaparece de raíz *it is completely uprooted*

Ramón *Raymond*

rápido (adj.) *rapid; rapidly;* (noun, *m.*) *swift express train*

raro *rare*

  decir cosas raras *talk foolishness*

rato *while,* (*short*) *time*

razón (*f.*) *reason*

  tiene razón *he is right*

real *royal*

realidad (*f.*) *reality*

realismo *realism*

realista (*adj. m. and f.*) *realistic*

realizar (§ 107 A) *fulfill, carry out*

rebelarse *rebel*

rebelde (*m.*) *rebel*

rebelión (*f.*) *rebellion*

recibir *receive*

recobrar *recover*

recoger (§ 107 D) *pick up; gather, collect*

reconocer (§ 110, no. 13) *recognize*

reconquistar *reconquer*

recordar (ue) (+ *noun*) *recall; remember; remind*

recorrer *travel over*

recto *straight*

recuerdo *remembrance; recollection*

recurso *resource, means*

reducir (§ 110, no. 12) *reduce, limit*

reelección (*f.*) *re-election*

referente *referring*

referir (ie, i) *refer*

referirse (ie, i) (a + *noun*) *refer to*

reflejar *reflect*

reflexivo *reflexive*

reforma *reform*

Reforma *Reformation;* (in Mexico) *nineteenth-century liberal movement led by Juárez*

refrigeración (*f.*) *air conditioning*

refugiar(se) *take refuge*

regalo *gift*

régimen (*m.*) *regime*

región (*f.*) *region*

regla *rule*

regresar *return*

regreso *return*

rehusar (+ *inf.*) *refuse*

reinar *reign*

reino *kingdom*

reír (i, i) *laugh*

reírse (i, i) (de + *noun*) *laugh* (*at*)

relación (*f.*) *relation*

relacionarse *get acquainted with*

relativo *relative*

relato *narrative*

religión (*f.*) *religion*

religiosidad (*f.*) *religiousness, religious sentiment*
religiosa *nun*
religioso *religious*
reloj (*m.*) *watch; clock*
remediar *remedy*
remedio *remedy*
remontarse *go back to, date back to*
remoto *remote*
Renacimiento *Renaissance*
rendición (*f.*) *surrender*
Rendición de Breda "*The Surrender of Breda*," *title of a famous painting by Velázquez*
rendirse (i, i) *surrender*
RENFE (Red Nacional de los Ferrocarriles Españoles) *National System of Spanish Railways. When, after the Civil War, the various private railway companies were in bankruptcy, the government took over all the lines and gave them the name* RENFE
reñir (i, i) *quarrel*
repartir *distribute; scatter*
repaso *review*
repente, de *suddenly*
repetir (i, i) *repeat*
representación (*f.*) *representative*
representar *represent; perform*
reprimir *suppress*
reproducir (§ 110, no. 12) *reproduce*
república *republic*
la República *the Spanish Republic established in 1931, contested in 1936 by the nationalists, and finally completely abolished in 1939*
republicano *republican*
residencia *residence; dormitory*
resistencia *resistance*
resistir *resist*
resolver (ue) *solve; decide*
respectivo *respective*
respeto *respect*

responder *reply*
restaurante (*m.*) *restaurant*
resto *rest*
resultado *result*
resultar *result*
resumen (*m.*) *summary*
retirada *retreat*
retirar *withdraw, retire*
retirarse *retreat; go away*
Retiro *Madrid's most spacious and best-known public park*
retrato *picture; photograph*
reunión (*f.*) *meeting*
reunirse *meet, gather together*
revolución (*f.*) *revolution*
Revolución de 1910 *the Mexican Revolution, which lasted from 1910 to 1920, and which gave rise to many economic and social reforms*
rey (*m.*) *king*
Reyes Católicos *term applied to Ferdinand and Isabel who were noted for their religious fervor*
Ricardo *Richard*
rico *rich*
riego *irrigation*
riguroso *rigorous*
rima *a short poem, a term especially used by Bécquer*
rincón (*m.*) *corner*
río *river*
riqueza *riches, wealth*
risa *laughter*
Rivera (Diego) (1886–1957) *best-known Mexican painter of the twentieth century*
Roberto *Robert*
roca *rock*
rodear (de + *noun;* con + *noun*) *surround*
rogar (ue) (§ 107 B) *ask, request*
rojo *red*
Roma *Rome*
romance (*m.*) *ballad*

románico *Romanesque, that is, architecture characterized by the use of the round arch and vault, decorative use of arcades, and profuse ornament*
romano *Roman*
  Imperio Romano *Roman Empire*
romántico *romantic*
romper (con + *noun*) *break (away from)*
rostro *face*
rubio *blond*
rueda *wheel*
rugby (*m.*) *Spanish name for American football*
ruido *noise*
ruina *ruin*
rumbo a *on the way to*
rural *rural*
Rusia *Russia*
ruta *route*

S

sábado *Saturday*
saber (sé, supe, sabido) (+ *inf.*) (§ 110, no. 26) *know (a thing); know how*
sabiduría *wisdom*
sabor (*m.*) *taste; flavor*
sacar (§ 107 C) *take out*
  saca billete *he gets a ticket, he buys a ticket*
sacerdote (*m.*) *priest*
sacrificio *sacrifice*
sagrado *sacred*
sala *room; living room*
  sala de disección *laboratory where dissection is done*
Salamanca *city of western Spain famous for its university*
salgo (*pres.* of salir) *I go out, I leave*
salida *departure; exit*
salir (*pres.* salgo) (de + *noun*) (§ 110, no. 27) *go out, come out, leave*

que me salgan muchos clientes *I hope I get many customers*
salpicado *dotted; sprinkled*
Saltillo *Mexican city located on plateau, west of Monterrey*
salud (*f.*) *health*
saludar *greet*
salvaje *wild*
salvo *except*
san (§ 10 D) *saint*
  San Agustín *St. Augustine*
  San Esteban *St. Stephen*
  San Francisco *city of United States named after St. Francis*
  San Juan de Teotihuacán *site of two Mexican pyramids*
  San Luis *city of United States named after St. Louis*
  San Luis Potosí *Mexican city located on central plateau*
  San Quintín *city of northern France named after St. Quentin, site of a battle in which the Spanish defeated the French in 1557*
  San Sebastián *resort town of northern Spain named after St. Sebastian*
  San Vicente *St. Vincent*
Sancho *Spanish name, especially that of Sancho Panza, the squire of Don Quijote*
sangre (*f.*) *blood*
Santander *seaport and resort town of northern Spain*
Santiago de Compostela *city in northwestern Spain noted for its cathedral and its university*
san(to) (§ 10 D) *saint*
  Santo Tomé *St. Thomas*
sarape (*m.*) *serape, colorful Mexican scarf or blanket*
sardina *sardine*
satírico *satirical*
satisfacer (*p.p.* satisfecho) *satisfy*
se (§§ 27, 28, 31 B) *himself, to him-*

self, herself, yourself, themselves, yourselves; one

sé (*pres. of* saber) *I know*

sea *whether; be it*

   o sea *or*

sea (*present subjunctive of* ser) *be*

seco *dry*

secundario *secondary*

sed (*f.*) *thirst*

   tiene sed *he is thirsty*

seducir (§ 110, no. 12) *seduce*

segar (ie) (§ 107 B) *mow; reap, harvest*

seguida, en *immediately*

seguidamente *immediately following; soon*

seguir (i, i) (§ 107 H) *follow; continue*

   sigue adelante *he continues on, he goes ahead*

   sigue (trabajando) *he continues working*

según (prep.) *according to;* (conj.) *as*

segundo *second*

seguro *sure, certain; safe, secure*

seis *six*

selva *tropical forest*

sello *stamp*

semana *week*

   fin de semana *weekend*

   por semana *per week*

   la semana que viene *next week*

sembrar (ie) *sow*

semejante *similar*

semestre (*m.*) *semester*

semi-especializado *semi-specialized*

sencillo *simple*

sentarse (ie) *sit down*

sentido *sense; meaning*

sentimental *sentimental*

sentimiento *feeling; sentiment*

sentir (ie, i) *feel; be sorry, regret*

sentirse *feel, feel oneself*

señal (*f.*) *sign*

señalar *point out; indicate; mark*

señor (*m.*) *sir; Mr.; gentleman*

señora *madam; Mrs.; lady; wife*

señorita *Miss; young lady*

sepa (*present subjunctive of* saber) *know*

separación (*f.*) *separation*

separar *separate*

septiembre (*m.*) *September*

ser (soy, fui, sido) (§§ 97, 110, no. 28) *be*

serenidad (*f.*) *serenity*

sereno *night watchman in Spanish cities*

serie (*f.*) *series*

serpiente (*f.*) *serpent, snake*

servir (i, i) *serve*

   sirve de (criado) *he serves as (a servant)*

sesenta *sixty*

sesión (*f.*) *session, performance*

setecientos, –as *seven hundred*

setenta *seventy*

severo *severe*

Sevilla *Seville, large city of southern Spain*

sevillano *of Seville*

si (*conj.*) (§ 50) *if; whether; why; but*

sí (*adv.*) *yes;* (*pron.*) *himself, herself, themselves, yourself, yourselves*

   entre sí *among themselves*

   para éste sí conseguimos billetes *for this one we did get tickets*

   sí que las hay *there certainly are*

siempre *always*

siendo (*present participle of* ser) *being*

sierra *mountain chain*

Sierra Madre Occidental *high mountain chain in western Mexico*

Sierra Madre Oriental *mountain chain in eastern Mexico*

Sierra Morena *mountain chain in southern Spain*

Sierra Nevada *mountain chain in extreme southern Spain*

siesta *afternoon nap*

   duerme la siesta *he takes an afternoon nap*

siete *seven*

síga(n)se *follow*

siglo *century*

  Siglo de Oro *Age of Gold, Golden Age, used to refer to the very productive period of Spanish literature from about 1550 to 1650*

significado *meaning*

significar (§ 107 C) *mean*

siguiendo *following*

siguiente *following*

silencio *silence*

silencioso *silent*

silla *chair*

sillón (*m.*) *armchair*

símbolo *symbol*

simpático *nice, personable*

sin *without*

  sin embargo *nevertheless, however*

  sin que (+ *subjunctive*) *without*

sinceridad *sincerity*

sindicato *union*

Sindicato Español Universitario *Spanish University Union, the organization of the students of the University of Madrid*

singular (*m.*) *singular*

sino (§ 49 C) *but*

sino que (§ 49 D) *but*

sinuoso *winding, turning*

siquiera *even, at least*

sistema (*m.*) *system*

sitio *place*

situación (*f.*) *situation*

situado *situated*

sobre *on, upon; over, above; about*

  sobre todo *especially*

sobresaliente *outstanding*

sobresalir (§ 110, no. 27) *stand out*

sobrino *nephew*

soccer (*m.*) *soccer*

sociedad (*f.*) *society*

sol (*m.*) *sun*

  hace sol *the sun is shining*

el sol se pone *the sun sets*

tomar el sol *sun oneself*

solamente *only*

soldado *soldier*

soledad *solitude*

soler (ue) (+ *inf.*) *be accustomed*

  suele (salir) *he usually (goes out)*

solo (*adj.*) *alone, only, single; lonely*

sólo (*adv.*) *only, merely*

sombra *shade*

sombrero *hat*

sombrío *shaded, somber*

somos (*pres. of* ser) *we are*

son (*pres. of* ser) *they are*

sonar (ue) *sound, ring*

  suenan las doce *the clock strikes twelve*

sonido *sound*

sonrisa *smile*

soñar (ue) (con + *noun*) *dream*

  sueña con (hacerlo) *he dreams of (doing it)*

  sueña con (una fortuna) *he dreams of (a fortune)*

sopa *soup*

sostener (§ 110, no. 29) *sustain, support; hold up*

sostenimiento *support*

Soto, de (Hernando) (1499–1542) *discoverer of the Mississippi River*

soy (*pres. of* ser) *I am*

Spinola (Ambrosio de) (1571–1630) *distinguished Italian general who fought for Spain in the Low Countries and received the surrender of Breda*

su, sus *his, her, its, your, their*

suave *soft, gentle, mild*

subir *go up, come up; rise, climb; take up; get into*

  sube al trono *he ascends the throne*

subjuntivo *subjunctive*

subrayado *underlined*

subrayando *underlining*

subráye(n)se *underline*
substituir (§ 110, no. 14) *replace; substitute for*
suburbio *industrial suburb*
suceder (a + *noun*) *happen; succeed*
sucesor (*m.*) *successor*
sucio *dirty*
sud (*m.*) *south*
Sud América *South America*
sudamericano *South American*
suele (*sing. of* soler) *he is accustomed*
suele haber *there usually is*
suelo *floor; ground*
suena (sonar) *ring; strike*
sueña (soñar) *dream*
sueño *sleep; dream*
tiene sueño *he is sleepy*
suerte (*f.*) *luck; fate, fortune*
suficiente *sufficient, enough*
sufrir *suffer*
sugerir (ie, i) *suggest*
suicidarse *commit suicide, kill oneself*
sujeto *subject*
sumamente *very, highly*
suntuoso *sumptuous*
supe (*pret. of* saber) *I learned*
superficie (*f.*) *surface*
superior (adj.) *superior, higher; more advanced; upper* (noun, *m.*) *superior*
superlativo *superlative*
suplemento *supplement*
suponer (§ 110, no. 24) *suppose*
supremo *supreme*
suprimir *suppress*
sur (*m.*) *south*
suspender *fail (someone in a course)*
sustancioso *substantial*
suyo *his; hers; yours; theirs; of his; of hers; of yours; of theirs*

T

tabaco *tobacco;* (*pl.*) *brands of tobacco*
taberna *tavern, wine shop*

Tajo *river of central Spain passing through Toledo*
tal *such, such a*
la calle de tal *such and such a street*
de tal manera que *in such a way that*
tal vez *perhaps*
talento *talent*
TALGO (Tren Articulado Ligero Goicoechea Oriol) *train invented by Spanish engineer Goicoechea, backed by the capital of Oriol, constructed in the United States in 1949; something like American streamliner*
Tamazunchale *small Mexican town on Pan-American Highway just before the road rises into the mountains toward Mexico City*
también *also, too*
Tampico *seaport of Mexico on the Gulf of Mexico*
tampoco *not . . . either, nor . . . either*
tan *as; such a; so*
¡qué viaje tan magnífico! *what a magnificent trip!*
tan (grande) como *as (large) as*
tanque (*m.*) *tank*
tanto *so much, so many, as much, as many*
tanto . . . como *as much . . . as, both . . . and*
tapar *cover*
tapia *fence; wall*
taquilla *ticket window*
tardar (en + *inf.*) *delay in, be slow in; put off*
tarde (adv.) *late;* (noun, *f.*) *afternoon*
Taxco *picturesque Mexican town south of the capital noted for its Spanish colonial architecture and its silver shops*
taxi (*m.*) *taxi*
taxista (*m. and f.*) *taxi driver*
taza *cup*
te *you; to you; yourself*

teatro   *theater*
techo   *roof; ceiling*
técnica (*noun*)   *technique; trade*
técnico (*adj.*)   *technical; vocational*
Tehuantepec   *isthmus separating the Yucatan peninsula from the rest of Mexico*
tejado   *roof; tiled roof*
Tejas   *Texas*
telefónico (*adj.*)   *telephone*
  la central telefónica   *telephone office*
teléfono   *telephone*
televisión (*f.*)   *television*
tema (*m.*)   *theme*
temer   *fear, be afraid*
temor (*m.*)   *fear*
temperatura   *temperature*
tempestad (*f.*)   *storm*
templado   *temperate*
templo   *temple*
temporada   *stay, season; sojourn*
temprano   *early*
tender (ie)   *tend*
tener (ie) (tengo, tuve, tenido) (§§ 103, 110, no. 29)   *have*
  tiene (veinte) años   *he is (twenty) years old*
  tiene calor   *he is hot*
  tiene cuidado   *he is careful*
  tiene la culpa   *he is to blame*
  tiene deseos   *he desires*
  tiene éxito   *he is successful*
  tiene frío   *he is cold*
  tiene ganas de   *he feels like*
  tiene hambre   *he is hungry*
  tiene lugar   *it takes place*
  tiene miedo   *he is afraid*
  tiene por qué   *he has a reason for*
  tiene prisa   *he is in a hurry*
  tiene que (trabajar)   *he has to (work)*
  tiene que ver con   *it has something to do with*
  tiene razón   *he is right*
  tiene sed   *he is thirsty*

tiene sueño   *he is sleepy*
tiene vergüenza   *he is ashamed*
tengo (*pres. of* tener)   *I have*
tenis (*m.*)   *tennis*
  campo de tenis   *tennis court*
Tenochtitlán   *the name of the capital of the Aztecs on the site of the present Mexico City*
Teotihuacán (San Juan de)   *small Mexican village near which famous pyramids and the temple of Quetzalcoatl are located*
TER (Tren Español Rápido)   *rapid air-conditioned luxury train*
tercer(o) (§ 10 A)   *third*
terminar   *end, finish*
término   *end*
  pone término a   *he puts an end to*
ternera   *veal; calf*
terreno   *land, ground; terrain; field*
  gana terreno   *he gains ground*
territorio   *territory*
tertulia   *social gathering*
tesoro   *treasure*
testigo   *witness*
Texas   *state of the United States*
ti (*prep. obj. pron.*)   *you*
tiempo   *time; weather; tense*
  en los últimos tiempos   *in recent times*
  hace buen tiempo   *it is good weather*
  hace mal tiempo   *it is bad weather*
tienda   *store, shop*
tiene(n)   *he has (they have)*
tierra   *land, earth; region*
timbre (*m.*)   (in Mexico)   *stamp*
típico   *typical*
tipo   *type*
tiranía   *tyranny*
tirar   *draw; pull*
Tirso de Molina (Fray Gabriel Téllez) (1571–1648)   *Spanish dramatist of the Golden Age, author of* El Burlador de Sevilla

título *title*
  título de bachiller *high-school diploma*
tocar (§ 107 C) *touch; play (an instrument)*
todavía *still, yet*
todo (*adj.*) *all, every*
  de todas formas *in any case*
  de todos modos *in any case*
  en todas las partes *in all parts*
  por todas partes *everywhere*
  sobre todo *especially*
  toda (la mañana) *the whole (morning)*
  todo el mundo *everyone*
  todo lo que *everything that*
  todos (los días) *every (day)*
todo (*pron.*) *all, everything*
  se produce de todo *everything is produced*
toldo *canvas covering*
Toledo *city of Spain on the Tajo, situated about fifty miles south of Madrid*
tolteca (*m. and f.*) *Toltec*
tomar *take; drink (a beverage); buy (a ticket)*
tomate (*m.*) *tomato*
torero *bullfighter*
toro *bull*
  corrida de toros *bullfight*
  plaza de toros *bullring*
torre (*f.*) *tower*
tórrido *torrid*
tortilla (in Spain) *omelette;* (in Mexico) *flat pancake-shaped cake of corn flour*
  tortilla a la española *omelette mixed with potatoes*
tortuoso *winding*
tostar *toast*
total *total*
totalidad (*f.*) *totality*
trabajar *work*

trabajo *work*
tractor (*m.*) *tractor*
tradición (*f.*) *tradition*
tradicional *traditional*
traducir (§ 110, no. 12) *translate*
tradúzca(n)se *translate*
traer (traigo, traje, traído) (§ 110, no. 30) *bring; wear*
tráfico *traffic*
tragedia *tragedy*
traje (noun, *m.*) *suit; costume; clothes*
traje (*pret. of* traer) *I brought, I wore*
tranquilo *calm, quiet*
transformación (*f.*) *transformation*
transición (*f.*) *transition*
tranvía (*m.*) *streetcar*
tras *behind; after*
trasladar *carry back, move*
tratar (de + *inf.*) *try; deal with; get well acquainted with*
  trata a alguien de "tú" *he uses the tú form in speaking with someone*
tratarse (de + *noun*) *be a question of*
través: a través de *through, throughout, across*
trece *thirteen*
treinta *thirty*
tren (*m.*) *train*
  tren de lujo *"de luxe" train*
tres *three*
trescientos, –as *three hundred*
tribu (*f.*) *tribe*
tributo *tribute*
tricornio *tricornered, three-cornered*
trigo *wheat*
triste *sad; sorry; dismal, dreary, gloomy*
triunfar *triumph*
trono *throne*
  sube al trono *he ascends the throne*
tropa *troop*
tropical *tropical*
trozo *piece*
tu *your*

tú (§ 23 D) *you*
   trata a alguien de "tú" *he uses the*
     tú *form in speaking with someone*
turbulencia *turbulence, turmoil*
turco *Turk*
turismo *tourist business, tourist trade*
turista (*m. and f.*) *tourist*
tuve (*pret. of* tener) *I had*
tuyo *yours; your*

U

u (*used before words beginning with* o–
   and ho–) *or*
último *last*
   en los últimos tiempos *in recent*
     times
   este último *the latter*
un *a; one*
Unamuno (Miguel de) (1864–1936)
   famous Spanish novelist and es-
   sayist
único *only*
unidad (*f.*) *unity*
Unidos, los Estados *the United States*
unir(se) (a + *noun*) *unite with*
universal *universal*
universidad (*f.*) *university*
   Universidad Nacional de México
   University of Mexico, located in
   Mexico City
universitario (*adj.*) *university*
un(o) (§§ 1, 10 A) (adj.) *a; one;* (pl.)
   some; (pron.) *one*
Uruguay *South American country*
usando *using*
usar *use; wear*
úse(n)se *use*
uso *use*
usted, ustedes (§ 23 B, C) *you*
útil *useful*
utilizar (§ 107 A) *utilize*
uva *grape*

V

va(n) (*pres. of* ir) *he goes* (*they go*)
vaca *cow*
vacación (*f.*) (*usually pl.*) *vacation*
   se va de vacaciones *he goes on a va-*
   cation
Valencia *region of eastern Spain;*
   Mediterranean seaport in this region
valenciano *Valencian*
valer (*pres.* valgo) (§ 110, no. 31) *be*
   worth
   más vale (ir) *it is better* (*to go*)
   vale la pena *it is worthwhile*
valiente *brave*
valor (*m.*) *value; courage*
valle (*m.*) *valley*
Valles *Mexican city on the Pan-Ameri-*
   can Highway
vamos a (hablar) (§ 95 E 2) *let's* (*talk*)
variable *variable, changeable*
variar (§ 107 I) *vary*
varios, –as *various; several*
vasallo *vassal*
Vascongadas, las Provincias *region*
   of northern Spain; Basque country
vasto *vast*
vaya (*present subjunctive of* ir) *go*
veces (*pl. of* vez) *times*
   a veces *at times, sometimes*
   muchas veces *often*
Vega *Lowlands*
vegetación (*f.*) *vegetation*
vehículo *vehicle*
veinte *twenty*
Velázquez (Diego Rodríguez de Silva)
   (1599–1660) *famous Spanish*
   painter
velocidad (*f.*) *speed*
vena *vein*
vencer (*pres.* venzo) (page 414, note 5)
   conquer
vendedor (*m.*) *vendor*

vender *sell*

Venezuela *country in the north of South America*

vengo (*pres. of* venir) *I come*

venir (ie) (vengo, vine, venido) (§ 110, no. 32) *come*

(el mes) que viene *next* (*month*)

ventaja *advantage*

ventana *window*

ventanilla (*train*) *window*

ver (veo, vi, visto) (§ 110, no. 33) *see* ¡ a ver ! *let's see!*

ve con malos ojos *he looks disapprovingly* (*at*)

Veracruz *Vera Cruz, Mexican seaport on the Gulf of Mexico*

veranear *spend the summer*

veraneo *summering*

verano *summer*

veras: de veras *really*

verbo *verb*

verdad (f.) *truth; true*

¿ verdad ? *isn't it? aren't you?* (*equivalent of French* n'est-ce pas? *and of German* nicht wahr?)

verdadero *true*

verde *green*

verduras (f. pl.) *greens* (*vegetables*)

versión (f.) *version*

verso *verse;* (pl.) *poetry*

vestido *dress;* (pl.) *clothes, clothing;* (*p.p. of* vestir) *dressed*

vestir (i, i) *dress*

vez (f.; pl. veces) *time* (*in a series*)

a la vez *at the same time; at a time*

a veces *at times, sometimes*

a (su) vez *in* (*his*) *turn*

alguna vez *sometimes;* (in questions) *ever*

algunas veces *sometimes*

cada vez más (obscuro) (*dark*)*er and* (*dark*)*er*

de vez en cuando *from time to time*

dos veces *twice*

en vez de *instead of*

muchas veces *often*

otra vez *again*

tal vez *perhaps*

una vez *once*

vi (*pret. of* ver) *I saw*

vía *way*

la Gran Vía *main commercial street of Madrid, also called* Avenida José Antonio

viajar *travel*

viaje (*m.*) *trip, journey*

agencia de viajes *travel agency*

compañero de viaje *traveling companion*

de viaje *on a trip*

hace un viaje *he takes a trip*

viajero *traveler*

víctima *victim*

victoria *victory*

victorioso *victorious*

vida *life*

se gana la vida *he earns his living*

lleva una vida *he leads a life*

nivel de vida *standard of living*

vieja (*noun*) *old woman*

viejo (adj.) *old;* (noun) *old person, old man*

viento *wind*

hace viento *the wind is blowing; it is windy*

viernes *Friday*

vigilancia *vigilance; watching*

Villa (Pancho) (1887–1923) *colorful bandit who made an expedition into the United States and who was one of the leaders of the Mexican Revolution*

vine (*pret. of* venir) *I came*

vino *wine*

viña *vineyard*
violencia *violence*
violento *violent*
virrey (*m.*) *viceroy*
visible *visible*
visita *visit*
visitar *visit*
vista *sight; view*
  hasta la vista *until later, so long*
  más allá de lo que alcanza la
    vista *as far as the eye can see*
  punto de vista *point of view*
vivir *live*
  modo de vivir *way of life*
vivo *alive; lively, vivacious*
vocabulario *vocabulary*
vocal (*f.*) *vowel*
volcán (*m.*) *volcano*
volcánico *volcanic*
voluntad (*f.*) *will; willingness*
volver (ue) (*p.p.* vuelto) *return*
  vuelve a (llamar) (*he calls*) *again*
volverse (ue) *turn around*
  se vuelve (loco) *he goes* (*mad*)
vosotros (§ 23 E) *you*
votar *vote*
voz (*f.*) *voice*
voy (*pres. of* ir) *I go*
vuelta *turn; return; change*
  da una vuelta *he takes a short walk*
  da la vuelta al mundo *he goes*
    around the earth
vuestro *your*

W

Waterloo *scene of the famous battle in
  which Napoleon was conquered in
  1815*

Y

y *and*
ya (§ 53) *already; now; presently*
  ya no *no longer*
  ya que *as long as, since; now that*
yo *I*
Yucatán *peninsula in the extreme
  southern part of Mexico*

Z

Zapata (Emiliano) (1883–1919) *popular hero of the Mexican Revolution
  from the south of the country*
zócalo *square in Mexican towns around
  which the commercial life is built*
Zócalo, el *large square in Mexico City;
  the cathedral, the Palacio Nacional
  and many stores are there*
zona *zone*
zoológico *zoological*
  Jardín Zoológico *zoo in the Retiro in
  Madrid; in Chapultepec in Mexico
  City*
Zorrilla (José) (1817–1893) *Spanish
  romantic poet and dramatist*

Índice alfabético

References without any sign refer to pages.
References preceded by § refer to sections in the *Gramática* (pages 293–317).
References preceded by L refer to lessons.
Regular and irregular verbs are conjugated in § 110 (pages 412–425).

A

a
+ *el* § 3 B, L 3
+ infinitive § 47 B, L 47, L 49
personal § 44, L 24
accent (mark) 435
accentuation (stress) 438–439, § 30 C, L 1 (rules), L 27, L 41 (imperatives), L 32 (present participles)
adjectives 307–320
used adverbially § 19 C
agreement § 8, L 2, L 23, *lo* + adjective 304, note 1
apocopation § 10, L 8, L 43
comparison § 12, L 5 (of superiority), L 6 (of equality)
demonstrative § 15, L 3 (*este*), L 18 (*ese*), L 23 (*aquel*)
forms § 9, L 2, L 12
indefinite § 39
interrogative § 16, L 30
-ísimo § 12 D, L 31
used with *lo* § 5 A, L 32, L 45
meaning after *ser* and *estar* § 98 E, L 39
of nationality § 9 C, § 11 B, L 12
used as nouns § 13, L 12
numeral §§ 17–18, L 16, L 18
position § 11, L 2, L 24
possessive § 14, L 11 (ordinary), L 29 (stressed), L 44 (clarification of *su*)
adverbs 321–324
comparison § 20
formation § 19 A, L 34
negative § 22, L 8

position with compound verbs § 54 C
prepositions formed from § 41, L 11
-aer verbs § 107 J, L 42
age, expressions of § 103 B, L 41
agent (after passive voice) § 45 A 2, § 87 C, L 23
ago § 102 B, L 41
agreement
adjective § 8, L 2, L 23
lo + adjective 304, note 1
past participle § 85 A, C, § 86 C (passive voice)
possessive pronoun § 32 C, L 29
present participle § 82 A, L 30
al
a + *el* § 3 B, L 3
+ infinitive § 80 E, L 16
algo § 39 A 3
alguien § 39 A 1
alguno
adjective § 10 A, L 8, L 43
pronoun § 39 A 2
alphabet 434
and § 48 A, L 28
apocopation § 10, L 8, L 43
apposition, nouns in § 4 G, L 25
-ar verbs (conjugation of *hablar*) § 110; no. 1
article 299–305
contractions with § 3, L 2 (*del*), L 3 (*al*)
definite § 2, L 2
as demonstrative pronoun § 33 D, L 22
indefinite § 1, L 1

514